DU
FRANC ALEU

PAR

PIERRE LANÉRY D'ARC

Docteur en droit,
Avocat à la Cour d'appel d'Aix.

> « Optimo jure ea sunt profecto, prædia,
> quæ optima conditione sunt. Libera
> meliore jure sunt quam serva, soluta
> quam obligata, immunia quam illa
> quæ pensitant. »
> (Cicero, *De lege agrariâ*, III, 2).

Ouvrage honoré d'une médaille d'or par le ministre de l'Instruction publique.

PARIS
LIBRAIRIE NOUVELLE DE DROIT ET DE JURISPRUDENCE
ARTHUR ROUSSEAU
ÉDITEUR
14, RUE SOUFFLOT ET RUE TOULLIER, 13

1888

DU FRANC ALEU

218

OUVRAGES DU MEME AUTEUR

Le culte de Jeanne d'Arc au xve *siècle.* Orléans, Herluison, 1887,
in-8°, grav.

Bibliographie des ouvrages relatifs à Jeanne d'Arc, catalogue des
principales études historiques et littéraires consacrées à la Pu-
celle d'Orléans depuis le xve siècle jusqu'à nos jours. Paris,
Léon Techener, 1888, in-8° de 280 p. huit grav.

Histoire de la propriété prétorienne à Rome. Paris, A. Rousseau,
1888, in-8°.

DU
FRANC ALEU

PAR

PIERRE LANÉRY D'ARC

Docteur en droit,

Avocat à la Cour d'appel d'Aix.

> « Optimo jure ea sunt profecto, prædia,
> quæ optima conditione sunt. Libera
> meliore jure sunt quam serva, soluta
> quam obligata, immunia quam illa
> quæ pensitant. »
>
> (Cicero, *De lege agrariâ*, III, 2)

*Ouvrage honoré d'une médaille d'or par le ministre de
l'Instruction publique.*

PARIS

LIBRAIRIE NOUVELLE DE DROIT ET DE JURISPRUDENCE

ARTHUR ROUSSEAU, ÉDITEUR

14, RUE SOUFFLOT ET RUE TOULLIER, 13

1888

BIBLIOGRAPHIE

MONOGRAPHIES A CONSULTER SUR L'ALEU.

1. MATHURIN MARIER. — *Du franc-aleu de la Province de Languedoc pour la liberté et franchise de ses héritages*. Paris, Chrétien 1554, in-16.

2. (GALLAND). — *Contre le franc-aleu sans tiltre prétendu par quelques provinces au préjudice du Roy*. Paris, Robert Estienne 1629, in-12, de 237 p.

3. — Le même ouvrage revu et augmenté sous le titre de : *Du franc-aleu et origine des droicts seigneuriaux*. Paris, Estienne Richer 1637, in-4º, de XV, 396 et VII, p. (Brillon cite par erreur une édition de Tholose 1641).

4. DAVID DEFOS. — *Traité du comté du Castres... où est aussi particulièrement parlé du privilège du franc-alleu sans titre, prétendu contre le roy par ses subiects de la province de Languedoc*. Tolose, Arnaud Colomiez. 1633, in-4º, de VIII, et 224 p.

5. (CASENEUVE). — *Instructions pour le Franc-aleu de la Province de Languedoc* (Toulouse, Jean Boude 1641), in-4º, de XIV ff., 286 p. et XI ff.

6. — Le même revu et augmenté sous le titre de ; *Le franc-alleu de la Province de Languedoc establi et défendu*. Toulouse, Jean Boude 1645, in-fol. de 319 p.

7. DOMINICY. — *De prærogativa allodiorum in provinciis quæ jure scripto reguntur Narbonensi, et Aquitanica. Historica disquisitio, etc...* Paris, Mathurin du Puis 1645, in-4º de IX ff., 212 p. et V ff.
   — Le même à la suite du *Codex juris Alemannici feudalis*, de Schilter, Argentorati, Frederic Spoor, 1697, in-4º de 166 p. ou Jean Beck 1728, in-fol. à 2 col. de 78 p.

8. JEAN DE CAMBOLAS. — *Du franc-aleu de la province de Languedoc et que cette province est en possession d'en jouir*. Voir dans les *Œuvres* complètes, édit. de Toulouse, 1659, in-fol. p. 725 s.

9. (GASPARD THAUMAS DE LA THAUMASSIÈRE). — *Le franc-aleu de la province de Berry ou traité de la liberté des persones et héritages de Berry*. Bourges Jean Toubeau, 1667, in-4º de 67 p.

10. — Le même, même titre : Bourges, Jean Jacques Cristo 1700 et aussi 1701, in-fol. de 51 p.

1. G. Thaumas de la Thaumassière. — *Coutumes de Lorris avec les apostilles de Dumoulin et le traité du franc-aleu par Galland.* Bourges, J. Toubeau, 1679, in-fol.

12. Gillet. — *Dissertation sur le franc-aleu des pays de droit écrit*, à la suite de ses *Plaidoyers.* Paris, Gabriel Martin 1718, T. I, p. 618.

3 *** — *Mémoire à Monseigneur le controlleur général sur le franc-aleu et le terrier de Provence.* Aix, Joseph David, 1732, in-4°. (Le M^st se trouve à la Biblioth. Méjanes d'Aix, n° 629, in-4° de 19 p.).

14. (Gensolen). — *Franc-aleu de Provence.* Aix, Joseph David, 1732, in-4° de 295 p.

15. (Cartellier). *Requête de MM. les Procureurs du pays de Provence à Mgr l'Intendant commissaire délégué pour la confection du papier terrier. Pour la défense du franc-aleu.* Aix, David 1739, in-4°.

16. *** — *Réfutation d'une dissertation pour prouver que le franc-aleu ne peut être admis sans titre dans la coutume de Vitry*, 1747, in-4°.

17. Furgole. — *Traité de la seigneurie féodale universelle et du franc-aleu naturel.* Paris, Hérissant 1767, in-12 de 156 p.

8. — Le même dans le Tome VII, des *Œuvres complètes.* Paris, Cellot, (Lyon, Nismes et Toulouse), 1775, in-4°.

19. Polverel. — *Mémoire à consulter et consultation sur le franc-aleu du royaume de Navarre.* Paris, Knapen 1784, in-4° de XII et 316 p.

20. Henrion de Pansey. — *Aleu.* Dans ses *Dissertations féodales*, 1789, in-4°, t. I, p. 1 à 127.

21. Chapsal. — *Discours historiques sur la féodalité et l'allodialité, dissertations sur le franc-aleu des coutumes d'Auvergne, du Bourbonnais, du Berry, de Champagne, de Vitry.* Paris, Gueffier 1789, in-8°, de 403 p.

22. Quinon. — *Le franc-alleu dans l'ancienne province de Dauphiné.* Mémoire analysé par M. Rodière dans la *Revue de l'Académie de Toulouse.* T. VII, 1858, p. 156 et suiv.

23. Astre. — Analyse du traité de Caseneuve : *Le franc-alleu de la province de Languedoc.* Mémoire dans le *Recueil de l'Académie de législation de Toulouse*, 1867, p. 134-198.

24. Serrigny. — *Des alleux*, dans la *Revue critique de législation*, 1873-1874, p. 472-486.

25. Schupfer. — *L'allodio studi sulla proprietà dei secoli barbarici.* Torino Union tipograp. 1886, (nel *Digesto italiano*).

AVANT-PROPOS

« J'aborde ici une des plus grandes difficultés du régime
« féodal, soit pendant sa durée, soit depuis son extinction, » disait M. Serrigny au début de l'étude qu'il publia
sur l'aleu dans la *Revue critique de législation et de juris-*
prudence. «... Je répète, ajoutait-il quelques lignes après,
« que les plus grandes difficultés se trouvent dans l'étude
« du régime auquel ont été soumis les héritages appelés
« francs-aleux. »

La modeste étude que nous entreprenons, ne saurait
mieux faire que de se placer sous la sauvegarde de cet aveu
du savant doyen à la faculté de droit de Dijon, et d'invoquer, comme excuse à sa médiocrité, ces difficultés, attes-
tées du reste par tous les auteurs qui ont traité de la matière.

Que si le lecteur nous demande pourquoi nous nous
sommes attaqué à un sujet qui aurait dû nous paraître au-
dessus de nos forces, nous lui répondrons que l'intérêt
comporté par le sujet est à la hauteur des difficultés qu'il
renferme.

Cet intérêt est multiple :

D'abord au point de vue de son importance. « L'histoire du droit de propriété est un des plus grands objets d'étude qui puissent être offerts à la philosophie et à l'érudition[1].» On sait que la question de l'alodialité a présenté, jusque dans les années qui ont précédé la Révolution de 1789 et la destruction des derniers vestiges du régime féodal, le plus grand intérêt pratique. Elle n'offre plus aujourd'hui, il est vrai, qu'un intérêt purement historique, mais, pour les hommes qui désirent connaître nos anciennes institutions, en saisir le fonctionnement, en savoir les vicissitudes, son étude ne paraîtra pas dépourvue d'utilité.

En second lieu, quant aux auteurs anciens avec lesquels nous allons entrer en rapports. La période de l'ancien régime où l'on s'est le plus occupé de cette question a été les XVIIe et XVIIIe siècles. C'est là une époque brillante qui a connu Caseneuve, Hauteserre, Brussel, La Thaumassière, Brodeau, Salvaing, tous éminents jurisconsultes qui professaient le culte de l'histoire du droit, qui travaillaient avec Ducange et Baluze, et qui mettaient en pratique le mot d'Eusèbe de Laurière, redevenu aujourd'hui à l'ordre du jour dans notre enseignement du droit, après avoir été bien négligé : « Dans le droit, il est difficile de faire des « progrès sans remonter aux sources, sans étudier histori- « quement chaque matière en particulier. » La sphère ju-

---

[1] Ch. Giraud, *Recherches sur le droit de propriété chez les Romains*, préface, Aix 1838.

ridique où nous allons avoir à évoluer, les noms que nous aurons à citer, ne sauraient donc être mieux choisis. Ce sont là, les premiers de nos jurisconsultes français de l'école de Cujas, de cette école que M. Leferrière définissait : « l'enseignement du droit fondé sur les textes, éclairé par l'histoire et les lettres, et constamment soutenu par l'exégèse la plus savante, unie à la synthèse la plus lumineuse[1]. »

Enfin au point de vue de la nouveauté du sujet. Quelque intéressant qu'il soit en effet, peu de personnes savent ce que c'est que l'aleu. Il faut dire, pour être juste, que, sauf quelques très courtes pages dans les livres généraux d'histoire du droit, et les deux études très sommaires de MM. Quinon et Serrigny, rien, depuis 1789, n'a été écrit sur cette matière.

Les ouvrages publiés avant la Révolution, outre qu'ils sont lourds, diffus et filandreux, ne nous présentent aucune étude complète sur l'aleu, sur ses origines, sur ses effets, sur les règles qui le régissent. Il n'y a donc guère à consulter en l'état sur ce point que les auteurs dont nous parlions tout à l'heure. Mais ceux-ci, loin de généraliser la question et de la traiter d'un point de vue un peu élevé, d'une façon désintéressée, ne l'ont jamais envisagée qu'en vue d'une thèse adoptée *a priori*, autrement dit, ils n'ont écrit que des mémoires ou pour, ou contre l'aleu.

Si la présente étude est la première monographie publiée

---

[1] Leferrière, *Recueil de l'Acadêm. de légist. de Toulouse* 1855 p. 286.

en ce siècle sur l'alodialité, espérons qu'elle ne sera pas la
dernière, et que les recherches auxquelles nous nous sommes livré, les renvois que nous indiquons, les documents
que nous citons — quelque imparfaits qu'ils soient — auront au moins le mérite de susciter à un plus compétent
l'idée de traiter plus dignement ce sujet intéressant à tous
égards.

Comme le disait un jurisconsulte de la fin du xvi⁰ siècle « Ie ne doubte point, qu'en ce discovrs ne se rencon-
« trent beaucoup de defaux : et que la matière ne puisse es-
« tre traittée et esclaircie, avec plus d'élégance et d'érudi-
« tion : i'en suis le premier iuge :

> Cum relego scripsisse pudet, quia plurima cerno
> Me quoque, qui feci, iudice, digna lini.

« Mais au moins ces premiers efforts seront des es-
« guillons aux plus capables, pour mieux faire. Ayant ouvert
« le pas, le chemin sera moins glissant, moins pénible : et
« en ce loüable concert pour le service du droict, ie pren-
« droy à contentement d'estre devancé, non, en affection,
« mais en travail et en suffisance. ¹»

---

¹ Galland.

INTRODUCTION

La propriété de la terre a été de tout temps la première richesse, la plus grande puissance, le fondement des sociétés anciennes et modernes ; l'histoire nous la montre comme entraînant à sa suite le pouvoir. N'est-ce pas pour obtenir la propriété par le pouvoir, ou le pouvoir par la propriété que se sont faites la plupart des révolutions ? Qu'ont lutté les classes les unes contre les autres, depuis les Gracques jusqu'au Tiers État effaçant d'un trait de plume le peu qu'il restait à la noblesse et au clergé français de leurs priviléges territoriaux ? Tandis que la loi des conventions a peu changé depuis des siècles, la loi civile de la propriété, étant l'esclave de la loi politique, a suivi celle-ci dans toutes ses variations, dans toutes les modifications sociales.

C'est une des formes de la propriété, une des formes qui a donné lieu aux luttes les plus vives, que nous nous proposons de suivre à travers les vicissitudes diverses de notre histoire. Une de ses formes, pourrions-nous dire, des plus sympathiques, puisqu'il s'agit de la propriété libre, franche, indépendante, du mode de tenure de l'ancien régime qui correspond le mieux à la propriété foncière telle que nous l'entendons aujourd'hui, en un mot de l'*aleu.*

A la différence du fief et de la censive, possédés toujours, le premier par des nobles, l'autre par des roturiers, l'aleu ne constituait pas une classe distincte de personnes ; il était en outre absolument indépendant en ce qu'il n'avait aucun seigneur au-dessus de lui, en ce qu'il ne reconnaissait pas le droit supérieur de l'État, admis par nos lois modernes — toutes romaines à cet égard.

Le droit de propriété s'appelle ainsi, parce que l'objet sur lequel il porte, est en entier la chose de son maître, son bien, et ne peut appartenir qu'à lui. Mais, dans cette puissance, il est néanmoins possible de voir deux éléments : l'un la suprématie du maître sur sa chose, l'autre la faculté qu'il a d'en user, d'en disposer. Ces deux éléments peuvent être séparés ; on conçoit qu'ils puissent reposer sur des têtes différentes, car le maître peut céder le droit d'usage de sa chose tout en gardant le droit de suprématie sur elle, ou faire l'opération inverse. De là la distinction des domaines *direct* et *utile*, tous deux *jura in re* et démembrements du *dominium plenum.*

Celui qui aura le domaine utile jouira de la chose, pourra même l'aliéner à condition de ne pas porter atteinte aux droits du concédant, celui qui aura le domaine direct exigera du concessionnaire certaines redevances, certains droits recognitifs de seigneurie.

C'est de cette distinction, qui existait déjà à Rome, de cette faculté de séparer les deux domaines, que sont nés le fief et la censive. Au contraire, quand les deux domaines sont restés sur la même tête nous avons eu l'*aleu.*

L'aleu est donc la propriété romaine, entière, absolue, héréditaire ; le *dominium plenum*, le *jus integrum* affranchi de tout domaine éminent, donnant au maître de la chose le *jus utendi et abutendi*. Les Francs l'avaient connu ce jus proprietatis, l'avaient adopté, et il devait traverser l'invasion germanique, immuable, puisque nous le retrouvons en plein moyen âge. Sous d'autres noms il est vrai, mais qu'on l'appelle *terra salica, terra aviatica, alod, aleu*, c'est toujours sous des dénominations différentes, *la propriété pleine et entière*, les biens familiaux, héréditaires et sur lesquels leur possesseur avait un pouvoir absolu. Lorsque les rois prirent l'habitude de faire à leurs compagnons d'armes, aux *ahrimans*, des concessions de bénéfices, et même quand ces concessions, à l'origine temporaires, puis viagères, furent devenues héréditaires, l'aleu fut opposé au bénéfice ou fief sur lequel le concédant gardait toujours un droit de suprématie, et désigna le domaine soustrait aux prestations, à la hiérarchie féodale.

Voilà en quoi l'aleu était si supérieur au fief et à la censive. Il était la propriété tandis que les deux autres modes de tenure n'en étaient que des démembrements. Le vassal, en échange de la concession qu'il avait reçue, était tenu à mille obligations envers son seigneur ; en reconnaissance, il devait le « reconnaître. » L'aleutier, au contraire, n'était tenu ni à foi, ni à hommage, il ne craignait pas de commise, il ne payait ni lods, ni ventes, ni autres droits féodaux, en un mot, il ne devait rien à personne puisqu'il tenait ses terres, non de la libéralité d'un homme, mais le plus souvent à titre de succession de ses ancêtres, qui, eux-mêmes, avaient toujours possédé ces terres-là libres,

c'étaient des aleux d'*origine* ou *de nature*. L'aleutier, soumis seulement au roi et à sa justice, était souverain dans
son domaine et cette souveraineté était telle que, lorsque
Dumoulin veut donner une idée de l'indépendance absolue du domaine du roi de France, il en fait un aleu.

Dans les premiers siècles de notre histoire, les propriétés
libres étaient nombreuses. Les conquérants avaient laissé
aux anciens occupants en grande partie leurs terres que
ceux-ci continuaient à garder en pleine propriété ; eux-
mêmes en détenaient au même titre ; les terres du butin
distribuées par les chefs, seules étaient tenues à titre de
concession et même, quelquefois, en récompense de services exceptionnels, le chef faisait-il abandon au concessionnaire de sa suprématie, du domaine direct, ce qui changeait
le bénéfice en aleu de concession, et rendait le bénéficiaire
véritable aleutier, possesseur de terres complétement franches.

Cet état de chose toutefois ne dura guère. A mesure que
les invasions se multiplient, que les guerres de peuple à peuple ou de seigneur à seigneur deviennent plus fréquentes,
les petits possesseurs de terres libres cherchent à se placer
sous le patronage de quelque voisin puissant qui les défende.
Pratique singulière et caractéristique de cette époque qui
devint bientôt une nécessité. La recommandation était autrefois le choix libre que tout guerrier se faisait d'un chef,
puis ce n'est plus pour obtenir quelque concession qu'on
se recommande, c'est pour sauver sa propriété.

A la mort de Charlemagne, le pouvoir central, que celui-
ci avait essayé d'organiser sur le modèle romain et qui seul
aurait pu protéger les petits propriétaires, disparaît. Fai-

bles, épars, isolés, que pouvaient-ils contre la féodalité
grandissante, contre la persécution des seigneurs? Ils préfèrent abandonner la franchise de leurs terres que les terres elles mêmes, et peu à peu les aleux sont remis fictive-
ment aux mains des seigneurs qui les laissent à leurs possesseurs à titre de fiefs, c'est-à-dire en gardant sur ces domaines les droits féodaux. Des cantons entiers passent de
la sorte sous la seigneurie des puissants, surtout dans le
Nord où le flot barbare, se succédant sans interruption
pendant les deux premières races, fait de l'organisation féodale une nécessité.

Dans le midi de la France, dans les pays de droit écrit,
qui avaient été mieux à l'abri des invasions des peuplades
germaniques, auxquels la persistance des lois romaines
avait conservé la civilisation, une civilisation telle qu'elle
avait rendu les grandes cités méridionales florissantes, à
une époque où le Nord était plongé dans la barbarie, la
propriété romaine s'était mieux conservée et la recommandation avait été plus rare.

N'est-ce pas dans cette persistance qu'est le secret de la
prospérité de ces familles du Béarn qu'admirait Young en
1787? Tandis que la tenure féodale — qui supposait cependant une dépendance et un assujétissement puisqu'elle
obligeait à des services — devint peu à peu le mode de possession préféré des nobles, cette propriété libre et individuelle devint le propre des humbles. N'est-ce pas l'aleu
comme la censive, en effet, qui a légué aux biens roturiers
la règle de l'égalité des partages tempérée par le testament?
Le paysan établi avec sa famille sur ses terres qu'il cul-
tive lui-même avec ses enfants sans rien demander à per-

sonne et qu'il leur laissera à sa mort, voilà l'aleutier; nous
en trouverons toujours beaucoup dans le midi où la propriété a de tout temps été très divisée. L'histoire de l'aleu
est donc, jusqu'à un certain point, l'histoire de la tenure
du sol par la classe des humbles.

Mais dans l'Ouest, dans le centre, dans le Nord, grands
et petits aleux disparaissent. Les possesseurs des grands,
par vaine gloriole, troquent leurs franchises pour un titre
de comte ou de marquis, les possesseurs des petits aleux,
quand ils ne se ruent pas à l'envi sur cette quasi-servitude
pour obtenir l'appui d'un seigneur, sont en butte à la séduction ou à la violence de quelque puissant qui cherche
à augmenter le nombre de ses vassaux afin de recevoir
d'eux le service militaire dont les aleutiers sont exempts,
et qui met tout en œuvre pour convertir les aleux en
fiefs.

Au xvıᵉ siècle quelques terres encore sont parvenues à
se soustraire à cette transformation générale. Les feudistes
achèvent ce que n'avaient pu faire la crainte ni la persua-
sion, en faisant insérer, lors de la rédaction des coutumes,
dans plusieurs d'entre elles, la maxime *Nulle terre sans
seigneur,* ce qui établissait une présomption générale de
directe au profit des seigneurs, en faisant incomber la preuve
de franchise au possesseur de l'aleu. Désormais, au mépris
de l'équité, toute terre sera soumise à un seigneur si on
ne prouve sa franchise. C'était n'admettre que les aleux de
concession et violer de la façon la plus formelle le principe de la propriété en rejetant l'aleu d'origine.

Les provinces protestèrent énergiquement. La plupart
des Parlements, notamment ceux des pays de droit écrit

continuèrent à appliquer la maxime contraire *nul seigneur sans titre*, c'est-à-dire à faire incomber la preuve de la directe à qui la prétendait. Mais la noblesse tint bon, n'en soutint pas moins ses prétentions ; en bien des endroits elle l'emporta.

Au point de vue de la preuve et de la présomption d'alodialité, les coutumes pouvaient se classer en trois catégories.

1° Les unes, dites alodiales, comme celles de Troyes, de Chaumont, du Bourbonnais, du Nivernais, présumaient la franchise des terres ; c'était le système le seul conforme à l'équité, car, en l'absence de preuve contraire, ne devait-on pas supposer toute propriété pleine et entière plutôt que démembrée ?

2° Les secondes, se fondant sur la célèbre maxime précitée et admettant, au mépris de tout principe, les prétentions de la noblesse, réputaient fiefs ou censives tous les domaines jusqu'à preuve contraire.

3° Les autres, plus radicales, n'admettaient pas du tout l'aleu. Ce système qui était celui de la Bretagne et du Poitou, était la violation la plus flagrante du principe de la propriété.

Le roi avait soutenu cependant les prétentions de la noblesse, car celles-ci une fois établies, il se réservait de s'en adjuger les bénéfices. L'ordonnance de 1629, connue sous le nom de Code Michaud, déclara, en effet, qu'à l'avenir tous les héritages ne relevant d'aucun seigneur, seraient présumés relever du roi sauf preuve contraire. Ce déplacement de preuve était le décret de mort de l'aleu. On avait résisté à la noblesse, on résista au roi, on résista partout, mais avec des fortunes diverses. Peu à peu on se lassa de la lutte, on finit par se faire à cette idée, surtout dans les pays du Nord, où il y avait peu d'aleux ; le silence se fit et l'on se résigna à l'ordonnance.

Aussi en 1692 Louis XIV put-il proclamer la directe royale universelle, sous prétexte que tout franc-aleu venant d'un affranchissement fait par le seigneur, comme le seigneur n'a pu préjudicier au souverain fieffeux, cet affranchissement équivalait de sa part à une simple renonciation et l'affranchi devait retomber directement sous la main du souverain. C'est pourquoi le roi assujétissait les possesseurs d'aleux au paiement d'un droit égal à une année de revenus. Ce raisonnement était non seulement injuste, mais vicieux au premier chef, il supposait que tout aleu était né d'une concession ; c'était méconnaître la source, de beaucoup la plus importante, de l'aleu, le fondement du droit de propriété, l'aleu de nature ou d'origine.

Dans le midi l'opposition fut des plus vives, tellement que dans certaines provinces, comme en Languedoc et en Dauphiné, l'ordonnance de 1629 ne put jamais être mise complétement en pratique.

Un arrêt du conseil du 22 mai 1667, se fondant sur la différence d'importance qui existait entre l'aleu noble et l'aleu roturier (l'aleu noble était celui dont dépendait un fief, une censive, ou auquel était annexée une justice), déclara que l'aleu roturier pourrait exister sans titre en Languedoc, mais que le noble devrait être prouvé par écrit. Cette jurisprudence fit fortune, des arrêts de 1693 et 1694 établirent pour la Bourgogne, les pays de Gex, de Bugey, de Bresse, de Valromey, de Troyes, de Chaumont, la même distinction.

Moins heureuses, bien qu'ayant protesté avec non moins d'énergie, la Guienne et enfin la Provence durent se soumettre.

Quoiqu'ayant eu à lutter contre des ennemis puissants, et malgré la reconnaissance de directe universelle du roi sur son royaume, la maxime du droit écrit *nul seigneur sans titre*, n'avait pas été une protestation platonique, une résistance inutile, car bien des pays de coutume l'avaient adoptée. Le temps n'était pas loin où elle devait être acclamée, et supplanter de la façon la plus éclatante sa rivale. Si on ne pouvait pas dire : « le midi monte, » on pouvait dire ici, comme dans bien de nos matières juridiques « le droit écrit triomphe. »

Sous la pression de l'opinion populaire, la présomption qui existait en faveur des propriétaires des droits féodaux fut retournée contre eux ; les lois des 12-16 mai, 25-28 août 1792 les obligèrent à établir par titres que ces droits étaient le prix et la condition d'une concession de fonds. « L'assemblée nationale, » dit la loi du 25 août dans son préambule, « considérant que le régime féodal est aboli, « que néanmoins il subsiste dans ses effets et que rien n'est « plus instant que de faire disparaître du territoire fran- « çais ces décombres de la servitude qui couvrent et dévo- « rent les propriétés, décrète : Tous les effets qui peuvent « avoir été produits par la maxime *Nulle terre sans sei- « gneur*, par celle d'enclave, par les statuts... qui tiennent « à la féodalité demeurent comme non avenus. Toute pro- « priété est réputée franche et libre de tous droits tant féo-

« daux que censuels si ceux qui les réclament ne prouvent
« le contraire dans la forme prescrite. »

C'était bien là le triomphe éclatant de la maxime *Nul
seigneur sans titre*, mais ce n'était hélas pas celui de l'aleu.
Quand Merlin proclamait en 1789 le triomphe de l'aleu,
il croyait ou feignait de croire à une réaction victorieuse
de l'alodialité contre la féodalité. Mais est-il au pouvoir des
hommes d'arrêter en un instant un mouvement qui s'était
accentué de jour en jour, de venir à bout d'une force historique huit fois séculaire ? L'aleu était vaincu, et nous
nous trompons gravement en répétant que depuis la Révolution toutes les terres sont devenues alodiales.

Bien au contraire, l'évolution fiscale menée par la noblesse et par la royauté a été consommée, régularisée, sanctionnée. Aujourd'hui toutes les terres paient le relief, les
lods et ventes etc... sous le nom de droit de mutation, de
succession. Les différences qu'on peut donner entre ces
impôts modernes et ceux d'autrefois ne sont guère considérables : d'abord nos droits d'aujourd'hui ne portent pas
le même nom ; ils sont dus à l'Etat et non au roi. Qu'importe ? Ils sont fondés sur la directe imprescriptible et il
faut dire qu'aujourd'hui il n'y a plus ni fiefs ni aleux, mais
qu'au point de vue fiscal tous nos biens sont devenus des
censives, et que nous sommes tous encore sous la directe
du roi, car ici « roi ou république c'est tout un, en effet,
eût dit le bon Loisel, et a nom Etat. »

CHAPITRE PREMIER

§ I. — *Du droit de propriété en Gaule.*

C'est assurément un bonheur pour les nations modernes que le peuple Romain ait été aussi conquérant ; car, avec ses armes, il a porté, chez des peuplades jusque-là barbares, la civilisation, le fruit de plusieurs siècles de travaux de tous genres, une langue plus douce, des mœurs plus policées, les principes du droit le plus admirable, en un mot le germe de tout ce qui honore l'Europe du xixᵉ siècle.

C'est ainsi, qu'avec César la Gaule commença à connaître le *jus Romanum*, lequel, à l'origine appliqué à un petit coin de la Provence, s'étendit peu à peu à la Narbonnaise, à l'Aquitaine, aux Lyonnoises, et devait, dix-huit siècles plus tard, être la base de nos lois françaises, le fondement de la plupart des législations de l'Europe.

En même temps que les notions juridiques s'introdui-

2

saient en Gaule, nous voyons la propriété, qui jusque-là était collective, s'y individualiser [1]. Cette communauté, qui existe encore aujourd'hui chez les Slaves, les Croates, chez les Hindous et dans le *mir* russe [2], on la retrouve à la naissance de tous les peuples de race aryenne. Rome elle-même, on le sait, avait débuté par là. Peu de temps après sa fondation, les meubles seuls étaient susceptibles de propriété individuelle. Romulus partagea le territoire entre les trois tribus et subdivisa chacun de ces trois lots entre les dix curies qui composaient chaque tribu ; ce qui n'était plus qu'une collectivité restreinte ; quant à la propriété individuelle, elle fut l'œuvre de Numa [3].

Le droit de propriété, que Rome apportait à la Gaule et qu'elle devait léguer par son intermédiaire à l'Europe du moyen âge, avait deux traits caractérisques : la terre possédée en propre était héréditaire et transmissible volontairement, en second lieu elle n'était soumise à aucun domaine éminent ; elle payait l'impôt public, mais elle n'était sujette à aucune redevance d'un caractère privé ; elle ne devait ni foi, ni service à personne. Le propriétaire était sur sa terre un maître absolu *dominus,* il avait plein pouvoir sur sa chose, *plena in re potestas.*

On sait comment procédait Rome à l'égard des terres

---

[1] D'Arbois de Jubainville, *La propriété foncière en Gaule,* (*Académie des inscriptions et belles-lettres* 1887, p. 85-96) ; Viollet, *Caractère collectif des premières propriétés immobilières,* (*Bibl. de l'Ecole des Chartes* 1872, p. 455-504).

[2] E. Reclus, *Géograp. univers.* V. p. 864 ; Alf. Gautier, *Hre du Droit* 1882 p. 32.

[3] Varron, *De ling. latin.* V. 55 ; Denys d'Halicarnasses, *Antiq. Rom.* II, 7 ; Plutarque ; *Vie de Numa,* de Laveleye, *De la propriété et de ses formes primitives* 1874, p. 224 ; Mommsen, *Histoire Romaine* trad. Alexandre 1863 I, p. 207 suiv.

conquises. Au lieu de les ajouter à *l'ager romanus*, seul susceptible d'un véritable *dominium* privé, elle en faisait *l'ager peregrinus* qui restait la propriété du peuple. La plupart des terres conquises étaient abandonnées, aux vaincus ou concédées à des citoyens, l'Etat ne gardait sur elles que certaines prérogatives et théoriquement comme un certain domaine éminent. Ce domaine avait pour effet de légitimer aux yeux des Romains l'impôt foncier : loin de considérer l'impôt comme le salaire des services publics que l'Etat rend aux particuliers, les Romains le regardaient plutôt comme une rémunération due à l'Etat en raison de la jouissance dont il s'était dessaisi. Cet impôt, qui affirmait le droit de l'Etat, n'existait donc que dans les provinces, car en Italie il eût dépouillé les propriétaires de droits légitimement acquis ; il était en quelque sorte une condition de jouissance des fonds provinciaux.

Sauf cette différence de fond, et quelques autres uniquement de forme et de procédure — insusceptibilité des mo·des d'acquérir *jure civili*, de la *rei vindicatio*, des servitudes *jure civili*, de l'inaliénabilité du fonds dotal, de la qualité de *religiosus* par ensevelissement d'un mort — on peut dire que la propriété des provinces était la même que celle des terres d'Italie.

D'ailleurs, cette différence ne dura pas fort longtemps : un premier pas dans la voie de l'unification fut fait par Auguste en accordant à certaines cités le *jus italicum*, c'est-à-dire la pleine assimilation de ces cités au sol italique ; dès lors celles-là étaient, comme celui-ci, susceptibles du véritable *dominium*, en conséquence affranchies de l'impôt foncier.

Il était aisé de prévoir que la distinction tout artificielle entre les fonds italiques et les fonds provinciaux s'effacerait peu à peu. Dioclétien ou Maximien, pressé par les besoins du fisc, soumit l'Italie elle-même à l'impôt [1]. Enfin, au point de vue du droit privé, l'assimilation ne devait-elle pas résulter de l'abandon des formes par trop solennelles et peu pratiques du *Jus Quiritium,* de la commodité et de la flexibilité du droit prétorien chaque jour plus puissant et plus répandu, de l'utilité d'adopter une règle, une procédure uniforme?

Depuis longtemps d'ailleurs le droit de suprématie, que s'était réservé l'Etat sur les provinces, était oublié et les habitants traitaient leurs terres comme tout Romain traitait les siennes. Déjà avant Justinien, le mot *dominium* était couramment employé comme synonyme de *proprietas* et s'appliquait aux fonds provinciaux comme aux fonds italiques [2]. L'empereur put même supprimer cette distinction, qui n'existait plus que dans les mots et non en fait, sans que personne s'en aperçût [3].

Qu'on appelle donc son droit *dominium* ou *proprietas,* le Gallo-romain jouissait du pouvoir le plus absolu sur sa terre. Les invasions germaniques ne devaient ni faire disparaître, ni altérer la nature de ce droit.

Le troisième élément, les Germains, semblables en cela à tous les peuples conquérants qui se disaient: « La conquête a été l'œuvre de tous, son profit doit être à tous, »

---

[1] Joann. Lydus, *De magist. Rom.* 1 ; Aurelius Victor, *De viris illustr. Cæsar,* 39.

[2] Nératius, L. XIII, *De acquir. rer. domin.*

[3] § 40, *De divis. rer.* — L. unic. Code, *De nud. jure Quirit.* VII, 25.

avant de venir en Gaule, ignoraient probablement la propriété individuelle.

Chez eux, à en croire Tacite et César, la propriété même
n'eût pas été fixe ; chaque année le magistrat assignait à
chaque famille une terre, et l'année suivante, on passait
ailleurs. « Ils proscrivent la propriété, afin qu'on ne s'at-
« tache pas au sol au point de laisser ses armes pour
« la charrue ; afin qu'il ne prenne envie à personne d'éten-
« dre les limites de son champ et qu'à la fin les grands ne
« chassent pas les petits ; afin qu'on ne pense pas à s'en-
« richir et à bâtir des logis trop somptueux ; enfin pour
« éviter les haines et les dissensions qui désolent un Etat
« quand l'ambition peut mesurer le pouvoir aux propor-
« tions de la richesse [1]. »

Etait-ce bien ces raisons de grande sagesse et de haute
philosophie qui avaient guidé les Germains, et l'historien
romain ne cherchait-il pas, en écrivant ces lignes, à donner une leçon de morale à la corruption et aux dissensions
dont la propriété était l'objet à Rome, bien plus qu'à donner les causes vraies de la collectivité germaine ? Quoi qu'il
en soit, il semblait prévoir et l'appropriation particulière
des terres, et la féodalité qui allait quelques siècles plus
tard en naître, et les luttes terribles qu'elle allait engendrer, « *qu'il ne prenne envie à personne d'étendre les limi-*

---

[1] Tacite, *Germania* 26 ; Cæsar, *De bello Gallico*, VI, 22.

Nous n'avons pas la prétention de rappeler ici, et encore moins de trancher
les discussions si savantes, qui ont eu lieu naguères à l'Institut, au sujet de la
propriété individuelle chez les Germains, entre les deux éminents historiens de
nos institutions, MM. Fustel de Coulanges et Glasson. Que le lecteur veuille
donc ne pas voir, dans ces lignes, plus que nous n'avons voulu dire.

« *tes de son champ et qu'à la fin les grands ne chassent pas*
« *les petits ; pour éviter les haines, et les dissensions qui*
» *désolent un Etat quand l'ambition peut mesurer le pou-*
« *voir aux proportions de la richesse.* »

Les Wisigoths, les Bourguignons, désireux d'améliorer
leur *modus vivendi* , tentés par la propriété foncière, s'in-
troduisent peu à peu les uns par le Sud, les autres par
l'Est, plutôt par insinuation que par violence, plutôt en
cultivateurs qu'en ennemis de l'agriculture et se font payer
leur travail en terres [1]. « Eo tempore populus noster man-
« cipiorum partem tertiam et duas terrarum partes ac-
« cepit [2]. » « Burgundiones partem Galliæ occupaverunt, dit
« en 456 Marius évêque d'Avenches dans sa *Chronique,* ter-
« rasque cum gallicis senatoribus diviserunt [3]. »

Ils devinrent donc propriétaires de ces deux tiers des
terres par un traité pacifique, par un partage fait sous les
auspices des fonctionnaires romains, et non par la conquête.
Comme ils les avaient reçus non de leurs chefs mais des
Romains, ces lots ne pouvaient être soumis à aucun assujétissement féodal. Les terres données aux envahisseurs et
celles qui restaient aux habitants étaient toutes possédées
au même titre, c'est-à-dire en pleine propriété, sans qu'aucune d'elles ait eu une supériorité quelconque sur les autres, elles étaient toutes franches èt indépendantes.

Les rois Burgundes et Wisigoths, comme les francs

---

[1] Zozime, (*Historiæ,* édit. Reitemeyer, Leipsig, 1784, p. 201, liv. III,) parle de four-
nitures de blé obtenues par Alaric.

[2] *Lex Burgundiorum,* LIV, 1, (Pertz, III) ; *L. Wisigothorum,* X, 1, § 8, 9, 16,
(dans Walter, I).

[3] Dans Bouquet, *Recueil des histor. des Gaules* II, p. 12.

d'ailleurs, donnaient non à titre de bénéfice, mais en pleine propriété, et les actes d'aliénation de cette époque, ventes, échanges, testaments, nous montrent un droit de propriété identique à celui du droit romain. Riche ou pauvre, chacun a sa maison, son champ, ses limites, sa propriété individuelle [1]. Il est surtout digne de remarque que les lois de ces peuples ne contiennent aucune disposition relative au bénéfice ; elles n'admettent, et ne paraissent connaître, que la propriété pleine, absolue, sans conditions et sans dépendance, celle qui est transmissible par héritage et par vente, celle enfin que les Germains trouvaient établie chez la population indigène. Les formules de ventes, les diplômes, les chartes montrent que du ivme au viime siècle le droit de propriété a conservé ces caractères essentiels.

Ainsi, à l'époque de l'invasion, la Provence, le Languedoc, la Guienne, le Dauphiné, c'est-à-dire tout le midi de la France, sont possédés selon la propriété romaine ; la dépendance qui devait constituer plus tard le fief y est chose tout à fait inconnue.

Dans le Nord, la Gaule fut envahie par les Francs. Eux aussi y arrivèrent désireux de jouir de la civilisation romaine, de la facilité des communications, de la fertilité des terres, de la paix relative qu'ils y trouvaient, toutes choses qui contrastaient avec les pauvres régions qu'ils quittaient. Sous Néron, nous voyons qu'un grand nombre d'entre eux sont attachés à la culture comme colons ou *adscriptitii*.

Les empereurs eurent l'idée de s'en faire des soldats. Les

[1] *L. Salica*, XXXVI, de Sepibus (Pardessus) ; *L. Burgund*, LV ; *L. Ripuariorum*, LX, (Walter, I) ; *L. Bajuvariorum*, XVII, (dans Pertz, *Leges*, III).

Romains étaient peu désireux de partir pour des expéditions aussi lointaines et aussi longues que les campagnes
qui se faisaient le long du Rhin ; les généraux s'attachèrent
donc des bandes germaines au titre de *læti* ou de *fœderati*.
Les *fœderati* étaient les hommes qui s'étaient engagés librement, ils conservaient leurs usages ; leurs chefs, étaient
logés chez l'habitant et *recevaient*, en rémunération de leur
service militaire, *l'annona*. Les *læti* étaient des vaincus trans-
portés sur une autre frontière ; on leur donnait des terres
qu'ils cultivaient et qui s'appelaient *létiques*, elles servaient
comme de remparts à l'Empire romain [1].

On sait comment les Francs-Saliens, qui avaient reçu de
l'empereur Julien, au milieu du ivme siècle, l'autorisation
de se fixer sur la rive gauche du Rhin en Toxandrie (Belgique), à la condition qu'ils défendraient cette frontière
comme alliés de l'Empire, franchirent un beau jour violemment ces limites et subjuguèrent une bonne partie de
la Gaule.

Là encore, la propriété ne subit aucune modification et
le bénéfice ne nous apparaît pas encore. Si, dans les chartes de cette époque, nous ne trouvons rien qui indique la
dépendance et la subordination féodale, il est, par contre, un
mot qui s'y rencontre fréquemment et sur les significations
diverses et successives duquel nous devons nous expliquer,
puisque c'est l'histoire de la terre qu'il désigne en dernier
lieu que nous nous proposons d'exposer dans cette étude.
Nous voulons parler de *l'aleu*. Mais quelles que soient les
diverses terres qu'il ait servi à désigner, n'oublions pas qu'il

---

[1] Alf. Gautier, *Histoire du Droit*, 1882, p. 81.

s'est toujours et uniquement appliqué à des terres franches, libres et possédées en toute propriété.

§ II. — *L'aleu avant la naissance du régime féodal.*

Les lois franques nous montrent à côté des *villæ*, dont la possession était indivise, la terre héréditaire qui s'appelait *salique* chez les Saliens, les Alamans, les Bavarois, les Saxons ; *Boc-land* chez les Anglo-saxons et *Alode* chez les Ripuaires.

Cette première propriété, que connurent les Francs, portait sur le domaine assigné à chaque guerrier, c'est à-dire sur la terre conquise, don de la victoire[1]. Elle était transmissible de mâle en mâle de façon à pouvoir être défendue par les armes.

---

[1] Certains auteurs, Montesquieu (*Esprit des lois*, XVIII, 22), Eckhard (LXII), Guérard (*Polypt.* prolegom. p. 118-120), avaient cru que la terre salique n'était que l'enceinte de la demeure comprise dans *le vol du chapon*. (*Sala* = cour et maison contigüe.) « Suam quisque domum spatio circumdat » (Tacite).

Il est possible que, tout à fait au début, c'est-à-dire à l'époque de transition entre la propriété collective et la propriété individuelle, lorsque cette dernière commence à se montrer, on ait entendu par terre salique uniquement cette enceinte restreinte au vol du chapon ; l'époque à laquelle vivait Tacite coïnciderait avec cette période de transition. Mais il est hors de doute que ces limites s'étendirent rapidement, et que, par conséquence, on étendit le mot de terre salique à tout domaine possédé en propre et héréditaire.

Un passage du *Liber possessionum* de l'Abbaye de Wissembourg énumère des terres saliques d'une grande superficie, plusieurs contiennent cent et deux cent cinquante hectares, ce qui ne saurait s'allier avec l'idée de cour intérieure de maison ou même de vol du chapon. (*Polyptique de Wissembourg* de C. Zeufs, Spire 1842).

Dans ce premier sens, l'aleu (*aluex, alodus, alaudum, alodium, alodis*) exprimait l'universalité du patrimoine [1].

Quelle est l'étymologie de ce mot ? Désireux de trouver en elle un argument ou pour ou contre la légitimité de la franchise générale des terres, les jurisconsultes du xviiime siècle se sont livrés à son égard à une orgie d'érudition poly-glotte, qui, effrayant un auteur moderne, lui faisait dire : «... Sans vouloir remonter aux sources de ce mot aussi difficile à trouver que celles du Nil... » On a même été dans ces recherches, jusqu'à faire dériver notre aleu *d'alauda*, l'alouette gauloise [2] !

Selon toutes probabilités, ce mot vient des deux radicaux *al = totum, integer*, et *od = bonum, possessio*. Ce sur quoi on a la pleine propriété [3].

---

[1] *Lex Salica*, LXII, 101, édit. Merkel ; *L. Angliorum* 1 ; *L. Bajuvar.* XI, 5 ; XVII, 2 ; *L. Ripuar.* LVI, 4 ; *L. Langobardorum rotha.* II, 8 et 9 (*Walter, 1*) ; Eichhorn, *D. St Rechtsgeschichte*, 65 ; Canciani, I, 2, p. 185 ; capitul. de 779, ch. V, (Pertz I, p. 36) ; Marculfe, formul. II, 10 et 14.

[2] Pithou, *Glossaire sur les capitul.* D'où il a tiré la possession essentiellement gauloise, c'est-à-dire indépendante. « Forsan alludere videtur ad hujus aviculæ morem in symbolis plerumque usurpatam, quæ ut a terra sese elevans, post aliquot crispante voce versiculos decantatos fœlici epodo Deum laudat ; ita allodium sit terra aliis sublimior, veluti quæ solum Deum ratione dominii recognoscat in superiorem. »

[3] Grimm traduit *merè proprium. (Deutsche Rechtsalterthümer*, Gœttingue 1828, p. 492) ; Schade, *Alt. deutsches Wœterbuch*, alod ; Amerbachius, *Epitome sur les constit. de Charlemagne.*

Loccenius fait remarquer, dans son *Explicatio peregrinarum aliquot dictionum juris feudalis*, que dans la plupart des dialectes du Nord la propriété est désignée par le radical *od, (Odhe, ode, odh) ;* Jean Stierntook, *De jure Suconum vetusto* V, 6, ; Pont-oppidan, *Hist. de Norwège*, p. 290 ; Canciani *Barbarorum leges antiquæ*, Venetiis 1781, III, p. 33, note 2 ; Aug. Thierry, *Lettres sur l'Histoire de France*, 1868, p. 134 ; Eichhorn, *Privarecht*, I, p. 355 ; Pardessus, *Loi salique*, Paris, Imprim. royale, 1843, in-4°, p. 538, et 693.

Les divers sens qu'eut successivement l'aleu, peuvent, sinon légitimer, du moins expliquer les diverses étymologies dont les auteurs l'ont gratifié.

La première propriété des Francs était exclusivement guerrière, disons-nous ; elle exigeait la capacité de porter les armes. Les deux premières rédactions de la Loi salique en effet, dans la disposition qui écartait les femmes de la succession, ne distinguaient aucune espèce de terres. C'était une disposition générale : *terra*. Mais, un siècle après la conquête, les Francs possédaient d'autres terres que celles prises par les armes ; ils en avaient achetées, ils en avaient reçues par succession d'autres personnes que de leur père, par donations, en présents de leurs chefs ; il n'y avait plus de raison dès lors d'exclure les femmes de ces domaines acquis *non jure belli*. Aussi, la rédaction de 595 fait-elle une restriction, dans son exclusion des femmes, à la *terra vero salica* ; pour les autres terres la femme est habile à succéder [1].

On prit donc l'habitude d'appeler *aleu* le patrimoine héréditaire, les propres (*allod, bonum paternum, avitum, hereditas*), par opposition aux acquêts (*attractum, bonum ex conquistu, conquestum*). On voit même dans plusieurs de

---

Si l'on remarque que tous les auteurs, jusqu'au milieu du xviiiᵉ siècle ont écrit *aleu*, par une seule *l*, on peut s'étonner que les écrivains postérieurs aient donné une autre orthographe au mot et aient écrit *alleu*. Comme il faut toujours simplifier le plus possible, et que nous avons pour nous et l'étymologie et les vieux jurisconsultes, nous n'hésitons pas à rompre avec cette orthographe dégénérée — communément admise cependant aujourd'hui — et nous continuerons à écrire *aleu*.

[1] Tout le monde connaît ce texte de la *Lex salica* (tit. *de alode*, LIX, 6, Édit. Behrend 1874). C'est celui dont on a tiré l'exclusion des femmes de la Couronne

ces actes les mots *hereditas* et *alode* employés alternative-
ment pour désigner la même terre.

Tandis qu'on pouvait librement disposer des acquêts, les
aliéner à titre gratuit ou onéreux, la disposition de l'aleu,
en tant que propre, rencontrait certaines restrictions fondées sur le *condominium* ou co-propriété du patrimoine
de la famille, telles que l'affatomie, le retrait lignager, la
réserve des deux tiers ou des quatre cinquièmes, au profit
des héritiers en cas de donation [1].

---

de France : « De terra vero salica in muliere nulla pertinet portio, sed qui fratres
fuerunt et ad virilem sexum tota terra pertineat. »

[1] Des acquêts la disposition était libre : « et quia emptio sua erat poterat eam
dare cui volebat, sine ulla contradictione. » (Galland, *Franc Aleu*, 1637, p.25).

Mais de ses propres, de son aleu par conséquent, il n'en était pas de même.

Les droits des héritiers furent garantis d'abord par *l'affatomie*. Cette cérémonie
donnait une publicité et une solennité spéciale à la transmission faite dans le
mallum ou assemblée des hommes libres, au moyen de la *festuca*, et faisait ainsi
connaître aux intéressés l'acte qui aurait pu les léser. Le dessaisissement du donateur devait être actuel et public, mais le donataire ne prenait pas possession
immédiate, car le dessaisissement était fait en faveur d'un intermédiaire, d'un
tiers, qui gardait *intra duodecim menses*, l'objet aliéné; au bout de ce délai — durant lequel les héritiers pouvaient réclamer, — le tiers en saisissait dans le *mallum*
ou devant le roi le véritable donataire, et les héritiers étaient forclos. Trois témoins étaient nécessaires pour affirmer l'observation de chacune de ces formalités·
(Chartes, annis 819, 837 dans Galland, p. 21).

Cette transmission de l'aleu sous la garantie de *l'affatomie*, de la *festucatio*,
solennellement, en public, dans le *mallum*, devant témoins avec dessaisissement
actuel, opposée à la transmission des acquêts se faisant librement et de toutes
façons, même non publiquement et par tradition, ne fait-elle pas songer à la
différence de transmission des *res mancipi* et des *nec mancipi* ? Ces formalités, en
tout semblables à celles dont se servaient les Romains pour la transmission des
res mancipi (mancipation, testament *calatis comitiis* et *in procinctu*, affranchissement *vindicta*, devant témoins, au tribunal), nous avaient fait pencher, au début
de nos études sur ce sujet, en faveur du système qui trouve l'origine de l'aleu
dans le *jus italicum*. Dans les provinces *juris italici*, où les terres sont *res
mancipi*, les modes solennels sont exigés, tandis que dans le reste de la Gaule les
terres étant *nec mancipi* sont transmissibles sans modes solennels, mais aussi

Dans les chartes des VIe et VIIe siècles on trouve fréquemment :

« Ce bien est ma propriété particulière, c'est-à-dire mon aleu. »

sont non susceptibles de propriété quiritaire. Ne faut-il pas voir dans cette analogie de modes de transmission, disions-nous, l'origine de l'aleu dans les *res mancipi*, c'est-à-dire dans le *jus italicum ?*

Après mûre réflexion, nous avons cependant changé d'avis. Comme nous le verrons, en étudiant la légitimité de l'aleu et le système du *jus italicum*, trop de raisons combattent contre ce système pour que nous puissions l'adopter.

Quant à cette analogie de modes de transmission, ne s'explique-t-elle pas uniquement, par l'idée que les propres, c'est-à-dire l'aleu héréditaire de famille, étant considérés comme ayant généralement une valeur plus grande que les acquêts, bien acquis accidentellement, il fallait rendre leur transmission plus solennelle ?

Un peu plus tard, ces formalités furent supprimées et l'affatomie fut réduite à une simple tradition symbolique dans le *mallum*. Mais alors il fallut la présence et le consentement des héritiers du donateur. Car par la *festucatio*, celui-ci ne faisait que de se dépouiller lui-même, mais restaient les droits de ses parents qui pouvaient faire annuler l'acte. Aussi le consentement de ceux-ci devait-il être donné solennellement et publiquement. « Laudantibus et concedentibus » portent les chartes de ce genre, (annis, 997, 1055, 1220 dans Galland ; chartes du XIe siècle dans Mœser, *Osnab. Gesch.* t. II, p. 269 ; Guérard, *Polyptique d'Irminon*, p. 340 : «...sed cum hæc donatio minorem firmitatam habere videretur eo quod justus heres, frater videlicet ejus Temo, ut pote vulnerum infirmitate detentus, præsens non esset, sed nuntius ejus, iterum constituto die in comitatu Adalgeri, idem Everhardus, præsente et consentiente et collandante fratre ejus Temone justo herede...) Quoique Eichhorn, *Privatrecht*, p. 401, soit d'un avis contraire, il faut penser avec Bluntschli, p. 91, et Laboulaye, que cette nécessité de la présence des héritiers est de l'esprit du droit germanique. Les héritiers dans certains pays doivent même se dessaisir par *raim et baston* (*Ancien coutum. d'Artois*, édit. Tardif, Picard 1880, ch. XXIV) ; quelquefois, surtout pour les donations aux églises, il faut une tradition symbolique « guerpum ponere super altare »(Guérard, *Cartulaire de S¹ Père de Chartres*, p. 251 ; chartes, annis 1086, 1096, 1102, Galland, p. 22,

Chose bizarre, cette confirmation est exigée non seulement de l'héritier le plus proche, mais encore de tous les successeurs, même les plus éloignés. « Uxorem suam filios et successores suos donum istud laudare fecit. » (Charte de

« L'héritage paternel que les gens de notre pays appellent aleu ou patrimoine... »

« Je lègue cette terre qui m'est échue par aleu de mes parents... »

1082, dans Perreciot, *De l'état civil des personnes et de la condition des terres en Gaule*, 1845, preuves nº 5). Acte de vente de 1154 faite aux Chanoines du Saint-Sépulcre à Jérusalem, confirmé par le roi Beaudoin : « Ut autem hæc venditio firmior remaneat... concessit eam frater suus Balianus et non minus mater sua et soror ejus avunculi etiam sui..., etc... » Charte de 1161 : « Laudantibus et concedentibus uxore mea et filio meo cum uxore sua, filia quoque mea uxore videlicet Hugonis, nec non ipso jam dicto Hugone, omnibusque aliis quos præsentis venditionis videtur pertinere concessio, vel in posterum venditæ hereditatis possessio... (Cf. Beugnot, *Assises de Jérusalem*, p. 519, 523) ; Meichelbeck, *Historia Frisingensis*, p. 28 et 32 ; Sydow, *Erbrecht des Sachsen Spiegels* I, p. 181, 241).

Quand l'un des héritiers était un enfant à la mamelle on allait tout de même chercher son consentement, le père se portait fort pour lui. (Guérard, *Cartulaire de St Père de Chartres*, p. CCXXII : charte anno 1219, dans Walter, *Deutsche Rechtsgeschichte*, § 445).

Cette confirmation fondée sur le *condominium*, était une véritable saisine, elle fut remplacée un peu plus tard par une réserve sur les propres, accordée aux héritiers ; réserve des 2/3 ou des 4/5 pour les actes à titre gratuit, et par le retrait lignager pour les actes à titre onéreux, droit de préférence qui existait aussi en Allemagne, en Espagne et même en Orient où le fief était inconnu, sous le nom de *jus protimeosos*.

Il n'y avait d'exception à cette nécessité du consentement des héritiers, que pour les donations faites au roi ou à l'Eglise (*Lex saxon.* tit. XV, § 1), et encore en fait, s'en munissait-on pour éviter des difficultés futures. Galland cite une pièce du chartulaire de Vendôme dans laquelle il est dit qu'une femme avait à Vendôme un aleu dont moitié lui venait de son père, et moitié de sa mère. Elle voulut le donner moyennant une pension viagère, elle put donner à qui elle voulut la partie lui venant de sa mère, mais, pour celle du côté de son père, elle ne put le donner qu'à un monastère parce que ses enfants ne voulaient pas consentir.

Il ne faudrait pas croire que ces dispositions relatives aux propres fussent exclusivement l'apanage de l'aleu. Lorsque les fiefs et les censives furent héréditaires, ils furent soumis aux mêmes restrictions que les aleux pour les aliénations gratuites et onéreuses. Le livre des fiefs dit en effet : « Alienatio feudi paterni non valet etiam domini voluntate nisi agnatis consentientibus. » (*Liber Feudorum* II,

« Quidquid tam de alaude parentum quam de relicto visus sum tenuisse... [1] »

« Quidquid infra terminos, aut extra terminos tam de
alode aut de comparato, aut de quolibet attractu, ad me legibus obvenit. [2]»

« Ancilla mea quam de alode habeo... [3] »

« Alaudum meum sive hæreditatem quam dedit mihi pater meus et mater mea in die nuptiarum mearum.

« Alodum meum proprium quem hæreditavi. [5]»

« In alodem relinquere, transire in alodem. [6] »

« Tam de alode quam de comparato. [7] »

« Ex alote parentum meorum.... [8] »

« Res meas proprias quæ tam ex alodio quam ex con-
« questu mihi legibus advenerunt. [9] »

Ce sens d'*aleu* s'accommoderait de l'étymologie donnée par

XXXIX). Réciproquement, lorsque l'aleu ne fut ni propre, ni patrimonial, lorsqu'au
lieu d'être acquis par succession, il l'avait été par donation ou par vente, il était
acquêt et pouvait être aliéné en toute liberté.

[1] Marculfe, II. 11.

[2] Anno 799, Bouquet, V, p. 760 ; *Cartul. de l'Abbaye de St Denis*, p. 29, anno
766.

[3] *Formul.* de Rozière 64, Auvergne. Cet exemple prouve que le mot aleu s'appliquait non seulement aux terres, mais encore à tout ce qui était tenu héréditai-
rement.

[4] *Tabular. Deiparæ Santonensis.*

[5] Geoffroi abbé de Vendôme, I epistol. 2 ; Grégoire de Tours, *Hist. Franc.* édit.
Ruinart 1699, III, 15 ; *Pancharta nigra Turonensis* apud Beslium, p. 209 ; *Chronic. malleacensis ;* Joannes pap. epist. 108, 129.

[6] *Chart. Parensal* 21 ; Eadmerus, *Hist.* I, p. 18.

[7] De Rozière, *Formul.* 130, 136, 248 ; Bignonius, p. 250, 379 ; Lindenbrog, ch.
17, 18, 49, 66.

[8] De Rozière, *Recueil général des formules usitées dans l'empires des Francs,*
1859, I, formul. 260, Anjou.

[9] H. Doniol, *Cartulaire de Brioude*, Clermont Paris 1863, p. 53 et 72.

Raguellus Wendelinus : *alder* = qui vient des ancêtres
(*ald* ancien). Jean Aventin dans son *Glossaire*, et Bignon
dans ses Notes sur Marculfe, donnent la même origine : *ael*
= légitime et *lod* = *onus* ou *laden* = *tollere*. Rhenanus et
Vadianus la trouvent dans *an lodt* « quod ea bona familiis
« velut coagmentata et conjuncta essent ex *aen* et *lodt, ad*
« *sortium* sors quæ ad aliquem pervenit familiæ erciscun-
« dæ judicio. » le bien inséparable de la famille, *anlot*[1].

Dans l'un ou l'autre ce ces sens, comme synonyme de
terra salica, ou comme désignant un objet patrimonial, le
mot aleu s'appliquait toujours à des biens possédés en
pleine propriété, perpétuellement, essentiellement familiaux,
héréditaires, et sur lesquels leur détenteur avait un pouvoir
absolu : les biens par excellence. « Hinc francum-alodem
« vocavere fundum omnem, omnem agrum quem homo
« francus a majoribus sibi transmissum, optimo jure, et
« summa immunitate possidebat » dit Adrien de Valois.

Considéré sous ces caractères, l'aleu n'est-il pas aussi
vieux que l'institution de la propriété privée territoriale ?
Ce fut cette signification qui lui resta. Au VIIe siècle, lorsque les rois prirent l'habitude de faire à leurs compagnons
d'armes, aux *ahrimans*, des concessions temporaires et
révocables de domaines sous le nom de *bénéfices*, le terme
d'aleu, qui jusqu'alors avait servi à désigner les biens pa-
trimoniaux héréditaires et perpétuels, s'opposa à merveille
à celui de *beneficium* qui avait les qualités contraires. Voici
comment Canciani raconte cette évolution :

---

[1] *Rerum germanicarum* II ; Guizot, *loc. citat,* p. 77. ; Zpœfl. *Deutsche rechtsgeschichte,* Brunswick; 1872, III, p. 140.

« Les mots *proprietas* et *fiscus*, dit-il, exprimaient deux
« espèces de biens et la division principale des choses qui
« était admise à cette époque, car tous les biens étaient
« propres ou fiscaux. Les biens propres, ou propriétés,
« étaient ceux qui n'étaient soumis au droit de personne
« et qu'on possédait au titre le meilleur et le plus excellent,
« pour cela ils passaient aux héritiers. Les biens fiscaux,
« appelés bénéfices ou biens du fisc, étaient ceux qui, concé-
« dés le plus souvent par le roi, plus tard par d'autres
« personnes, étaient soumis à des charges et à des services
« déterminés et qui finissaient à la vie du concession-
« naire.

« Les biens propres ou propriétés se divisaient en deux
« espèces : l'une formait un aleu ou une hérédité, c'est-à-dire
« un bien propre paternel ou maternel. L'autre ne prove-
« nait pas des parents, mais, acquise par le travail et
« l'économie de chacun, elle était appelée conquêt ou ac-
« quêt. Dans la suite, on donna le nom d'aleu aux choses
« acquises, et de là il arriva que les fonds alodiaux, exempts
« de charges, qui ne devaient ni foi ni prestations, furent
« ainsi appelés généralement, à la différence des fiefs; et c'est
« dans ce sens que le mot aleu est encore pris dans notre
« droit[1]. »

---

[1] Canciani *Barbarorum leges antiquæ*, Venetiis 1781, I, 2 ; II, p. 185, super
proprietate et *fisco*. En voici le texte :
« His verbis duæ notantur bonorum species et veluti maxima rerum divisio
quæ eo sæculo recepta erat. Omnia namque prædia aut propria erant aut fiscа-
lia. Propria, seu proprietates, dicebantur quæ nullius juri obnoxia erant, sed optimo maximoque jure possidebantur ideoque ad heredes transibant : fiscalia vero
beneficia sive bona fisci vocabantur, quæ a rege, ut plurimum, posteaque ab aliis

Enfin, lorsque au ixme siècle, le capitulaire de Kiersy-sur-Oise proclama le triomphe de la féodalité en établissant en droit ce qui existait déjà en fait depuis quelque temps, l'hérédité des fiefs, le mot d'aleu qui avait été jusque là opposé au bénéfice viager, continua à être opposé au bénéfice héréditaire, au fief[1]. Ce terme était bien un peu spécialisé : en effet, aux viie et viiie siècles, il était synonyme de patrimoine, de terre héréditaire, or le bénéfice étant devenu lui-même héréditaire, le terme d'aleu aurait pu s'appliquer désormais à lui, aussi bien qu'au patrimoine non bénéficiaire. Mais, c'est l'usage et non l'étymologie qui fait la signification des termes[2]. Combien plus l'aleu des ixe et

---

ita concedebantur, ut certis legibus servitiisque obnoxia, cum vita accipientis finirentur.

Rursus proprium seu proprietas duplex, alia quippe alode seu hereditas proprium paternum aut maternum erat. Alia non a parentibus accepta, sed labore et parcimonia cujusque comparata, ex comparato, aut ex conquistu dicebatur : sed postea etres comparatas *alodii* nomine vocaverunt ; eoque perventum ut alodia liberi juris prædia, quæ nec fidem nec pensitationem deberent, generaliter dicta sint, ad feudi differentiam, quo sensu alodii vocabulum adhuc hodie jure nostro usurpatur. »

La même distinction est reproduite dans le chap. XII du livre I des *Formules de Marculfe*, p.197, note 4, dans laquelle Canciani prouve encore cette distinction entre les aleux ou propres et les conquêts.

[1] A cette époque on employait parfois comme synonymes de franc-aleu les expressions de *bona burgensia* ou *burgensatica*. « Alodia in præsenti regno dicuntur burgensatica seu burgensia, in quibus nullum jus princeps habet nisi protectionis et supremæ jurisdictionis. » Benedicti, in cap. Raynutius II, 6 ; Mathæus De afflictis, Fiefs II, 26, 27.

Mathieu Paris et Dominicy (IX, 11), disent qu'en Angleterre ces mots servaient plus spécialement à désigner les fiefs sans justice.

[2] Lorsque les fiefs furent devenus héréditaires, on employa cependant quelquefois le mot *aleu* pour les désigner : « tel fief que je tiens en aleu ou à la manière des aleux, *lege allodiorum*. » Cela signifiait que ce fief était héréditaire, mais cette acception était tout exceptionnelle.

xᵉ siècles est loin de l'aleu des vᵉ et vıᵉ ! Qu'on se rappelle qu'à cette époque il désignait la propriété guerrière et qu'il supposait, comme il exigeait, la capacité de porter les armes. Il a bien changé, puisque dans une évolution de trois siècles il en est arrivé à désigner juste l'opposé, la terre qui n'est pas soumise à l'obligation militaire !

Tel est le dernier sens du mot aleu, sens qu'il conservera jusqu'en 1789, il sera mis en opposition avec le bénéfice, avec le fief et, à la différence de celui-ci, il désignera la pleine propriété, le bien sans seigneur, l'immeuble soustrait à la hiérarchie et aux prestations féodales, libre, indépendant [1].

Au xııᵉ s. on prit l'habitude de faire précéder le mot aleu de celui de *franc* pour le distinguer du fief héréditaire « fief tenu en aleu. » Ce qualificatif plaisait et subsista, alors même que le fief héréditaire ne fut plus dit tenu *lege allodiorum* parce que cette épithète affirmait une fois de plus la franchise dont jouissait l'aleu. (Miræus, *Donat. belg.*, cap. 82).

[1] Capitul. de 817 c. 4. (Pertz, *Leges* I, p. 214) ; Marculfe *Formul.* II, 5 et 6 ; *Chronicon Besuense* p. 560 ; *Cartul. de Vendôme*, chartes de 1028, 1047, 1079 ; *Monastic. anglic.* charte de Guill. de Normandye, anno 1032, t. II, p. 959 ; charte de Foulques d'Anjou 1033 ; de Guichard évêque de Mâcon de 1169, du sire de Scey, anno 1204 dans Perreciot. — Daniel, *De la milice française*, III, 2, p. 78 ; Mœser, *Osnabruch Geschichte*, III, 119.

C'est à ce dernier sens que peuvent se rattacher les étymologies suivantes :

Hickesius le fait venir du dialecte scandinave et goth. *All.* = tout, *lod* = usufruit.

Vossius (*De vitiis sermonum* II, 2), du flamand *alout* = ancien. « Quod jam antiquis temporibus possessum sit tanquam proprium, non vero obtineatur regio beneficio, propter quod hommagium debeas. »

Dominicy (*De prærogativ. allod.* V 12,) de *ohn leiden* = sans subjection, de *leiden* souffrir, être soumis.

Hauteserre (*De origine et statu feudorum*, VIII), de *aldii, aldrones, adodiones*, = bien affranchis.

Bodin (*De republ.* I, 9) d'*aldius* ou d'*aldia*, qui, dans la loi des Lombards, a aussi

C'èst alors que l'on appela de ce nom, même les acquêts qui n'étaient assujettis à aucun devoir d'hommage, par opposition à ceux qui y étaient soumis. Au ıxᵉ siècle il y a des aleux d'acquêt, et l'on trouve : « Terram quam acqui-« sivi in alodum de potestate Sancti Mauricii et S. Petri « foras portam dimitto nepoti meo Stephano : heredita-« rium vero alodum meum dono filio meo et ecclesiæ Sanctæ « Andreæ unde ipse est monachus [1]. »

«... Et illorum alodes de hereditate et de conquisitu [2]... »

«... Ut in mansis suis de alode vel naturali, vel comparato, « feminas habeant [3]... »

---

le sens d'affranchi. Cette étymologie s'appliquerait aux aleux dè concession mais non à ceux d'origine.

Spelman (*Glossarium archaiologicum*, Londres 1687), de *a leod* = populaire ; le bien du peuple opposé au *prædium dominicale*.

Cujas (*Des fiefs*, II, 17), et Hotman (*De verbis feudal.*), de *a leudis*, qui appartient à des non vassaux. «Sine lode est possessor et nemini est leodes aut vassallus.» L'aleutier est ainsi nommé parce qu'il n'est ni le leude ni le vassal de qui que ce soit.

Dumoulin, Budée, Alciat, Hadrianus Juinus donnent à peu près la même origine : *a laudatione auctoris*. L'aleutier n'a besoin de reconnaître son aleu de personne. « Qui prædia eo jure habent laudare, hoc est nominare auctorem suum, nemini tenentur. »

Caseneuve lui donne pour étymologie *a los* = sans partage, en dehors du sort. (*Los* = *sors* en tudesque). Les terres données aux Barbares s'appelaient *sortes* (Sidoine Apolinaire, LVII, 6 ; Procope *Lex Burgundior*. VI, 1 ; LXXXIV,1 ; *Lex Visigothorum*, VIII, 5 § 5. « Qui sortem suam concluserit et aliena pascua absente, domino invadit. ») Or, comme ce sont les terres données aux Barbares qui ont donné naissance au bénéfice et au fief, l'aleu est le bien opposé an fief.

[1] Saint André de Vienne, 7.

[2] *Capitul. de Charlem.* p. 241 ; Edit de Pistes anno 864, cap. 22 ; Pertz, p. 108, 247, 318, 345, 389, 394, 472.

[3] Hincmar remensis, *Opusc.* 53.

« De illorum alode quæ ex conquisto illis advenit,
« mansos[1]... »

Ainsi donc, si nous nous plaçons au VIIe siècle et si nous
analysons l'aleu, nous voyons : d'abord que ce n'est pas
une terre, mais le droit en vertu duquel on le possède ; que
ce droit n'est pas le privilège d'une classe particulière de
personnes, mais qu'il appartient indistinctement à tous ceux
qui peuvent être propriétaires.

Que ce n'est pas la terre du guerrier, qu'elle n'est pas
conquise par l'épée, que ce n'est pas un signe de noblesse,
qu'il peut appartenir indistinctement à l'ecclésiastique
comme au laïc, au puissant comme au pauvre ; que nulle
race[2], nul sexe, nulle classe n'en est exclu ; que, s'il est
exempt de toute redevance privée, il ne l'est ni des impôts
ni des charges publiques ; qu'il est la règle générale de
tenure du sol ; *qu'il est donc la vraie propriété dans le
sens le plus puissant du mot, dans le sens du droit romain.*

Cette identité de caractères — perpétuité, hérédité, trans-
missibilité à volonté, indépendance de tout domaine éminent, de toute obligation envers un particulier — c'est ce

---

[1] *Tabular. Brivatense*, cap. 277.

[2] Comme on a fait remarquer que le mot *aleu* se trouvait surtout dans les actes
latins (voy. Fustel de Coulanges, *H^re de la civilisation* I, p. 466), certains auteurs
ont cru restreindre ce privilège aux Gallo-romains, ainsi Montlosier, *H^re de la
monarchie française depuis son établissement jusqu'à nos jours*, 1814, p. 10 et 17.
Voir Pardessus, *Diplomata Chartæ* 1843, p. 540 et Schœffner *Geschichte der Rechtsverfassung Franckreichs*, 1859, I, p. 273.

La soumission des Romains à l'impôt foncier dont les Francs sont exempts, n'empêche pas toutefois dans la monarchie franque, les propriétés romaines d'être alodiales, car l'État n'y a point de domaine éminent, et l'impôt foncier n'entraîne à
cette époque aucune idée de dépendance pour les terres qui en sont grevées.
(Garsounet, *H^re des locatious perpétuelles*, 1882, p. 209).

qui caractérisera l'aleu tant qu'il vivra. Malheureusement il vivotera désormais plutôt qu'il ne vivra, car à côté de lui naît au viie siècle le bénéfice.

Celui-ci n'existe encore qu'à l'état de germe, d'exception, mais, dans deux siècles, les proportions seront changées et la féodalité enserrera peu à peu l'alodialité jusqu'au point de l'étouffer à peu près complétement, de faire disparaître tous les aleux dont les possesseurs ne sont pas assez puissants pour lui résister, c'est-à-dire le plus grand nombre. C'est la période du régime féodal. Le fief est né au détriment de la franchise des terres, il va se nourrir du sang de l'aleu, il va croître et grandir jusqu'à annihiler presque complétement le grand principe de la propriété, jusqu'à le faire disparaître. Quelques grands aleux resteront, il est vrai, mais ils seront si peu nombreux à la fin du xviiie siècle, étant donné que la classe des aleutiers diminuait sans se recruter, qu'on se fera une arme de ce petit nombre pour supprimer ceux qui subsisteront encore.

Voyons comment c'est l'aleu qui a fait la force du fief, c'est-à-dire étudions l'origine du régime féodal.

CHAPITRE II

§ I — *Apparition du bénéfice.*

Le bénéfice était, comme nous l'avons déjà dit, une concession du sol dans laquelle le cédant stipulait, en retour de l'immeuble donné, des redevances ou des prestations personnelles. C'était à l'origine une possession en dehors du droit civil, précaire, révocable, concédée à la prière du concessionnaire, qui établissait entre celui-ci et le cédant un lien de dépendance dont la durée finissait avec la jouissance de la terre. Sans faire remonter le bénéfice franc au bénéfice militaire romain, qui était héréditaire, perpétuel et non point viager, on en trouve cependant l'origine dans un usage romain, dans la possession précaire due à une concession gracieuse [1].

---

[1] Birbaum, *Die rechliche natur der Zehnter.*

Les auteurs dissidents disent que la précaire était, non l'origine du bénéfice, mais

La précaire romaine était devenue très en usage à la fin de l'empire sous le nom de *fundorum patrocinia*. Si, en effet, les premières invasions germaniques n'avaient rien changé à l'état de la propriété en Gaule, parce qu'elles avaient eu lieu presque pacifiquement, à la longue, en se répétant, elles devinrent, surtout dans le Nord, un danger permanent, et, par le fait, firent rapidement progresser dans ces contrées l'usage des *patrocinia fundorum aut vicorum*.

On se rappelle l'invasion terrible de deux cent mille Germains, causée par la poussée des Huns. Avec l'insécurité qui résultait de ces incursions, plus fréquentes à mesure que l'Empire faiblissait, on vit apparaître le patronage. Poussés par le besoin de trouver un défenseur, non-seulement les particuliers se donnaient à quelqu'un qui les protégeât (patronicia fundorum), mais même des contrées entières, surtout dans le Nord, — le midi resta toujours, à cause de son éloignement du Rhin, à l'abri de ces incursions — se donnaient à un senior et formaient de la sorte les « patronicia vicorum [1]. »

Ainsi, peu à peu, le lien qui obligeait l'individu envers l'Etat faisait place à des liens envers un particulier. Salvien nous montre ce mouvement déjà en pleine activité sous Constantin. Les empereurs comprirent bien le danger, mais

---

celle du cens ; en effet, disent-ils, elle ait soumise aux prestations pécuniaires tandis que le bénéfice était un usufruit concédé à charge de service d'armes. La précaire n'était pas révocable, le bénéfice l'était. Nous voulons bien que la précaire à titre onéreux ait ces caractères-là, mais le plus souvent la précaire était à titre gratuit, le donateur n'exigeait rien en retour et la donation était révocable, aussi disons-nous que l'origine du bénéfice peut se trouver dans *la précaire due à une concession gracieuse*.

[1] De Rosière, *Formul.* I, 239, 329, 330, etc...

ils étaient trop faibles pour empêcher le mal de s'aggraver chaque jour, et, plus que jamais, l'ennemi était menaçant. C'est en vain que le Code Théodosien (*De patrociniis vicorum* L. XI. tit. XXIV, L. 5,) frappe d'une amende le patronage, et même de confiscation les biens du *senior* et ceux du *client ;* au milieu de la désorganisation générale, un courant irrésistible porte les choses vers le régime féodal, au détriment de l'Etat et du pouvoir public.

Voilà d'où est sorti le bénéfice. Il a été transmis aux Barbares, comme la propriété pleine et entière, par Rome.

Ce mot pris dans une acception un peu plus large devint promptement synonyme d'usage, d'usufruit (Marculfe), soit qu'il désignât la jouissance des terres laissées aux vaincus moyennant tribut, soit qu'il s'appliquât aux biens distribués aux officiers royaux, aux leudes, en récompense de leurs services, aux biens qui composaient autrefois les terres du fisc impérial, c'est-à-dire aux *fiscalia* dont parlait Canciani.

Voilà l'apparition du bénéfice, voilà le germe du régime féodal qui va rapidement croître et dévorer l'aleu. N'est-ce pas d'ailleurs la règle commune que les grands absorbent les petits ? Nous allons donc assister à un double mouvement.

D'une part, les plus puissants chercheront à faire disparaître les aleux des moins puissants, à les convertir en bénéfices sur lesquels ils s'arrogeront la suprématie, qu'ils soumettront à des redevances féodales.

De l'autre côté, ces mêmes puissants, alors même qu'ils tiendront leurs terres non en aleux mais en bénéfices, c'est-à-dire alors qu'ils seront tenus par un lien de dépendance

envers un suzerain, chercheront à s'affranchir et à convertir
leur bénéfice en aleu.

C'est ce double mouvement parti de la classe des seigneurs vers le haut et vers le bas qui va créer la féodalité.

Ce mouvement, que nous allons observer pour l'aleu, est
le mouvement commun à toutes les tenures, et le fief obéit
au même principe que *l'ager publicus*, que l'emphytéose,
que le bénéfice, que la censive. La nature même du bénéfice
devait engendrer un combat perpétuel entre le seigneur et le
vassal ; l'agriculture appelle la perpétuité ; l'usufruitier veut
être propriétaire, le donateur, à la mort du fidèle, veut reprendre ces terres qui font sa puissance. C'est là l'histoire
du bénéfice et des tenures viagères. A côté du droit de propriété il y a un fait important qui finit à la longue par dominer le droit lui-même, parce qu'il est plus visible, plus
tangible que lui, c'est la possession, c'est la culture. « Sur
« cette terre fécondée par vos sueurs, dit M. Ed. Laboulaye,
« sur ce sol que vous avez bâti, que vous avez planté, vous
« avez un droit que chaque année rend plus sacré, le droit
« du travail, origine de la propriété même. Il vient un mo-
« ment où ces intérêts se sont développés si puissamment sur
« le sol qu'il y aurait une injustice extrême à dépouiller le
« possesseur au profit du propriétaire. La loi prend alors
« en main la cause du colon ou du bénéficiaire. La pro-
« priété se divise, le sol reste au colon, tandis qu'une re-
« devance conserve le droit paralysé du propriétaire.

« Mais cette redevance devient plus insupportable à me-
« sure que le droit du propriétaire s'efface davantage dans
« le lointain des années ; ce n'est plus qu'une charge du
« fonds qui grève la propriété nouvelle et qui finit par se

« racheter ou s'éteindre. Le fief remplace le bénéfice ; la
« censive, le précaire ; la propriété remplace le fief et la
« censive ; c'est là une de ces révolutions périodiques qui se
« reproduisent chez les peuples anciens comme chez les
« nations du Moyen Age. La concession, la redevance, la
« propriété, ce sont les trois grandes phases que les classes
« pauvres ou esclaves ont successivement parcourues pour
« arriver à la liberté, et de la liberté à la puissance [1] ! »

Sous les deux premières races, grâce à la faiblesse de la
royauté, le second mouvement que nous avons indiqué est
très accentué, les seigneurs s'affranchissent en toute liberté.
Mais, à mesure que le roi prend de l'autorité, il parvient à
entraver cette tendance, et au xviiime siècle le roi aura re-
conquis la majeure partie de ses prérogatives.

Quant au premier mouvement commencé avec le *patro-*
cinia, il ne s'arrêtera guère ; la royauté d'abord sera impuissante à protéger ces humbles contre les seigneurs ; plus
tard, quand elle le pourrait, elle cherchera, au lieu de l'entraver, à le faire tourner à son profit.

§ II. — *Premier mouvement : conversion de l'aleu en fief*[2].

Les causes qu'on peut donner au premier mouvement,
c'est-à-dire celles qui contribuèrent le plus à transformer

---

[1] Ed. Laboulaye, *Hist. de la propriété foncière en Occident*, Durand 1839.

[2] Nous ne voulons pas dire que ce mouvement fut le premier *chronologique-*
ment. Au contraire, bien qu'ayant existé concurremment, les conversions des
grands bénéfices en aleux se sont-elles probablement manifestées les premières, en

la propriété alodiale en propriété bénéficiaire, en un mot à fonder le régime féodal, sont au nombre de trois :

1° Le souvenir des mœurs germaniques et l'usage romain des *patrocinia fundorum.*

2° Certains avantages qu'à certains moments les propriétaires trouvaient dans la recommandation.

3° La violence et l'intérêt des grands.

·Ne faut-il pas voir en effet, dans ce mouvement — qui fût, nous le dirons tout à l'heure, infiniment plus accentué au Nord que dans le Midi — un reste de l'esprit germain d'association? Chez ces peuplades, le guerrier s'enchâînait à un chef par un lien naturel de protection et de fidélité. Tandis que le grand propriétaire romain était jaloux et absolu dans ses jouissances, qu'il lui fallait la solitude, que la présence de cultivateurs, d'hommes libres — l'esclave n'était pas un homme — le gênait dans ses débauches, le propriétaire germain au contraire avait soif de commandement ; il lui fallait des compagnons, des soldats à la tête desquels il pût se mettre ; tandis que le Romain voulait la propriété, lui désirait surtout la suzeraineté. S'il enviait le domaine de l'homme libre, c'était pour avoir un soldat de plus; il attirait à lui des compagnons en leur distribuant, en récompense de leurs services, des terres, des habitations, et c'est le Germain que l'histoire appelle le barbare !

Pratique singulière et bien caractérisque de cette époque que la recommandation ! Elle nous explique comment les

---

tous cas, elles se sont arrêtées devant la puissance royale rétablie, alors que les concessions d'aleux en fiefs étaient encore fréquentes. Nous suivons cet ordre d'explication parce qu'il ménage mieux les transitions et facilite notre exposition.

bénéfices s'acrurent si rapidement, comment les aleux furent convertis si promptement en bénéfices, phénomène important qui, en faisant de la condition bénéficiaire l'état général de la plupart des propriétés, amena le fief.

La recommandation, comme on le sait, était le choix libre que tout guerrier se faisait d'un chef à qui il consacrait sa personne et sa vie. Ce bien, fondé sur des obligations réciproques, pouvait chez les Wisigoths être rompu par le recommandé, pourvu que celui-ci restituât à son chef ce qu'il en avait reçu, mais chez les Francs il était perpétuel sauf quelques cas exceptionnels visés par les Capitulaires de Charlemagne et par les Etablissements de Saint-Louis.

Les Gallo-romains aussi avaient connu, comme nous l'avons précédemment montré, le germe de la recommandation dans les *patrocinia fundorum*. Est-il donc étonnant que, les circonstances aidant, ce mode de tenure prît une rapide extension ?

Au debut, la recommandation était purement volontaire de la part du recommandé. Marculfe nous donne la formule par laquelle le concessionnaire faisait donation de ses biens au roi, à un seigneur ou à un monastère en priant que cet objet lui soit rendu à titre de bénéfice, et celle par laquelle on lui accordait ce qu'il désirait [1].

Cette opération indique dans quel état de troubles on se trouvait alors. Avec ces luttes continuelles entre les peuples germaniques, avec les incursions de chaque instant des Sarrazins, des Normans, l'homme était sans sécurité aucune ; il préférait faire abandon de sa propriété afin d'obte-

---

[1] Marculfe, *Formul.* I, 13.

nir la protection armée d'un puissant, la royauté étant in-
capable de la lui garantir. Lorsque la sécuriré du côté de
l'extérieur n'était pas menacée, c'était les grands propriétaires qui guerroyaient les uns contre les autres ; en temps
de paix,les petits possesseurs d'aleux étaient en butte aux
tracasseries de leurs voisins puissants [1], et avoir un protec-
teur devint une nécessité.

D'ailleurs,dans certains cas,il était plus avantageux d'être
possesseur de fief, que possesseur d'aleu. Ainsi :

1° La composition pour les torts faits au possesseur
de fief était plus forte que pour les hommes libres [2].

2° En cas de contumace, les biens du vassal n'étaient
pas confisqués,parce que le vassal n'était pas réputé coupable jusqu'à condamnation, tandis que l'homme libre voyait
ses biens confisqués [3].

3° Le vassal n'était pas soumis au jugement de Dieu,
sauf pour crime capital, tandis que d'ordinaire on était
soumis très facilement à l'épreuve de l'eau bouillante [4].

---

[1] Nous n'entreprendrons pas de tracer ici le tableau des exactions, excès,
pillages et violences de toutes sortes commises par les châtelains sur les paysans,
bourgeois, aleutiers de leurs régions. Les chroniques du temps sont assez pleines
de scènes de ce genre. M. Flach, dans ses *Origines de l'ancienne France*, cite
quelques chartes qui montrent la sauvagerie des ix⁰ et x⁰ siècles, période
d'ailleurs la plus triste de notre Histoire de France, à beaucoup de titres ; ne serait-ce qu'à cause du principe qui paraît dominer les gens et les choses de
cette époque : Le droit c'est la force. A. Tourmagne *Hʳᵉ du servage*, 1879.

[2] Ainsi,d'après la *Lex Salica*, XLIV ; LXVI, 3 et 4 ; LXXIV ; d'après la *Lex Ripuar.* XI, le Wehrgeld pour le meurtre d'un vassal du roi était de 600 sous d'or ;
pour celui d'un ingénu ou franc seulement de 200 sous d'or. Quant au meurtre
d'un Romain,il n'était coté que moitié de cette somme.

[3] *Lex salica*, LIX ; LXXVI, 1.

[4] Id, LVI ; LIX ; LXXVI, 2.

4° Il existait aussi une différence au point de vue du serment. Le vassal ne pouvait pas y être obligé[1].

5° Le vassal qui manquait au service militaire lors de l'hériban devait faire maigre, tandis que l'homme libre devait payer soixante sols[2].

6° Dans quelques contrées, comme en Champagne, le propriétaire d'un aleu ne pouvait pas bâtir de forteresse sur sa terre sans la permission du seigneur dans le territoire duquel l'aleu était situé. C'était un droit usurpé il est vrai par les seigneurs à la souveraineté, mais qui n'en était pas moins en vigueur. Ainsi nous voyons un comte de Dreux soumettre son aleu de Braine et de La Fère à l'hommage, afin d'avoir la permission d'y construire une forteresse[3].

7° Il arrivait souvent à cette époque que le roi accordait à quelque seigneur *l'immunité*. Ce n'était pas là une exemption accordée au contribuable, c'était une simple renonciation du roi à l'impôt perçu dans les domaines de l'immuniste, renonciation faite au profit de ce dernier et qui, d'abord personnelle chez les Gallo-Romains, ne tarda pas à devenir réelle. L'immuniste faisait percevoir *per manum agentium suorum*, par ses *justiciers*, à son propre profit, les redevances précédemment dues au roi par tous ceux qui habitaient ses terres ou qui y étaient enclavés. Cette immunité, qui était une vraie appropriation privée du tribut public, existait déjà sous la domination romaine, mais

---

[1] Carloman apud Vernis palatium, anno 833, 4 et 11.

[2] Montesquieu, *Esprit des lois*, XXXI, 8, édit de 1832, T. III, p. 138.

[3] Brussel, *Usage général des fiefs*, II, ch. 30.

devint de plus en plus fréquente à mesure que la faiblesse des empereurs et des rois Francs augmenta. Les exemples en sont nombreux, presque tous les établissements ecclésiastiques obtiennent l'immunité; en 511 Clovis l'accorde au monastère de Micy et à l'église d'Orléans.

Les petits propriétaires, pour se soustraire à cet impôt, cédaient alors leurs domaines à l'immuniste qui le leur restituait en fermage ou usufruit héréditaire et perpétuel; le nombre des conventions de cette nature diminua beaucoup celui des terres restées soumises à l'impôt[1].

Ces avantages, et surtout la protection que leur procurait la recommandation, expliquent comment les petits propriétaires volontairement se recommandèrent, abandonnant la franchise de leurs terres, comment Francs et Galloromains deviennent vassaux du roi ou de quelque puissant.

Dans l'anarchie qui précéda l'établissement des fiefs, le pouvoir central, que Charlemagne avait essayé d'organiser sur le modèle de l'administration romaine, pouvoir qui aurait seul pu protéger les petits propriétaires, est anéanti. Le canton — cette association des hommes libres unis pour le conseil et le jugement communs — privé de la plupart de ses membres, qui ont échangé leur qualité d'indépendance contre celle de vassaux, disparaît sous la persécution des comtes.

Le comte, d'officier royal qu'il était, devient souverain dans son ressort; le conseil des fidèles remplace l'assem-

---

[1] Championnière, *Traité de la propriété des eaux courantes*; Marculfe, *Formul.* I, 59.

blée du canton ; la justice n'est plus une fonction du comte
mais un attribut de sa propriété. Devant cette puissante
féodalité, il n'y a plus de place, au moins dans le Nord,
pour les petits propriétaires faibles, épars, isolés ; ce n'est
pas pour obtenir quelque concession de bénéfices qu'on
se recommande, c'est pour sauver sa propriété. Des cantons entiers passent de la sorte, par l'effet de la recommandation, sous la seigneurie des puissants, qui trop souvent
abusent de cette confiance pour asservir leurs protégés ; à
l'origine en effet on les dit encore libres, mais bientôt on
les traite de vilains et on les assimile aux serfs [1].

Certains seigneurs « tenant à jouer au roitelet », font
tout ce qu'ils peuvent pour augmenter le nombre de leurs
vassaux. Comme les aleutiers sont affranchis du service
militaire, les princes, dont les principales forces con-
sistent alors dans ce service, mettent tout en œuvre
pour convertir ces aleux en fiefs : séduction, argent, violence [2].

L'oppression ne varie guère dans ses moyens et l'on croit
entendre dans les plaintes des Francs, celles que poussait
la plèbe romaine au temps des Gracques. « Ils disent que
« toutes les fois qu'ils refusent de donner leur héritage à
« l'évêque, à l'abbé, au comte, au juge ou au centenier, ceux-ci
« cherchent aussitôt une occasion de perdre le pauvre. Ils le
« font aller à l'armée, jusqu'à ce que, ruiné complétement,

---

[1] Ed. de Laboulaye, *Hist. de la propriété foncière en Occident*, Durand, 1839,
p. 67.

[2] Brussel, *Usage général des fiefs*, I, 353 ; Denis de Salvaing, *De l'usage
des fiefs et autres droits seigneuriaux en Dauphiné*, Grenoble Féronce, 1664, in-8
LIII ; Dominicy, *De prærogativa allodiorum*, 1645, XIX.

« il soit amené de gré ou de force à vendre ou à livrer son
« aleu. Mais quant à ceux qui ont cédé à la volonté des
« puissants, ceux-là restent dans leurs foyers sans qu'on les
« inquiète jamais[1]. »

Les hommes libres, qui ne sont pas encore entrés dans
la voie de la recommandation ou qui n'y trouvent pas une
garantie de protection suffisante, offrent leurs aleux au roi,
à des seigneurs puissants ou même à de grands aleutiers,
afin de désarmer les violences ou de trouver des défenseurs
contre elles. C'est l'inféodation par reprise, dernier refuge
des petits propriétaires qui, à chaque instant attaqués, pillés,
dépossédés préfèrent aliéner la liberté de leurs biens et
leur indépendance plutôt que de tout perdre ; mieux vaut
se réduire à une simple jouissance, relativement paisible,
sous la protection des puissants du jour, qui du moins ne
les dépouilleront pas en entier. D'hommes libres, ils deviennent donc vassaux, ce qui ne les empêche pas de se
ruer à l'envi vers cette quasi-servitude, à tel point qu'il y a
bientôt de la sorte plus de fiefs de reprise que de fiefs de

---

[1] Baluze, *Gapitularia regum Francorum*, edit. Chiniac 1780, I, p. 485, cap. 3,
anno 811 : « Dicunt quod episcopi et abbates, sive comites, dimittunt eorum
liberos homines — aujourd'hui devenus vassaux — ad casam in nomine ministe-
rialium. Ibi sunt falconarii, venatores, telonarii, præpositi, decani et alii qui
missos recipiunt et eorum sequentes. » (id. cap. 4).

« Sunt iterum et alii qui remanent et dicunt quod seniores eorum domi resi-
deant et debeant cum eorum senioribus pergere ubicumque jussio domini imperatoris fuerit. Alii vero sunt qui ideo se commendant ad aliquos seniores quos
sciunt in hostem non profecturos. Quod super ómnia magis fiunt inobedientes
ipsi pagenses comiti et missis decurrentibus quam antea fuissent. » (Id. cap. 8, p.
499). Voir aussi *Præceptum de Hispanis, Histoire du Languedoc* de Dom Vaissette, I, 16, appendix n.

concession, et que c'est là, on peut le dire, dans certaines provinces le mode le plus ordinaire de création des fiefs[1].

« La notion de l'Etat s'est perdue, celle de Patrie, telle « que nous la comprenons n'existe pas encore ; il n'y a plus « qu'un lien, le lien féodal. C'est un cadre une fois formé « dans lequel rentreront tous les rapports sociaux. Il n'y « a plus d'officiers du roi, plus de serfs proprement dits, « plus d'hommes libres : il n'y a plus que des seigneurs et des vassaux[2]. »

De nombreuses chartes des XIe, XIIe, XIIIe siècles nous montrent les possesseurs d'aleux transformant ceux-ci en fiefs, remettant leurs terres, leur manoir, leur justice aux ducs ou comtes pour les reprendre *in feudum* ; quelquefois

---

[1] Notamment en Alsace (*Traité du droit des fiefs en Alsace*, p. 25), en Bourgogne (Seignobos, *Le régime féodal en Bourgogne jusqu'en* 1360, Thorin 1882, in-8 p. 370), en Languedoc (Caseneuve).

Chartes de fiefs de reprise : anno 1239, d'Adhémar comte de Valence...«recognoscimus nostrum allodium et castrum de Bais cum tenemento... omnia quæ pleno proprietate nobis sunt, in feudum. » — Anno 1244, du comte de Comminges... «et recognovit in feudum terras quæ immo... »

Charte de 1311. Dénombrement de l'aleu de la Pallu repris en fief. « Philippes de Loiges, chevalier, fait savoir à tous que il a pris en fié lige et en chasement a toujours du duc toutes les choses ci-après contenues lesquelles sont de son heritaige et estoient avant ceste reprise de son franc-aleuf sans que nulz y eust ne fié, ne rerefié, ne service, à scavoir... » (*Cartul. des fiefs du duché de Bourgogne*, Archives de la Côte d'Or, liasse B, 10424 fo 152. Voir aussi au fo 101 la reprise de l'aleu de Saint-Loup.)

Autre charte de 1347, id fo 74, « c'est la prisié de la terre du franc-alleuf du Vaul faite au dit lieu par monsieur le bailli d'Auxois... en présence de Jehan Gautherin chastellain d'Avalon... »

Ce mouvement de conversion de l'aleu en fief n'est d'ailleurs pas spécial à la France ; dans son *Epitome usus feudorum* III, 20, Zazius signale le même fait à Fribourg.

[2] Alfred Jourdan, *Du rôle de l'État dans l'ordre économique*, 1882 p. 305.

moyennant finances, le plus souvent contraints et forcés [1].

En 1072 la comtesse de Guines est forcée de s'avouer vassale de l'Empire pour le comté de Thérouanne. Le président Bouhier dit à ce sujet : « Si par adresse ou par acquêt, « nos ducs ne pouvaient pas réussir en ce qu'ils désiraient, « ils ne se faisaient pas scrupule de mettre la force en « usage ; notre histoire nous en fournit un exemple illustre « dans la guerre que le duc Hugues III fit en l'an 1185 à « Guy, seigneur de Vergy, pour l'obliger à lui rendre « hommage de sa terre de Vergy qu'il tenait en franc-

---

[1] Acte de 877 dans Guérard, *Polyptiq. d'Irminon*, I, p. 476, note 6 ; Martial et J. Delpit, *Notice d'un Mst de la Bibliot. de Wolfenbüttel*, p. 40 à 51 ; Perreciot, *De l'état des personnes et de la condit. des terres*, preuves et actes de 1240 ; Reginon, *Chronicon*, anno 940 ; Guigue, *Cartul. lyonnais*, I, p. 444 « de allodio se devestitit investiens ecclesiam, dicta vero ecclesia pro dicto feodo ipsum retinuit in vassalum. » Boutaric, *List. chronolog. des docum. relatifs à l'hist. de France conservés dans les Archives de Belgique. Archives des Missions scientifiq.* 2e série II, 1, p. 254.

Léopold Delisle, *Recueil des historiens des Gaules* t. X, p. 624. Le roi Robert en 1031 donne confirmation au monastère de Noyers. (Mst extrait des Archives de ce Monast.) «... Huic etiam abbatiæ dedit prædia sua... id est alodum Carriciacum (Charsay) cum servis... pratis et vineis et omnia quæ ad ipsum pertinent alodum ; alodum quoque Delciacum (Doulcé) cum pratis et vineis... nec non alodum Cavaniæ, etc... »

Le même roi (id. p. 625), confirme une donation faite par le comte Manasse à l'Église Ste Marie de Chartres, d'après André Duchesne, *Hist. de la maison de Montmorency*, 1624, in-fol. tiré du cartul. de cette église. «... Ex alodis suis conferre disposuerat ; quod pertinet ad illum alodum Manasses comes condonat S. Mariæ ecclesiæ Carnotensis... Post suum decessum totus ex integro alodus... in usus Canonicorum deveniat. » Id. t. XI, p. 299 ; extrait d'une Hre *du presbytère de Lambert*, Mst Petri de Ludewic, t. VIII, p. 400 «... Omnia prædia quæ ubicumque tenebat et possidebat in manu Morinensis episcopi framerici resignavit et eadem omnia ab eo recepit in feodum. Hæc autem fuerunt ea quæ de alodiis in feodum commutavit Adela. » (anno 1000) ; Charte relative à la seigneurie alodiale d'Ivry près Corbeil, anno 999, (id. X, p. 354).

« aleu [1]. » Guy ne put résister qu'en se reconnaissant vassal du roi de France.

Quelquefois, les aleutiers donnent tout, sauf une partie qu'ils retiennent en aleu [2]; parfois ils ne le donnent que sous condition résolutoire [3]. D'autres fois encore, déjà vassaux du duc, ils reprennent de lui, en « augmentation de fié » des terres qu'ils tenaient jusque-là en héritage. Ce n'est pas le comte qui augmente le fief aux dépens de son domaine, ce sont les seigneurs qui diminuent eux-mêmes leur aleu pour augmenter le fief qu'ils tiennent du comte. Quelques-unes de ces concessions d'ailleurs se font moyennant finance : le comte prie les seigneurs de se reconnaître ses vassaux et d'augmenter son fief [4].

---

[1] Bouhier, *Observat. sur la Cout. du duch. de Bourgogne*, LXII, 4.

[2] « Eudes sire de Grancey... item ce qu'il a en demoine et qu'il tient de son propre alleuf, sauf les fié des héritaiges que li gentils homes ont en la dite ville, lesquels fiés il retient a li hors de ceste prise comme son aleu. » anno 1301 *Cartul. des fiefs du duch. de Bourgogne*. Arch. de la Côte d'Or, liasse B. 10424, f. 4.

[3] Ainsi Galland, *Du franc-aleu*, p. 15, cite un exemple de conversion de ce genre, faite par Thibault comte de Bar, de son aleu de Lamothe : «... Et si ainsi estoit que nostre sire le roy devant dit mourust sans hoirs de son corps, ou si hoir de son corps mouroit sans hoirs de leur corps, les dits Chasteaux de Lamothe et les mil livres de terres, reviendroient à nous et à nos hoirs et à nos successeurs, comme franc-aleu, en tel point et en telle manière, comme nous les tenions au jour que ces lettres furent faictes. » Comme on le voit, si le roi mourait sans laisser de postérité, le comte de Bar se réservait de reprendre ses bien en aleux, de façon à conserver toute sa liberté pour reconnaître comme souverain qui il lui plairait, et à ne pas être forcé d'embrasser le parti qu'il conviendrait à son seigneur de suivre.

[4] En 1294, 1295, 1299, Robert duc de Bourgogne achète la vassalité des sires de Vienne et de Noyers pour certaines terres alodiales qu'ils possédaient. (Bouhier, p. 187).

Un arrêt du Parlement de Paris, de décembre 1336, reconnaît que le comte de

Les capitulaires abondent en mesures répressives, mais ces menaces, sans cesse renouvelées, n'attestent que la persévérance du mal et l'impuissance du gouvernement. Thegan, chroniqueur du IXᵉ siècle, dans le chap. XIII de sa *Vie de Louis le Débonnaire,* nous montre ce prince envoyant des commissaires pour faire rendre par les comtes les aleux que ceux-ci avaient usurpés de vive force[1]. Dans certaines contrées, l'alodialité devint si rare qu'elle donna son nom aux terres qui en bénéficiaient[2].

Luxembourg donna 1000 livres à Pierre de Narresey... ut ejus res allodiales everteret in feuda. (Pérard, *Recueils de pièces*, p. 572, 585.)

Le seigneur de Salm, ne pouvant payer ses dettes, vend pour 700 livres son aleu de Moranges à Frédéric duc de Lorraine, et le reçoit ensuite de lui en fief. (*Chronique de Senones*, L. V,§ 5 ; Dom Calmet, *Hist. de Lorraine*, T. II, preuves) ; voir aussi une charte de 1153 et une autre de 1244 dans Goldast, *Cartulaire de Saint Gall*, fᵒ 80) ; *Chartulaire de Montfaucon*, anno 1280. (Perreciot, t. III, dipl. 31).

[1] Theganus, *Vita Ludovici Pii*, XIII et XIX, (Pertz, *Scriptores*, III, p. 594). Capitula apud Vernis Palatium anno 884 : « Placuit ut quædam statuta sacrorum canonum nec non quædam capitula antecessorum nostrorum renovarentur, quia graviter et moleste ferimus, quod peccatis impedientibus et malitiis perversorum hominum exuberantibus, ultra modum vilescunt atque pene adnullata existunt, præcipue illa quæ contra malum rapinæ et deprædationis a sanctis patribus sunt promulgata et a christianissimis regibus auctoritate regia confirmata... Malum rapinæ pro nihilo ducunt... (Pertz, *Leges*, I, p. 551). Voir aussi *Convent. apud Marsnam*, anno 847, 6. « Ut rapinæ et depredationes quæ quasi jure legitimo hactenus factæ sunt penitus interdicantur, et nemo se impune post hæc eas præsumere posse confidat. » (Pertz, id. I, p. 393).

[2] F. de Curley notamment dans son *Tombeau de S. François Régis à la Louvesc*, Lyon 1880, attribue l'origine du nom de la Louvesc au mot aleu. Cette seigneurie, non loin de Vienne en Dauphiné, s'appela successivement *alaudiscum* (1179), *alauvescum* (1250), *lalovescum* (1300), *lalauvescum, lalouvescum, la louvesc.* D'*alodis* à *alaudiscum* en passant par *alaudum* il n'y a pas loin.

Une grande portion de cette seigneurie, la Grange neuve, possédée par la famille Buisson, était en 1789 exempte depuis six siècles de toute imposition ecclésiastique et féodale. C'était un aleu. La Louvesc était enclavée dans la baronnie de

En vain Saint-Louis décide-t-il en 1264 dans son Parlement, qu'on ne pourra désormais faire hommage d'un aleu qu'au roi seul, et rembourse-t-il à un seigneur qui en avait acquis à prix d'argent, la somme payée par lui [1], le mouvement défie toutes les entraves, toutes les défenses, et c'est à peine si quelques terres parviennent à se soustraire à la transformation générale. C'est à peine si, entre les seigneurs et les vassaux qui forment le gros de la noblesse, il reste quelques hommes d'une condition intermédiaire, des propriétaires de petits domaines dont les ancêtres n'avaient ni eu besoin de se mettre au service d'un seigneur pour vivre, ni pu établir des *chasés* sur leurs terres. Ces quelques hommes, qui continuent à tenir leurs domaines en héritages francs et qui restent en dehors de la féodalité, n'en sont pas moins nobles, car la noblesse est indépendante du con-

---

Mahun, dont les sujets étaient au xiii° siècles chargés de tailles exorbitantes, imposées par Aymon III. Les franchises de la Louvesc tranchaient sur ce système de taillabilité, le nom d'aleu lui fut donné et lui resta parce que c'était le seul aleu du pays.

Dans le département des Deux-Sèvres se trouvent deux communes du nom *des alleuds*, l'une dans l'arrondissement de Melle, Canton de Sauzé-Vaussais, l'autre dans le canton de Surin. Une autre commune du même nom fait partie de l'arrondissement d'Angers dans le Maine-et-Loire. L'arrondissement de Vouziers dans les Ardennes possède une commune du nom *des Alleux;* celui de Villeneuve-sur-Lot dans le Lot-et-Garonne en possède une nommée *Allez;* celui de Bergerac dans la Dordogne une autre appelée *Alès;* celui de Die dans la Drome une du nom d'*Allex*, et celui de Saint-Girons dans l'Ariège une du nom d'*Aleu*. Dans l'Ille-et Vilaine près de Fougères on trouve une commune nommé *Saint-Ouen-les-Alleux;* enfin, non loin de Saint-Vaast en Artois, il y avait un pays connu sous le nom de *Lalleue*. En parcourant les coutumes locales, on voit que ces petites villes étaient situées dans des régions où la féodalité était puissante ; il est hors de doute que leurs noms leur viennent des franchises exceptionnelles dont elles jouissaient comparativement au reste de leur région.

[1] Boutaric, *Actes du Parlement de Paris,* I, 832.

trat de fief, elle appartient à tout homme d'armes. Quoiqu'il soit difficile d'estimer ce qu'il pouvait y avoir dans chaque province de ces nobles féodaux, parce qu'ils n'apparaissent que dans les actes des reprises d'aleux en fiefs, c'est-à-dire au moment où ils entrent dans la féodalité, il est certain que leur nombre ne pouvait que décroître, car cette classe ne se recrutait pas, sauf pour la haute sphère toutefois, comme nous l'allons montrer ci-après ; cette classe s'éteignait à mesure que ses membres rendaient hommage, et elle s'éteignit d'autant plus vite que le mouvement que nous signalons s'accentua.

Si on assiste du ixᵉ au xiiᵉ siècle à un naufrage de la petite propriété et de la liberté individuelle, la catastrophe n'est pas tout à fait générale, car ces causes d'extinction n'agirent pas partout avec la même intensité, et il importe de distinguer dans ce mouvement les pays du Midi de ceux du Nord [1].

Dans le Nord de la France, où le flot barbare se succéda continuellement pendant les deux premières races, l'organisation féodale fut une nécessité. Par suite les coutumes féodales, qui partaient de principes différents de ceux du droit romain, étouffèrent la loi romaine, l'indépendance de la propriété ; en outre, les invasions, les longues guerres y furent au moyen âge plus fréquentes que dans le midi et l'insécurité y accentua davantage les conversions d'aleux en fiefs.

Dans le midi au contraire, l'invasion des Francs n'avait pas été aussi complète ; les compagnons de Clovis ne s'y

---

[1] Cf. La Ferrière, *Hist. du Droit*, Cotillon 1852, IV, p. 417 suiv.

étaient établis qu'en petit nombre ; déjà avant eux, les Wisigoths avaient occupé quelques terres, de sorte que les
domaines occupés par les vainqueurs en Septimanie, en
Aquitaine, en Narbonnaise, furent, somme toute, peu nombreux [1]. La persistance des lois romaines conserva la civilisation à ces provinces et rendit ces grandes cités méridionales libres et florissantes, à une époque où le Nord était
plongé dans la barbarie. En l'absence d'invasion nouvelle,
de révolution qui ait métamorphosé la face des choses, les
aleux formèrent dans les pays de droit écrit l'immense majorité du territoire. Les seigneurs féodaux qui s'y trouvaient,
n'étaient ni assez forts, ni assez nombreux pour dominer
les propriétaires libres, ce qui fait que les inféodations par
oblation y furent beaucoup plus rares que dans le Nord.
Ces pays, quoique semés çà et là d'un certain nombre de
fiefs épars, restèrent néanmoins pays alodiaux, car les fiefs
n'y formaient que l'exception, qu'un accident, n'altéraient
point la physionomie générale de la propriété, ne pouvaient
détruire la présomption de franchise qui s'y trouvait établie
dès le principe. Ce n'est pas à dire toutefois, que, dans bien
des provinces, comme l'a montré notamment pour l'Agenais M. Tholin dans une si intéressante étude, des barons
puissants, tels que les du Fossat seigneurs de Madaillan,
les Montpezat et autres, n'aient commis mille usurpations,
non-seulement sur le domaine royal, mais encore sur le territoire des villes, n'aient dépouillé les habitants d'une
partie de leurs droits et de leurs revenus. Enfermés dans

---

[1] Dom Vaissette, *Hist. du Languedoc*, VII, 93 ; X, 121 ; Eginhard, *Vie de Charlemagne*, (dans Bouquet, *Recueil des hist. des Gaules*, VI, p. 370).

leurs châteaux-forts, ne tenaient-ils pas, encore aux XIVe et
XVe siècles, la puissance du roi en échec, et ne pouvaient-ils
pas commettre impunément toutes sortes d'exactions [1] ?

Une des causes qui assurément contribuèrent le plus à la
protection des petits propriétaires contre la rapacité seigneuriale, ce fut l'organisation dès le XIe siècle, des plaids,
et des communes consulaires. Lyon, Besançon, Périgueux,
les villes d'Auvergne, du Forez, de Languedoc, de Provence
avaient leurs consuls, leurs magistrats municipaux, s'admi-
nistraient elles-mêmes, et conservaient pour ainsi dire à
leur profit le pouvoir souverain que les rois n'y avaient plus.
Que de fois elles firent respecter par leur milice, leurs usages et conventions que les seigneurs voulaient violer, que
de fois elles opposèrent la force à la violence !

Lorsque la royauté reprit son influence, ces villes, dont
beaucoup s'intitulaient *républiques*, s'empressèrent de reconnaître la souveraineté royale, mais la couronne leur assura
en échange des lettres de confirmation de leurs usages,
coutumes, franchises et privilèges. Cette quasi-indépen-
dance, cette sorte d'autonomie qu'elles avaient conservées
durant plusieurs siècles, dut influer considérablement, dans
la suite, sur les prétentions que formulait le roi à l'égard
de la directe universelle, et dut leur faire regarder ces prétentions comme d'autant plus vexatoires et injustes, qu'elles
avaient vécu plus libres et plus indépendantes [2].

---

[1] G. Tholin, *Ville libre et barons*, Paris, Alph. Picard, 1886, in-8 de XVI et
264 p. p. 13 à 46.

[2] Cf. pour l'organisation des villes consulaires : Chapsal, *Discours historiques
sur la féodalité et l'alodialité*, 1789, p. 124 ; Jules de Séranon, *Les villes consulaires et les Républiques de Provence au moyen âge*, 1858, in-8 de 131 p. ; Méry et

Ne faut-il pas compter aussi au nombre des causes qui contribuèrent à fortifier l'aleu dans le Midi, les alliances défensives qu'aux xe et xiie siècles les aleutiers de ces contrées formaient entre eux ?

Les propriétaires alodiaux, du Languedoc notamment, qui étaient abandonnés à leurs propres ressources pour la défense de leurs terres en cas de guerre ou d'usurpation violente, plutôt que de réclamer la protection d'un seigneur voisin, ce qui aurait pu fournir à celui-ci l'occasion de s'arroger des droits sur les biens confiés à sa garde, avaient imaginé un autre moyen de défense qui, tout en leur procurant la sécurité, leur permît d'échapper à une protection aussi ruineuse et aussi intéressée.

Pour cela, plusieurs propriétaires voisins se réunissaient et formaient entre eux une sorte de ligue ou de confédération défensive dans laquelle chacun devait apporter à son co-associé aide et protection [1].

Guindon, *Histoire des actes et délibérations du corps et du conseil de la municipalité de Marseille du xe siècle à nos jours* 1841, 6 v. in-8.

[1] M. Gustave Saige (*Biblioth. de l'École des Chartes* 1861, p. 375), nous en donne un curieux exemple dans une confédération faite par le Chapitre de Saint-Etienne de Toulouse avec Pierre Urset et son fils Vidal, pour la mutuelle défense de leurs propriétés dans la banlieue de cette ville. Il cite une sentence des Consuls de Toulouse de 1292, condamnant Pierre Urset et son fils à des dommages-intérêts envers le chapitre, pour, au mépris de l'acte d'association, n'avoir pas défendu la ferme de Bracqueville sur la route de Comminges qui appartenait au dit Chapitre, et l'avoir laissé saccager par les cavaliers Navarrais d'Hélie de Sella.

«... Die autem ad probandum assignata, canonici probaverunt omnia quæ allegaverant sufficienter... His et multis aliis rationibus hinc inde auditis, prenominati consules judicando deffinierunt ut Petrus Ursetus et ejus filius restituerent Canonicis Sancti Stephani omnia dampna que exercitus prædictus eis fecerat in predicta boaria, sive in domibus, sive in aliis quibuscumque rebus...

Ee judicaverunt ut Societas inter eos teneretur usque ad tempus finiende So-

Plusieurs de ces cités du midi, Marseille notamment, présentaient une particularité. Les statuts de cette ville, qui datent du xiiie siècle, défendaient de créer des censives pour l'avenir, sous peine de nullité et d'une amende égale au treizain, prononcée contre celui qui stipulerait le cens en sa faveur. Il était interdit aux tabellions de faire ces actes, on leur permettait seulement de recevoir les reconnaissances de baux à cens antérieurs [1].

Si l'on rapproche cette disposition de plusieurs autres, hostiles au cens et aux obligations féodales, on voit que la commune de Marseille craignait de voir renaître une féodalité foncière, dont elle avait cherché à se débarrasser par de nombreux rachats [2].

Cette différence entre le Nord et le Midi n'est pas étonnante. Dans le Nord, la fusion avait amené la prédominance de l'élément germanique, parce que les Germains étaient les plus nombreux et les plus puissants ; dans le Midi, la race gallo-romaine absorba les quelques hommes de races étrangères qui étaient restés dans la contrée après la défaite des Bourguignons et l'expulsion des Wisigoths. C'est là ce qui amena la conservation du droit Romain comme droit de la grande majorité.

Cette conservation est indéniable ; les cités du Midi au

---

cietatis. Preterea judicando dixerunt ut Petrus Ursetus et ejus filius restituerent et reficerent hec que predicta sunt bona fide. Si tamen de aliquo ex inde discordarent, dixerunt judicando ut redirent coram ipsis vel coram aliis consulibus et sequerentur eorum cognitionem... » (Archives de la H[te] Garonne, L, III, n° 30).

[1] Nous donnerons le texte de cet article des Criées (Liv. III, cap. 30), infra, en étudiant l'aleu en Provence.

[2] R. de Fresquet, *Étude sur les statuts de Marseille*, Aix 1865, p. 97.

moyen âge suivent toutes la compilation de Justinien, et
bien des sentences de cette époque, qui nous sont parvenues,
reproduisent textuellement les termes mêmes du Digeste[1].

Assurément ce fut là la cause du maintien de la propriété
libre dans le Midi, de même, qu'en retour, l'influence de la
propriété libre protégea le pays à la fois contre l'oppression
féodale et contre les guerres privées, qui trop souvent en
étaient la conséquence.

N'est-ce pas là aussi la cause de l'existence de la petite
propriété ? « Dans les Flandres, en Alsace, comme en Béarn
« et le long de la Garonne, les petits propriétaires sont vrai-
« ment à leur aise », écrivait en 1789 Arthur Young. (Qu'on
remarque que ces quatre pays se conservèrent jusqu'à la
veille de la Révolution alodiaux). « Tel est le stimulant
« du travail inspiré par la propriété, qu'il n'y a pas de moyen
« si sûr pour mettre en valeur le sommet des montagnes que
« de le partager entre les paysans : on le voit en Languedoc,
« où ils ont apporté dans des hottes, la terre que la nature
« ne leur accordait pas. » Et le docteur Rigby ajoutait :
« Quel pays, quel sol, quel peuple ! Tout est labouré, bê-
« ché, écrasé sous le poids des moissons[2] ! »

La réaction ne fut jamais assez puissante dans les provinces du Midi pour établir la présomption de fief, et, à la
maxime des pays de coutume *nulle terre sans seigneur,*

---

[1] Ch. Giraud, *H^ro du droit français au moyen âge*, II, p. 20, 138, 186,
203, 258, 259, 262, etc.., ; R. de Fresquet, *loc. cit.*, p. 13 et suiv. ; Méry et Quin-
don, *loc. citat.*, I, p, 238, 241, 250, 292, 391, 392, 442, etc...

[2] Cf. Anatole Langlois, *La grande et la petite propriété en France*, dans le *Correspondant*, 1886, p. 641 suiv ; Babeau, *La vie rurale dans l'ancienne France*, 1883 ;
Lallié, *La propriété rurale en Bourgogne*, dans le *Contemporain*, 1874, 1875.

les pays de droit écrit devaient bientôt opposer *nul seigneur sans titre.*

Nous verrons prochainement combien fut vive la lutte entre ces deux maximes.

§ III. — *Second mouvement : transformation des grands bénéfices en aleux.*

Nous venons de voir comment la féodalité s'est établie par le bas, comment les seigneurs de gré ou de force se sont donné des vassaux, et nous avons montré que, s'ils ont distribué quelques terres leur appartenant (fief de concession), ils ont reçu la suzeraineté de bien des domaines, indépendants autrefois, entrés aujourd'hui dans la hiérarchie féodale (fiefs de reprise), domaine éminent qu'on est venu leur offrir en échange d'une protection plus ou moins efficace, peut-être même pour obtenir d'eux la neutralité, une tranquillité relative. Voilà comment la féodalité s'est créée par en bas, c'est-à dire dans les rapports des seigneurs avec la classe qui venait au-dessous d'eux dans l'échelle sociale, avec les hommes libres.

Voyons maintenant les rapports des seigneurs avec la royauté. On sait comment la féodalité s'est créée par le haut; comment les compagnons du roi recevaient des bénéfices, de vastes terres, terres qu'ils diviseront à leur tour, qu'ils distribueront pour se faire des vassaux. On sait quelle extension prirent les bénéfices au VIIIe siècle, combien leur masse s'accrut lorsque Charles Martel s'empara des biens

des Eglises et s'en servit pour récompenser ses guerriers
qui avaient si souvent vaincu avec lui, combien elle s'accrut
surtout par les effroyables guerres civiles ou étrangères
qui désolèrent la France au moyen âge et par les confisca-
tions qui en furent la suite.

Personne n'ignore que le capitulaire de Kiersy-sur-Oise
de 877, consacra définitivement la féodalité en proclamant
l'hérédité des bénéfices — non-seulement des bénéfices de
concession royale, mais encore de ceux créés par les particuliers [1]. C'était le pas le plus décisif fait par le bénéfice
vers l'indépendance, mais ce n'était pas le premier.

La soif d'indépendance est le propre des hommes de ce
temps-là, de ceux qui sont assez puissants pour se passer
de protection, et ces idées, ils les tiennent de leurs ancêtres
les Germains. Tacite nous raconte en effet que les Germains
ne payaient pas tribut ; ils faisaient quelquefois de leur plein
gré des cadeaux à leurs chefs, usage qu'ils établirent en
Gaule lorsqu'ils s'y installèrent. La terre salique, l'aleu,
étaient exempts d'imposition, et chez eux, il était mal porté
de payer tribut. « Non esse Germanos viduntur qui tributa
patiuntur [2]. »

Les Francs, soit en leur qualité de vainqueurs, soit en
souvenir de l'immunité dont jouissaient leurs pères quand
ils étaient encore en communauté germaine, soit même en
leur qualité de soldats, (les soldats et les vétérans romains

---

[1] Comme nous l'avons dit précédemment, nous attachons plutôt cet effet à
l'époque du capitulaire, qu'au capitulaire lui-même, car il est probable qu'il ne
fit que consacrer un état de fait existant déjà.

[2] Tacite, *Germania* XLII.

étaient exempts d'impôts), se révoltèrent chaque fois que
les rois voulurent leur imposer, à eux ou à leurs terres,
quelque tribut. L'histoire nous rapporte les nombreuses
révolutions que cette question souleva[1] ; on peut donc dire
que c'etait le privilège des Francs ingénus d'être exempts
d'impôt ; si on ajoute l'immunité dont jouissaient les biens
ecclésiastiques, on voit que, tandis que l'impôt sous les Romains était la règle, sous les Francs il était devenu l'exception.

Dès le VIIe siècle, avec les rois fainéants, la royauté a
abandonné la levée du tribut sur les Francs, et ne continue
à le percevoir que sur les Gallo-romains, ce qu'Adrien de
Valois constate par ces mots, qui étaient un adage de l'époque : « Franci immunes, Galli tributarii[2]. »

Sous les Carolingiens, il n'est plus question de quoi que
ce soit qui ressemble à l'impôt territorial. La capitation,
qui était naguère l'impôt public et direct, est transformé
en un cens privé transmissible sur la tête de tous les descendants. Les colons payent le cens capital pour leurs personnes, pour leurs *manses*, et aussi des droits et redevances
pour leurs biens propres ; ce n'est plus la capitation per-

---

[1] Grégoire de Tours (*Historia Francorum* III, 3,) nous raconte la lapidation de
Parthénius après la mort de Théodebert, « pro eo quod eis tributa, antedicti regis tempore inflixisset. » Il nous dit aussi (V. 29), que Chilpéric, ayant ordonné
« descriptiones novas et graves in omni regno suo », plusieurs abandonnèrent
leurs biens et leur cité, et que le référendaire Marc faillit être tué après la lacération
de ses registres. Quelque temps après, le comte Audon, poursuivi pour la même
cause, n'échappait à la mort qu'en se réfugiant avec la reine Frédégonde dans
une église. (Id. VII, 16).

[2] Adrien de Valois, *Gesta vetorum francorum*, XXV, édit de 1646, III, p. 547.

sonnelle qui devient un cens privé, c'est l'impôt foncier qui se trouve converti en cens réel dû par la terre elle-même du colon, du propriétaire[1].

Cette révolution de l'impôt direct commence par les biens de l'Église, les monastères, gagne rapidement les bénéfices laïques[2] et bientôt le *census regalis* n'est plus le tribut dû au chef de l'Etat, mais seulement au seigneur de la terre, et, au ixe siècle, les mots de *census*, de *tributum*, ne sont plus appliqués qu'à des rentes domaniales, qu'à des redevances privées[3], l'impôt public a péri au milieu des révolutions qui ont achevé la ruine des Mérovingiens.

---

[1] L'impôt, *le cens*, était tombé dans le domaine privé par suite de l'immunité. Les colons continuent à payer les mêmes redevances, mais la partie destinée au roi reste aux mains du comte qui devient percepteur, dans son intérêt personnel, des revenus du fisc.

Dès lors, comme nous l'avons déjà dit, le cens n'est plus que la redevance dûe par le propriétaire foncier au seigneur. Mais il peut être de deux sortes : contractuel ou coutumier. Dans les deux cas, le censitaire a le domaine utile et le seigneur le *dominium eminens*, ce qui fait que le seigneur cherche à favoriser la confusion entre elles. Il cherche sans cesse à assimiler les droits qu'il exerce comme souverain, à ceux qu'il exerce comme propriétaire, il sent en effet que cette souveraineté qu'il a usurpée, n'est pas aussi légale, aussi solide que son droit de propriété.

Cependant il est certain que les redevances coutumières et les contractuelles étaient deux choses bien différentes, nous ne disons pas quant à leur origine, mais quant à leur forme. Les premières s'appelaient *capitulis census*, *chef-cens*, elles étaient quérables et non portables, c'est-à-dire que le débiteur attendait l'agent du fisc ; elles étaient réglées d'une façon uniforme. Les secondes au contraire étaient fixées arbitrairement, spécialement, leur chiffre était plus élevé, elles étaient portables, c'est-à-dire payables chez le seigneur. Tandis que, pour établir le cens capital, il suffisait de s'appuyer sur la coutume, pour le cens contractuel il fallait soit exhiber un acte, soit prouver la possession immémoriale. (Championnière, *De la propriété des eaux courantes*, Ch. Hingray 1846, p. 317, 319, 320).

[2] Capitul. de 805 art. 22, (Baluze, *Capitularia regum francorum*, édit de Chiniac, 1780, I, p. 518).

[3] Dans ce sens charta Gaufridi comit. Andegav. anno 1047, *Cartul. de l'Ab-*

5

Il est aisé de comprendre, qu'à une époque où le pouvoir central est une chose inconnue, et où les idées d'indépendance sont si vives, les grands aleux devaient tourner rapiment à la souveraineté, et que les puissants bénéficiaires, les possesseurs de grands fiefs, les immunistes, devaient faire tous leurs efforts pour s'affranchir de leurs liens de dépendance. Aussi, dès qu'il n'y eut plus une main puissante pour les contenir dans l'obéissance, ils s'empressèrent de rendre leur propriété absolue, souveraine, et, quand ils pourront arracher à la royauté le capitulaire de Kiersy-sur-Oise, ils auront donné légalement au bénéfice un caractère de plus de ressemblance avec l'aleu : l'hérédité. Désormais, le *sire* tiendra son droit de propriété de ses ancêtres, c'est assez pour être souverain sur ses terres, et on ne trouve guères, dans les actes du xiie siècle, de reconnaissances, faites par lui vis-à-vis des comtes et des ducs.

Sa puissance le garantit contre la violence, contre la juridiction envahissante du comte ; au début son mode de tenure était précaire, dépendant, viager, il le fait devenir perpétuel, indépendant, souverain.

Ces conversions, au début, sont l'effet de la bienveillance et de la générosité d'un suzerain[1], mais, lorsque celui-ci refusera cet affranchissement, si le *sire* est assez fort, il re-

---

baye de Vendôme, 55, et dans Ducange « Habebat vineæ agripennum unum alodialiter immunem, hoc est ab omni census et vinariæ reddhibitione liberum. »

[1] Capitul. de 802, art. 6. (Baluze, loc cit. I, p. 364) ; de 803, (id. I, p. 403) ; Guérard, *Polypt. d'Irmin.* I, p. 477, note 7 ; p. 532 ; p. 545 ; *Monumenta Germaniæ diplomata regum et imperatorum*, I. p. 40, acte 2.

D'après Ado et Caseneuve, pour pacifier les Saxons, on leur conserva la liberté de leurs aleux. « Baptizatis Saxonibus, ex ingenuitate et Alode firmitas roborata. »

fusera franchement ses devoirs féodaux et au besoin défen-
dra ses terres de la *commise,* les armes à la main.

Quelquefois, ils feront par ruse ce qu'ils n'oseront pas
faire de vive force : ils aliéneront leur bénéfice pour le racheter ensuite comme aleu dans l'assemblée du canton, et
c'est en vain que Charlemagne menacera ces déprédateurs
de bénéfices royaux, qui violent la foi jurée, c'est en vain
que Louis le Débonnaire leur retirera cette concesssion dont
ils abusent, qu'il enverra des commissaires pour faire rendre gorge aux plus rapaces et aux plus éhontés[1]. Effort

---

[1] « Auditum habemus qualites et comites et alii homines qui beneficia nostra
habere videntur, comparant sibi proprietates de ipso nostro beneficio, et faciunt
servire ad ipsas proprietates servientes nostros de eorum beneficio,et curtes nostræ remanent desertæ, et in aliquibus locis ipsi vicinantes multa mala patiuntur.

Audivimus quod alibi reddunt beneficium nostrum ad alios homines in proprietatem, et in ipso placito dato pretio ipsas res iterum sibi in alodum: quod omnino cavendum est ; quia qui hoc faciunt non bene custodiunt fidem quam nobis
promissam habent. » (Capitul. Missorum,Niumag., anno 806. Baluze, *Miscellanea*,
edit. Mansi .1761, T. I, p. 453).

Voir encore les capitulaires : Ansegisi III, 19, (dans l'édit. Boretius, p. 427) ;
Missor. generale, anno 802, VI, (Boret. p. 93) «... Ut beneficium damni imperatoris desertare nemo audeat, propriam suam exinde construere » ; *Missor. spec.*
anno 802; 10, (Boret, 100); et dans le même recueil, p. 104, 146, 154, 177, 287, 290,
des capitulaires des années 800 à 820, conformes : « Quia auditum habemus, quod
aliqui homines illorum beneficia habent deserta, et alodes eorum restauratos...
Quomodo eadem beneficia condricta sunt, aut quis de beneficio suo alodem com-
paravit vel struxit. »

Le capitul. Wormat de 829, 1 (Pertz, *Monumenta Germaniæ historia*, I, p. 351;
ou Baluze I, 611) :

« Quicumque suum beneficium occasione proprii desertum habuerit et intra
annum postquam ei a comite vel a misso nostro notum factum fuerit, illud emen-
datum non habuerit, ipsum beneficium, amittat. »

Capitul. Karoli Calvi de 846, 20 (Pertz, I, p. 389) ; Thegan ch. XIII de la vie
de Louis le Débonnaire (Bouquet, *Recueil des historiens de la France*, VI, p. 90).
« Qui cum primo vere a patre dimitteretur, interrogatus est ab eo, cur Rex cum

inutile ! Tout grand propriétaire veut devenir indépendant
à mesure qu'il se sent moins maintenu par le pouvoir
central [1], et ce sera par les armes qu'il faudra souvent le
ramener dans le devoir. L'histoire nous montre bien des
guerres entreprises par nos rois contre les ducs ou comtes
qui leur avaient refusé l'hommage, expéditions dont l'issue
n'est pas toujours favorable à l'autorité [2].

L'insolence de ces sires augmente avec leur indépendance.
On connaît à ce sujet l'anecdote suivante racontée par Galland : « L'empereur Frédéric Ier, dit-il, passant par la ville
« de Tunges, diocèse de Constance, le baron de Krenekin-
« gen, seigneur du lieu, ne se leva pas devant luy, ny ne le
« salua, ains seulement, par forme de courtoisie, remua son
« chapeau, et s'estant l'empereur enquis de la condition de
« ce personnage esloigné du respect, luy fut respondu qu'il
« estoit si franc et libre qu'il ne rendoit à aucun homage
« ny redevance. »

Ainsi s'explique ce phénomène singulier qui se présentait
déjà sous Charles le Chauve, phénomène qui a frappé tous
les esprits : on touche à l'époque où le système féodal va

---

foret, tantæ tenuitatis esset in re familiari, ut nec benedictionem quidem, nisi
ex postulato sibi offerre posset, didicitque ab illo, quia privatis studens quisque
primorum, negligens autem publicorum perversa vice, dum publica vertuntur in
privata, nomine tenus dominus factus sit omnium pene indigus... misit illi missos
suos præcipiens ut villæ, quæ eatenus usui servierant regio, obsequio restitue-
rentur publico : quod et factum est. »

[1] Carbonel dans sa *Chronique* : « Han venuts (ils ont vendu) los castels que te-
nien en feu (en fief) del Senyor Rey, e han los venuts per alo ».

[2] Notamment Saint-Louis qui dut faire une campagne contre Hugues, comte
de la Marche, parce que celui-ci « voulait tenir sans seigneur laquelle est des
fiefs de France. » *Chronique de St Denis*, 28.

prévaloir, où la propriété alodiale va se perdre dans les
bénéfices ; et précisément alors, le nom d'aleu devient plus
fréquent que jamais dans les lois, dans les diplômes, dans
tous les monuments de l'époque. C'est qu'on donne le nom
d'aleux à des terres évidemment bénéficiaires [1]. Le lien du
bénéfice, qui se resserre entre le grand et le petit propriétaire, s'est rompu entre la couronne impuissante, appau-
vrie, et les grands vassaux tout puissants par leurs possessions et leurs fidèles. Charlemagne multipliait les menaces
et les lois pour empêcher de convertir les bénéfices en
aleux, Charles le Chauve donne le nom d'aleux aux bénéfices tenus de lui [2].

La révolution est faite : les grands bénéfices ont acquis

---

[1] Guizot, *Essais sur l'Histoire de France*, Paris, Ladrange, 1836, p. 115.

Capitul. 4 et 5. *Post reditum a confluentibus*, Baluze II, p. 145 ; capitul. 5, *Adnuntiatio apud confluentes*, Baluze III, p. 148 ; cap. 5 et 7, *Apud Tusiacum*, Bal· II, p. 197.

« Comiti Olibæ omnes alodes quæ fuerunt olim infideli nostro Etelio Berani, et ob illius infidelitatem in jus et dominationem nostram legaliter devenerunt. » (dipl. de Charles le Chauve nº 107 dans Dom Vaissette, I).

Tous ces aleux sont évidemment des bénéfices.

[2] Et dominus Karolus excelsiori voce lingua romana dixit :

« Illis hominibus qui contra me sic fecerunt sicut scitis, et ad meum fratrem venerunt, propter Deum et illius amorem totum perdono quod contra me misfe-cerunt et illorum alodes de hereditate et de conquisitu et quod de donationi nostri senioris habuerunt... illis concedo si mihi firmitatem fecerint quod in re-gno meo pacifici sint, et sic ibi vivant sicut christiani in christiano regno vivere debent. In hoc si frater meus meis fidelibus qui contra illum nihil misfecerunt, et me quando mihi opus fuit adjuvaverunt, similiter illorum alodes, quos in regno illius habent concesserit.

Sed et de illis alodibus quos de mea donatione habuerunt et etiam de honori-bus sicut cum illo melius considerabo, illis qui ad me se retornabunt, voluntarie faciam.» (Capit. 7, *Adnuntiatio apud confluentes*, Baluze, *Capitularia regum fran-corum*, II, p. 144).

les privilèges et l'indépendance des aleux, les petits aleux
ont disparu, ou se sont changés en précaires et en bénéfices, autrement dit : le régime féodal a conquis la propriété.

C'est alors qu'est vrai le tableau que trace M. Flach de
l'aleutier : « Au milieu des troubles du xe siècle, le proprié-
« taire de vastes domaines héréditaires jouissait à coup
« sûr d'une situation privilégiée. Appuyé sur les hommes
« d'armes, dont il s'assure le concours par les libéralités
« qu'il leur fait, entouré de ses tenanciers, de ses domesti-
« ques et de ses serfs qu'il arme, en cas de danger, de
« piques et de fléaux, de bâtons et de coutelas, retranché
« dans son château-fort, il est seigneur indépendant, il ne
« relève que de Dieu et de lui-même, il tient tête, s'il le
« faut, à roi et à duc, comme à aventuriers et à bri-
« gands.

    « Qui donc prétendrait des droits sur son domaine, qui
« donc y revendiquerait la juridiction ou la souveraineté ?
« Qui oserait s'interposer entre ses hommes et lui ? Sans
« doute il n'est plus question pour lui d'être, à l'égal des
« propriétaires ecclésiastiques, protégé par des chartes
« d'immunité. Entre laïques, la protection revêt la forme
« du contrat féodal, et, s'il voulait s'assurer le *mundium*
« du roi ou d'un seigneur, l'alleutier devrait faire foi et
« hommage. Longtemps il y aura plus à perdre qu'à ga-
« gner, l'autorité du roi est devenue illusoire ; l'autorité
« du chef régional est chancelante et précaire, il se sent
« de force à les contrebalancer. Il n'y a plus même de
« *mallum publicum* devant lequel il ait à conduire ses
« hommes ou à se présenter lui-même. Le voici à la fois

« grand propriétaire et petit souverain, maître et justicier[1]. »

Il ne faudrait pas croire pourtant, ce serait dépasser notre pensée, que tous les grands aleux fussent nés de fiefs
affranchis; bien des aleutiers avaient toujours joui de cette
indépendance, ils avaient accru leur puissance par tels ou
tels moyens, parfois même, par la violence, ils avaient forcé
des possesseurs de petits fiefs à se recommander à eux, et
étaient devenus assez considérables par leurs domaines,
par les hommes qu'ils avaient autour d'eux, pour contrebalancer l'influence de l'évêque ou du comte. C'est de ces

---

[1] Jacques Flach, *Les origines de l'Ancienne France*, 1886, I p. 187.
« A travers toutes les époques se dessine ainsi et s'accentue, ajoute le savant professeur, la suprématie de la grande propriété foncière. Après la conquête romaine, indépendance du grand seigneur gallo-romain; aux VIe et VIIe siècles,
domination du propriétaire puissant, *potens vir*, sur des circonscriptions territo-
riales; au IXe siècle, le domaine devenu une *potestas* est assimilé à l'immunité,
l'immunité accordée même expressément à son possesseur; enfin au Xe siècle, le
grand propriétaire terrier, investi d'une souveraineté de fait, marche de pair
avec les chefs laïques et religieux, comme eux à la tête d'une seigneurie. Le
Xe siècle marque, on ne saurait mieux, ce point d'arrivée lentement conquis,
dans l'expressive formule que voici: « Les terres sont de quatre espèces: elles
font partie du fisc royal, ou de la seigneurie de l'évêque, ou de la seigneurie du
comte, ou de la seigneurie indépendante du propriétaire. Aut sint de fisco re-
gali, aut potestate episcopali, vel de potestate comitali, *sive de franchisia*. »
Charte de Conrad, roi de la Bourgogne transjurane, en faveur de St Chaffre le
Monestier, anno 956. (Cartulaire de St Chaffre, Biblioth. nat., f. lat. M[st] 5456 A,
f⁰ 25; publié par Bouquet IX, p. 698 et dans *Gallia Christiana* II, col. 260).
H. Secrétan dans son *Essai sur la féodalité* (Lausanne 1858), cite ce texte (p.
406), sans en saisir la vraie signification.

Chapsal, *Discours historiques sur la féodalité et l'allodialité*, 1789, p. 127,
« N'est-ce pas là l'origine de cette multitude de petites principautés souveraines
qui existaient autrefois en France et qui existent encore en Allemagne et en
Italie? »Cf. Garsonnet, *H[re] des locations perpétuelles*, 1879, p. 303; Henri Martin
1857, X, p. 283, 575).

aleutiers dont Taine parle quand il dit : « Chaque petit
« chef a planté solidement ses pieds dans le domaine qu'il
« occupe. Le bienfaiteur, le sauveur est l'homme qui sait
« se battre et défendre les autres, qu'il soit comte carlovin-
« gien, bénéficier du roi, hardi propriétaire d'une des der-
« nières terres franches. Ici, c'est un évêque guerrier, un
« vaillant abbé, ailleurs un païen converti, un bandit de-
« venu sédentaire, un aventurier qui a prospéré, un rude
« chasseur qui s'est nourri longtemps de sa chasse et de
« fruits sauvages. Le noble alors c'est le brave, l'homme
« fort et expert aux armes, qui, à la tête d'une troupe, au
« lieu de s'enfuir et de payer rançon, présente sa poitrine,
« tient ferme et protége par l'épée un coin du sol[1]. »

Cette force d'où procède-t-elle ? se demande M. Flach.
De la propriété domaniale ou des concessions souveraines,
d'empiètements graduels ou de l'énergie guerrière d'un
chef qui s'impose. Les aleutiers, les grands propriétaires
laïques jouissaient en effet, dès l'époque gallo-romaine,
d'une véritable souveraineté, les immunistes s'en consti-
tuèrent une, grâce à la protection du roi et à l'élasticité des
chartes de concession. Non pas qu'ils pussent toujours
pourtant préserver leur puissance contre leurs propres
agents, *judices, majores, villici, præpositi, advocati,* qui
s'agrandissaient à leurs dépens. Ils durent très souvent,
pour acheter le repos, détacher bien des fleurons de leur
couronne, céder, inféoder impôts, corvées, prestations aux
seigneurs rivaux qui les pressaient de toutes parts[2].

---

[1] Taine, *Origines de la France contemporaine*, 1876, I, p. 9.
[2] Flach, *Origines de l'Ancienne France*, 1886, I, p. 379.

Il est certain que, si l'aleutier puissant a été un protec-
teur, par le fait même qu'il était souverain chez lui et ne
dépendait de personne, il a dû aussi, souvent tourner au
despotisme. L'aleu était une terre indépendante qui ne devait de service à personne, bien. Mais il ne faudrait pas
croire que les terres alodiales fussent franches pour tous.
Il faut au contraire se persuader de ce principe que, si
l'aleu était franc par en haut, son propriétaire, par en bas,
pouvait percevoir sur ses tenanciers tous les droits qui lui
plaisaient. Sous la monarchie carolingienne, le grand aleutier impose déjà à ses hommes, tenanciers ou simples habitants de ses terres, par voie d'analogie avec les procédés
en usage en dehors de son domaine, de véritables droits
seigneuriaux, des redevances, ou des corvées, comme le
fisc ou les fonctionnaires en exigeaient ailleurs, et comme
les immunistes, d'après ce que nous avons dit plus haut,
en levaient pour leur propre compte. On peut dire que si
la tradition romaine a fourni le moule de ces droits seigneuriaux c'est la force qui y a été coulée, selon l'expression
heureuse de M. Flach [1]. Plus l'aleutier a été puissant, plus
il craignait l'ingestion des seigneurs dans ses affaires, et
plus il a abusé, à l'instar de ses voisins féodaux, de sa force
pour aggraver les charges qui pesaient sur ses hommes.

Ce naufrage de la petite propriété, accaparée qu'elle est par
la grande, naufrage auquel nous assistons au xe siècle, est
commun d'ailleurs à toutes les tenures. Ouvrons le second
volume de *L'art de vérifier les dates*, qui contient l'histoire
des principaux fiefs de France, nous y verrons, qu'en deux

---

[1] Id. p. 386.

siècles, trente-neuf fiefs sont éteints, absorbés par d'autres fiefs plus heureux ou plus puissants. Et il n'est question que de fiefs considérables, qui ont un nom célèbre, une histoire. Que serait-ce si nous recherchions quelle fut la destinée des petits fiefs? Et celle des aleux placés à la portée de suzerains puissants? Nous en verrions disparaître un grand nombre, nous verrions se développer partout l'inégalité, car, la force présidait presque seule aux relations entre propriétaires et possesseurs; rien n'en arrêtait les effets, et on sait que, dès que l'inégalité se produisait quelque part, en vertu des lois sociales comme des lois de l'équilibre, elle allait se déployant avec une rapidité inconnue dans les sociétés où le faible trouve une protection contre le fort.

CHAPITRE III

§ I. — *Définitions et caractères de l'aleu.*

On peut déjà, par ce que nous avons dit à propos de son origine, se figurer ce qu'était l'aleu ; on a déjà pu se rendre compte de son caractère essentiel, caractère qu'il conservera sous le régime féodal tout entier, malgré la révolution qui s'est opérée dans la propriété foncière et qui en a absorbé le plus grand nombre : c'est un bien qui n'est à aucun degré compris dans la hiérarchie féodale et dont les propriétaires ne sont tenus à aucune prestation. C'est toujours le bien par excellence, le bien que l'on possède en pleine et entière propriété, que l'on ne tient de personne « nisi a Deo solo », comme disaient nos vieux jurisconsultes, et pour lequel on n'est soumis à aucun devoir, à aucune redevance.

Sans vouloir rapporter les définitions innombrables qu'en ont données les auteurs, voici celle qu'en donnait

Desmares au xive siècle : « Allodium est terra libera, hoc
« est talis terra de qua nemini servitium nec census ; nec
« tenetur ab aliquo domino et per hoc differt a feudo quia
« tenetur ab aliquo et ipsius ratione cognoscitur superior :
« et mutato domino oportet solvere et in allodio ni-
« hil[1]. »

Au xve siècle Boutillier disait : « Tenir alluez si est tenir
« de Dieu tant seulement, et ne doivent cens, rentes ne
« dettes ne servages ne relief ne autre redevance a vie ne
« a mort, mais tiennent franchement de Diex et y ont toute
« justice basse[2]. »

Cette franchise est si caractéristique que, lorsque Dumoulin voudra donner une idée de l'indépendance absolue
du domaine du roi de France, il en fera un aleu : « Auto-
« nomastice aláudium est terra salica, seu sacrum domi-
« nium nostri Francorum regis suæque coronæ patrimo-
« nium ; quod est vere simplicissime et absolutissime alau-
« dium, nativa sua naturalis juris libertate, originaliter
« et perpetuo gaudens ; nullius unquam hominis servituti
« aut recognitioni subditum[3]. »

---

[1] Desmares, *Decis.* 371, (à la suite de la *Cout. de Paris*, de J. Brodeau, édit.
de 1667).

[2] Boutillier, *Somme rural*, édit. Charondas le Caron, 1621, I, 84, p. 490.

[3] Guillaume Benedicti (in cap. Raynutius et uxorem nomine Adelasiam, déc.
II, f° 67 § 5), dit :

« Et sunt allodia bona propria alicujus quæ proprie dicuntur bona sua : quia
allodium ita est proprium alicujus patrimonium, quod a nemine alio tenetur, nec
recognoscitur nisi a solo Deo ; ita quod nulli facit servitium personale aut pecu-
niarium ; id circo dicitur francum, quia sui juris est nulli subjacens servituti ; et
cui onus imponi non potest sine consensu possessoris... subjungens ibi, quod
allodium dicitur hereditas quam quisque illam habens vendere aut donare potest,
vel quovis alio modo in quemcumque transferre, et sic dicitur sua propria, quasi

Par toutes ces définitions plus ou moins parfaites, on peut voir que la qualité d'alodialité consiste, non dans une indépendance absolue, mais dans l'affranchissement des droits et devoirs féodaux. Pour être alodial, un immeuble n'en est pas moins assujetti à la justice seigneuriale ou royale, il n'en reste pas moins soumis aux charges foncières qui grèvent les autres immeubles.

Il faudrait se garder de croire, malgré que ces définitions puissent s'appliquer d'une façon générale à chacun d'eux, que tous les aleux fussent coulés dans le même

---

omnimodo proprietas... in quibus nullum jus princeps habet nisi protectionis et supremæ jurisdictionis. »

« Le franc-aleu, dit Basnage sur l'art. 102 de la Cout. de Normandie, est une troisième espèce de biens (qui vient après le fief et la censive). Elle est beaucoup plus estimable que les autres, puisque les terres de franc-aleu ne reconnaissent point de supérieur en féodalité et qu'elles ne sont sujettes à faire ou payer aucuns droits seigneuriaux. On les possède *optimo jure* et en pleine liberté. Aussi, les propriétaires d'icelle sont affranchis des vexations des seigneurs féodaux et des receveurs des domaines du roi. »

Budée (Loi Herennius au Dig. *de evictione*) donne cette définition : « Dicitur allodium eo quod prædia eo jure habentes nullum habeant autorem vel superiorem dominum quem laudare possint et teneantur : et ex hac ratione vocatur francum id est liberum : liberum, inquam, a juribus et servitutibus dominicalibus. »

Presque toutes les coutumes donnent quelque définition de ce genre et les anciennes chartes, comme on a pu le voir par celles que nous avons déjà citées, désignent l'aleu par les mêmes expressions, nous en donnent la même idée :

« Est autem naturaliter allodium, ab antiquo nullam omnino cuiquam reddens consuetudinem, eidemque a progenitoribus jure hereditario contingens. » (*Cartul. de l'abbaye de Vendôme* 291, anno 1077). «... Quod videlicet allodium pater ejus et prædecessores ipsius, absque ulla dominatione, vel servitio, longo tempore, jure hereditario possederunt. » (id. anno 1078).

Parfois on appelait aleu toute terre qui n'était pas fief, même le vilenage soumis à une redevance pécuniaire, mais c'était là une exception. (Guichenon, *Histoire de Bresse*, Lyon 1750, preuv. p. 61).

moule. On ne saurait trop se persuader que, suivant les temps où ils avaient pris naissance, suivant les lieux où ils se trouvaient, selon que leur possesseur était plus ou moins puissant, selon qu'il était entouré de voisins plus ou moins envieux, plus ou moins turbulents, l'aleu conservât un caractère plus ou moins grand d'indépendance. Mille causes influaient sur lui, bien des circonstances extérieures pouvaient en modifier l'état.

Faut-il croire que de grands aleux comme ceux de Bar et de Commercy, que les rois ne dédaignèrent pas d'aller réduire en personne et de transformer en fiefs mouvants de la couronne en 1301 et 1444, fussent exactement dans la même condition que les petits aleux bourgeois et roturiers dont ne dépendaient ni fief, ni censive, ni justice, tels que ceux dont parlent les chartes de Laon, les constitutions de l'abbaye de Saint-Vaast d'Arras et les lois de Baudouin comte de Flandre[1]? Nous aurons bien des fois occasion de montrer le contraire. Rien n'est absolu en ce monde, surtout à cette époque où l'égalité devant la loi est chose tout à fait inconnue et où celui qui a le bras robuste en profite pour s'affranchir, pour asservir autrui, pour augmenter sa liberté et sa puissance au détriment des plus faibles.

Voici cependant les règles générales qui le régissaient.

1° L'aleu, disons-nous, est *assujéti à une justice*[2].

---

[1] *Constit. Leduini*, c. 8 ; *Leges Balduini comitis.* (Brussel, p. 884).

[2] Nous ne nous occupons ici que de la justice dont est passible, à laquelle est soumise, dont relèvent l'aleu et son possesseur. Nous étudierons plus loin, à propos de l'aleu noble, la justice qui y était parfois annexée et qui en dépendait,

En effet, s'il est exclu des droits seigneuriaux, il reste néanmoins soumis à la puissance royale, au « jus protec-« tionis et supremæ jurisdictionis, dit Benedicti (*Raynu-* « *tius* II, 5 ;) nec minus dicuntur, ajoute-t-il (*id* 15,) res « allodiales quod in districtu, territorio seu jurisdictione « imperatoris aut regis sunt sitæ. Sufficit enim ad essen-« tiam et substantiam allodii quod a nemine plenam pro-« prietatem sit recognitum et nulli faciat servitium, licet « jurisdictio sit alterius. »

L'affranchissement de l'héritage ne permet pas au pro-priétaire de « contemner » la juridiction de son seigneur, selon l'expression de l'art. 140 de la Cout. d'Anjou. « La « raison en est, ajoute Lalande (sur la *Cout. d'Orléans* 255,) « que la justice est l'apanage de la souveraineté ; et ainsi, « comme toutes choses sont soumises à la souveraine « puissance du Prince, aussi il n'y a rien qui soit exempt « de sa juridiction, ou de celle des seigneurs auxquels le « roi a communiqué le droit de justice. »

D'ailleurs, ajoute Dumoulin, cette supériorité du sei-gneur ne diminue en rien la liberté des justiciables, ni la franchise de leurs héritages « quia potestas jurisdictionis, « libertatem subditorum non minuit sed auget et tuetur « quum ad eorum protectionem et communem utilitatem « sit introducta ; alioquin non esset jurisdictio sed tyrranica « aut barbarica impressio [1]. »

Les coutumes sont unanimes à dire, qu'au point de vue de la justice, l'alodialité est sans influence sur l'héritage et

---

autrement dit, il ne s'agit ici que de l'aleutier *justiciable*, plus loin il s'agira de l'aleutier en tant que *justicier*.

[1] Dumoulin, *Cout. de Paris*, III, 6, § 2.

sur son propriétaire ; l'un et l'autre restent subordonnés à la justice territoriale soit en première instance, soit en appel, et, alors même qu'il y aurait justice annexée au dit aleu, celle-ci ressortira toujours à la justice royale ou à la seigneurie supérieure[1]. C'est ce qu'exprime le *Grand Coutumier* (11, 33) en disant : « mais quant est à justice, l'aleu « est bien subjet à la jurisdiction d'aulcun (d'autrui.) » Car une justice annexée à un aleu n'a rien de commun avec lui; émanée de la justice royale, elle doit rester du ressort de celle-ci. « De se nihil habet commune, dit Dumoulin, cum « dominio et proprietate rei, sed semper heterogenea est. « Qui non potuit dominium directum, nec jus supremarum « appellationum jurisdictionis suæ in totum vel in minima « parte abdicare vel appropriare. »

Cette règle était si générale, la chose allait tellement de soi, que les chartes de création d'aleux étaient ordinairement muettes sur ce point ; on ne sentait pas le besoin de s'exprimer sur un principe admis par tous sans contestation. Citons cependant un passage d'un acte de donation d'Henri II duc de Lorraine à l'abbaye de Saint Bernard, où le donateur parle du droit de justice qu'il entend retenir : « Nos contulimus allodium libere perpetuo possiden- « dum præter tres articulos : altæ justitiæ... etc. »

C'est donc avec la restriction quant à la justice, qu'il faut entendre les chartes d'alodialité comme celle-ci : « Hoc « donum fecit ipsa Belina quod alodialiter tenebat nullius « juri subjectum regis vel potestatis[2]... »

---

[1] *Cout. du Maine* 153 ; Cujas VIII, 14 ; Papon sur *Cout. de Bourbonnais* 392 ; Chopin, *De legib. Andegavensium* II, ɔ, § 4 : Brodeau LXVIII, 17 et 21.

[2] *Chartul. priorat. Neronisvillæ*, fol. 2.

C'est ce qu'exprimait l'auteur du *Traité des fiefs* (11,54):
« Ad hoc qui alodium suum vendiderit districtum et
« jurisdictionem imperatoris vendere non præsumat; et
« si fiat non valeat [1]. »

Mais de quelle justice exactement s'agit-il? Selon Championnière [2], il faut, au Moyen Age, distinguer deux justices:
l'une vraiment *justicière*, d'origine romaine, publique,
rendue par les notables, applicable aux hommes de pooste,
l'autre purement féodale, d'origine germaine, rendue par
les pairs du plaideur qui font partie de la même association, ayant pour justiciable surtout l'homme de fief.
D'après lui, les aleux, étant placés en dehors de l'échelle
féodale, devaient être soumis à la justice *justicière* du roi
ou de ses représentants. Que théoriquement et qu'au
XVIe siècle la chose soit ainsi, c'est possible, c'est même
probable, étant donnée l'unanimité des textes et des auteurs sur ce point, mais faut-il croire que, du Xe au
XIIIe siècles, lorsque les grands vassaux ont usurpé tous
les attributs de la souveraineté, alors que le droit d'appel
au roi est illusoire, que l'institution des *missi dominici* a
disparu, alors que la plupart des seigneurs sont en rebellion
ouverte contre le pouvoir, la juridiction royale ait pu
s'exercer? Assurément non [3]. Nous savons au contraire

---

[1] Cf. aussi Loyseau, *Des seigneuries*, XII, 7, édit. de 1678, p. 67 ; Hevin, *Quest.
féod.* édit. de Rennes 1786, p. 228 ; P. de Lamoignon, *Arrestez* 1702, XIX, 4 :
Furgole, *loc. citat.*, IV, 25.

[2] *De la propriété des eaux courantes.* Paris, Ch. Hingray 1846, in-8 de 792 p.,
239, p. 404.

[3] Que l'on veuille bien ne pas attacher à ces dates un sens trop absolu. Il est
évident qu'au XIVe siècle les appels au roi deviennent peu à peu très importants
et que, s'il n'y a plus de *missi dominici*, il y a des baillis royaux. Mais à ce mo-

qu'à cette époque de dissolution du corps social et de relâchement de l'autorité, la justice avait été promptement accaparée par les seigneurs.

Tout nous montre que les grands aleux, forts de leur puissance, étaient au xe siècle aussi indépendants, en ce qui regardait la justice, qu'en ce qui touchait les redevances. Bien des chartes nous parlent « d'aleux de libre con-« ditions, sur lesquels aucun avoué n'a autorité, *aucun pou-« voir judiciaire n'a d'action, où nulle personne du dehors « ne peut exercer police ou contrainte*[1] », nous parlent de terres « sine censu, sine tributo et *sine aliquo majore vel « judice*[2] ». Enfin personne ne pouvait pénétrer sur un

---

ment là il y a une habitude prise, et la royauté aura grand peine à reconquérir ses prérogatives.

[1] Charte de Guérin comte de Rosnay l'Hôpital (Aube) qui, en 1082, se donne, lui et ses aleux, à l'abbaye de Saint-Berchaire, à Montier-en-Der «... Dedi me cum alodis meis principibus apostolorum Petro et Paulo venerabili quoque Berchario, in præsentia domni Brunonis abbatis et monachorum fideliumque suorum. Itaque jam dictus abbas et monachi annuerunt Cluniacensibus altare et quartam partem supra memoratæ ecclesiæ, acceptis sibi alodiis quæ erant liberæ conditionis et absque jugo ullius advocationis, *sine alicujus judiciaria potestate,* sine banno, ad postremum sine aliqua redibutione omnis hominis... » (Cart. de Montierender, M[st] f° 58).

[2] A. de Courson, *Cartulaire de Redon,* 1863, p. 95, anno 858.

Dans Cholet, *Cartulaire de St Etienne de Baigne,* 1868, p. 105, anno 1068 : «... Bernardus autem vicarius de Barbezillo ipso die tenebat de supra dicto Iterio in fevo, quam dimisit Iterio ut sancto Stephano *daret in alodio sine retinaculo vicarie, vel ullius rei...* » Or, on sait qu'au xie s. la vicarie désignait souvent la haute justice. (Guérard, Ducange Flach, etc...).

Dans le même cartulaire p. 199, anno 1141, un seigneur Stier de Born, ayant prétendu avoir un droit de justice sur un aleu possédé par l'abbaye, et la contestation ayant été portée devant Adhémar d'Archiac, celui-ci juge que : «... In illis hominibus qui per supra dictos parentes vel per monachos in supra dicto alodio steterint, vel laboraverint *nullam justiciam* vec consuetudinem habeat Iterius de Born. »

aleu, sans l'assentiment du propriétaire, même pour y arrêter un délinquant transfuge ou pour y saisir des objets à soi appartenant.

En ce qui concerne les petits aleutiers, trop faibles pour jouir de l'indépendance judicaire qui résultait aussi pour eux de leur droit même de propriétaires, il est possible qu'ils ne voulussent dépendre que de la juridiction royale, mais il est certain que beaucoup d'entre eux durent accepter la juridiction de leurs puissants voisins, et la subir bien que la récusant.

Comme l'a dit M. Flach, « un grand nombre d'aleux ne « purent ni atteindre au rang de seigneuries, ni même être « préservés intacts. Ceux qui échappèrent à l'inféodation « pratiquée sous des milliers de formes, au morcellement « infini du droit propriété, à l'action dissolvante de la « justice personnelle, n'échappèrent pas d'ordinaire à l'usur-« pation des justiciers.

« Armés de la force matérielle et secondés par les feu-« distes, les justiciers, ou bien détachèrent de l'aleu le « droit de juridiction, en laissant subsister la franchise des « redevances justicières (aleux roturiers du pays de cou-« tumes), ou bien mirent la main sur l'un et sur l'autre « (aleux roturiers du midi). Il ne resta plus alors que de « rares témoins d'un passé disparu, mais il en resta. Dans « l'enquête, à laquelle le roi d'Angleterre se livre en

---

Cartulaire de Marmoutier pour le Vendômois, Mst f° 30 : Charte de Renart sénéchal de Calonne qui donne à cet abbaye un aleu : «... Qui dominus et pos-sessor est alodii est et per se ipsum *districtor et judex foris facti.* »

Dans Van Drival, *Cartulaire de Saint-Vaast d'Arras*, 1875, p. 380, «... in alo-diis de Bunduz habet sanctus Vedastus districtum et *justitiam.* »

« Guyenne, on reconnaît avec surprise l'existence de petits
« aleutiers qui sont affranchis de la juridiction des sei-
« gneurs justiciers, aussi bien qu'ils le sont de leurs exi-
« gences fiscales. Ils sont leurs propres maîtres, dans la
« plénitude du terme [1]. »

Au xvi⁰ siècle, nous verrons adopter sans contestation la
règle que « juridiction d'une part et aleu ou fief de l'autre n'ont rien de commun », nous verrons soumettre les
terres alodiales à la justiee du roi. Mais, au xiii⁰ siècle,
nous trouvons encore des aleutiers, en Bordelais notamment [2], qui prétendent « ne devoir rien à personne ni à per-
« sonne qui vive », même au point de vue de la justice, et
qui déclarent que, s'il leur arrive de comparaître devant le
tribunal du roi, c'est par effet de la violence [3].

2° Nous avons dit en second lieu que l'aleu *restait soumis
aux charges foncières*. Voici ce que dit en effet Dumoulin :
« Res alaudialis non potest debere censum, prout census
« in hoc regno accipitur, nec jura feudalia : sed bene potest
« debere certum, annuum et perpetuum reditum ; quia hu-
« jusmodi obligatio reditus et hypotheca illi accedens, ni-
« hil habet commune cum dominio et proprietate, et nihil

---

[1] J. Flach, *Origines de l'ancienne France*, 1886, I, p. 212.

[2] P. P. de Lamoignon, *Arrestez*, édit. 1702, p. 137.

[3] Martial et Jules Delpit, *Notice d'un Mˢᵗ de la Bibl. de Wolfenbüttel, relatif
à l'hist. de la France Méridion.*, T. XIV des *Notices et extraits des Mˢᵗˢ de la
Biblioth. du Roi.* p. 338 : «... Nec debebat facere homagium nec sacramentum,
dixit etiam quando stabit juri coram preposito de Barssaco hoc facit per violen-
tiam, item quod fecerat sacramentum fidelitatis. » Mˢᵗ 147 de Wolfenbüttel. Voir
aussi p. 99, 2ᵉ part.

« diminuit de essentia et dominii et proprietatis rei sup-
« positæ in se ; sed est quid prorsus distinctum imo oppo-
« situm, quia non potest quis habere dominium et hypo-
« thecam in eadem re, sed hypotheca præsupponit domi-
« nium esse alienum. Amplio etiam in reditu creato per
« concessionem rei alaudialis, ad certum annuum et perpe-
« tuum reditum ; quia nihil ominus remanet res verè et
« propriè alaudialis quamvis reditu onerata, quoniam con-
« cedens ad reditum, nisi aliud expresse agatur, nullum
« jus dominii retinet [1]. »

Lalande dit aussi que l'aleu peut être chargé d'une rente
foncière, parce que le bail à rehte transfère la propriété et
la seigneurie de cet héritage à celui qui le prend sous cette
redevance annuelle ; cette redevance peut même être perpétuelle et non rachetable, pourvu qu'elle n'emporte point
la directe, c'est-à-dire un lien envers un suzerain.

La Thaumassière, commentant l'art. 255 de la Cout.
d'Orléans, après avoir énoncé que l'aleu ne doit « aucune
« servitude », ajoute qu'il faut entendre par ces mots : les
droits qui emportent seigneurie directe, lods, ventes et
accordements, car il ne répugne pas à la nature et à la
qualité de l'aleu qu'il soït chargé d'une rente foncière ou
d'une servitude réelle, comme de passage, d'égoût etc.,

3° Le troisième caractère de l'aleu, et son caractère essentiel, ce qui le distingue du fief, de la censive, et des
autres modes de tenure résultant des baux perpétuels ou

---

[1] Dumoulin, *Cout. de Paris*, 68, 2.

à longue durée, ce qui le rend si supérieur à eux, c'est qu'il est *exempt des droits et devoirs féodaux*.

Si donc un héritage est assujéti à des charges, servitudes, redevances foncières, du moment qu'il ne reconnaît aucun seigneur, aucun supérieur en féodalité, il est alodial.

Or, ce n'était point là un mince avantage.

Tandis que les possesseurs de bénéfices ou de fiefs, en rémunération de la puissance que leur suzerain leur avait concédée, étaient tenus envers lui à une foule d'obligations plus ou moins dures — mais toujours onéreuses, — le possesseur qui tient sa terre *a Deo solo* ne doit à personne ni foy, ni hommage [1], ni cens, ni corvées et n'est pas soumis au retrait féodal.

---

[1] Toutefois, nous verrons que, sans être tenu à foi ni à hommage, l'aleu, lorsqu'il était de concession, imposait un certain devoir de reconnaissance au donataire en faveur du donateur, ce qu'on appelait un *jus honorum*.

Charte de Bertrand de Montlaure, citée par Caseneuve dans son *Franc-aleu* et par Ducange dans son *Glossarium*, anno 1113 : « Ego Guillelmus Montispessuli dono tibi ad fevum, ut tu Bernarde Guillelme et posteritas tua, istum fevum mihi et posteritati meæ serviatis et hominium faciatis. »

Comme on le voit, et comme nous le montrerons plus loin, ce caractère avait dans certaines régions fait appeler l'aleu *fevum*, *feudum honoratum*, ce qui était un étrange abus de langage.

Nous verrons *infrà* que l'infraction à ce devoir de reconnaissance pouvait entraîner la révocation de la donation de l'aleu « ingratitudinis causa. »

Cependant la coutume d'Anjou, offrait une particularité bizarre. Quoiqu'elle n'exigeât pas, de la part de l'aleutier, la prestation d'hommage, elle exigeait une *offre* de prestation, sous peine de confiscation. « Le subjet qui tient sa terre en Franc-Aleu, porte l'art. 140, est exempt à cause d'icelle de foy, d'hommage, de devoir, de rachapt, de prinse par defaut d'homme et de toutes autres servitudes quelsconques : fors quand il est appellé en la Cour de son seigneur en la demande de qui il s'advoue subjet, il doit responde de bouche, qu'il advoue telle sa terre tenir en franc-aleu et s'en aller. Et s'il se defaut en ce de terme o inti-

Sans vouloir nous étendre sur ce qui constituait les devoirs féodaux, la fidélité, les plaigeries ou service de Cour, les aides, l'aveu et le dénombrement, obligations auxquelles étaient soumis les vassaux, qu'il nous soit permis d'apprécier combien nombreuses et combien lourdes étaient ces obligations. Nous verrons par là quelle immense supériorité avait l'aleu — qui en était exempt — sur le fief, qui y était soumis. Cela nous expliquera l'insistance, l'acharnement des seigneurs à faire disparaître l'aleu, à le convertir en fief pour qu'il soit soumis dorénavant aux droits féodaux, cela nous expliquera enfin l'intérêt des aleutiers à se défendre et l'énergie avec laquelle ils le firent.

Outre les services honorables qui lui étaient dus par

---

midation, il payera l'amende des défauts, car tel affranchissement qui luy est donné, ne lui permet pas de contemner la jurisdiction de son seigneur, {qu'il ne doive venir une fois déclarer ce que dit est. »

Voici une charte qui constate cette offre de foy : « A tous ceux qui ces présentes verront, le garde des scels reaulx establis aux contracts en partie de la seneschausse de Poictou, pour le Roy nostre Sire, ou lieu de ceulx qui aultresfois furent establis, par le dit sieur à la Roche sur Yon, salut.

Scavoir faisons que le 23 iour de mars 1505 avant Pasques, ès presences de nous notaires et tesmoins cy dedans signez : noble et puissant Jean du Bouschet, seigneur de Puy greffier de la Froyerie et du Franc-aleu, s'est transporté à la porte et entrée du chasteau d'Angiers du cousté devers la cité et ville d'Angiers, auquel lieu il a trouvé en personne le lieutenant du dit chasteau d'Angiers auquel il a dit et déclaré qu'il estoit illec venu pour faire l'offre de foy et hommage qu'il doit et est tenu de faire pour raison de la dite terre, fié et seigneurie du Franc-aleu scis et scitué en la paroisse de Villiers-Charlemaigne... ainsi que ses prédécesseurs seigneurs de la dite terre... du Franc-aleu ont accoustumé faire : et laquelle foy et hommage il ne doit pas et n'en est tenu faire aucune mais seulement en faire l'offre... »

Galland, qui rapporte cette charte (p. 11), dit que cette simple offre est tout exceptionnelle et spéciale à la dite terre de Villiers-Charlemagne, c'est une inexactitude, car d'après Pocquet de Livonière et les autres auteurs angevins cet usage serait commun à la coutume tout entière.

ses vassaux, le seigneur féodal percevait sur ses tenanciers roturiers des cens, des champarts, redevances payées soit en argent, soit en nature ; et des tailles arbitraires ou abonnées, ainsi que les droits de formariages sur ses mainmortables dont la succession lui était en outre acquise.

Il serait intéressant de se demander quelle pouvait être la quotité de ces droits féodaux, le *quantum* des charges diverses qui pesaient sur les propriétés, afin de voir de combien l'aleu, qui en était affranchi, était préférable aux terres qui en étaient grevées.

Mais, outre que ces quotités étaient variables suivant les temps et suivant les lieux, les renseignements nécessaires pour établir un pareil tableau sont rares et difficiles à trouver, et on ne saurait, sans sortir des limites de notre étude, entreprendre un pareil travail pour toute la France. Néanmoins, nous ne résistons pas au plaisir d'extraire de la si consciencieuse étude de M. G. Tholin quelques chiffres qui pourront donner une idée de ces charges [1]. L'érudit archiviste du Lot-et-Garonne ne s'est occupé que de l'Agenais, mais on pourra par comparaison, par analogie, se faire une idée générale des charges féodales en France.

A. *Quelle était la quotité des redevances seigneuriales [2] ?*

---

[1] G. Tholin, *Ville libre et barons*, Paris, Alph. Picard, 1886, in-8 de XVI et 264, p. voir p. 243 et suiv.

[2] Cette évaluation est faite par carterée (73 ares) et ne comprend que les redevances fixes, annuelles ; elle laisse de côté les droits d'acapte, de lods et ventes, de prélation de retrait féodal etc... tous droits, qui ne sont pas perçus à époques fixes et que M. Tholin évalue à environ 10 sols par carterée.

Monbalen, à la fin du xvie siècle, donnait un sol, 2 picotins de froment, un tiers de picotin d'avoine.

Aubiac, au commencement du xviie siècle, donnait huit sols[1]. Galapian, en 1631, payait un sol, 4 picotins de froment, 4 picotins d'avoine et un sixième de poule.

Fals, en 1719, donnait six deniers.

Laroque Turibant, en 1720, était imposé de deux sols, deux picotins de froment, deux d'avoine. A ce taux, le syndic estimait que les rentes perçues en vingt-neuf ans équivalaient à la valeur même de la terre.

Cours, au milieu du xviiie siècles payait : vingt-trois sols, deux picotins et demi de froment, un et demi d'avoine.

En résumé, sur trente-six seigneuries que passe en revue M. Tholin, à la date de 1715, dans l'une (celle de Bajamont) la carterée de terre était imposée annuellement, au profit du seigneur, de 6 liv. 18 sols ; une autre l'était de 4 liv. 1 sol ; dans huit seigneuries la carterée était imposée de plus de 2 liv ; dans seize, elle l'était d'une à deux livres ; dans dix elle était imposée de dix à dix-sept sols[2].

La situation des tenures seigneuriales était autrement dure que celle des propriétés situées dans les juridictions royales, car celles-ci ne payaient au roi, en temps que sei-

---

[1] L'année du mariage des filles du seigneur, il était dû double rente (*Code des seigneurs*, ch. 34).

[2] Au xive siècle, l'oublie d'un sou tournois, que payaient les tenanciers, représentait 48 sous de notre monnaie, (d'après les calculs de MM. Viollet le Duc, Forestié et Monteils), au xviiie siècle il représentait 15 ou 20 sous. Or, les seigneurs avaient élevé à cette époque les redevances à cinquante sols, c'était donc de beaucoup dépasser la proportion dans laquelle avait diminué la valeur de l'argent.

gneur, ou aux engagistes qui le représentaient, qu'un sol
par carterée[1].

*B. Quel était le rapport entre le total des redevances
féodales diverses et le total des impositions de tous genres?*

La juridiction de Laplume payait en 1785 :

Taille principale. . .	8,394 liv.
Taille accessoire. . .	4,884 —
Capitation roturière. .	7,922 —
Vingtième.	10,895 —
Vingtième d'industrie. .	61 —
Octroi, abonnements.	2,106 —
	34,262 liv.

Plus 700 liv. d'impositions municipales, et 100 liv. au
duc de Narbonne comme engagiste, c'est-à-dire 3,562 liv.

Comme cette juridiction comprenait 6,280 carterées,
l'imposition était en 1785, de 5 liv. 11 sols par carterée.

En 1773, dans la juridiction de Port-Sainte-Marie on
payait exactement le même chiffre ; en 1679, à Nicole on
payait 3 liv.; en 1751, à Frégimont 2 liv. 5 s.; en 1747, à
Sauvagnas, 4 liv. ; à Laplume en 1627 on ne payait que 2
liv. 8 deniers.

En résumé, d'après M. Tholin, la moyenne des impositions en Agenais, dans le cours du xviiie siècle, est estimée
à deux livres 10 sols, et celle des redevances seigneuriales
à 1 liv. 10 sols, c'est-à-dire la moitié du chiffre de l'impôt,

---

[1] Ce chiffre donné par les syndics de Madaillan au cours de plusieurs procès
ne fut pas contesté. D'ailleurs, en 1785, le territoire de Laplume de 6280 carterées
ne rapportait que 100 liv. au duc de Narbonne engagiste.

(sauf quelques exceptions, comme à Bajamont où les redevances seigneuriales étaient deux fois plus fortes que les
impositions [1]).

Ainsi donc, au xviiie siècle, les aleutiers d'Agenais, les
rares propriétaires qui avaient pu conserver leur indépendance, ne payaient que la moitié de ce que payaient leurs
voisins moins heureux qu'eux. La même différence, exis-
tait-elle dans les siècles précédents, c'est certain ; était-ce
dans la même proportion ? Assurément oui ; probablement
même dans une proportion plus forte, car bien des impôts
divers, notamment ceux de création récente, qu'ils payaient
au xviiie siècle, ils ne les payaient pas aux siècles précédents.

Voilà pour les redevances seigneuriales fixes ; mais il y
avait plus.

Des taxes étaient levées sur la transmission par vente
ou par succession des terres soit nobles soit roturières ;
des droits d'amortissement, des droits de francs fiefs
avaient été établis afin de compenser les droits de mutation, auxquels les biens ecclésiastiques échappaient, et
l'obligation à l'ost, que ne pouvaient accomplir les roturiers
acquisiteurs de fiefs. Il fallait encore ajouter les droits de

---

[1] Ces redevances énormes ne justifient-elles pas l'estampe intitulée *L'homme du
village*, (à Paris chez Guérard graveur rue St Jacques à la reyne du clergé, proche St Yves) ?

> Tous les jours au milieu d'un champ,
> Par la châleur, par la froidure,
> L'on voit le pauvre paysan
> Travailler tant que l'année dure,
> Pour amasser par son labeur
> De quoy payer le collecteur !

garde-noble qui donnaient au seigneur la jouissance des fiefs pendant la minorité de leurs possesseurs-héritiers ; les droits aux biens vacants, à la succession des aubains et des bâtards [1], sur les épaves, sur le trésor trouvé, sur les mines, sur les forêts, sur les eaux, les droits de chasse et de pêche.

Aux termes de l'art. 50 des *Etablissements de Saint-Louis,* les meubles du vassal étaient confisqués au profit du seigneur s'il faisait tort à celui-ci, s'il lui faisait injustement la guerre, s'il portait la main sur son envoyé, s'il lui donnait un démenti de mauvaise foi ou se servait de mauvaises mesures ; s'il corrompait sa femme ou sa fille, le fief entier était confisqué.

---

[1] Il faut dire que l'aleu est sujet, tout comme le fief, aux droits d'aubaine, de bâtardise et de déshérence, car, dit Bacquet, lorsqu'il ne se trouve pas d'ayant droit, il est plus juste d'y appeler le roi ou le seigneur, fondés d'après le droit commun, qu'un autre qui n'a point de titre. Les seigneurs s'arrogèrent souvent ces bénéfices, mais, lorsque la royauté devint forte, elle revendiqua ses droits: Philippe VI déclara que « aleu caduc ou forfait revenait au fisc.» Charte de 1341 citée par Ducange *Glossarium.* Il s'agissait d'une terre forfaite que les gens du comte de Barri disaient devoir revenir au comte, comme située dans sa chatellenie ; le procureur du Roi la réclamait pour le roi parce que c'était un aleu, « car forfaicture de franc-aleu quelque part que ce soit en notre royaume nous doit appartenir. »

Tandis que, en cas de condamnation pour crime, le fief faisait retour à son seigneur, l'aleu restait à la famille, aux plus proches parents. La commise étant une conséquence de la foi et de l'hommage, l'aleu devait en être affranchi. C'était là l'opinion générale, cependant Mingon sur l'art. 174, et Lhommeau, *Maximes,* Liv. II, art. 22, sont d'un avis contraire. Cette règle était la même en Allemagne, (Schilter, *Codex juris alemannici feudalis,* ch. LXXXIX, § 5 : G. d'Espinay, *La féodalité,* Saumur, Godet 1862, in-8, p. 39.

Carondas, (art. LXVIII, p. 134) ; Duplessis, *Du franc-aleu,* fol. 108 ; Valin, *Comment. sur la Cout. de La Rochelle,* (Paris, Vincent 1768, T. I, p. 79), soumettent l'aleu à la confiscation, parce qu'il est soumis à la justice du lieu où il est situé ; le droit de confiscation était un attribut de la juridiction.

La fiscalité féodale s'étendait sur presque tous les objets de consommation : sur la vente des marchandises, sur leur transport, sur leur pesage et mesurage, sur l'établissement des halles, foires et marchés ; le seigneur avait droit au gîte dans ses voyages, à des prises pour ses besoins usuels ; sous le nom de banalités, il avait le monopole des moulins, des pressoirs, des fours dans toute sa seigneurie ; il fixait la date des vendanges, des récoltes, des moissons et jouissait du privilège de vendre son vin, ses blés avant de permettre aux habitants de sa seigneurie de faire leur récolte.

Parmi les corvées, les unes s'appliquaient à l'exploitation du domaine privé du seigneur ; ces charges, redevances ordinaires et annuelles d'héritages tenus en censive, n'avaient d'autre règle que sa volonté : souvent rudes, pénibles. Prestations en argent, en volailles, en grains, *oublies, hostiẕes, chevages, manoperæ, carroperæ, bians, bidanna, bienna, arbans, oyances, hayes,* couper et porter le bois, faucher les foins, le blé, vendanger les vignes, engranger les grains au sauf du seigneur, réparer les bâtiments, curer les fossés. Les autres, étaient de véritables services publics dus originairement au gouvernement et à l'administration locale que la seigneurie avait remplacés : elles pourvoyaient à l'établissement des ponts, à l'endiguement des rivières, à l'entretien des routes, à la construction des édifices publics.

Enfin, dans certaines circonstances extraordinaires, quand le seigneur armait chevalier son fils aîné, quand il mariait sa fille aînée, quand prisonnier il avait à payer sa rançon, l'*aide féodale* lui était due par ses vassaux nobles comme par ses tenanciers roturiers. Par extension de la règle primitive, elle put aussi être réclamée par celui qui se rendait en Palestine pour la croisade, ou seulement pour un pieux voyage. C'étaient les tailles extraordinaires, opposées aux *tallia ad placitum* levées sur les serfs à dates fixes [1].

Toutes ces charges, qui n'étaient pour la plupart que les anciens impôts publics transformés par la féodalité en redevances patrimoniales, consacrées par l'usage et définitivement fixées par la coutume, touchaient tous ceux qui occupaient une terre féodale ; le possesseur d'aleu au contraire, quelque humble qu'il fût, était le maître chez lui et ne devait rien à personne.

Mais, bien que l'aleu fût *immunis*, c'est-à-dire exempt de toute redevance ou plutôt de tout fermage, celui qui le detenait n'en dut pas moins toujours les tributs ayant un caractère public.

Les anciens annalistes nous parlent de dons faits au roi dans certaines circonstances telles que les assemblées du champs de mai [2]. D'abord volontaires chez les Germains, en faveur de leur chef, elles ne tardent pas à être imposées par les capitulaires même aux personnes morales.

L'aleutier devait, comme tout sujet, loger les envoyés

---

[1] On trouvera des détails sur ces divers droits seigneuriaux, sur lesquels nous ne pouvons nous étendre ici, dans Vuitry, *Etudes sur le régime financier de la France avant 1789*, p. 276 à 420, dans Leopold Delisle, *Etudes sur la condition de la classe agricole au moyen âge*, Evreux 1849, ch. III ; dans J. Flach, *Origines de l'ancienne France 1886*, p. 315 et suiv ; dans J. Clamageran, *Hre de l'impôt en France 1867*, I, p. 194-226 ; dans A. Babeau, *Le village sous l'ancien régime*, Didier 1878, p. 172.

[2] *Annal. Hildesh.* anno 750 ; *Annal. Fuld.* anno 751 ; *Annal. Metens. ; Chronic. Fontanell.*

du roi, ainsi que les envoyés au roi par les pays étrangers [1].
Il devait aussi assister le chef en ses conseils [2].

Enfin, et c'était là son obligation la plus importante,
comme la plus lourde, l'aleutier était tenu au service militaire. Toutefois, comme l'a fait remarquer M. Guizot, cette
charge ne fut pas d'abord réelle, c'est-à-dire que tout
homme n'était pas astreint à porter les armes à raison de
ses biens alodiaux : cette obligation d'*ost* n'était à l'origine
que la conséquence du lien qui unissait le chef à ses compagnons. Mais, postérieurement, à mesure que les relations prirent un autre caractère, le service militaire s'établit plutôt d'après la condition, et c'est ainsi que nous
voyons tous les hommes libres, propriétaires d'aleux ou
bénéficiers, y être astreints. Celui qui ne se rendait pas, lors
de l'hériban, au lieu de rassemblement, était passible d'une
amende de soixante sols. D'après le capitulaire de 812 de
Charlemagne, en cas d'insolvabilité, celui qui faisait défaut
devenait serf du souverain jusqu'à ce qu'il eût racheté
cette amende par ses services, à moins qu'il ne trouvât des
cautions [3].

L'obligation devenait donc bien réelle ; ce qui le prouve
encore, c'est que les hommes libres, ne possédant qu'une
petite portion de biens, devaient se réunir pour équiper
un guerrier [4], et que les ecclésiastiques même étaient astreints à cette obligation.

---

[1] Capitul. de Louis II, anno 855, (Marculfe, *loc. citat.* I, 2).

[2] Winspeare, *Storia degli abusi feudali*, p. 286 ; Eichorn, *Deutsche Staats und Rechtsgeschichte*, I, 121.

[3] Ducange, v⁰ *Herebannum*.

[4] Capitul. anno 807, (Baluze I, 457) ; J. Lefort, *Hist. des contrats de location perpétuelle*, Thorin 1875, in-8⁰, p. 114.

Mais, tandis que le vassal devait l'*ost* à son seigneur chaque fois que celui-ci le lui demandait, ce qui arrivait souvent, les guerres de seigneur à seigneur étant fréquentes au moyen âge, l'aleutier ne devait le service d'armes qu'au roi, lorsque celui-ci le requérait. Dans ce cas, l'aleutier marchait sous la bannière du comte et du marquis ; il ne dépendait à ce point de vue de personne autre que de son souverain, indépendance dont s'accommodait parfaitement l'organisation primitive, ou plutôt le manque d'organisation de nos armées.

A part ces devoirs inhérents à la qualité d'homme libre, le possesseur d'aleu était seigneur absolu dans son domaine, commandait et jugeait ses vassaux, disposait à son gré de ses serfs, s'il en avait, et de ses terres.

Ayant le domaine direct, il pouvait donner ses biens en emphytéose, les vendre en toute liberté, les aliéner comme il l'entendait, sans avoir à payer au seigneur lods ni ventes, ni reliefs. Et l'on sait combien ces droits étaient onéreux. Celui de *lods et ventes*, prélevé sur le prix de vente des terres grevées de cens s'élevait souvent au quart du prix d'achat [1], et même parfois à la moitié [2]. L'origine de ce droit se trouvait dans le consentement que donnait le seigneur à son censitaire pour aliéner sa censive. Le droit de *quint* était dû par tout vassal en cas d'aliénation de fief ; le *relief* avait lieu en cas de succession de fief et le *rachat* en cas de successions roturières. A l'origine, ces

---

[1] A. Babeau, *Le village sous l'ancien régime*, p. 173.
[2] Arrêt du Parlement de Paris de 1572, en faveur de l'abbé de Cluny dans Brillon, *Dict. des arrêts*, IV, 126.

deux derniers droits n'étaient dus qu'en cas de succession collatérale douteuse, lorsque les prétendants avaient recours au seigneur pour décider auquel le fief devait appartenir ; mais cette investiture passa rapidement en usage et la somme qui en était le prix, une année de revenus, devint obligatoire même dans les cas où les droits des héritiers n'étaient pas douteux. Toutefois l'usage, favorisé par les jurisconsultes coutumiers, finit par affranchir des droits seigneuriaux les transmissions en ligne directe[1]. Si l'on ajoute encore le droit de centième denier, on voit que les mutations étaient terriblement coûteuses. Eh bien, l'aleu échappait à tous ces droits et les mutations qu'il subissait n'étaient point taxées. Ce fut seulement en 1704 qu'une déclaration du roi vint soumettre l'aleu au droit de centième denier.

Ainsi donc, l'aleutier pouvait aliéner son bien, comme il l'entendait, en toute liberté. Nous verrons toutefois, en étudiant les sources de l'aleu noble, qu'on ne pouvait pas en principe bailler l'aleu à fief ni à cens, à moins qu'il fût noble ; mais cette règle n'avait pas toujours existé, et en tous cas, fut fréquemment violée. Vers le xe siècle en effet, bien des grands propriétaires avaient usé de ce moyen pour se donner des hommes, et pour accroître leur puissance.

Un notable avantage, à ce point de vue, de l'aleu sur le fief et la censive, était encore de ne pas être soumis au

---

[1] Sauf en Anjou. Cette province, comme nous le verrons, ne connaissait qu'un aleu fort imparfait puisqu'il était sujet à *lods et ventes* ; il était donc soumis au retrait féodal, car celui-ci était toujours le corollaire des lods et ventes.

retrait féodal, puisqu'il ne reconnaissait pas de seigneur[1]. On sait que ce retrait était un droit de préemption qu'avait le seigneur de directe lorsque son vassal aliénait le domaine utile, droit qui était devenu l'occasion d'une taxe pécuniaire.

Mais, s'il était affranchi du retrait féodal, il était soumis au retrait lignager, car ce droit-ci était uniquement fondé sur l'affection, sur l'idée de famille ; c'était un droit de préférence, au profit des proches parents, en cas d'aliénation de l'aleu. A la différence du premier, ce retrait n'avait rien de féodal, c'était un droit du sang et l'aleu n'avait aucune raison pour ne pas y être soumis. Cependant le retrait lignager n'était pas aussi généralement admis dans le midi de la France et notamment en Provence, puisque nous voyons que c'est le statut de 1472 qui, sur la requête des Etats, l'y introduisit[2]. Cette différence vient sans doute de l'influence conservée dans le Midi par les lois romaines où le retrait lignager, d'origine toute germaine, était inconnu.

Le délai pour exercer le retrait lignager était en général d'un an et un jour, mais les coutumes variaient quant à son point de départ. Lorsqu'il s'agissait de fief, les coutumes adoptaient un point de départ tout trouvé, le jour de l'inféodation ; mais ici, comme il ne pouvait y avoir inféodation, puis qu'il n'y avait pas de seigneur, la question était plus délicate.

---

[1] Julien, *Nouveau commentaire sur les statuts de Provence*, Aix 1778, I, p. 261.

[2] Vignes et Vergnaud, *Traité des impôts en France*, 1880, I, p. 324.

Certaines coutumes, telles que celles d'Orléans (364), d'Auxerre (157), de Montargis (xvi, 1), Chartres (65), Sens (32), Angoulême (55), Bordeaux (4), La Rochelle (29), Saintonge (144), Lorraine (xiii, 1), Namur (41), Hainaut (xcv,23), donnaient un délai d'un an et un jour à partir de la vente elle-même. Dans ces provinces, il devait être souvent fort difficile aux parents d'être renseignés, surtout en cas de ventes privées opérées hors de la présence de notaires ou de témoins.

Aussi, certaines coutumes, plus prévoyantes, exigeaient elles un an et un jour de possession publique et continue. C'étaient notamment celles de Sedan (217), Anjou (346), Nivernais (xxxi, 2), Loudun (xv,1), Maine (358), Dunois (79), Ax (x,1), Saint-Sever (v,1). Comme le faisait remarquer Dumoulin, « hæc possessio debet esse publica, continua et talis quæ transeat in notitiam viciniæ. » L'inconvénient du système précédent était donc pallié.

Chaumont (152), Clermont (112), Vitry (126), Laon (225), exigeaient le délai de l'an et jour à partir du jour de la possession de fait ; Noyon (111,34), Châlons (226), Vermandois (133), un an du jour de la prise de possession.

La coutume de Calais de 1583 (art. 143), faisait courir le délai d'un an et un jour à partir de la notification et de l'insinuation du contrat d'acquisition au greffe de la ville. C'était d'ailleurs là, la forme générale de purger en cette coutume toutes les acquisitions.

Celle de Paris (132) donnait pour exercer le retrait lignager un délai d'un an à partir du jour où l'acquisition avait été publiée ou insinuée en jugement au plus proche siège royal. Les coutumes qui étaient muettes sur ce point, telles que celles de Melun (144), Mantes (171), Etampes 169), Meaux (88), Senlis (122), Clermont (95), Montfort (158), Perche (177), Valois (135), Poitou (319), Marche (260), Chateauneuf (77), suivaient en général, quant à ce point de départ, celle de Paris.

Enfin d'autres coutumes, au lieu du délai d'un an, en avaient un plus court. Ainsi celle d'Auvergne (xxiii,1), ne donnait que quarante jours à partir de l'insinuation de la vente, celle de Berry (iv,1), soixante jours aussi à partir de cette insinuation. Le Bourbonnais (422), exigeait une possession réelle de trois mois, s'il s'agissait d'un aleu corporel, et six mois pour un aleu incorporel.

L'acquéreur d'un franc aleu acquérait un droit réel et la possession, sans avoir besoin de saisine, de vest ni de devest. Quelques coutumes exigeaient cette formalité pour l'acquisition de tous les droits réels, ce qui se faisait par la remise d'une buchette (souvenir de la *festuca* du droit romain), ou, pour les biens ecclésiastiques, par la remise d'un évangile, de la corde de la cloche etc... Mais on admettait que l'aleu n'était pas compris dans cette règle. Certaines coutumes même, comme celle de Vermandois (art. 133), s'expliquaient catégoriquement sur ce point.

Une seule coutume exigeait le vest et devest c'était celle de Reims (art. 139). Si l'acquéreur d'un aleu entrait en possession sans avoir été vêtu, il était frappé d'une amende de six sols parisis, dite amende de *tost entrée.*

Voici une phrase de Galland qui résume très bien la supériorité de l'aleu sur le fief : « Son possesseur, combien « que submis à la justice d'autruy, n'est tenu à foy et hom- « mage envers aucun seigneur : ne le suis à la guerre : ne

« rend secours ou assistance en cas de querelle : par irré-
« verence il ne tombe point en commise : il ne doit aucuns
« lots et ventes, rachapts, reliefs pour ventes, eschanges,
« dons, successions, sinon en la coustume d'Anjou qui
« donne au seigneur les ventes et autres émoluments de
« fief en cas de vente ou eschange du Franc aleu. Il ne doit
« saisine, dessaisine, vest ou devest fors en la coustume
« de Reims[1]. Bref, il n'est obligé à aucun des debvoirs
« introduits au profit des seigneurs par les loix des fiefs. »

Si on ajoute que tous les droits réservés à la souveraineté, chasse, pêche, barrage de rivières, étaient compris
dans l'aleu, qu'on le vendait toujours « cum omnibus per-
« tinentiis pratis, pascuis silvis, venationibus, piscationi-
« bus, molendinis etc.,[2] » on ne s'étonnera pas de la faveur grande dont il jouissait.

Le roi n'a aucune directe sur lui, il ne devait même avoir
qu'un droit de protection, de surveillance, de justice, et
jusqu'au xviie siècle, la royauté n'ose pas prétendre ouvertement avoir davantage. Aussi, ne faut-il pas s'étonner
que certaines coutumes, comme celle du Nivernais (xxxvii, 11
estimassent l'aleu un dixième de plus que le fief, toutes
choses égales d'ailleurs, et que le président Bouhier ait
blâmé si fort ceux de ses contemporains qui, par vaine
gloriole, sacrifiaient l'indépendance de leurs terres pour
entrer dans la hiérarchie féodale, préférant perdre une

---

[1] D'après Boutillier, le vest et le devest était exigé aussi à Arras, Cf. le *Coutumier général* de Richebourg, t. I.

[2] Schæpflin, *Alsatia diplomatica* édit. de Mannheim 1772, I p. 16, 36 ; Grimm,
Deutsche Rechtsalterthümer, Gœttingue 1828, p. 299 ; Grandidier, *Hⁱᵒ de l'Eglise
de Strasbourg*, II, dipl. 58.

partie de leurs revenus à seule fin de posséder un comté ou un marquisat.

Il faut cependant faire une restriction à cette indépendance complète dont jouissait l'aleu, quant à la propriété du tréfonds; à ce point de vue en effet, l'aleu était complètement assimilé au fief. On sait l'influence qu'eut le droit romain sur notre législation en matière de mines, on connaît la restriction apportée par les empereurs romains à la propriété du tréfonds; et n'était-ce pas une idée devenue bien féodale que d'attribuer tout ce qui n'était pas produit du sol au justicier : trésors, épaves, mines, déshérences?

L'ordonnance de Charles VI du 30 mai 1413 impose le dixième royal, celles d'Henri II du 10 octobre 1552 et d'Henri IV du 4 mai 1604 imposent le quarantième denier en faveur du seigneur haut justicier. On sait même que, dans certaines provinces, telles que le Maine et l'Anjou, les seigneurs hauts-justiciers étaient parvenus à se saisir du droit exclusif d'ouverture et d'exploitation des mines de charbon de terre, les mines métalliques restant privilège royal[1].

Dans le Hainaut, qui était resté jusqu'au xive siècle fief de l'empire germanique, les mines, comme la chasse, étaient régaliens, appartenaient absolument au souverain et les propriétaires du sol n'avaient aucun droit sur le tréfonds. C'était le principe du droit allemand, souvenir du droit romain[2]. Cependant les seigneurs de Hainaut obtinrent

---

[1] *Cout. du Maine* (61), *d'Anjou* (70); Lefèvre de la Planche, *Traité du domaine*, IX, 4.

[2] Pütter, *Institutes* VII, 355 ; Vitrarius III, 18 § 28 ; Martini, *Elementa juris publici*, Vienne 1773, p. 169-171.

dans les chartes générales de 1534 (cvi, 13) et de 1619
(cxxx, 1), la même prérogative dont jouissaient le Maine et
l'Anjou, c'est-à-dire privilège pour les mines de charbon.

Le règlement du 14 janvier 1744 enleva dans toute la
France aux seigneurs hauts-justiciers, au profit du roi, le
droit de concéder l'exploitation des mines de charbon, ou
du moins prescrivaient, pour l'exploitation d'une carrière,
de se munir d'une autorisation royale, moyennant finances.
Ce règlement ne dépouillait pas les seigneurs de Hainaut,
de Maine et d'Anjou de tout privilège, elle les assimilait
aux propriétaires de la surface dans toutes les autres provinces, et, comme ceux-ci, ces seigneurs durent se munir
de l'autorisation. Autrement dit, dans ces trois provinces
les seigneurs restèrent maîtres, comme les propriétaires du
fonds dans toutes les autres, d'évincer les concessionnaires
du gouvernement en se faisant subroger à leurs concessions.
Les décrets du 4 août 1789 ayant supprimé les justices
seigneuriales, désormais les concessionnaires du gouvernement n'eurent plus ni trouble, ni subrogation à craindre
de leur part.

Sur ces points l'aleu était assimilé au fief. La propriété
de l'aleutier ne portait jamais que sur la surface et non sur
le tréfonds. Mais, comme le roi n'avait délégué aux hauts
justiciers son droit que sur les fiefs et les censives, il le
conservait sur les aleux. Cette restriction à l'indépendance
de l'aleu avait donc pour cause un droit régulier. L'ordonnance de 1744 avait été générale et avait affecté tous les
terrains que la surface en fût féodale, censuelle, alodiale.

Lors de la discussion à l'assemblée constituante, certains
députés ayant demandé que les mines fussent déclarées pro-

priétés privées, Mirabeau prit la parole « Les mines sont le bien de la nation ! » et fit voter la loi des 12-28 juillet 1791.

§ II. — *Diverses sortes d'aleux.*

A. *D'après leur mode de création.*

A ce point de vue, on distinguait trois sortes d'aleux : ceux d'origine, ceux de concession, ceux de prescription.

1º Sont *aleux d'origine* ou *naturels*, les terres qui ont conservé leur indépendance primitive, qui sont encore ce qu'elles étaient avant l'institution du régime féodal, c'est-à-dire celles qui, aussi loin qu'on peut remonter, n'ont jamais été tenues en fief ni en censive. Nous avons vu comment cette espèce d'aleux qui, au commencement du moyen âge, formait la grande majorité des terres, avait été peu à peu englobée dans le bénéfice, comment l'insécurité d'abord, la violence des grands ensuite, avaient fait, surtout dans le Nord, disparaître ces aleux, les avaient changés en fiefs. Nous verrons bientôt la continuation de ce mouvement de conversion, ou plutôt les efforts des feudistes pour nier qu'il existât au xviiiᵉ siècle des aleux d'origine, c'est-à-dire pour établir au profit des seigneurs, et par suite du roi, une directe générale sur toutes les terres du royaume.

2º Sont *de concession* les aleux qui ont été distribués par les rois sur les terres de l'ancien fisc impérial, non à titre de bénéfice, mais en pleine propriété, soit, lorsque, fiefs à l'origine, ils ont été affranchis de tous services et droits féodaux par le seigneur, du consentement des seigneurs médiats et immédiats auxquels appartenait la mouvance[1].

Cette seconde espèce d'aleux était au viie siècle l'exception. A partir du xe siècle elle est devenue bien plus nombreuse que celle des aleux d'origine, et, plus on avance dans le régime féodal, plus on ne trouve, en fait d'aleux, que de ceux de concession, jusqu'à ce que la royauté, déniant l'aleu d'origine, n'admette plus que l'aleu de concession.

Nous possédons plusieurs chartes d'affranchissement de fiefs, transformant ceux-ci en aleux :

Anno 1252 : parlant d'un bien tenu *in feodum* : « Quit- « tam clamamus et declaramus ab omni homagio et censu, « tanquam dominus[2]. »

Charte de Bertrand de Montlaure, anno 1274 : «Vendo et « ex causâ venditionis trado, cedo, pro libero et franco et « absoluto et immuni alodio. »

« Clericos suos veriis beneficiis providendo ; laicos vero « solemnissime uxorendo, possessionibus, domibus, agris,

---

[1] Nous ne croyons pas qu'il y eût des modes spéciaux de concessions d'aleux. Nous rapportons d'ailleurs en plusieurs endroits des chartes de concession, qui montrent qu'il ne devait pas y avoir de formes spéciales.

On sait que le titre LX, de la *Lex Ripuariorum*, voulait que l'acquéreur qui payait le prix, amenât des enfants et leur donnât des soufflets, leur tirât les oreilles, pour qu'ils pûssent mieux se souvenir de l'acte de paiement dont ils avaient été témoins. Nous avons lu quelque part, dans quelque vieil auteur sans pouvoir nous rappeler toutefois lequel, qu'au début, lors des acquisitions alodiales, dans certaines provinces de l'Est, on avait la même coutume et on procé· dait de même, « et unicuique de parvulis alapas donet et torqueat auriculas ut ei in postmodum testimonium præbeant. »

[2] Galland, *loc. citat.* p. 16, 17.

« vineis, in perpetuum alodium eis distributis ditissimos « faciebat [1]. »

Le fonds vendu franc et quitte n'était pas censé vendu alodial, à moins qu'il ne fût expressément déclaré tel, lorsque les biens dont s'agissait étaient situés dans un pays où l'aleu sans titre n'avait pas lieu [2].

Au contraire, dans les coutumes alodiales, tout fonds vendu par le seigneur, purement et simplement, sans retention expresse du domaine direct devenait désormais aleu [3].

L'aleu de concession était *réel* ou *personnel* selon qu'il devait rester tel dans quelque main qu'il passât, ou qu'il perdait en partie son caractère alodial en changeant de possesseur.

Tous les aleux d'origine, tous les aleux laïques, et la majeure partie des aleux ecclésiastiques, étaient des aleux réels, dont la franchise était attachée à la terre quel qu'en fût son propriétaire. Au contraire, les terres données en franche aumône étaient généralement des aleux personnels, parce qu'elles redevenaient fiefs en sortant de la mainmorte, comme nous l'étudierons plus loin.

Lorsque l'Eglise possédait un immeuble soumis à la di-

---

[1] *Vie de Balduin de Lutzenbourg, archevêque de Trèves* I.

[2] Brillon, *Dictionn. des arrêts* 2. ; Coquille 67. Il est vrai que le seigneur, ne s'étant pas réservé la directe, n'avait plus de droit sur le bien vendu, mais ce bien tombait dans la mouvance du roi.

[3] Julien, *Statuts de Provence*, 1778; I, p. 315.

Celui qui vendait comme alodial un fonds qui ne l'était pas, devait les intérêts du *quanti minoris*, du jour de la réclamation s'il était de bonne foi, du jour du paiement du prix dans le cas contraire. (Du Perrier IV, § 13 ; arrêt du Parlem. de Toulouse de décembre 1669.

recte féodale, et *intuitu pietatis, pro remedio animæ suæ*, le seigneur transformait ce bien en aleu ; cette franchise, présumée faite uniquement à l'Eglise, disparaissait dès que l'héritage était remis dans le commerce. Le motif du donateur avait été uniquement, en effet, de faire un acte agréable à Dieu en la personne de ses ministres, et il avait eu l'espérance des prières du donataire. Un laïque n'eût pas rempli ces obligations, l'effet devait cesser avec la cause.

Tous les auteurs étaient d'accord pour décider que la donation en franche aumône ne constituait qu'un privilège personnel à l'Eglise ; or cet affranchissement de la terre, cette transformation en aleu était une sorte de franche aumône, un grand nombre de chartes en effet donnent les mots *in alodium* et *in eleemosinam* ensemble, presque comme synonymes.

Ainsi on décidait que, si les mots *intuitu pietatis* étaient insérés dans une création d'aleux au profit d'une église, cette création n'avait pour effet que de suspendre les effets de la directe durant le temps où cet héritage resterait en possession de l'Eglise. Dans ce cas il était dû, non une simple déclaration, mais bien une reconnaissance féodale qui avait pour but de conserver la mémoire du titre originaire.

Tout seigneur pouvait-il affranchir de sa mouvance les fiefs ou censives, les transformer en aleux? Il ne le pouvait que s'il occupait le premier degré de l'échelle féodale, car c'était là un abrégement. Autrefois, les grands vassaux s'étaient arrogé le droit de terminer cette échelle chacun dans son enclave, mais le roi se prévalut de la prérogative de transformer en aleu un héritage soumis à une servitude féodale, et cela en sa qualité de souverain suzerain ; mais il ne le pouvait que du consentement de tous les seigneurs intermédiaires, si cet héritage n'était pas sous sa directe immédiate.

Quand un seigneur voulait affranchir un fief de sa mouvance, il devait donc obtenir l'autorisation de tous les seigneurs supérieurs, car il ne pouvait pas dépendre de lui seul de diminuer les honneurs dont jouissaient les seigneurs au-dessus de lui. S'il affranchissait sans cet assentiment, l'affranchissement équivalait à une simple renonciation qui transférait la mouvance de cet héritage au dominant immédiat ; si celui-ci en usait de même, la mouvance remontait encore et ainsi de suite jusqu'au roi, sommet de la féodalité. C'est là l'application du grand principe qu'on ne peut pas remettre plus de droits qu'on n'a sur une chose, principe qui existait déjà à Rome notamment dans l'affranchissement d'un esclave par le propriétaire *in bonis*, remise de dettes par l'usufruitier etc.. C'est ce que Beaumanoir exprimait par cette formule : « Aucun ne « peut franchir son serf, ne donner abrégement de fief, ne « franchise d'héritage, sans l'autorité de son pardessus[1]. »

Donc, que le fief soit plus ou moins éloigné du roi, c'est à celui-ci qu'il appartient toujours de mettre le sceau à cet affranchissement.

C'est ainsi qu'en 1209, François d'Archennes, voulant donner aux Templiers son fief de Talispont, le résigne à Hugues d'Archennes son dominant, qui le remet aux mains de Vautier de Rosner son suzerain, qui le remet à

---

[1] Beaumanoir, *Coutumes de Beauvoisis*, ch. 45.

Henri Ier duc de Lorraine, qui en fait concession aux Templiers [1].

Cette opinion, qui était celle de Bacquet [2], de Chasseneuz [3], d'Henrion de Pansey [4], était repoussée par quelques auteurs, notamment par Brodeau [5], Duplessis [6], Pocquet de Livonière [7]. Ceux-ci prétendaient que tout seigneur pouvant aliéner son fief, pouvait *a fortiori* l'affranchir des droits qui lui sont dus.

S'il était nécessaire, ajoutaient-ils, que ce fût le roi qui créât l'aleu, il faudrait dire qu'il ne saurait exister que des aleux de concession, ce qui n'est pas exact, ce qui est même contraire à l'usage. Pourquoi un seigneur ne pourrait-il pas, sans recourir à l'autorité du roi, affranchir et exempter ses vassaux des droits seigneuriaux ? Est-ce que cette exemption préjudicie en quelque chose à la souveraineté ou à la justice royale ?

Cette opinion qui lésait gravement les droits du seigneur suzerain, n'était guère admise que dans la coutume d'Anjou, dont l'art. 208 permettait déjà l'abandon de foi au préjudice du suzerain. Il fallait pourtant, pour que cet affranchissement fût possible, qu'il n'allât pas jusqu'au dépiècement.

« Le vassal qui se joue de son fief, dit à ce sujet Du-

---

[1] *Fondations de Flandres*, II, 106.

[2] Bacquet, *Traité des droits de francs fiefs, de nouveaux acquêts*, Lyon, Duplain, 1744, in-fol. ch. II, 25, p. 256.

[3] *Bart. a Chassanæo consuetudines ducatûs Burgundiæ*, *Lugdun. 1523*, 16.

[4] H. de Pansey, *Dissertat. féodales*, *1789*, V° *Aleu*.

[5] Julien Brodeau, *Cout. de Paris*, Paris 1658 in-fol., LXVIII, § 6.

[6] Duplessis, *Cout. de Paris*, Paris, 1699 in-fol. LXVIII, § 41.

[7] Pocquet de Livonière, *Traité des fiefs*, Paris, Lemercier 1733, in-4°, p. 558.

« plessis, doit se réserver la foi entière de tout le fief, c'est-
« à-dire celle qui se fait au seigneur, afin qu'il n'y ait rien
« de démembré de la féodalité, autrement on violerait la
« prohibition du démembrement, c'est-à-dire l'aliénation
« avec démission de foy. Le vassal ne peut pas davantage
« faire un aleu en déchargeant celui à qui il aurait cédé une
« portion de son domaine, du droit domanial qu'il s'était
« primitivement réservé ; ce serait faire indirectement ce
« qu'on ne peut faire directement. »

Lorsque le vassal avait fait un aleu au préjudice de son
seigneur, celui-ci attendait l'ouverture du fief de son vassal, alors il saisissait à la fois la partie gardée par le vassal
et celle aliénée par lui en démission de foi, en décharge
des droits seigneuriaux ; il n'était pas obligé d'en donner
main levée jusqu'à ce que les choses fussent rétablies dans
l'ordre [1].

*Le roi pouvait-il donner en aleu des portions du domaine
de la couronne ?*

Autrefois, lorsque rien ne limitait le bon plaisir du roi,
celui-ci était libre de disposer des terres du fisc comme
il le voulait, aussi lisons-nous dans Marculfe (I, 14) : « Nos
« villam... sicut a fisco nostro fuit possessa visi fuimus cons-
« secisse. Quapropter ut ipsam villam perpetualiter habeat
« concessam, ut ita cum jure proprietario habeat, teneat
« atque possideat et suis posteris ex nostra largitate. »

Les Assises de Jérusalem (ch. cxlv), qui datent du xiᵉ siècle, disent aussi : « Le chief seigneur dou royaume de Jéru-
« salem peut donner dou domaine de la seigneurie fié ou

---

[1] Ferrières, *Corps et compilations* I, p. 1005.

« fiés tel com il veut, avec ou sans service, il les peut don-
« ner si franchement come il veut à yglise ou a comune
« ou a gent laïc, car il est de la seigneurie seul seigneur et
« chief, ne la tient fors que de Dieu. »

Le principe d'inaliénabilité fut admis par l'édit de Moulins, février 1566. « Les terres domaniales, dit l'art. 17 de
« cet édit, ne se pourront dorénavant aliéner par inféoda-
« tion à vie, à longtemps ou à perpétuité à condition quel-
« que soit, et ce sans préjudice des inféodations ja
« faites[1]. » Il était en effet de principe que tout apanage
était tenu en fief et qu'un particulier ne pouvait pas tenir
alodialement, c'est-à-dire avec une indépendance absolue,
des portions du domaine. A l'époque où le domaine de la
couronne était réputé aliénable, on avait eu soin de restreindre cette faculté au domaine utile. « Potest rex ter-
« ram dominialem alienare, quod utile dominium in alium
« transferre quia ipse remanet dominus respectu dominii[2]. »

L'édit de février 1566 permettait cependant l'aliénation
à perpétuité des petits domaines, mais moyennant l'imposition d'un cens, et la déclaration du 8 avril 1672, sur le
même objet portait : « ...A la charge toutefois de les te-
« nir de notre couronne, en plein fief, de nous en rendre
« foi et hommage et de nous en payer un écu d'or de re-
« devance. »

Il est donc certain, qu'à partir du milieu du XVIᵉ siècle,

---

[1] Isambert, *Recueil des anciennes lois franc.* XIV, p. 185. Déjà en 1318,
Philippe le Long avait invoqué ce principe pour révoquer des aliénations du
domaine faites par ses prédécesseurs (Isambert III, p. 179). François Iᵉʳ en 1539
avait aussi publié une ordonnance.

[2] Matthæus de afflictis, *De usibus feudorum* III, p. 517, édit. de 1629.

le domaine de la couronne ne pouvait pas être tenu en aleu.

Nous venons de voir comment le fief devenait aleu. Disons deux mots de la réciproque : un aleu devenait fief, quand son possesseur en faisait foi et hommage à un seigneur, qu'il reconnaissait celui-ci à la suite d'une convention, ou parce qu'il avait perdu ses titres d'exemption. Dans cette dernière hypothèse, s'il venait à retrouver postérieurement ses titres de franchise, il était admis à poursuivre l'immunité de sa terre, nonobstant la reconnaissance faite par lui, car celle-ci était le résultat d'une erreur, et « plus valet quod est in veritate quam quod in opinione. » Enfin l'aleu donné pouvait être repris, comme tout bénéfice concédé, en cas d'infidélité, car l'aleutier était tenu envers son donateur à un certain droit de reconnaissance, à un *jus honorum* [1].

3° Enfin on appelait *aleux de prescription* les terres qui, d'abord tenues en censives, avaient été affranchies du cens par la prescription de trente ans, à la suite de la contradiction du droit du seigneur censier. Mais cette prescriptibilité n'était possible que dans les coutumes qui présumaient jusqu'à preuve contraire toutes les terres, être alodiales, ou qui permettaient de prescrire les lods et ventes.

Dans les pays de franc-aleu, cette prescription était de trente ans à compter du jour de l'acquisition de cet héritage comme franc et alodial, ou du jour de la contradiction.

---

[1] Voir une Charte de Thierry III à l'abbaye de Bèze, anno 677, dans Pertz, *Diplom.* p. 43.

Ainsi donc, si un tiers acquéreur demeurait trente ans sans payer le cens, et que, pendant ce temps, le seigneur utile qui avait aliéné l'héritage cessât de payer, le cens demeurait prescrit ; la terre était *a fortiori* réputée alodiale si, de temps immémorial, elle était possédée alodialement sans que son possesseur eût fait aucune reconnaissance de droits seigneuriaux. « Potest quis allegare, se possidere in alo-« dium etiamsi nec litteras acquisitionis, nec alium titulum « ostendat nec habeat, et etiam in hoc regno præsumitur « res, si allegatur, alaudialis esse, nisi in locis ubi consue-« tudo repugnat, vel nisi appareat rem sitam infra limites « terrorii in quo Dominus loci est fundatus in Dominio « directo[1]. » Dumoulin trouvait cette possession immémoriale suffisante à établir la franchise des terres même dans les coutumes qui rejetaient l'aleu. « Omnino sufficit pos-« sessio temporis immemorialis, in qualitate alaudii, etiam « in locis, in quibus consuetudo requirit titulum particu-« larem vel expressum ad possidendum jure alaudii, quia « tanti temporis decursus vim habet tituli[2]. » « Quoi-

---

[1] Dumoulin, *Cout. de Paris*, art. LXVII, 13.

[2] Dumoulin, id. 15 ; Lhommeau, *Maximes*, II, 26 ; Bacquet, *Droit de déshérence*, VII, 2 ; Mornac.

Guy Pape, quest. 272, Galland, p. 218, rapportent un arrêt du Parlement de Paris, du 11 juillet 1631, déclarant la prescription centenaire susceptible de créer un aleu ; Boutaric, *Droits seigneuriaux*, II, dit que le Parlement de Toulouse exigeait une possession paisible et sans trouble de trente ans entre laïcs, 40 ans contre l'Eglise ; Boniface, *Recueil d'arrêts*, IX, 1 § 5, rapporte une décision du Parlement de Provence contre l'Archevêque d'Arles, de 1624 contre les religieuses de *Saint-Barthélémy*, d'Aix et deux autres de 1649 et 1651 en faveur de la prescription de liberté par trente ans ; Salvaing, *Usage des fiefs*, XIII, rapporte six arrêts du Parlement de Grenoble établissant l'alodialité par prescription de cent ans ; La Thaumassière.

« que le Franc-aleu sous la coutume de Paris, ajoutait
« Ferrière, ne soit pas de droit commun, il n'est pas né-
« cessaire d'en rapporter le titre primordial pour le justi-
« fier, et autrement, comme le temps consomme toutes
« choses et même que les titres viennent souvent à s'égarer,
« il n'y aurait point d'héritage de cette qualité, qui, dans
« la suite des années, ne perdît son privilège. De sorte que
« les contrats énonciatifs, accompagnés d'une possession
« immémoriale, suffisent pour conserver le franc-aleu. Ce
« qui a été jugé en cette coutume par arrest de la première
« chambre des enquêtes le 7 septembre 1640, qui maintient
« un héritage en sa qualité de franc-aleu roturier, combien
« que le seigneur qui le contestait fût fondé en un territoire
« limité, que le détenteur de l'héritage ne rapportât pas
« le titre primitif et qu'il n'eût que des contrats d'acqui-
« sitions faits il y avait plus de 70 ans, qui faisaient men-
« tion que l'héritage était tenu en franc-aleu, avec la pos-
« session immémoriale en sa faveur[1]. »

Qu'on remarque qu'il fallait que la terre fût possédée par
un tiers acquéreur, car le vassal et le censitaire, détenant du
fait du seigneur, ne pouvaient pas prescrire contre lui «Nemo
« potest sibi ipse causam possessionis mutare potest. »
C'est ce que décidaient les *consuetudines* ou *libri feudorum*
(II, 28) « Ad hæc quantocumque tempore steterit vasallus,
« quod domino non servierit... beneficium non amittit nisi
« servitium facere renuerit. » « L'opinion qui tient que le
« vassal ne prescrit jamais, par la simple cessation des
« services, l'exemption des droits qui sont de la substance

---

[1] Ferrière, *Corps et compilations*, I, 68 ; Brodeau VIII ; Ricard ; Duplessis.

« ou de la nature du fief, est fondée et plusieurs coutumes
« du royaume décident dans le sens de cette opinion en
« considération qu'il n'y a point de prescription en ce cas
« par quelque temps que ce soit, et les autres qu'elle ne
« s'acquiert même pas par cent ans[1]. »

Une fois cette prescription accomplie, quelle sera la nature de l'immeuble ? Fief, ou aleu ?

Certains auteurs disaient : il devient fief parce que :

D'abord, la prescription, étant un *modus adquirendi*,
comme le cens, les lods représentent, constituent le domaine direct, prescrire le cens et les lods, c'est acquérir
le domaine direct. Par l'effet de la prescription les deux
domaines, direct et utile, se trouvent réunis dans les mains
du même propriétaire. L'effet de cette réunion d'après les
principes féodaux, est d'anoblir, de transformer en fief le
domaine utile.

En second lieu, la prescription est fondée sur une double
considération : celui qui n'use pas de son droit est censé
l'abandonner, c'est pour lui la peine de sa négligence. Or,
ces deux motifs, applicables à l'encontre du seigneur immédiat, ne peuvent pas l'être contre le seigneur dominant.
Quel reproche d'inaction lui faire ? Il ne pouvait pas se
faire payer des droits seigneuriaux qui ne lui étaient pas
dus à lui, mais seulement à son vassal. Sans action, comment dès lors pouvait-il être puni ? On ne peut punir ici
que le vassal en lui enlevant sa mouvance pour la déférer
au dominant, et en disant que désormais le tenancier tiendra de lui, non en censive, mais en fief.

---

[1] Dunod, d'après Grivel, *Traité des prescriptions*, p. 331 et 358.

A ces deux arguments les partisans de l'aleu répondaient avec beaucoup de raison : il ne s'agit d'abord pas ici d'une prescription acquisitive, mais bien libératoire. Ce n'est pas en effet le domaine qu'on prescrit, mais seulement les prestations, les devoirs féodaux, les servitudes qu'on devait à cause de lui. Quel est l'effet de l'extinction d'une charge réelle? Restituer l'immeuble dans l'état où il était avant la constitution de la dite charge. Or, la nature des héritages avant l'imposition des charges féodales, était l'alodialité. Le cens et les lods, s'éteignant par l'effet de la prescription, le domaine direct s'anéantit, l'immeuble redevient aleu.

La nobilité n'aurait pu être donnée à l'immeuble que par le domaine direct, mais celui-ci n'a jamais été entre les mains du censitaire. Du jour où il est sorti de celles du seigneur, il s'est éteint.

En second lieu, nous admettons, disaient-ils, que le suzerain n'est coupable d'aucune négligence, mais les coutumes qui autorisent la prescription du cens et des lods ne contiennent aucune distinction entre les seigneurs immédiats et les dominants, ni aucune restriction en faveur de ces derniers. Les seigneurs dominants ont accepté ces rédactions de coutumes, *patere legem debent quam ipsi fecerunt.* Voilà la négligence dont la prescription les punit, ils ont eu le tort de n'avoir pas réservé leurs droits de dominité dans le cas où leurs vassaux perdraient les leurs.

La prescription naît en dehors des principes du régime féodal, et par la force même des choses. Quand le suzerain a donné un fief à son vassal et a approuvé les baux à cens faits par celui-ci, il savait que la prescription dans certains cas pourrait diminuer l'étendue de ses droits;

avant d'inféoder il connaissait l'existence de cette prescription et les cas où elle naîtrait, c'est donc sciemment et volontairement, qu'il s'est exposé au préjudice que lui cause
la prescription.

Enfin il ÿ avait une idée de justice qui dominait la question : si l'effet de la prescription du cens et des lods eût
été de convertir la roture en fief et de transformer le censitaire en vassal, cette prescription, loin d'être un avantage,
eût été au contraire très onéreuse ; elle eût aggravé énor-
mément la condition de ceux qui en eussent usé, les charges des fiefs étant beaucoup plus lourdes que celles qui
pesaient sur les rotures, et la condition de vassal étant plus
onéreuse que celle de censitaire.

Aussi, la grande majorité des auteurs décidaient-ils que
cette prescription convertissait la censive en aleu et non
en fief.

Cette seconde opinion toutefois ne se conciliait guère,
était même tout-à-fait incompatible avec la maxime « *nulle
terre sans seigneur* », c'est-à-dire avec les coutumes qui repoussaient l'aleu sans titre ; et cependant plusieurs coutumes, qui n'admettaient pas la présomption d'alodialité,
admettaient la prescription du cens. Les commentateurs
se donnèrent beaucoup de peine pour essayer de concilier
ces deux choses, sans pouvoir toutefois y arriver ; car cette
prescription, si elle était admise, faisait une terre sans seigneur et un franc-aleu sans titre, ce qui était contraire à
la présomption de non-alodialité. Ne voulant pas adopter le
premier système, celui de la transformation de la roture en
fief, ce qui eût tout concilié, il fallait donc choisir entre
l'article et la maxime. On eut vite fait de sacrifier l'ar-

ticle, qui de fait fut considéré comme non écrit. Remarquons que, chose bizarre, c'est l'article écrit qu'on viole pour une maxime qui n'est écrite nulle part !

En Lorraine et en Barrois, le cens était non seulement prescriptible, mais encore rachetable au denier vingt, et par suite une censive pouvait devenir aleu par rachat. En Provence le privilège de pouvoir racheter les censives ou directes n'était pas commun à toute la province. Ce privilège, accordé par Louis II, comte de Provence, et par la reine Jeanne, n'affectait que la ville et le territoire d'Aix [1]. Certaines autres villes jouissaient du même privilège, mais il fallait qu'il leur eût été accordé expressément.

B. *D'après leur nature : en nobles et roturiers.*

L'aleu roturier est celui qui n'a ni justice annexée, ni fief, ni censive mouvant de lui ; l'aleu noble est celui qui a justice annexée, censive ou fief qui en dépend [2]. Cette distinction existait dans presque toutes les ·coutumes [3], sauf

---

[1] Arrêt du 14 mai 1714 en faveur du sieur Brunet d'Estoublon pour raison de directes établies à Manosque. (Ventre de la Touloubre, *Jurisprudence observée en Provence*, Avignon 1665, I, p. 58). Jacques Morgues, *Les statuts et coustumes du pays de Provence*, Aix 1658, p. 394, rapporte deux arrêts qui paraissent, il est vrai, contraires à celui-là, mais ils furent rendus dans des circonstances particulières, les seigneurs avaient déjà consenti au rachat. De Cormis, *Recueil de consultations*, 1735, I, p. 767, qui parle de ce privilège comme général, ignorait l'arrêt de 1714.

[2] « Alaudium nobile, dit Dumoulin (LXVIII, 3), est illud cui cohæret jurisdictio vel a quo dependent feuda vel censualia prædia. Alaudium contra paganicum est nudum prædium alaudiale cui neque jurisdictio inest, neque ab eo movetur feudum vel census ; » Claude Ferrière, *Nouveau commentaire sur la coutume de la prévôté de Paris*, édit. de Sauvan d'Aramon, 1751, p. 144.

[3] Cout. de Paris, art. 68 ; de Vitry, 20, 59 ; d'Orléans, 214 ; de Troyes, 14, 54, 144 ; de Sédan 217 ; du Bourbonnais 209, 392, 422, etc...

dans celles de Normandie (art. 102), de Châlons (art. 153, 226), et de Meaux.

Comment l'existence de l'aleu noble s'est-elle introduite ? — L'aleu étant un immeuble libre, ne reconnaissant aucun suzerain, comment se fait-il que son propriétaire ait pu avoir un vassal ? Comment ce fonds, qui ne dépendait pas d'un seigneur féodal ni même du roi considéré comme souverain fieffeux, avait-il pu s'introduire dans la chaîne féodale et nobiliaire, de manière à devenir chef suzerain d'un vassal, sans reconnaître lui-même un suzerain du même genre ?

On ne peut imaginer que trois sources :

1° Cession d'une partie à un détenteur d'aleu roturier, par le seigneur supérieur.

2° Aliénation d'aleux roturiers par voie de bail à cens ou à fief.

3° Conversion de fiefs en aleux.

Les deux premières de ces sources sont en même temps les moyens que l'on pouvait employer pour anoblir un aleu roturier. Leur étude répond donc à la question : comment transformait-on un aleu roturier en noble ?

I. *Concession du droit de justice.* — Le fait qu'un aleu possédait une justice était plutôt un mode de preuve de sa noblesse qu'un mode d'acquérir cette noblesse et de transformer un aleu roturier en noble.

Cette concession en effet était chose fort rare en plein régime féodal. Les tendances n'étaient-elles pas toutes contraires ? A l'époque où le roi et les hauts seigneurs cherchaient par tous les moyens possibles à faire rentrer toutes les terres sous leur suzeraineté, sous le joug de la féodalité, comment admettre que ces mêmes seigneurs se soient dépouillés des droits de justice qu'ils avaient sur les détenteurs d'aleux, qu'ils aient ajouté les prérogatives de la justice à l'indépendance de l'alodialité, à une indépendance qu'ils trouvaient déjà trop considérable, qu'ils aient élevé dans leur propre territoire une seigneurie indépendante et rivale de la leur [1]? A mesure d'ailleurs que la royauté s'affermit, elle s'empressa de mettre obstacle à ces acquisitions de justice.

Ainsi donc, il est plus que probable qu'aux xive et xve siècles, si l'on trouve encore des aleux qui ont des justices annexées, on n'en créera désormais plus, et que leur nombre ira en diminuant.

Nous avons vu précédemment, qu'au point de vue passif, tout aleutier était justiciable d'un seigneur quelconque ou du roi, et le fut toujours, au moins théoriquement sinon en fait. Mais ici, il s'agit d'une justice annexée à un aleu, il s'agit d'une qualité accessoire à un aleu et dont son possesseur jouit ; en un mot d'une justice dout l'aleutier n'est plus le justiciable, mais le *justicier*.

Comme l'on sait, on distinguait trois sortes de justice, toutes trois applicables d'ailleurs à l'aleu :

La haute justice relative aux crimes. Le roi en diminua singulièrement l'importance par la création des cas royaux ou prévôtaux ce qui lui permettait de soustraire de droit à la haute justice seigneuriale la compétence de certains crimes comme

---

[1] Cf. cependant l'ordonnance de mai 1315 accordant droit de justice à certains aleux de Champagne, dans le *Recueil des anciennes lois françaises*, d'Isambert.

le rapt, l'incendie, la rébellion, la fausse monnaie, l'hérésie. Le possesseur de grands aleux, tels que ceux de Bar et de Commercy, que les rois ne dédaignèrent pas d'aller réduire eux-mêmes en personne et de transformer en fiefs mouvants de la couronne en 1301 et 1444, avaient une haute justice.

La *moyenne justice* donnait la surveillance des poids et mesures, l'instruction même des crimes, mais ne permettait pas d'imposer des peines plus grandes qu'une amende de soixante sols parisis.

Enfin la *basse justice*, dont l'usage ne s'établit qu'un peu postérieurement, donnait compétence pour certains actes extra-judiciaires, *causæ minores*, tels que les nominations de tuteurs. D'ailleurs cette compétence variait un peu d'importance suivant les contrées[1].

Dans toutes les coutumes, sauf dans celles de Troyes (52) et de Vitry (19), qui exigeaient que la justice fût haute, il n'importait que la justice fût haute, moyenne ou basse; toute justice, étant noble, anoblissait l'aleu auquel elle était annexée. Dans les coutumes de Troyes et de Vitry le roi seul pouvait faire un aleu noble, puisque, seul, il avait le droit de créer une haute justice. Au contraire dans les autres coutumes, où il suffisait d'une justice inférieure, le seigneur, ayant le droit de démembrer son fief, avait la faculté de concéder aleu noble, pourvu qu'il eût l'assentiment de son seigneur dominant.

La justice annexée à un aleu était parfois appelée alodiale, mais ce mot-là ne voulait pas dire qu'elle fût indépendante. En effet, disaient les feudistes, qu'elle fût haute, moyenne

---

[1] A. Babeau, *La vie rurale dans l'ancienne France*, p. 198.

ou basse, elle ne faisait pas partie de l'aleu, n'avait rien de commun avec lui. Elle subsistait d'elle-même et par elle-même, elle n'était donc point alodiale, mais elle dépendait et était tenue du roi ou d'un seigneur supérieur qui avait droit de ressort. C'est ce qu'exprimait Dumoulin par cette règle : « Jurisdictio competens inferiori a rege in hoc regno « nunquam est alaudialis sed necesse est quod recognosca- « tur a rege tanquam a supremo directo domino. »

C'est ainsi que les lettres patentes de septembre 1638, enregistrées le 15 avril de l'année suivante, concédant la haute justice aux propriétaires du canal de Briare sur l'étendue de celui-ci, en déclarent la possession alodiale, franche et libre selon la coutume de Paris, mais néanmoins, ordonnent que les appels de la dite justice ressortiraient à la grand'chambre de l'Hôtel-de-ville de Paris.

Cette règle est naturelle, disent Brodeau, Charondas et Tronçon, car, s'il n'en était pas ainsi, le propriétaire de l'aleu serait lui-même souverain, ce qui aurait de graves inconvénients au point de vue de l'ordre général. En cela, la justice de l'aleu est sur le même niveau que celle du fief. Toute justice, assujétie ou non à la formalité de l'hommage, n'en est pas moins sous la dépendance du roi ; du roi, en tant que souverain chargé de veiller à l'ordre public, mais non en tant que suzerain. Si donc, on ne parle que de ce dernier point de vue, que de la supériorité féodale, du simple droit de propriété, on peut dire que le détenteur de l'aleu noble, n'étant tenu d'en rendre hommage à qui que ce soit, tient sa justice aussi alodialement que la glèbe elle-même.

De ce fait que justice et fief n'ont rien de commun et

qu'ils ne sont point indissolublement unis, il s'ensuit que l'aleutier peut vendre ou céder l'un sans l'autre. Du jour de la séparation de l'aleu d'avec sa justice ou d'avec le fief, d'avec la censive qui sont en sa mouvance, l'aleu aurait dû reprendre sa qualité de roturier qu'il n'avait perdue que par la jonction accidentelle d'une justice, d'un fief, d'une censive : « cessante causa, cessat effectus. »

On prévoit toutefois que cette opinion, quoique juste, était trop contraire et à l'esprit de la féodalité et au désir qu'avait tout aleutier de posséder un aleu qui fût noble. On disait donc au contraire bien fort que la noblesse des terres, comme celle des personnes, émanant de l'autorité publique,(ce qui était, comme nous l'avons montré, dans la plupart des cas inexact,) et nécessitant une charte d'anoblissement, il fallait sur ce point assimiler l'aleu noble au fief et décider que la réunion des censives, l'aliénation de la justice, ne pouvait pas lui enlever la noblesse donnée par le diplôme d'anoblissement.

Les feudistes du xviie siècle ont fait une confusion quand ils ont dit que la justice dont il s'agit était un service public, une émanation de la souveraineté et quand en conséquence ils lui ont donné le pouvoir d'anoblir. Telle n'avait jamais été son origine. En effet, la justice n'est pas un droit donné au vassal par le suzerain : les premiers actes où il est question de justice sont ceux où il s'agit d'aleux, ce qui prouve clairement que celle ci appartient au seigneur comme propriétaire, et non comme vassal d'un souverain qui la lui aurait déléguée.

La justice n'appartient pas davantage au propriétaire en tant que suzerain parce que les vassaux établis sur son domaine la lui auraient déléguée. En effet, elle ne porte jamais sur les vassaux, mais seulement sur les tenanciers vilains. Il est donc vrai de dire que « fief et justice n'ont rien de commun. »

Serait-elle, comme le disait Loyseau, un attribut de la souveraineté royale usurpée par les officiers et vassaux du roi? Non, car les propriétaires d'aleux ont la justice et eux n'ont rien reçu à l'origine du roi, ni titre, ni mandat. Comment admettre d'ailleurs que l'usurpation se soit faite partout d'une façon si uniforme, qu'elle ait été opérée par tous les propriétaires de domaines et non par les plus puissants, par le duc ou par le comte représentant du roi[1].

La distinction si vraie de Championnière, entre la justice *justicière* et la justice *féodale* concorde parfaitement avec cette évolution[2]. Au XIe siècle, la royauté n'avait pas

---

[1] Seignobos, *Du régime féodal en Bourgogne*, Thorin 1880 ; J. Flach, *Origines de l'ancienne France*, t. I.

[2] Pardessus le premier (*loc. cit.* p. 322), mit en relief la maxime célèbre « fief et justice n'ont rien de commun ; autre chose est le fief, autre chose est la justice. » Son esprit, nourri de la tradition des jurisconsultes, ne pouvait manquer d'apercevoir le peu de fondement du système de Montesquieu suivant lequel « la justice fut dans les fiefs anciens et dans les fiefs nouveaux un droit inhérent au fief même, de la nature du fief, et l'une de ses principales prérogatives, » (*Esprit des Lois* XXX, ch. 20 et 22), c'est-à-dire suivant lequel la justice ne comportait que le droit de juger. Pardessus le premier montra que fief et justice, s'ils sont quelquefois réunis dans la même main, sont de natures différentes, que l'aleu, comme le fief, peut avoir sa justice, et que *justice* dans le langage du moyen âge ce n'est pas seulement de la *judicature*, c'est en outre de *la police et de l'impôt* qu'il faut l'entendre. (Cf. G. Demante, *Bibl. de l'Ecole des Chartes*, 1853-54, p. 464 ; Pardessus, *Des juridictions patrimoniales*, dans *Bibl. de l'Ecole des Chartes*).

Mais c'est à Championnière que revient l'honneur d'avoir fait un traité complet des justices seigneuriales. (*De la propriété des eaux courantes*, Paris, Ch. Hingray, 1846, in-8 de 792. p.). D'après lui, l'institution des justices seigneuriales

renoncé, en théorie, à son droit de juger, mais elle était devenue impuissante à l'exercer, les *missi dominici* ont disparu, et la vraie justice, là justice *publique*, celle que connaissaient les Romains, la justice telle qu'elle renaîtra deux siècles plus tard, avait disparu.

tout entière n'est que la continuation non interrompue de l'administration romaine : les justiciers des coutumes sont les *judices* du Code de Théodose, les *justitiarii* des Capitulaires et des Chartes des xi⁰ et xii⁰ siècles ; les droits de gîte, les corvées, les censives, les péages, les banalités, les tailles, l'aubenage, la confiscation, abolis en 1789 sous le nom de droits de justice, ce sont les tributs établis par le fisc romain, accrus des abus d'une terrible exaction ; tributs perçus sous le nom de *justitiæ*, tributs abolis en 1789. Mais, à côté des droits de justice, s'élève l'institution des fiefs, condition de l'association territoriale et lien de la bande guerrière, avec ses droits, ses règles, ses obligations : l'hommage, le service militaire, l'investiture, les lods et ventes, les reliefs, les dénombrements, le jeu de fief, la commise et la directe, issus des coutumes germaines et frappés de mort seulement en 1793.

Chez les Francs, les fonctions de comte, patrice, duc étaient désignées sous les les rois Mérovingiens par l'expression de *judiciaria dignitas*. Ces hautes charges, à la nomination royale, ne recevaient comme émoluments, sous les Romains et les gouvernements barbares, que l'abandon fait aux titulaires d'une partie des redevances par eux perçues. (Championnière, § 68, 69 ; Marculfe, *Formul.* I, 8 ; *Caroli magni leges Langobard* 128). Le premier objet de la convoitise des chefs de bandes qui envahirent la Gaule, fut la part fiscale ; c'était la plus nette, la plus facilement saisissable, la plus voisine de leurs idées qui ne comportaient que la propriété mobilière. La plupart des chefs romains avaient appris, par leur contact avec les Romains, quels bénéfices pouvait produire l'exploitation des charges de comtes et de *judices*. Ces fonctionnaires gardaient à peu près un tiers des redevances qu'ils touchaient pour le fisc royal. Une partie de l'ancien impôt, si lourd, si varié, si oppressif des Romains se trouve donc ainsi, pendant l'intervalle d'un petit nombre de règnes, entre les mains des officiers de la monarchie franque.

Mais comment ces membres épars de l'impôt romain, accaparés par les fortunes privées sont-ils devenus des justices seigneuriales, les droits de justice ? « C'est là une proposition bien contraire aux idées reçues depuis plusieurs siècles. Les droits de justice ont passé aux yeux de la plupart des feudistes modernes pour un accessoire du fief, nés de la même concession qui faisait naître le fief lui-même. Seulement, ayant vu presque partout, en dépit de leurs théories, la justice séparée du fief, et de plus, ayant contre eux un adage qui indique énergique-

Or, les grands propriétaires, de tout temps, avaient eu le droit de punir leurs esclaves et les colons demi-serviles de leurs terres, (ce que Championnière appelle la justice *féodale* et que nous aimerions mieux appeler *domaniale*, terme plus général qui écarte toute idée exclusive de fief et

---

ment cette séparation, ces jurisconsultes ont cherché à expliquer historiquement comment cette séparation était graduellement arrivée, par des aliénations particulières, et ont dit que l'adage « fief et justice n'ont rien de commun », au lieu de signifier que le fief et la justice sont naturellement et forcément distincts, veut seulement dire qu'ils peuvent être entre les mains de deux propriétaires séparés. Sans doute on voit le fief et la justice très souvent réunis dans la même main ; il y avait des provinces entières où la coutume était que le seigneur féodal fût en même temps justicier de son fief. Il n'est pas étonnant qu'on ait confondu ces deux éléments distincts de la puissance seigneuriale; une foule de causes tendaient à cette confusion. Les auteurs anciens, tout en reconnaissant la différence, ne pouvaient pas dissiper les nuages répandus sur la matière : les coutumes attribuent fréquemment au justicier ce qui appartient au féodal et réciproquement. Bien plus, lorsqu'il s'agit de déterminer la nature d'un droit ou d'une redevance, le désaccord surgit presque toujours : l'un donne à la justice ce que l'autre donne au fief. Les coutumes sont aussi diverses: ce qui est ici féodal est là de justice. Les mêmes droits sont dans une même localité, de justice et de fief. C'est ainsi qu'il existe des droits de vingtaine, de colombier, de pêche, de chasse, de banalité, ayant tantôt l'un, tantôt l'autre caractère. » (Bordier, *Biblioth. de l'Ecole des Chartes*, 1847, p. 213).

Comment aurait-il pu en être autrement ? Les redevances, les prestations, les services, dont jouissait le seigneur féodal, étaient semblables à ceux que percevait le seigneur justicier ; le *census* de la justice et le *reditus* du propriétaire n'étaient l'un et l'autre qu'une portion des mêmes fruits. Les droits de justice, en passant de la jouissance publique dans la possession privée, furent nécessairement altérés et se rapprochèrent forcément dans leur forme des recevances particulières.

Le mouvement d'indépendance des communes, qui dura du XIIe au XIVe siècle, fut un mouvement général contre les pouvoirs du justicier. L'objet ordinaire des chartes des communes est de déterminer les droits de justice, de les limiter, de les fixer par écrit. Ls procédé de limitation est fort simple, il consiste à convertir ces droits arbitraires en redevances annuelles en nature ou en espèces. Ce fut là encore une cause de confusion, d'autant mieux que le possesseur de ces redevances avait intérêt à faire oublier leur origine et à les faire passer pour devoirs féodaux, afin d'échapper plus sûrement à une revendication possible des agents

qui montre qu'elle fait partie du droit de propriété, qu'elle appartient à l'aleu comme au fief). Ce droit était si fortement établi dans les mœurs que les lois en faisaient à peine mention, mais il suivait toujours la propriété et y était inhérent. Les lois romaines, les lois barbares défendaient

---

royaux — l'autorité royale s'attaquant toujours plus ouvertement aux droits de justice, qu'aux droits nés du fief. Néanmoins, jusqu'au moment où la Révolution les frappa toutes deux du coup de mort, il y eut un seigneur justicier et un seigneur féodal, des droits de justice et des droits de fief.

Le fief était un contrat, par conséquent soumis à la volonté expresse des parties et, à défaut, aux règles générales des obligations, de l'équité. Au contraire, les droits de justice découlaient de l'usage, ils étaient bizarres, divers, incohérents, dénués de principes communs et généraux. Autant il est facile de trouver, dans les chartes, des exemples de créations de contrats de fief, autant il est impossible de voir s'établir un droit de justice, car son origine se perd toujours dans la nuit des temps et se fonde non sur des titres, mais sur la possession immémoriale.

Bien des différences de formes avaient pourtant subsisté entre les deux sortes de dépendances : le seigneur justicier ne pouvait exiger reconnaissance de ses sujets qu'une fois dans sa vie ; il devait la réclamer ; les sujets ne faisaient que déclarer que leurs terres étaient situées dans l'étendue de la justice. Au contraire le seigneur féodal recevait aveu et dénombrement de ses sujets à chaque mutation de vassal ; le déclarant prêtait foi et hommage et faisait déclaration de ses terres par tenants et aboutissants. Tandis que les droits de fief étaient perçus gratuitement par un des vassaux qui était chargé de cette collecte, les agents justiciers au contraire étaient désignés et salariés par le seigneur justicier. Tandis que le défaut du paiement de cens ne donnait lieu qu'à une amende et à la saisie des fruits encore sur pied, le défaut de paiement du prix stipulé lors du contrat de fief amenait la saisie, la commise féodale, c'est-à-dire le retour du fief au seigneur.

Tandis qu'une même parcelle de terre ne pouvait avoir qu'un seigneur féodal, elle pouvait avoir plusieurs justiciers. Ainsi, une contrée pouvait avoir un premier justicier à raison des droits de péage, un second pour les droits de four, un troisième pour ceux d'amendes, un quatrième pour ceux de moulin, etc..., tandis qu'elle n'aurait pas pu avoir un seigneur féodal seulement pour les lods et ventes, un autre pour les cens, un autre qui eût droit au service militaire.

Le seigneur féodal était le propriétaire de sa terre, le vassal était son compagnon. Au contraire le justicier a la *potestas* et ceux qui lui sont soumis sont *gens de pooste*.

Ainsi donc, la justice est un pouvoir, le pouvoir tombé dans le domaine privé,

à peine au maître de tuer son esclave, l'auraient-elles em-
pêché de le châtier? Ce droit se confondait avec celui de
tout propriétaire et, jusqu'au xiie siècle, on ne le voit guère
exprimé dans les actes. A partir de cette époque, quoiqu'il se distingue mal des redevances, comme les amen-

---

le fief est une propriété; la seigneurie féodale est étrangère à l'autorité publique
comme la seigneurie justicière est étrangère à la possession du sol.

Maintenant, ces droits privés qui subsistent jusqu'en 1789 sous le nom de
droits de justice, sont-ils bien les débris de l'impôt romain ? « Un ensemble de
« droits, dit Bordier, (*Bibl. de l'Ecole des Chartes*, 1847, p. 218), existant dès le
« commencement de la monarchie, étranger à l'organisation féodale, ayant la na-
« ture d'un pouvoir, s'étendant sur tous les habitants libres ou serfs d'une même
« circonscription territoriale, s'exerçant par des agents salariés, consistant en re-
« cettes de tous genres, et dont on ne voit point la première origine, ne man-
« que pas des principales conditions qui sont nécessaires pour que l'on y recon-
« naisse la nature et la forme de l'impôt romain. »

Nous renvoyons à Championnière pour l'examen des preuves établissant cette
origine, leur exposition nous entraînerait hors des limites de notre sujet; le
lecteur ne trouvera-t-il pas que nous nous sommes trop appesanti déjà sur cette
question subsidiaire ? Citons toutefois les arguments principaux donnés par cet
auteur :

En premier lieu, le mot *judex*, sous les Antonins signifiait juge et publicain ;
les textes du bas empire désignent sous le nom générique de *judices*, les consi-
tores, les descriptores, les discussores, les peræquatores, les inspectores, les
agentes, les exactores, tous les fonctionnaires commis à l'assiette et à la perception de l'impôt.

En second lieu le glossaire de Du Cange, parmi les nombreuses acceptions du
mot *justitia*, dans la basse latinité, cite comme une des plus usitées celle où
justitia signifie : redevance, ensemble de redevances.

Enfin des chartes innombrables d'immunités, datant des ixe, xe, xie siècles,
rapportées par Championnière (§ 63, 67), et par Savigny (*Hist. du dr. Rom. au
moyen âge*, t. 1, § 126), emploient les mots de *judex* et de *comes* comme
synonymes. La *lex ripuaria*, (tit. 51, 53, 88, 89), appelle un officier *judex fiscalis*,
tandis que le comte y est appelé *judex publicus.* Grégoire de Tours (*Hist. Francorum*, IX, 30), en parlant de Childebert, dit que ce prince désirait réduire
l'impôt des veuves et des orphelins, « *conditionem justitiæ.* »

Ainsi, les droits du moyen âge compris sous la dénomination de *justitia*, les
fonctions des *judices*, loin de consister exclusivement dans l'exercice du droit de
rendre la justice, avaient pour principal objet le recouvrement des redevances

dés sont un droit lucratif d'exploitation, on l'insère à la suite des droits domaniaux, dans un article séparé. Ce n'est donc pas une juridiction, mais une manière de lever un peu plus d'argent sur les tenanciers ; aussi, lorsque ceux-ci peuvent se constituer en commune, leur premier soin est-il de s'en affranchir.

---

ordinaires dues soit au prince, soit à des personnes privées, par des contribuables. Le droit de juger, comme élément du pouvoir justicier, est donc, dans la théorie de Championnière, singulièrement amoindri.

Le seigneur justicier, comte, vicomte, ne jugeait pas. Il présidait seulement l'assemblée des juges des *scabini*, des *boni homines*, c'est-à-dire des notables de son territoire ; il arriva avec le temps que, par abus, il jugea lui-même. Parfois, lorsqu'il était d'autre part seigneur féodal, il imposa à ses hommes de fief le service de sa cour justicière. *Son unique droit consistait dans la perception des amendes.* Il perçut d'abord ces amendes fixées d'avance, puis celles-ci furent laissées à son arbitraire. Il les perçut d'abord pour le prince, avec retenue à son profit, puis il les garda pour lui tout seul, amende et confiscation étaient pour lui. Il est si vrai que ces droits se fondaient, non sur l'idée d'un pouvoir judiciaire, mais uniquement sur la qualité d'agent de perception, que, lorsqu'il s'agissait d'un jugement émané de l'autre bout du royaume, ce n'était pas moins le justicier territorial du condamné qui percevait l'amende, non prononcée cependant par lui. (Championnière, § 212, 214, 223).

Lorsque les populations germaniques se furent fixées en Gaule, on voit deux éléments distincts dans la justice : celle du comte, qui dérive de l'organisation romaine, qui est territoriale ; puis les justices des confédérations particulières, le jugement des pairs, d'origine germaine, qui ne peut s'exercer qu'entre les membres de cette association. Ainsi donc, les propriétaires d'aleux ne dépendaient que de la première, de la justice du comte et ne pouvaient être assignés qu'à son plaid.

Le fief, constituant une association organisée et légale, avait, à ce titre seul, sa juridiction particulière qui n'était fondée ni sur une extension de la puissance paternelle ou dominicale, ni sur le droit de propriété. La juridiction *justicière* se distingue nettement de la juridiction *féodale*, comme une institution ne s'appliquant pas aux mêmes objets. Ainsi le seigneur féodal n'avait pas la juridiction féodale sur celles de ses terres qu'il n'avait pas cédées expressément par contrat de fief, parce que, dans ce cas, les hommes qui y habitaient n'étaient plus ses hommes féodaux, ne faisaient plus partie de l'association ; les censitaires non plus n'en faisaient pas partie, et ne dépendaient que du suzerain. Et cependant

9

Cette origine explique très bien comment tout propriétaire, même d'aleu, a droit de justice et comment ce droit se transmet, même en usufruit, même indépendamment du fonds, comment il peut se vendre, se partager : il ne faut entendre ici par ces mots de justice, que la justice *domaniale* et non *la justicière*.

---

dans le cas où le seigneur avait la haute justice, il pouvait en exercer tous les droits.

La part spéciale du seigneur féodal dans le droit de juger était de pouvoir contraindre ses vassaux à remplir leurs devoirs de fief, et de pouvoir les forcer à payer le cens, au moyen de la saisie : c'était ce qu'on appelait la *justice foncière et censuelle*.

Au xe siècle, la justice des comtes, vicaires, centeniers, la justice *justicière*, dégagée complètement de la surveillance royale, c'est-à-dire devenue propriété patrimoniale est plus puissante que jamais, tout comme la justice foncière. Faut-il croire que les immunistes, les grands aleutiers dont la puissance du xe au xiiie siècle devient extrême, n'aient pas joui en paix de ce droit de *justiciers* ?

Mais peu à peu, à mesure que la royauté s'affermit, à partir du xiiie siècle, elle s'attache à poser en principe la supériorité de sa juridiction sur les autres et à la faire subir à ceux qui n'en reconnaissaient aucune : aux grands aleutiers, aux justiciers eux-mêmes, aux seigneurs féodaux puissants, et bien des guerres privées en naquirent. Au xve siècle, la juridiction du seigneur féodal est absorbée par la puissance royale et ne subsiste plus guère que sous le rapport du produit.

Quant à la justice *justicière*, le roi lui porte le premier coup par le droit d'appel qu'il s'octroie. Il crée les cas royaux ou prevôtaux qui lui permettent de soustraire de droit à la haute justice la compétence de certains crimes comme le rapt, l'incendie, la rebellion, la fausse monnaie, l'hérésie. Enfin au xvie siècle, les feudistes reconnaissent le principe que le roi a, de sa volonté, octroyé toutes les justices seigneuriales, d'où la conclusion qu'il peut les retirer à son gré. Quelques théoriciens comme d'Argentré, essayeront de résister, mais tout pouvoir est désormais perdu pour les seigneurs.

(Cf. Bordier, *Bibl. de l'Ecole des Chartes*, 1847 ; Guizot, *Quatrième essai sur l'hist. de France*, ch. III ; Laferrière, *Hist. de droit*, I, p. 208 ; Lehuerou, *Hist. des instit. carolingiennes*, XI ; Baudi di Vesme e Fossati, *Vicende delle proprieta in Italia*, Torino 1836, in-4°, p. 242 ; Schæffner, *Geschichte der Rechtsverf der Frankreichs*, 1845, I, p. 183).

Ainsi donc, nous devons repousser complètement l'opinion de nos vieux feudistes et de quelques historiens modernes, qui les ont aveuglément suivis, quand ils disent que l'aleu n'est devenu noble qu'après coup, par l'annexion d'une justice. Que cette conception de l'aleu soit devenue exacte au xvie siècle, c'est probable, mais au début de la féodalité, au xe siècle, le fait même de l'indépendance absolue, dont jouissait l'aleu emportait, comme nous l'avons précédemment montré, droit de justice.

Cette erreur des feudistes était assurément une erreur volontaire. En prouvant qu'il n'y avait point d'aleu noble d'origine, ils faisaient triompher les revendications des seigneurs hauts-justiciers sur les aleux sans titre, ils légitimaient les ordonnances royales, qui restreignaient à l'aleu roturier la présomption de franchise. Mais il faut tenir pour certain que le principe même de l'alodialité avait emporté droit de juridiction, que la seigneurie a pu sortir directement de l'aleu, et qu'elle ne s'est pas formée seulement par la rencontre accidentelle de la propriété et de la justice.

II. *Aliénation d'aleux roturiers par voie de bail à cens ou à fief.* — La directe qu'a le possesseur d'aleu sur d'autres héritages, rend l'aleu noble, parce qu'il serait absurde qu'un domaine, dont dépendrait une tenure noble, fût roturier. En ce cas là, tandis que le fief et la censive dépendant de l'aleu sont alodiaux à l'égard de l'aleutier dont ils relèvent, ils conservent leur qualité de dépendance féodale au regard de leurs tenanciers qui restent dès lors soumis, envers l'aleutier devenu leur suzerain, à tous les devoirs féodaux, foi, hommage, fidélité, etc.

Mais la chose pouvait-elle se présenter ?

En droit, légalement, le propriétaire d'un aleu roturier ne pouvait ni inféoder, ni accenser celui-ci en tout ni en partie. D'abord parce qu'il était de principe qu'on ne pouvait donner à fief ou à cens que des biens nobles ; en second lieu parce que, pour pouvoir communiquer ou réserver la puissance féodale, il était de toute nécessité de l'avoir soi-même. De plus, la Royauté proclamait au xviie siècle que ce qui constituait la noblesse d'un héritage c'était un titre de seigneurie joint à la propriété, or, l'aleu noble était une sorte de seigneurie se rapprochant en certains points du fief actif. Comme tout ce qui était possédé à titre de seigneurie, tout ce qui existait en dehors de la propriété privée, était une émanation de la puissance publique, cette nobilité de l'aleu ne pouvait exister, tout comme pour le fief, qu'en vertu d'une concession émanée du souverain [1].

Tout propriétaire pouvait vendre son bien, le donner à rente, en emphytéose mais non le concéder à cens. Le bail emphytéotique emportait bien séparation, la séparation

---

[1] « In quantum dictum est habens potestatem infeudandi potest facere, sine consensu regis, de allodio feudum, dic hoc est verum, nisi vellet infeudare rem burgensaticam (aleu roturier) in naturam feudi nobilis, nam tunc non posset, quia non potest nobilitare per infeudationem per quam contrahitur paradogium, id est nobilitas ; nam solus rex potest novas nobilitates constituere. » Mathæus de afflictis, jurisconsulte napolitain, *De usibus feudorum*, III, 31, p, 664,

« An comes vel baro possit rem feudalem reducere in burgensaticam sine privilegio regis ? Certe non. Rex potest facere rem feudalem burgensaticam et nullus alius baro. » (Id. II, 26). Lamoignon, XIX, 5, répète le même principe.

des deux domaines direct et utile, mais la directe qui demeurait aux mains du bailleur en emphytéose n'était qu'une directe privée, tandis que tout contrat d'accensement emportait rétention de directe seigneuriale et publique qui constituait l'essence du cens, or « nemo in alium transferre potest quod non habet. » C'est là d'ailleurs la même raison qui avait fait établir la règle « Cens sur cens ne vaut. » Le censitaire était dans le même cas, il n'avait que la propriété et non la seigneurie, il ne pouvait donc pas, lui non plus, retenir un droit seigneurial qu'il n'avait pas [1].

Voilà quel était le principe, mais il s'en faut de beaucoup qu'il ait été respecté. En fait, comme nous l'avons déjà montré (p. 67 et s.), bien des grands propriétaires d'aleux d'origine, aux xᵉ et xɪᵉ siècles, pour augmenter leur puissance, en inféodèrent ou en accensèrent des portions, et à cette époque, qui aurait pu entraver ce mouvement? Cette habitude était plus forte que jamais au xvɪɪᵉ siècle. C'était cependant là un abus qui constituait un attentat à la puissance publique et dont l'illégalité ne pouvait être effacée par aucun laps de temps.

Aussi, lorsqu'il était constaté que tel aleu, dont relevaient

---

[1] Boutaric, *Traité des droits seigneuriaux*, Toulouse 1741, p. 107 ; Pothier dans son *Traité du cens*, p. 2, et Ventre de La Touloubre dans son *Recueil de jurisprudence à l'usage de la Provence et du Languedoc*, Avignon 1765, t. II, p. 51, rapportant le dire de Gregorius Tolasanus (*Sintagma juris* VI, I, § 3 et 8), disent bien : « Il n'est pas douteux que celui qui tient un héritage en franc-aleu ne le puisse donner à cens, car, ne reconnaissant aucun seigneur, il a par devers lui toute la seigneurie de l'héritage, et par conséquent il peut, en le donnant à cens, s'en réserver la seigneurie directe et honorifique. » Ce serait là une hérésie en droit féodal. Il n'y a qu'un moyen d'expliquer ce passage de Pothier, c'est de recourir à la distinction des deux espèces de francs-aleux et de dire que l'opinion de Pothier doit être restreinte à l'aleu noble.

des fiefs ou des censives, était roturier lors des inféodations ou des accensements, il fallait réduire les prestations, dites improprement droits seigneuriaux, à la qualité de rentes purement foncières et, comme telles, les déclarer prescriptibles. L'aleutier aurait eu beau alléguer qu'il n'avait aliéné que sous cette condition expresse d'imprescriptibilité et que, sans elle, il n'aurait pas aliéné, la prescription étant d'ordre public, on n'y peut déroger et les conventions tendant à ce but sont nulles.

Les détenteurs d'aleux roturiers attaqués sur ce sujet répondaient par un jeu de mot. Est imprescriptible le cens seigneurial. Or, qu'est-ce que le cens seigneurial ? Le cens imposé par la voie du jeu de fief *sur un domaine noble*. Eh bien, nous prétendons que l'aleu, même roturier, est plus noble que le plus noble des fiefs. Tout aleutier, possède en effet *optimo jure*, sans aucune dépendance, il est affranchi de toute subordination privée, l'aleu, même roturier, par le fait même de l'indépendance dont il jouit, est plus noble que n'importe quel fief, qui, par le fait même qu'il est fief, sera toujours subordonné.

Bien entendu ces prétentions ne prévalurent jamais. La royauté leur répondait que la noblesse était une qualité accidentelle survenue après coup, qui n'était pas établie par la nature, qu'en conséquence elle ne pouvait appartenir aux aleux d'origine ; on ne peut pas se faire de concession, se donner des privilèges, ni s'anoblir soi-même, ce qui était vrai des hommes devait être vrai aussi des terres.

Malgré leur illégalité, ce sont pourtant les concessions de ce genre de portions d'aleux à titre de fiefs ou de censives, c'est-à-dire moyennant conservation de directe, pres-

tation d'hommage et de devoirs féodaux, qui ont dû produire le plus grand nombre des aleux nobles [1]. C'était bien
là une chose contraire aux lois de l'époque, à la nature
même du fief, et à l'intérêt matériel des aleutiers, mais les
hommes seront toujours au fond les mêmes dans tous les
temps, et la vanité les fera passer sur tout, même sur la
légalité. Aujourd'hui, dit M. Serrigny [2], « l'art. 259 du
« Code pénal punit d'une amende de 500 à 10.000 fr. qui-
« conque aura pris un titre, changé, modifié ou altéré le
« nom que lui assignent les actes de l'état-civil. Cela em-
« pêche-t-il que nous voyions tous les jours des personnes
« changer leur nom ou bien y ajouter une particule pour
« se donner subrepticement les apparences de la noblesse ?
« Combien de bourgeois enrichis se dépouillent de leur
« nom, comme on se dévêt d'un habit pour en vêtir un au-
« tre ! La même chose avait lieu avant la Révolution de
« 1789 et dans les siècles qui l'ont précédée. S'il en est
« ainsi de l'usurpation de la noblesse personnelle, n'est-il
« pas naturel de penser qu'il en a été de même de la no-
« blesse réelle, c'est-à-dire de celle d'un fonds de terre,
« aleu roturier, pour le convertir en aleu féodal [3]. »

---

[1] Nous avons montré aussi, qu'au commencement du régime féodal, bien des
aleutiers puissants, non seulement avaient accensé ou baillé à fief une portion de
leurs domaines, mais qu'encore ils avaient reçu en échange de leur protection, des
petits aleutiers voisins, des terres alodiales qu'ils leur restituaient à titre de fiefs.
Autrement dit, à cette époque, on se recommandait à un aleutier puissant, tout
comme à un seigneur, on allait de préférence se placer sous la protection de
celui des deux qui était le plus fort.

[2] *Revue critique de législation et de jurisprudence*, 1873, p. 472.

[3] « La conversion des aleux en fiefs, nous dit le Président Bouhier, (*Observat.
sur Bourgs*, I, p. 23 ; II, p. 252), est une suite de l'entêtement de nos Français
qui préfèrent la noblesse imaginaire d'un héritage à la véritable utilité qu'ils ne

Ce genre d'usurpation devait être d'autant plus facile, que les deux seules personnes qui avaient qualité pour s'y opposer, le seigneur dans le territoire de qui le fonds était situé et le roi, n'avaient point intérêt à le faire. Au contraire, cette conversion leur procurait des services de fief et parfois des droits de franc-fief.

Cette conversion d'aleu roturier en aleu féodal amenait par le fait une dépréciation de valeur de l'immeuble, une diminution de revenus. « Mais que de personnes, ajoute « M. Serrigny, consentiraient à voir déprécier un peu leur « fortune pour le plaisir de vanité ou d'amour-propre de « passer du corps de la roture dans celui de la noblesse. « Pourquoi n'en aurait-il pas été de même autrefois et « pourquoi n'aurait-on pas rencontré beaucoup de gens « employant leurs efforts à anoblir leurs terres, d'autant « mieux que c'était un moyen indirect d'anoblir la per- « sonne. Au lieu d'acheter un petit fief pour en porter le « nom, on anoblissait l'aleu que l'on possédait, en le rece- « vant à charge de redevances seigneuriales [1]. »

Aussi, voyons-nous au milieu du xviie siècle, beaucoup

---

peuvent tirer et à l'indépendance des biens de franc-aleu. » Bouhier cite des cas à sa connaissance où des aleutiers ont eu la mauvaise idée de faire ériger leurs terres en marquisats, notamment Salvaing, l'auteur du *Traité des fiefs*.

[1] Loyseau, (*Traité des offices*, III, 1 § 2) nous apprend que le prix des offices de judicature s'était tellement élevé que plusieurs ne rapportaient pas le denier cent de leur capital, (le 1 p o/o), ce qui n'empêchait pas l'*Archomanie* ou fureur des offices : « En fasse le roi tant qu'il voudra, disait-il, il trouvera toujours à les débiter, car, comme dit le sage, le nombre des fous est infini. Qui n'aura d'argent vendra sa terre, qui n'aura assez de terre se vendra soi-même si on lui permet et continuera d'être esclave pour devenir officier. »

Faut-il s'étonner après cela des conversions d'aleux roturiers en aleux nobles, et même d'aleux en fiefs ?

d'aleutiers, pour jouer au seigneur, concéder des fiefs sur
leurs biens. Louis XIV, dans son édit d'août 1692, constate
ce mouvement : « L'édit de 1641, étant demeuré sans exé-
« cution, nous avions jusqu'à présent toléré cet abus, le-
« quel dans la suite en a produit encore un autre plus pré-
« judiciable à nos droits par les inféodations et aliénations
« qui ont été faites par une partie des possesseurs en franc-
« aleu roturier des portions de leurs héritages à titre de
« cens ou à charge d'hommage et de lods et ventes ou au-
« tres droits seigneuriaux aux mutations, au moyen de quoi
« ils ont fait des fiefs de leurs rotures, ce qui ne se peut
« faire qu'en vertu de lettres obtenues de nous, à qui seul
« appartient le droit d'anoblir les hommes et les biens. »

Comme cet édit n'était qu'une défense platonique et dépourvue de sanction, le mouvement n'en continua pas
moins, surtout en Provence. Aussi Louis XV fait-il une
déclaration le 2 janvier 1769, registrée au Parlement
d'Aix le 11 mars de la même année : « ... Il existe en Pro-
« vence une sorte d'emphytéose par laquelle les proprié-
« taires d'aleux roturiers cèdent la propriété utile, s'en
« réservant la propriété foncière, à la charge de redevances,
« droits et lods, mutation, prélation, retrait, quelquefois
« même à la charge de foi et hommage ; en sorte qu'il pa-
« raîtrait en résulter une espèce de directe ayant la plupart
« des attributs de fiefs, ce qui les a fait qualifier abusive-
« ment dans les actes de fiefs, directes nobles, féodales et
« de seigneuries. A ces causes... les redevances créées pour
« la concession à titre d'emphytéoses de terres et héritages
« en franc-aleu roturier dans notre pays de Provence, ne
« pourront en aucun cas être qualifiées de directes nobles,

« féodales, de fiefs, seigneuries... Défendons à tous no-
« taires, gardes-notes et autres, d'employer lesdites quali-
« fications, comme aussi d'énoncer dans lesdits contrats
« aucune réserve de foi et d'hommage en faveur des
« bailleurs.

« Les qualifications données, par des contrats antérieurs
« à cette déclaration, aux redevances emphytéotiques se-
« ront regardées comme nulles ainsi que les réserves de
« foi et hommage y exprimées; ne pourront les dites qua-
« lifications et réserves changer la nature des redevances
« et des héritages qui en sont l'objet... »

Cette déclaration, quoique donnée seulement pour la Provence, était appliquée dans toutes les provinces alodiales,
car elle était fondée non sur les statuts et usages particuliers de Provence, mais sur les principes généraux de la
matière qui étaient les mêmes partout[1].

---

[1] La coutume de Meaux (art. 191) admettait cependant la règle contraire : « Si
le détenteur du dit héritage en franc-aloi veut ériger en fief ce qu'il tient en
franc-aloi, par la dite coutume faire le peut. »

La coutume du Val d'aoste (II, 26 § 3) établissait le même usage : « Et peut le
propriétaire et possesseur d'un héritage en franc-aleu, l'ériger en fief, avec telles
charges et devoirs réels et personnels que bon lui semble. » Mais c'était là l'exception.

Corbin, *Traité des fiefs et censives*, IV, Gœtzman, *Traité du droit commun des
fiefs d'Alsace*, I, p. 72, enseignaient bien que « tout homme qui tient un domaine
en franc-aleu peut de son domaine faire un fief, » mais ces opinions étaient
isolées.

On expliquait les articles des coutumes de Meaux et d'Aoste en disant qu'ils
n'avaient pas pour but de permettre de bailler à cens les biens roturiers, qu'ils ne
voulaient viser que les fiefs offerts, c'est-à-dire les conversions d'aleux en fiefs
par remise fictive à un grand feudataire, qui le rendait ensuite par voie d'inféodation. D'ailleurs, ajoutait-on, les termes mêmes employés ne sont-ils pas
formels ? S'ils avaient voulu autoriser cet anoblissement de l'aleu roturier
n'auraient-ils pas dit « il peut l'ériger en *aleu noble* », tandis qu'il dit « en fief »
c'est donc bien d'un fief qu'il s'agit et non d'un aleu noble.

Or il se présenta un fait étrange et curieux : Les propriétaires d'aleux roturiers, qui avaient mis tous leurs
efforts à qualifier, dans les actes des concessions qu'ils
avaient faites, les redevances à eux dues, de rentes seigneuriales, ou de cens, après la Révolution furent les premiers à alléguer que ces rentes, en dépit du nom qu'ils
leur avaient donné, ne pouvaient être que foncières, puisque, lors de leur constitution, ils n'avaient pas pu leur
imposer, contrairement à la législation existante, le caractères de redevances seigneuriales, qu'en conséquence la
loi abolitive du 17 juillet 1793 ne s'y appliquait point. Et
ils obtinrent gain de cause [1].

III. Enfin bien des aleux nobles n'étaient que des *fiefs
qui avaient été convertis en aleux,* par des seigneurs dominants désireux d'en améliorer la condition [2]. C'est ce qui
fait que certaines coutumes appelaient l'aleu noble, mal-

---

[1] Voir notamment trois arrêts de cassation ; du 12 nivose an XII, Anthès contre
Ulsass (*Journal du Palais* III, p. 559-561); Dax (*Journal du Palais,* III, p. 571,
572); du 21 Brumaire an XIV confirmant un arrêt de la Cour de Riom, du 19
nivose an XII, Lartigue contre l'hospice de Jatteux contre Huguet (*Journal du
Palais,* V, p. 35), voir *infra.*

Il est évident que si, au lieu de s'être agi de provinces qui ne permettaient pas
aux propriétaires d'aleux roturiers de donner à cens ou à fief, il s'était agi de
terres situées dans la province de Meaux, on n'aurait pu que décider l'application abolitive de la loi de juillet 1793. Ainsi a jugé un arrêt de cassation du
10 juillet 1810, (affaire Villot contre Pascal, *Journal du Palais,* VIII, p. 446),
cassant un arrêt de la Cour de Turin de 1817 qui, méconnaissant l'article de la
coutume du val d'Aoste précité, avait déclaré que dans ce pays le propriétaire
d'aleu roturier n'avait pas pu accenser, par conséquent que la loi de 1793 ne s'y
appliquait pas.

[2] Bouhier, *Observat. sur la Cout. de Bourgogne* XLIX.

gré la critique de d'Argentré[1], *fief-franc, fief d'honneur, fief de franc-aleu*[2].

Sans refuser à cette source toute valeur, comme le fait M. Serrigny, il ne faudrait pas non plus, tombant dans l'excès contraire, lui accorder trop d'importance. Henrion de Pansey attribue à cette source l'origine exclusive de l'aleu noble. Cette exagération lui fait adopter les conclusions suivantes qui sont inexactes, comme étant, elles aussi, trop absolues :

La première, que le franc-aleu roturier existait longtemps avant que l'on eût l'idée de l'aleu noble. La seconde, que

---

[1] D'Argentré, *In antiq. consuet. Britan.* 85, 1.

[2] Les chartes de concession de ce genre sont nombreuses : V° Galand, Caseneuve, Ducange.

Anno 1252, « Joannes de Gandavo... sciant præsentes et noscant futuri, quod totam terram quam Adelde soror nostra, a nobis et a patre nostro tenuit in feodum et per hommagium, eamdem quittam clamamus et declaramus ab omni homagio et censu. Volumus autem ut vendat eam, si velit, tanquam propriam suam hæreditatem. »

Traité entre Pierre, roi d'Aragon et Jacques, roi de Majorque : Anno 1274 : « Trado, vendo et cedo pro libero et franco et absoluto et immuni alodio tamen cum concilio D. Petri, regis Aragonum, ac dominis Montis-Pessuli, a quo infra scriptæ tenentur in feudo et pro feudo honorato, sine prestatione census, atici, canonis, et alterius servitii, tam realis quam personalis, et alterius cujuslibet generis ; scilicet omnes res quas habeo vel habere visus sum in decimaria de terminis. »

Anno 1278 : « Nos Jacobus recipimus a vobis D. Petro regis Aragonum, fratre nostro et successoribus vestris regibus Aragonum in feudum honoratum, sive omni servitio, totum prædictum regnum majorecarum. » Donation d'Henri II, duc de Lorraine et de Brabant à un abbaye de Bernardins :

» Nos ob remedium animæ nostræ dictum et præsatis abbati et conventui, contulimus in purum alodium libere et absolutè perpetuo possidendum. »

En 1883 le chapitre de Bazas appelle le roi d'Angleterre en pariage pour une de ses terres et ce prince, en indemnité, affranchit et convertit en aleu noble la portion de cette seigneurie qui demeurait entre les mains du chapitre. » Medietatem juridictionis et justitiæ temporalis, quæ penes dictos Episcopum et Capitulum remanebit, habeant in æternum in liberum alodium. »

tout aleu noble suppose soit un diplôme d'affranchissement, soit une concession de justice ; qu'il n'y a point en
conséquence d'aleu noble d'origine, car ce qui est d'origine est de tous les temps. La troisième, que l'aleu noble
n'est vraisemblablement qu'une émanation, une modification de la tenure féodale, ce n'est autre chose qu'un
fief affranchi des devoirs et des charges de la féodalité.

Il est évident qu'en attribuant aux conversions de fiefs
en aleux l'unique source de l'aleu noble, Henrion de
Pansey devait arriver à ces conséquences, dont les deux
dernières tout au moins, sont fausses par leur absolutisme.

Un aleu devenu noble parce qu'il a été inféodé ou accensé
en partie, (et si le fait est illégal, il est impossible de nier
qu'il fût devenu fréquent), n'a jamais reçu de diplôme
d'affranchissement, cet aleu, pas plus que celui devenu noble
par annexion de justice, n'est un fief affranchi.

Nous venons déjà de voir bien des points de dissemblance et de ressemblance entre l'aleu noble et le roturier,
en voici encore quelques-uns qui compléteront la comparaison.

Tous les avantages de la féodalité existent au profit du
propriétaire de l'aleu noble : il a sous lui des justiciables
et des tenanciers ou vassaux qui lui paient toutes les redevances féodales ou coutumières. Lui-même ne rend ces
devoirs à personne, en un mot il a tous les avantages de la
féodalité sans en avoir les inconvénients. On peut dire
que l'aleu noble est aleu par en haut, fief par en bas.

L'aleu noble, comme le roturier, pouvait être possédé
par un vilain, et même n'anoblissait pas celui-ci[1]. Dans ce
cas, quoique affranchi de toute prestation et service

---

[1] On sait en effet que, si des bourgeois ou non nobles achetaient des fiefs ou
des aleux nobles, ils n'en devenaient pas par le fait anoblis, ni mis au rang des
nobles. Il leur fallait l'investiture royale (ordonnance de Blois de 1579 art. 258).
Ainsi celui qui achetait un comté pouvait se dire *seigneur du comté de...*, mais
non *comte de...* Cette investiture, moyennant finances, s'obstenait assez facilement
une fois qu'on était possesseur d'un aleu noble, car la noblesse française fut
surtout territoriale.

A Rome ce n'était pas par ses domaines que le noble tenait son rang, c'était
plus encore de sa famille, du souvenir et de l'illustration de ses ancêtres. La
terre ne suppléait pas à la généalogie et on pouvait être sénateur ou chevalier
sans posséder un seul arpent.

Au début du moyen âge, ce fut l'état des personnes qui fit la condition des
propriétés, mais, avec l'hérédité des bénéfices, le signe devint la cause et l'état
des personnes est commandé par l'état des terres. Le grand propriétaire, quelle
que soit son extraction, est devenu noble ; dépouillés, ses fils sont perdus dans le
peuple, et son successeur, quelle que soit son origine, est devenu à son tour
noble. C'est à peine si, exceptionnellement, en récompense de quelque service
éclatant, le nom seul suppléera à la terre.

Quelle est donc celle qui est la plus digne de nos sympathies de l'aristocratie
de race, de *mérite*, comme celle de Rome, qui pouvait allier la noblesse à la
pauvreté, ou de l'aristocratie purement territoriale, dont on peut faire partie
moyennant l'achat de quelque lopin de terre ?

On croit généralement que c'est la Révolution qui a porté le premier coup à
l'aristocratie française, c'est une erreur. Ce n'est pas en défendant aux officiers
publics d'insérer des titres de noblesse dans la rédaction des actes, qu'on les fera
disparaître ; c'est plutôt en laissant à chacun la liberté de prendre un nom ou un
titre qui n'est pas à lui ; les vrais titres ont été noyés par les faux comme le blé
disparaît sous l'ivraie. « Supposez que le gardien d'un champ laisse croître en
« liberté l'ivraie ; quand celle-ci a presque étouffé le blé, un individu passe, qui,
« ignorant de ces choses prend pour blé, blé et ivraie ; il trouve mille défauts à
« l'ivraie et dira de confiance, ignorant de ce que le gardien du champ a laissé
« l'ivraie étouffer et remplacer le blé, « Dieu que ce blé est mauvais ! »

Dans les crises que rencontra si fréquemment le trésor public, la royauté
exploita avec adresse cette disposition du caractère humain. Elle battit monnaie
avec les lettres d'anoblissement. C'est la première atteinte à la noblesse. En 1568
Charles IX, choisit dans chaque bailliage douze personnes qu'il fit nobles,
moyennant finances bien entendu ; en 1576, en 1593 Henri III, et Henri IV firent

féodal, il était cependant sujet au droit de franc fief, car étant mis au rang des héritages hommagés, il n'exonérait pas son possesseur des devoirs généraux de sujétion et de fidélité vis à vis du souverain[1]. Bacquet aurait voulu soumettre même l'aleu roturier au droit de franc-fief[2], mais il

---

de même, mais en 1598, un édit révoque ces deux séries d'anoblissements, sans restituer les finances. En 1606 et 1628 nouvelles fournées, en 1654 révocation ; en 1638, anoblissements révoqués en 1640. Cette histoire, comme celle de la reconnaissance et de la négation intermittentes et successives de l'aleu,— que nous exposerons plus loin — sont le tableau fidèle de l'état de nos finances et suivent les oscillations du trésor royal. En 1696, la noblesse coûtait six mille livres ; et de temps en temps il fallait payer 1500 livres pour se faire reconnaître ; en 1704 elle n'en coûtait plus que trois mille. Aujourd'hui chacun peut prendre impunément du *de* sans bourse délier, aussi ne s'en fait-on pas faute.

Dès que le titre n'est plus appuyé sur la possession de la terre, il n'a plus de raison d'être. Heureux quand les duchés ou marquisats que l'on trouve ont jamais existé ! Aujourd'hui le nom seul reste, et il en reste, Dieu merci, encore beaucoup. De temps en temps on en rencontre qui vous rappelle quelque belle action au souvenir de laquelle on se découvre. Plus l'action a été belle, plus le nom, qu'il ait un *de* ou qu'il n'en ait pas, est beau et on le saluera d'autant plus volontiers qu'il sera porté par un homme de mérite, de caractère, de dignité.

« S'il n'y a jamais eu moins de noblesse, qu'aujourd'hui chez nous, il n'y a jamais eu tant de nobles, c'est-à-dire de gens qui ont trouvé moyen de joindre la particule à leur nom. Ce n'est pas seulement la société riche qui se pare de la particule, c'est le demi-monde qui la porte sans la payer. Je plains les nobles familles restées debout sur les ruines de l'ancienne France en gardant leurs traditions d'honneur et de haute vertu qui assistent à cette parodie... La noblesse française est morte, elle n'est plus qu'un souvenir dans le cœur des nobles familles qui la font respecter par des mérites et des vertus qui n'ont rien de l'ancien régime. » (Vacherot de l'Institut, *L'aristocratie française, Correspondant* 25 mai 1887 p. 640, 643).

L'aristocratie du mérite avec, ce qui en est à la fois la récompense et le stimulant, le culte des ancêtres et le respect du nom, voilà la vraie noblesse ! Elle fut celle de Rome, elle sera assurément encore celle de la France en des temps meilleurs !

[1] Choppin, *Du Domaine*, I, XIII, 16 ; Brodeau, *loc. citat.* LXVIII, 26. Toutefois Ferrières ajoute : « C'est une recherche qui ne se fait pas. »

[2] Bacquet, *loc. citat.* VI, 8.

n'y avait vraiment pas de motif, aussi cette opinion fut-elle toujours repoussée[1].

Pour la même raison, l'aleu noble était soumis au ban et à l'arrière-ban; tous ces droits étant plutôt royaux que seigneuriaux[2].

L'aleu roturier lui, était soumis à la contribution de taille.

En l'absence de preuve on présumait l'aleu roturier, et c'était à celui qui le prétendait noble à le montrer[3].

Nous avons déjà dit (p. 59) que l'aleu noble, seul, pouvait être inféodé, quant au roturier il ne pouvait que faire l'objet d'un bail en emphytéose, nous savons comment la pratique avait rendu cette différence illusoire, ce point nécessite toutefois quelque développement.

Si un propriétaire faisait un acte de concession, cet acte était-il présumé emphytéotique ou censuel? Evidemment on ne pouvait pas se fixer sur la dénomination qu'il avait plu aux parties de lui donner, il fallait s'attacher au caractère même du contrat.

---

[1] Arrêts du 1er sept. 1609 ; du 28 sept. 1634, au profit de la Dame Anne Lenoir, à propos de la terre de Gérissay, confirmant un arrêt du 5 sept. 1597 ; arrêt du 26 nov. 1641 ; Lettres du lieutenant du roi en Languedoc de Nismes, 16 février 1367, dans Isambert, *Recueil général des anciennes lois franc*, V, p. 312.

[2] Un arrêt du Parlement de Dijon du 18 fév. 1557 jugea en faveur de Pierre de Chauvirey, seigneur de Bellefond, contre le Procureur général, que la terre de Bellefond, étant alodiale, n'était point sujette au ban ni à l'arrière-ban. Le Président Bouhier, (*Œuvres*, Dijon 1787, t. II, p. 254), expliquait cet arrêt en disant qu'il ne dispensait pas les seigneurs d'aleux nobles du service d'armes envers le Roi, mais seulement de comparaître à l'arrière-ban, avec les autres vassaux du roi.

[3] Bacquet, *Traité des droits de francs-fiefs, de nouveaux acquêts*. Lyon Duplain, 1608, in-fol. XXII, § 21 ; Ferrières, *Corps et compilation*, Charpentier, 1714, t. I, p. 1005.

Or Boutaric établit ainsi les différences qui existent entre le bail à cens et le bail emphytéotique : « On ne peut bailler à cens que le fonds qu'on possède noble ; au lieu que pour bailler un fonds à titre d'emphytéose, il suffit de le posséder en franc-aleu et indépendant de toute seigneurie directe, quoique d'ailleurs rural et sujet au paiement des tailles, la roture n'ayant rien d'incompatible avec l'alodialité et l'indépendance.

L'essence et le fond de ces deux contrats sont absolument les mêmes, puisque, l'un et l'autre, sont egalement un contrat par lequel il n'y a que le domaine utile qui soit aliéné, tandis que la dominité directe reste au bailleur avec une rente qui lui est payée en reconnaissance de la directité. Le contrat est donc le même et la différence ne vient que des biens qui en font l'objet. Le bail à cens est le bail d'un fonds noble et féodal ; le bail emphytéotique est celui d'un fonds tenu en roture [1]. »

L'aleu noble donc seul, pouvait être donné à cens, l'aleu roturier ne pouvait être donné qu'en emphytéose ou à bail à rente.

Ainsi donc, si un seigneur de fief donnait en emphytéose une partie de son domaine féodal, sa concession était un bail à cens ; car le bail à cens était la seule voie par laquelle un feudataire pût arroturer une partie de son fief, c'est-à-dire en aliéner le domaine utile tout en en gardant le domaine direct ; il est impossible que le domaine direct qu'il se réservait ne fût pas de nature féodale, de même

---

[1] Boutaric, *Traité des droits seigneuriaux*, p. 2.

qu'il n'était pas possible que la redevance recognitive de ce domaine ne fût pas un cens.

Par la raison inverse, le possesseur d'aleu roturier ne pouvait retenir qu'un domaine direct qui n'eût aucun caractère féodal, c'est-à-dire ne pouvait bailler qu'en emphytéose.

L'utilité de cette distinction, l'utilité de donner au contrat, son véritable caractère, fut surtout utile, comme nous l'avons déjà montré, après les lois abolitives de 1789, pour savoir si les redevances étaient seigneuriales ou non, c'est-à-dire si elles subsistaient ou devaient être abolies.

Et là alors une question subsidiaire se posait :

En l'absence de preuve, le propriétaire d'une seigneurie était-il, dans les pays alodiaux, présumé le tenir en franc-aleu noble ou en fief ?

D'après les principes, on aurait dû le présumer tenir en aleu noble, car, comme nous venons de le dire, l'aleu noble pouvait être aussi bien d'origine, naturel, que l'aleu roturier, par conséquent on n'aurait pas dû exiger pour lui plus d'acte de concession, que pour l'aleu roturier.

Mais l'idée émise par les feudistes, que l'aleu noble avait emprunté à la souveraineté une parcelle de sa puissance, et que par conséquent, cet acte d'emprunt devait exister et être représenté, avait fait rapidement des progrès dans les esprits, et, au XVIIIe siècle, par le fait qu'on reconnaissait généralement l'aleu noble être toujours de concession, on présumait le fief et non l'aleu noble. *A fortiori* la chose ne put-elle plus faire doute une fois que fut admis le principe de la directe universelle en faveur du roi. La question se posa toutefois encore relativement à l'application des lois abolitives de 1789.

Un sieur Jean Philippe Anthès en 1750 avait concédé en emphytéose un terrain situé dans la seigneurie de Nambsheim en Lorraine, pour la construction d'un moulin. Le concessionnaire, se prévalant de ce que ce terrain, ayant fait partie du fief, n'avait pu lui être concédé qu'à titre de censive et non d'emphytéose, prétendait que les lois abolitives en avaient supprimé les redevances. Anthès au contraire prétendait que le terrain était alodial et qu'il n'avait pu faire l'objet que d'un bail d'emphytéose, mais il n'avait point de preuve. Voici ce que l'on objecta : Ce terrain fait partie de la seigneurie de Nambsheim, vous n'avez donc pu le concéder en aleu, qu'autant que votre seigneurie de Nambsheim était alodiale. Etait-elle de cette nature ? Aucun titre n'en fait mention. A la vérité, dans les pays de droit écrit, et notamment en Alsace, l'alodialité se présumait. Mais à l'égard de quels biens ? A l'égard de ceux qui n'avaient point de justice, des aleux roturiers seulement, d'après les arrêts du 22 mai 1677, du 4 juillet 1693, du 16 février 1694. Donc ce n'est pas en aleu, mais bien en fief, que vous Anthès vous avez possédé la seigneurie de Nambsheim ; donc ce n'est pas en emphytéose, mais bien en bail à cens que vous en avez aliéné une partie, donc ce n'est pas une redevance foncière, mais censuelle, qui vous était due, donc elle a été abolie par l'art. 1, de la loi du 17 juillet 1793. Ce qui fut admis [1], sur les conclusions

---

[1] Anthès contre Ulsass, *Journal du Palais*, III, p. 559-561, rapporté par Merlin, *Répertoire*, vᵒ *Aleu*.

du procureur général Merlin, par arrêt du 12 nivôse an XII.

Enfin la différence la plus importante, la plus pratique entre l'aleu noble et l'aleu roturier existait au point de vue du partage des successions. Elle ne datait toutefois que du XVIe siècle.

Nous avons montré qu'au moyen âge, tandis que le fief — en souvenir de la terre salique — se transmettait d'abord de mâle en mâle, puis, au Xe siècle, par ordre de primogéniture, pour pouvoir être défendu par les armes[1], l'aleu au contraire, terre libre, acquise de toute autre façon, se partageait également, sans distinction d'âge ni de sexe[2]. C'est là un souvenir du droit romain, comme l'exclusion des filles de la succession de la loi salique était un souvenir germain. Quoi d'étonnant à ce que l'égalité du partage se soit perpétuée dans la vieille propriété romaine?

Faut-il admettre la distinction, faite par plusieurs excellents esprits, et dire que l'aleu noble suivait la règle de successions des fiefs, que l'aleu roturier au contraire se partageait sans distinction d'âge et de sexe? Ces auteurs s'appuient sur cet argument qu'il était nécessaire que l'intégrité du grand aleu se maintînt dans une seule main pour que le pouvoir fût conservé, que la hiérarchie féodale conservât un chef, que l'autorité ne fût pas divisée. N'était-

---

[1] Ce sont les Assises de Jérusalem qui, les premières, admettent le privilège de primogéniture concurremment avec celui de masculinité.

[2] N'existait-il même pas des contrées où les successions *même de fiefs*, même nobles, se partageaient sans distinction de sexe? Que le fait fût rare, exceptionnel si l'on veut bien, mais il n'en montre pas moins qu'il n'était pas de l'essence du fief de n'être pas partagé, de n'être transmis que de mâles en mâles. (Cf. notamment *Privilèges de Briançon*, § 1, dans *Ordonnances des rois*, t. VII, p. 719).

ce pas la même idée, le même besoin qui avait fait introduire dans les Assises de Jérusalem, au xe siècle, qui avait
fait accorder à la noblesse bretonne par le comte Geoffroy
en 1185, le privilège de primogéniture?

Nous ne croyons pas que cette distinction soit fondée.
Sur quoi était basé le privilège de masculinité ? Sur la nécessité du service d'armes, que le donataire du fief devait
en retour à son donateur. Or pareille raison n'existait pas
pour l'aleu même noble.

En second lieu, on parle de la nécessité de conserver
dans la même main l'autorité du commandement ; qu'en
fait la chose eût été utile à la bonne administration de
l'aleu, c'est possible, mais la loi, qui considérait l'aleu
même noble comme en dehors de toute hiérarchie féodale,
avait-elle eu à s'occuper de cette nécessité de le conserver
tout entier dans la même main. D'ailleurs, le principe de
primogéniture est de date relativement récente, rien
d'impossible à ce qu'il n'eût pas été étendu à l'aleu, dont
le chef restait en dehors de la hiérarchie militaire [1].

Ce qui nous confirme dans notre opinion, c'est que les
coutumes dont les rédactions étaient plus anciennes,
comme celles de Châlons (art. 165) et de Troyes (53),
datant de 1509, étaient muettes sur la distinction entre
l'aleu noble et le roturier ; elles disaient : « Tout aleu se par-

---

[1] De plus, les textes qui permettent aux femmes de posséder des aleux *jure
dotalico* (qu'on appelait alors *dotalicia* ou *maritagia*), disent cela en même temps
qu'ils déclarent les femmes incapables de posséder des fiefs. Donc il est probable que, par *aleux*, ils entendent les aleux nobles. Pourquoi ne pourraient-elles
pas les recueillir par succession, puisqu'elles peuvent les posséder ? (G. d'Espinay, *La Féodalité*, p. 363).

« tage également entre mâles et femelles sans préciput ni
« prérogative d'aînesse. » De même, l'ancienne coutume
d'Orléans (213) ordonnait que tous les aleux se partageraient par tête.

Les auteurs qui ont dit, en l'absence de tout texte,
qu'au moyen âge, les aleux se partageaient comme les fiefs,
y étaient-ils autorisés [1]? Henrion de Pansey notamment,
en dépit de toute preuve, a introduit cette allégation afin
de pouvoir ajouter un argument de plus à sa thèse que
tout aleu noble n'est qu'un fief affranchi. Mais il est probable, qu'avant le XVIᵉ siècle, l'aleu se partageait par tête,
c'est-à-dire roturièrement et non féodalement.

C'est la coutume de Paris qui la première, en 1510, lors
de sa réformation, introduisit la différence de partage entre l'aleu noble et le roturier, c'est donc de cette époque
que date cette distinction, distinction qui fut rapidement
reproduite par les autres coutumes dans leurs nouvelles
rédactions. « L'aleu roturier se partagera également, mais
« l'aleu noble se partagera noblement. » Les coutumes de

---

[1] Galland toutefois (p. 23), cite une charte du cartulaire de Beaulieu (nº 89,
anno 913), et une autre du cartulaire de la Trinité de Vendôme, où l'aleu est
bien partagé également entre les fils, sans droit d'aînesse, mais à l'exclusion des
filles qui sont réduites à de simples legs. Mais il y avait sans doute en l'espèce,
une volonté formelle du *de cujus*, d'exclure ses filles de la possession de son
aleu, il leur faisait à elles des legs. Il serait dangereux de généraliser la chose
et de prendre l'exclusion des filles comme règle générale, à une époque où l'aleu
n'est plus la terre salique, et où n'existe aucun texte établissant la distinction, au
point de vue successoral, entre l'aleu noble et l'aleu roturier. Galland est
d'ailleurs toujours un peu sujet à caution sur les arguments qu'il appelle à la
défense de sa cause. Il est juste de dire qu'il cite aussi à la page suivante plusieurs chartes, notamment du cartulaire de Marmoutiers, où le partage est égal
entre tous les enfants sans distinction de sexe.

Châlons et de Troyes n'eurent pas de nouvelles rédactions, elles restèrent donc soumises, comme devant, à l'égalité des partages pour tous les aleux sans distinction. Seule, celle d'Orléans (art. 255), dans son désir d'innover, changeant complètement son système successoral pour les aleux, repoussa de même toute distinction, mais adopta au contraire pour tous les aleux, tant roturiers que nobles, le partage féodal, c'est-à-dire n'eut plus qu'un seul mode de succession, commun à la fois au fief et à l'aleu.

Pour l'Anjou, la chose faisait difficulté. Certains auteurs prétendaient que l'aleu même noble ne pouvait pas être partagé noblement. Car, d'après l'art. 255, le droit d'aînesse n'avait lieu qu'à l'égard des héritages tenus à foy et hommage « héritages féodaux tombés en tierce foy. » Or, disaient-ils, comme on ne fait pas la foi pour les choses alodiales d'après l'art. 140, que partant elles ne sauraient tomber en tierce foi, elles se doivent partager également.

Mais cette opinion ne prévalut pas. Du Pineau [1], Brodeau [2], Pocquet [3] répondaient que l'aleu noble ayant les qualités les plus éminentes du fief, devait être mis au rang des choses hommagées. « D'après l'art. 258, dit Choppin [4] « les fiefs abournez se partagent noblement. »

Henrion de Pansey estime que la distinction de l'aleu en noble et roturier, est antérieure à la rédaction de la coutume de Paris de 1510. Ses arguments sont loin d'être sérieux. Il dit d'abord que les coutumes de Troyes et de Vitry, qui

[1] Du Pineau, *loc. citat.* 201.
[2] Brodeau, *loc. citat.* LXVIII, 18.
[3] Pocquet de Livonière, *Traité des fiefs*, Paris Lemercier 1733, p. 563.
[4] Choppin, *loc. citat.* II, 2.

sont antérieures, établissaient déjà la même distinction. Ces coutumes ne sont que d'un an antérieures, ce n'est vraiment pas la peine de parler d'un pareille différence. Il ajoute : « Comment se persuader qu'il fut un temps où on « ne distinguait pas deux choses si différentes ; a-t-on pu « les laisser si longtemps confondues sous la même déno- « mination ? »

La distinction n'étant établie par aucun document |anté-rieur à 1509, il faut bien fixer à cette époque son établisse-ment, ce qui ne veut pas dire que, sans être fixée par les lois, elle ne se fût pas introduite d'abord dans les mœurs depuis quelque temps ; la chose est plus que probable. Mais il ne faut pas pour cela, comme le fait Henrion de Pansey, en vouloir tirer argument en faveur de l'origine exclusive de l'aleu noble dans le fief, et de l'assimilation de ces deux modes de tenures si distincts.

Lorsqu'un aleu roturier était acquis par un seigneur haut-justicier, devenait-il féodal ?

Certains auteurs, comme Ricard, Choppin [1], étaient pour l'affirmative, disant que, lorsqu'un seigneur justicier ou féodal acquérait des héritages alodiaux dans sa justice, l'aleu était réuni au fief et ne faisait qu'un avec lui. Ils se fondaient sur les textes des art. 20 de la Cout. d'Orléans et 53 de la Coûtume de Paris, en vertu desquels, tous les héritages, acquis par un seigneur de fief en sa censive, étaient réunis à son fief et censés féodaux, si, par déclara-tion expresse, le seigneur ne disait qu'il entendait que les

---

[1] Choppin, *loc. citat.* II, 26.

dits héritages demeurassent en roture. Cette réunion se faisait en effet de plein droit et ne pouvait pas être empêchée par une déclaration subséquente.

La Thaumassière, Legrand [1], Ferrière, et d'autres excellents auteurs, tenaient au contraire pour la négative. Le motif des art. 53 de la Cout. de Paris et 20 de celle d'Orléans, c'est que le seigneur ne peut relever de lui-même, qu'il serait à la fois son propre débiteur et son propre créancier, ce qui ne saurait être. « Et pour ce, les rotures « qui ont été autrefois désunies du fief pour les baux et con-« cessions à cens reprennent leur première nature féodale « en retournant à leur source et leur origine. » Ce qu'on ne peut en aucune façon appliquer à l'aleu dans les coutumes alodiales où « omnia præsumuntur ab antiquo « libera », parce qu'on ne pourrait pas dire que l'aleu retourne à sa première nature, puisqu'on le ferait rester fief, alors que sa première nature était d'être franc et libre. Donc, la confusion cessant, les choses reprennent leur état et l'aleu reste aleu roturier, comme devant.

Il y a deux cas toutefois où l'on était d'accord pour décider que l'aleu acquis par le seigneur devenait féodal : s'il était compris dans l'aveu, ou si l'on en faisait foi et hommage, en second lieu si cet aleu était peu considérable, très accessoire, « accessio cedat principali. »

---

[1] Legrand, *Coutum. du bailliage de Troyes, droits de bourgeoisie et de franc-aleu de la province de Champagne*, 1715, L, 7.

CHAPITRE IV

§ I. — *Introduction de la maxime « Nulle terre sans seigneur », résistance qu'elle éprouve.*

Depuis le ixe siècle, l'aleu n'avait cessé, comme nous l'avons dit, et pour les raisons que nous avons exposées, d'être battu en brèche par le flot montant de la féodalité.

Nous avons indiqué et analysé ce mouvement de conversion de l'aleu en fief, nous avons expliqué les causes multiples qui l'avaient établi et celles qui l'avaient fait progresser : l'insécurité créée par les invasions et les guerres, la violence des grands, désireux d'augmenter de la sorte le nombre de leurs soldats et leurs revenus féodaux, la faiblesse des petits aleutiers incapables de résister pour conserver leur indépendance, les nombreuses immunités qui faisaient l'aleu si supérieur au fief et à la censive. Enfin la vanité, qui acheva ce mouvement, en faisant troquer aux aleutiers leurs franchises pour la vaine gloriole d'entrer dans la hiérarchie féodale.

A cette époque, l'aleu est toujours ce qu'il était quatre siècles auparavant, la terre franche et libre, indépendante ; il était toujours le même en qualité, mais non plus en quantité.

Dans le Nord de la France, où la couche de l'élément germanique était plus intense que dans le Midi, il avait à peu près disparu. Aussi en 1283, Beaumanoir pouvait-il dire dans sa coutume de Clermont en Beauvoisis, dont il était le bailli : « Quant li sires voit aucun de ses sougiez « tenir en héritages d'esquiex il ne rend à nullui cens, « rentes, ne redevances nulles, li sire y puet jeter les mains « et tenir comme siens propres : car nus selonc nostre « coustume ne puet tenir des alues et on appelle alues ce « que on tient sans fere nule redevance à nullui ; et si « queus (le comte) saperçoit avant que nuz de ses sougiez « que tel aleus soit tenues en sa contrée, il les puet penre « come siens, ne nen est tenus à rendre, ne a répondre a « nus de ses sougiez pour che que il est sires de son droict « et de tout che que il treuve en alues[1]. »

Dans les coutumes qui ne possédaient point d'aleux ou fort peu, on prit l'habitude d'énoncer le fait sous la forme du brocard : « *nulle terre sans seigneur* » maxime qui, appliquée, à son origine, seulement à la justice, ne voulait dire qu'une chose, c'est que toute terre était soumise à une juridiction supérieure.

Mais au XIVᵉ siècle, la féodalité trouve en elle un nouveau

---

[1] Beaumanoir, *Coutume de Beauvoisis*, XXIV, 5ᵉ édit. Beugnot, t. I, p. 123 et 340.

moyen de porter un coup terrible à l'aleu, par une voie aussi légale qu'injuste : en détournant ce brocard de son sens, elle en fait une présomption générale de servitude des terres.

Cette règle s'était établie relativement à la justice, durant la domination romaine, sous l'empire de laquelle, toutes les possessions, même celles qui jouissaient de l'immunité à l'égard de l'impôt, demeuraient soumises à l'autorité du *judex*, dont le nom, comme le pouvoir, persistèrent sous le gouvernement des deux premières races. Sous les Capétiens, un nouveau principe remplaça ou continua la généralité de l'autorité judiciaire et, rattachant la justice seigneuriale au pouvoir royal, supposa que, relativement à la justice, il n'y avait point de terre indépendante. Cette nécessité pour tout héritage de reconnaître la supériorité d'une justice, décida la question à l'égard des domaines voisins des justices circonscrites. On reconnut que tout seigneur justicier en tête d'une paroisse, avait droit à la justice dans toute l'étendue de la paroisse ; or, toute terre faisait partie de la paroisse dans laquelle elle était enclavée, et se trouvait ainsi dépendante de la justice de la dite paroisse.

Les seigneurs étendirent cette règle relative à la justice, admise par toute la France, à la directe féodale, en prétendant que tout domaine enclavé dans la circonscription de leur fief en faisait partie, tout comme il était soumis à leur justice. Désormais « *nulle terre sans seigneur* », s'appliquait à la directe féodale comme il s'appliquait à la justice et donnait les deux droits, à tout seigneur d'un territoire circonscrit, sur toutes les parties de ce territoire, sauf bien entendu aux possesseurs de terres libres à prouver leur franchise [1].

Si le lecteur a bien voulu nous suivre dans l'historique que nous venons de faire de l'aleu, et, s'il a admis avec nous, que l'aleu n'était pas autre chose que la propriété gauloise, gallo-romaine, qui était restée le mode général de tenure du sol depuis l'occupation romaine, et si on lui demandait de quelle façon on aurait dû prouver qu'un terrain était alodial et non féodal, c'est-à-dire aleu et non pas fief, il répondrait sans hésiter que la présomption du mode de tenure ne saurait être, comme à Rome, que la franchise en faveur du possesseur ; que toute terre aurait dû être réputée alodiale jusqu'à ce que le seigneur, qui alléguait des droits de suprématie sur la dite terre, ait établi ses titres de suzeraineté.

---

[1] Cette règle n'existait qu'en cas d'enclave, c'est-à-dire qu'elle n'atteignait que les terres circonscrites par le fief.

Pour celles qui étaient entourées de fiefs épars, en faveur de qui était la directe ? Il fallait distinguer : si les fiefs environnants n'étaient pas expressément limités, le domaine sans titre était présumé faire partie du fief dont les titres annonçaient le territoire le plus universel ; mais, lorsque les fiefs voisins étaient expressément limités, ne comprenaient pas le domaine litigieux et ne pouvaient pas s'y étendre, la directe féodale était alors présumée appartenir au seigneur justicier, dans la justice duquel le bien était situé.

Si, dans le même territoire, justice et directe appartenaient à deux seigneurs différents, comment se réglait ce conflit ? Était-ce la justice qui emportait enclave de la directe, ou bien la directe était-elle un titre pour l'universalité de la justice ? Le seigneur avait-il la directe sur tous les biens soumis à sa justice ; ou bien avait-il la justice sur tout ce qui était soumis à sa directe ? Quoique ce fût l'enclave de la justice, qui ait fondé l'enclave de la directe, on reconnaissait que les deux choses étaient, dans ce cas, sans influence l'une sur l'autre, par la raison, disent Bacquet (XXXII, 16) et Dumoulin (XLVI, 31), que fief et justice n'ont rien de commun.

Normalement, régulièrement un aleu est sans titre. Il est sans titre, parce qu'il est, parce qu'il a toujours été aleu. La conversion en fief, en censive, en précaire, voilà ce qui donne lieu à la création d'un titre, mais la vieille propriété traditionnelle peut-elle en posséder ?

Ainsi, pour appuyer la cause qu'ils soutenaient, les feudistes de l'époque, — qui sur ce point, comme sur beaucoup d'autres, commettaient de véritables hérésies juridiques et eussent bien mérité, il faut l'avouer, des jurisconsultes romains le titre de barbares, — n'hésitèrent pas à introduire dans notre droit du moyen âge un principe des plus iniques, en décidant que ce serait, non plus au seigneur à établir ses prétentions, mais au possesseur d'aleu à prouver l'alodialité, à apporter ses titres de franchise ! Ce qu'ils prirent l'habitude d'exprimer par cet axiome dont le sens était changé : « *nulle terre sans seigneur.* » On lui donnera pour acolyte cette autre règle « la directe est imprescriptible », et l'aleu aura à peu près vécu, car on lui demande pour le laisser vivre ce qu'il ne peut donner : son titre de création. (L'aleu de concession seul aurait pu en avoir un.)

Il est étrange qu'on se soit assez écarté du droit naturel pour exiger un titre d'exemption en faveur de l'aleu. Du moment que ce mot ne signifie qu'une propriété libre, on n'aurait dû avoir besoin que d'une possession de dix ou vingt ans, avec titre, ou de trente ans sans titre, pour être maintenu dans la franchise de la possession, comme dans la possession elle-même. Autant aurait valu demander un titre à celui qui disait ne pas devoir de servitude à son voisin, ou n'avoir pas donné sa maison au premier venu.

Cette présomption féodale devait achever ce que n'avaient pu faire les armes et la violence. Jusqu'au xvᵉ siècle, on ne la voit guère; tout au plus la devine-t-on. Beaumanoir, à la fin du xiiiᵉ siècle, ne la citait que comme une règle de la coutume de Beauvoisis, sans la généraliser; certains auteurs même en attribuent la paternité au chancelier Duprat, de fâcheuse mémoire, c'est-à-dire au xviᵉ siècle [1]. Sans aller jusque-là, il est certain qu'au xvᵉ siècle, lorsqu'on procéda à la réformation des coutumes, les seigneurs et propriétaires de fiefs, se présentèrent armés de cette maxime qu'ils interprétaient sciemment mal; les procès-verbaux de rédaction des coutumes de cette époque nous indiquent quelle résistance fut faite à cette règle, à quelles prises en vinrent la noblesse et le tiers-état, car c'est avec insistance que les seigneurs en réclamaient l'insertion. Dans le doute les commissaires chargés de la réforme renvoyèrent la décision aux Parlements. Dans les coutumes de Bretagne (328), de Meaux (189), de Senlis (262), de Poitou (52), de Blois (33), de Péronne (102), de Melun (105), d'Angoumois (35), la féodalité l'emporte. Lorsque Louis XIV crée, à côté des chaires de droit canonique, une chaire de droit français, en 1679, de Launay, qui en est le premier titulaire, enseigne dans les Institutes de Loisel la maxime féodale [2]. D'autres coutumes cependant, appartenant elles aussi à la ré-

---

[1] Mézeray, *Vie de François Iᵉʳ*; Pierre de St-Julien, *Antiquités de Mâcon* 3 p. 678; Furgole, *Traité de la Seigneurie féodale*, 1767, p. 195; Boulainvilliers, *Hist. de l'ancien gouvern. de la France*, Lahaye, 1727, I, p. 45; Dubos, *Hist. critique de l'établissement de la monarchie*, 1734, III, p. 52.

[2] Warnkœnig, *Franzosische Staats und Rechtsgeschichte*, Bâle, 1846; Loisel, *Instit. coutum.* II, 2, § 1, 1783, I, p. 228, 241 et 269.

gion féodale, telles que celles de Troyes (51), de Vitry (16,19,20), de Chaumont (62,76,112), d'Auxerrre (23), de Langres (4), du Nivernais (viii, 1), du Berry tiennent obstinément pour l'aleu et, malgré la jurisprudence, ne craignent pas de dire « tous les héritages sont réputés francs, « s'il n'appert du contraire. »

Les Parlements de Provence, de Languedoc, de Franche-Comté et de Bourgogne se montrent favorables à l'aleu. Mais l'idée faisait des progrès et avait su se faire adopter par bien des praticiens. Dans le ressort des coutumes muettes, si on y obligeait encore au xvie siècle, le seigneur à prouver sa mouvance, un siècle plus tard, personne ne fera plus difficulté d'appliquer la maxime « *nulle terre* » qui contraignait le soi-disant aleutier à prouver par titre la liberté de son domaine.

Aussi, aux Etats de Blois, les seigneurs voulurent-ils asservir d'un seul coup toutes les terres du royaume ; ils présentèrent pour cela au roi, le 30 janvier 1577, un cahier dans lequel ils demandaient que toutes les terres fussent déclarées féodales ou censuelles. C'était demander en propres termes, pour la France entière, l'abolition pure et simple de l'aleu. Cette prétention fut repoussée, mais les seigneurs n'en continuèrent pas moins à agir comme si elle eût été accordée et sanctionnée par une loi.

La royauté chercha à tirer parti de la chose. Peut-être même, était-ce le roi qui dirigeait l'assaut contre l'aleu, car, s'il combat la féodalité quand elle lui porte ombrage, il représente au contraire l'idée féodale quand elle est utile à ses finances. Le chancelier de l'Hospital était en tous cas trop bon serviteur pour ne pas chercher à faire profiter le

roi de cet état des esprits : si telle terre, disait-il, n'a pas
de seigneur, en ce cas elle relève féodalement du roi, non
seulement comme souverain, mais comme suzerain féodal, car il n'y a pas de terre sans seigneur, c'est donc le roi
auquel appartient la directe universelle qui percevra les
divers profits féodaux. Un arrêt célèbre du conseil privé
de l'an 1626 et l'ordonnnce de Marillac de 1629 dans son
article 383, proclamèrent le principe : « Et sont tous héri-
« tages ne relevans d'autres seigneurs, censez relever de
« nous, sinon... que les possesseurs des héritages fassent
« apparoir de bons titres qui les en déchargent [1]. »

Si un courtisan accueillit la chose en disant « choses jus
« tes, combien que nouvelles, ne sont à rejeter [2] », ce ne
fut pas là l'opinion générale. La force manquait d'ailleurs
au législateur de 1529 qui n'atteignit pas son but, et la
lutte continua.

Dans le midi, où les habitants ont toujours eu des idées
d'indépendance et dont les passions sont vives, dans les
pays de droit écrit où le droit romain était encore vivant,
elle fut même ardente.

Plusieurs parlements refusèrent d'enregistrer cette ordonnance, ou du moins la disposition de l'ordonnance relative à l'aleu : « Sur le 383e article, dit le Parlement de
« Grenoble, le franc-aleu a lieu en Dauphiné par posses-
« sion immémoriale et libertés de la province. L'ancien
« usage sera continué conformément à l'ordonnance du
« 15 janvier 1555. » Le gouvernement royal n'osa pas exas-
pérer la résistance ; mieux valait patienter et arriver à ses

---

[1] Isambert, *Recueil général*, XVI, p. 317.
[2] Galland, *loc. citat.* p. 36.

fins par la douceur que par la violence, aussi lisons-nous dans un édit d'octobre 1658 cette reconnaissance formelle de l'aleu : « Dans notre province de Dauphiné le franc-aleu « est établi suivant l'usage de tout temps observé en icelle « et tel admis non seulement par les anciens dauphins, mais « par les déclarations des rois nos prédécesseurs... En con-« séquence ne seront les propriétaires des héritages tenus « alodialement inquiétés dans leurs anciens usages et « privilèges auxquels sa majesté les maintient et con-« firme. »

En Languedoc aussi les contestations continuèrent jus-qu'à l'arrêt célèbre du 22 mai 1667 donné à Amiens. Cet arrêt était une mesure de transaction et adoptait un moyen terme : il distinguait entre l'aleu noble et l'aleu roturier, admettant la présomption en faveur de celui-ci, mais la re-jetant en ce qui concernait celui-là. En étudiant les sour-ces de l'aleu noble nous avons exposé le système qui attri-buait à cette sorte d'aleu, comme origine presque exclusive, la conversion de fiefs en aleux, c'est-à-dire qui prétendait que tout aleu noble n'était qu'un fief affranchi. L'arrêt de 1667 sanctionnait ce système, inexact selon nous parce qu'il était trop absolu et négligeait deux autres sources non moins importantes de l'aleu noble. Voici le raisonnement qu'il faisait. L'aleu roturier, étant d'origine, peut-être pré-sumé, mais l'aleu noble, étant tout de concession, n'étant qu'un fief affranchi, comme c'est à qui se prétend affranchi à le prouver, c'est à l'aleutier noble à établir son indépen-dance.

Cette jurisprudence fit fortune. Un arrêt du Conseil, du 4 juillet 1693, en fit application à la Bourgogne aux pays

de Gex, Burgey, Valromey, Bresse [1], et d'autres,du 6 février
et 26 février 1694, l'appliquèrent aux coutumes de Chaumont et de Troyes [2]. Mais, peu à peu, sous l'influence royale
et seigneuriale, la maxime « *nulle terre* » continue ses progrès. On voit de grands seigneurs se faire adjuger tout à
coup des cens avec droits des lods et ventes sur des terres
qui avaient traversé dix ou douze siècles en pleine liberté
et en pleine franchise [3].

L'aleu n'était pas seulement attaqué de front, il était l'objet de la part de la royauté d'une foule de mesures savantes ou cauteleuses. A tout moment les aleutiers doivent
passer déclarations,obtenir confirmations moyennant finances [4], puis sont frappés d'un droit de centième denier en
cas de mutation [5]. La royauté cherche en un mot, par tous
les moyens, à tirer le plus d'argent possible de l'aleu.

Tel est, exposé très brièvement, l'ensemble des manœu-
vres par lesquelles on s'efforça de supprimer l'alodialité.
Tel est le résumé de la longue guerre entre les deux maximes « *nulle terre sans seigneur* » et « *nul seigneur sans*

---

[1] Taisand, *Cout. générales des pays et duché de Bourgogne*, Dijon, 1698,p. 155.

[2] *Encyclopédie méthodique. Jurisprud.* IV, p. 611 et suiv. Citons toutefois un
arrêt de la Grand Chambre, du 5 février 1785, rejetant cette distinction. Il
s'agissait d'une terre de Poligny située dans le ressort de la coutume de Chaumont en Bassigny, possédée par une dame de Marolles, qui l'avait acheté en
1569, de l'abbaye de Molesme. Quoiqu'elle possédât haute justice, elle fut présumée alodiale, malgré les efforts du fermier qui prétendait que c'était un aleu
noble, par conséquent, qui ne pouvait s'établir que par titre.

[3] Guyot, *Répertoire universel et rais. de jurisprud* Paris, Visse, 1784, II,p. 797,
affaire du marquis de Courtanvaux obtenant la directe sur la ville de Tonnerre
en 1776 ; t. VII p. 548 -586.

[4] Edit de 1692, (Isambert-Néron, *Recueil d'édits*, II, p. 239).

[5] Ordonnance du 19 juillet 1704. (Isambert, *Recueil général des anc. lois
franç.*, XX, p. 450).

titre, » guerre qui aboutit au triomphe à peu près complet du brocard féodal.

Quoique nous nous réservions d'exposer en détail les diverses phases de cette lutte, en étudiant l'aleu dans chaque province, nous avons cru qu'il était nécessaire à la compréhension des détails qui vont suivre, de montrer d'une façon générale quelles protestations s'étaient élevées de tous côtés contre la maxime, « *nulle terre sans seigneur,* » comment néanmoins elle s'était acclimatée peu à peu dans le nord de la France où l'aleu était plus rare et moins vivace, comment au contraire les pays de droit écrit mirent tout en œuvre pour résister, comment à cette maxime inique et spoliatrice ils opposèrent le brocard « *nul seigneur sans titre* », comment enfin ils succombèrent dans la lutte par trop inégale qu'ils soutenaient à la fois contre les seigneurs et contre le roi.

C'est que l'intérêt de la question était considérable. L'avantage de la présomption d'alodialité pouvait se comparer à celui que donne la possession, dans une instance en revendication. Le possesseur est défendeur, il n'a rien à prouver, pas de titres à produire, il lui suffit de repousser ceux du demandeur, et, si le demandeur n'en apporte pas, ce sera le possesseur qui l'emportera, car « in pari causa melior est conditio possidentis. » Ainsi tel qui, faute par son adversaire de représenter des pièces ou autres documents justificatifs de sa demande, a gagné son procès parce qu'il possédait, l'aurait perdu au contraire, n'en représentant point lui-même, si celui-ci eût été possesseur à sa place.

De même ici, souvent comme il s'agissait de terres possédées de temps immémorial, il n'existait de titres ni du côté de
l'aleutier, ni du côté du seigneur ; ni l'un ni l'autre n'avaient
de titres ni pour ni contre l'aleu, c'était dans ce cas que la
question de présomption d'alodialité avait de l'importance.
Suivant qu'on se trouvait dans une coutume favorable ou
non à l'aleu, admettant ou non cette présomption, l'immeuble était soumis ou non aux droits féodaux [1]. Or,
nous avons vu que ce n'était pas peu de chose que ces
droits féodaux, qu'ils diminuaient notablement les revenus
d'une propriété.

Dans les coutumes où régnait la maxime « *nulle terre
sans seigneur,* » la circonscription de territoire suffisait à

---

[1] C'était là, la conséquence forcée. L'existence de toute directe censuelle
supposait un bail à cens originaire et ce bail à cens supposait également l'imposition d'un devoir recognitif de la seigneurie. Il en résultait que, dans les coutumes qui donnaient au seigneur la directe universelle de son territoire, toutes les
terres devaient annuellement une prestation recognitive de cette directe. Si de
temps immémorial, le seigneur a négligé de se la faire servir, s'il ne reste aucune
cune trace de cens originaire, il faut en créer un, on ne saurait ici invoquer la
prescription, puisque nous avons montré que le cens était réputé imprescriptible.
  Lorsqu'on en créait un, on devait se fixer pour en évaluer le montant sur les
droits payés par les circonvoisins, et si ceux-ci ne sont pas uniformes, on se
réglait suivant les moindres. (D'Espeisses, *Droits seigneuriaux.* Lyon Bruyset 1750,
III, 2).
  Arrêt de la Chambre des enquêtes du 28 août 1776, en faveur du marquis de
Courtanvaux, qui lui accorde la directe sur le territoire de la ville de Tonnerre.
Les habitants répondaient que leur territoire n'était grevé d'aucune prestation,
qu'en conséquence il était alodial. De temps immémorial, ils ne payaient aucun
cens, mais le comté de Tonnerre était sous l'empire de la coutume de Sens qui
admettait la règle « nulle terre sans seigneur. » L'arrêt reconnaît donc la directe
et, conformément au principe qu'il n'y a pas de directe seigneuriale sans une
prestation recognitive, impose auxdits habitants de payer le cens à raison d'un
sol par arpent de terre de quelque nature qu'elle soit, dans ledit finage de
Tonnerre.

donner le droit d'enclave. Le seigneur d'un territoire circonscrit par des limites certaines, pouvait exercer tous les droits qui dérivaient de la directe, dans tout ce territoire, sur toutes les terres qu'il renfermait. Toutefois ce droit n'excluait pas les seigneuries particulières, mais il était une présomption générale en faveur de son ayant-droit, et c'était à celui qui voulait établir la seigneurie particulière, ou à celui qui voulait établir la franchise, à prouver leur dire[1].

Tandis que, dans les coutumes censuelles, la circonscription de la seigneurie en déterminait l'enclave, dans les pays alodiaux, le seul territoire limité ne suffisait pas à établir la directe. L'assujétissement de la majeure partie des terres n'était pas suffisante à entraîner celui des autres ; ici « Pars major non trahit ad se minorem. » Il fallait dans ces pays, pour établir une directe, des baux à cens, des actes recognitifs s'appliquant à tel ou tel héritage, ou des titres généraux embrassant expressément tout le territoire. En un mot, dans les coutumes alodiales, le droit d'enclave résultait, non de circonscription territoriale, comme dans les pays censuels, mais seulement des titres[2].

---

[1] « Habens territorium limitatum in certo jure sibi competente, et est fundatus ex jure communi, in eodem jure, in qualibet parte territorii... Habet intentationem fundatam quod quilibet possessor fundi in eodem territorio teneatur agnoscere eum, in feudum vel in censum. » (Dumoulin, LXVIII, 1, § 6 et 2) ; Chopin, *Cout. d'Anjou*, 140.

« Tout seigneur châtelain ou autre, ayant haute justice, moyenne ou basse et foncière, avec territoire limité, est fondé par la coutume de soi dire et porter seigneur direct de tous les domaines et héritages étant en icelui, qui ne montrent dûment du contraire. » (*Cout. d'Angoumois*, LV, et aussi, *Usage de Xaintes*).

[2] « Il faut qu'il apparaisse par titres que toute la terre a été baillée en fief. » (Cambolas, VII, 8) ; Salvaing, *Usage des fiefs*, 55 ; Bouhier, *Cout. de Bourgogne*, 65 ; Morgues, *Statuts de Provence*, 1658, p. 144.

Nous avons vu précédemment, comment, en cas de vente pure et simple faite par le seigneur d'une de ses terres, sans rétention expresse de directe, suivant qu'on était dans un pays alodial ou non, la dite terre était devenue alodiale, ou était tombée sous la mouvance du suzerain [1]. Comment aussi, lorsque des biens emphytéotiques ou censuels étaient affranchis, ou que le propriétaire du domaine utile en acquérait le domaine direct, ils ne devenaient alodiaux que si on se trouvait dans un pays de franc-aleu naturel [2].

Un peu plus tard, lorsque la royauté, après avoir laissé la noblesse établir la règle « *nulle terre* », voulut la faire tourner à son profit, par la présomption de directe universelle royale, ce ne fut plus seulement aux petits aleutiers

---

Arrêt du Parlement de Bordeaux : 5 sept. 1597, en faveur de la Dame de St-Gal contre le sieur l'Esperne, (Maynard, *Arrêts*, Toulouse, 1751, IV, 35 .

Arrêts du Parlement de Grenoble : juillet 1610, en faveur de Gaspard de Sabran ; mars 1633, en faveur d'Alagona seigneur de Meyrargues contre les habitants dudit lieu.

Arrêts du Parlement de Provence : 23 juin 1598, au profit de la Dame de Lers contre les habitants de Montfrin, (Papon, XIII, 2, § 3); 17 mars 1554, au profit du seigneur des Pènes contre les syndics du lieu et le Prieur de St-Victor de Marseille ; 28 janv. 1557, en faveur de François de Quiqueran, seigneur de Ventabren ; 24 janvier 1561, au profit du seigneur de Rognes ; de juin 1617, en faveur de Gabriel de Grilles contre les habit. de St-Andeol ; des 10 décembre, 21 et 30 juin 1614, rendus au profit de Messire Camelin évêque de Fréjus, en cette qualité seigneur temporel du Puget, contre les consuls de la communauté dudit Puget, ordonnant qu'il serait fait connaissance par experts si les fonds désignés par le demandeur formaient la plus grande partie de tout le territoire cult dudit Puget et adjugeant en conformité la directe aux évêques de Fréjus.

[1] Voyez suprà, p. 48 ; Coquille, *loc. citat.*, LXVII ; Brillon, *Dictionn. des arrêts*, v⁰ Franc-aleu, § 2.

[2] Bacquet, *Droits de justice*, 14 et 16 ; Coquille, *Cout. de Nivernais*, des fiefs, § 30 ; Ventre de La Touloubre, *loc. citat.*, p. 51.

que profita la présomption d'alodialité. Les grands tenanciers, les seigneurs eux-mêmes, ne craignirent pas alors de repousser cette directe universelle, en invoquant cette présomption qu'ils combattaient naguère, et de chercher à s'exonérer ainsi des redevances considérables auxquelles ils se trouvaient soumis.

La présomption d'alodialité exerçait son influence, non seulement sur les fonds de terre, mais encore sur des droits qui étaient dès lors aleux incorporels. Ainsi, le Parlement de Grenoble, par arrêt du 16 décembre 1649, se fondant sur la présomption d'alodialité admise par cette coutume, avait réputé alodiales des rentes emphytéotiques. En effet, dans ces coutumes, les immeubles étaient présumés libres de leur nature ; s'ils étaient albergés, donnés en emphytéose, la rente payée par l'usufruitier, rente qui était la représentation de la terre elle-même, devait avoir les mêmes caractères que celle-ci, être franche comme elle ; ainsi, en cas de vente, de mutation, elle était affranchie de tous droits seigneuriaux [1].

Enfin les coutumes qui admettaient la présomption d'alodialité, par conséquence, admettaient la prescription de toutes les directes. En effet, toute prescription a pour but d'éteindre les droits contraires à l'état ordinaire des choses, de rétablir celles-ci dans leur état primitif. Qu'est-ce que prescrire en effet une servitude, c'est rendre au fonds qui en est grevé sa liberté naturelle. Dans les contrées non alodiales l'état des terres étant la sujétion, la directe ne pouvait pas se prescrire, puisque, du jour où

---

[1] Salvaing, *Traité de l'usage des fiefs*, Grenoble, Féronce, 1668, II, 35.

elle eût été éteinte par prescription, elle eût repris naissance par l'effet de la loi territoriale, puisque celle-ci supposait la franchise générale des terres.

Voilà les intérêts considérables que présentait la question ; voilà les intérêts considérables qu'ont lésés les feudistes en introduisant comme règle du droit commun la
maxime « *nulle terre sans seigneur*» .

Voyons d'abord comment ils se sont efforcés de légitimer ce brocard, en second lieu comment et pays de coutumes, et pays de droit écrit ont prouvé son iniquité juridique et son illégitimité.

Dans un chapitre suivant, nous exposerons quelles furent,
dans les diverses provinces, les péripéties de la résistance
que son exécution rencontra, en même temps que nous
indiquerons les particularités que pouvait présenter l'aleu
dans chacune d'elles. Nous verrons enfin comment la Révolution a fait triompher la maxime de franchise « *Nul
seigneur sans titre,* » en proclamant le principe d'alodialité.

§ II. — *De la légitimité de la maxime féodale.*

PREMIER SYSTÈME. — DES FEUDISTES.

Les arguments par lesquels les partisans du domaine
cherchaient à légitimer leur maxime et à établir la présomption générale de servitude des terres, étaient, il faut
le reconnaître, bien faibles ; s'ils triomphèrent parfois,
c'est qu'ils tirèrent leur force de ceux au profit de qui, ils
étaient invoqués, des puissants à qui ils devaient profiter.

Ceux-là même qui s'en prévalaient, en connaissaient le peu de valeur, car, s'ils maintenaient leur prétention avec opiniâtreté, c'était, avec bien peu d'énergie et de vigueur qu'ils faisaient valoir leurs arguments, et cette faiblesse d'attaque contrastait singulièrement avec la véhémence de défense des partisans de l'alodialité, forts de leurs droits et des raisons sur lesquelles ils étaient fondés.

1° Les feudistes invoquaient presque uniquement l'article II du Traité de Mersen de 847 qui ordonnait à chaque homme libre de se choisir un seigneur : « Volumus etiam « ut unusquisque liber homo, in nostro regno, seniorem « qualem voluerit, in nobis et nostris fidelibus accipiat [1], » disposition dont les termes étaient reproduits dans un capitulaire de Charles-le-Chauve de 873 : « Ut nullus liber « homo, in nostro regno, immemorari vel proprietatem ha- « bere permittatur, cujuscumque homo sit, nisi fidelitatem « nobis promiserit. [2] » C'était donc bien là un asservissement général, disaient les feudistes [3].

A cela on leur répondait qu'ils interprétaient mal les termes de ces capitulaires. Qu'en premier lieu, le serment de fidélité, exigé par le capitulaire de 873, ne visait en rien la directe, ce n'était seulement que le serment d'un sujet à son souverain qui y était exigé, serment que les rois de la seconde race étaient dans l'habitude de se faire rendre de temps en temps et que Charlemagne se fit prêter plusieurs fois, sans qu'on prétendît pour cela qu'il ait soumis toutes les terres à la servitude féodale.

---

[1] Pertz, *Leges*, I, p. 395.

[2] Baluze, *Capitularia regum francorum*, édit. de Chiniac, 1780, II, p. 230.

[3] Corbin, *Traité du droit de patronage, traité des fiefs*, 1622, p. 564.

Qu'en second lieu, le sens du traité de Mersen était tout simplement celui-ci. Au VIIe siècle, l'usage de convertir les aleux en bénéfices était déjà un abus, aussi le roi n'avait-il permis les conversions de ce genre qu'autant qu'elles seraient à son profit. L'acte de partage entre ses fils, fait en 837 par Louis-le-Débonnaire, autorisait le détenteur d'aleu, qui voulait en faire un *fief de reprise*, à le remettre à celui des trois frères qu'il voulait : « licentiam « habeat unusquisque liber homo qui seniorem non ha- « buerit, cuicumque ex his tribus fratribus voluerit, se « commendandi. » Après la bataille de Fontenai, les trois frères, soit en récompense des services que venait de leur rendre la noblesse, soit plutôt contraints et forcés par elle, décidèrent que les détenteurs d'aleux, qui voudraient en faire des fiefs offerts, auraient toute liberté de les remettre soit au roi, soit au seigneur qu'il leur plairait de choisir. Cette phrase du Traité de Mersen n'avait donc pour but que de déroger à la règle qui existait avant lui, qu'on ne pouvait convertir des aleux en fiefs qu'en les remettant au roi lui-même ; désormais, on pouvait les remettre au roi ou à un seigneur de son choix.

Il était impossible, ajoutait Furgole, d'entendre les termes de l'édit de Mersen comme on voulait les interpréter. Du moment où le choix d'un capitaine était laissé à l'homme libre, il ne pouvait pas s'agir de fief, d'une entrée en vassalité véritable, car, aurait-on pu s'adresser ainsi à n'importe quel capitaine pour le forcer, en vertu dudit édit de 847, à céder au premier venu une partie de ses terres ?

Il est si vrai que le traité de 847 ne saurait être entendu comme supprimant les aleux, que, dans les édits qui suivent, l'aleu est expressément mentionné. Ainsi, dans l'Édit de Pistes en 834 (art. 26, 27), Charles-le-Chauve enjoint aux aleutiers de se rendre à cheval sous la bannière du comte. La constitution de 877 dit aussi : « Si aliquis sæculo « renuntiare voluerit,... et filium habuerit qui in alode suo « vivere voluerit... [1]. »

2º Le second argument des feudistes était celui-ci : il faut admettre que l'aleu noble n'est qu'un fief affranchi, que presque tous les aleux sont nés d'un affranchissement. Or, c'est à qui se prétend libéré à le prouver, c'est donc au possesseur d'aleu à apporter sa charte d'affranchissement.

Ce raisonnement partait d'un point complétement faux, à savoir que tous les aleux étaient de concession. Que quelques-uns le fussent, d'accord, mais, nous avons montré que l'aleu, même noble, avait deux autres sources, qu'il pouvait très bien ne pas être un fief affranchi. Nier l'aleu d'origine, c'était méconnaître l'indépendance, le principe même du droit de propriété, c'était commettre, de parti-pris, une action de mauvaise foi.

3º Les feudistes, confondant aussi, et à dessein, les souverainetés publiques et privées du roi, sans fournir cependant une discussion, disaient que le royaume étant au roi, toutes les terres avaient été concédées par lui en propriétés privées, mais, qu'il s'en était réservé le domaine éminent, que par conséquent il était souverain fieffeux de tout le royaume et que toutes les terres dépendaient médiatement, ou immédiatement, de la couronne. Ainsi donc, lors-

---

[1] Baluze, *loc. citat.*, II, 10, p. 264 ; Chapsal, *Discours sur la féodalité et l'allodialité*, 1789, p. 98.

qu'un héritage n'était sous la directe féodale d'aucun seigneur, il était au moins sous celle du roi. C'était là la directe universelle royale, négation absolue de l'alodialité.
Cette confusion entre la souveraineté publique et privée
était historiquement et juridiquement injustifiable. Nous
verrons, en étudiant le système des partisans de la franchise,
comment ceux-ci relevaient cette confusion intéressée. Il est
certain, comme ledit M. Lehuerou, dans ses *Institutions
mérovingiennes*, que l'avènement des rois francs n'avait
entraîné aucun changement dans le régime administratif de
l'Empire. Non-seulement, en effet, ils avaient conservé le
régime fiscal qui fonctionnait avant eux, mais il suffit de
suivre la marche des événements du sixième siècle, pour
reconnaître que les rois francs ont perçu des tributs non
à titre de propriétaires mais à titre de souverains.

Sans produire ici les nombreux passages des historiens
des Gaules, qu'invoquent, tour à tour dans leur controverse
Dubos, Montesquieu et bon nombre de jurisconsultes du
siècle dernier, on peut affirmer le fait. Peut-on admettre
qu'instantanément et par l'avènement seul de Clovis, un
changement radical et absolu se fût opéré dans la société.
Les faits résistent à pareille hypothèse puisque, si le pouvoir
suprême changea de mains, ce changement, préparé par les
événements qui s'accomplissaient depuis plus d'un siècle,
s'effectua sans entraîner une révolution dans les mœurs,
dans l'organisation, ni dans la société. Comment prétendre
que le seul fait de la conquête ait suffi pour faire reposer
le gouvernement et son droit fiscal sur un principe entièrement nouveau, quand l'Empire romain avait lui-même
conquis les Gaules, et quand sa conquête n'avait pas

donné à l'impôt qu'il avait établi le caractère d'une redevance privée[1].

4° Enfin les feudistes se prévalaient des coutumes qui
avaient adopté la règle « *nulle terre sans seigneur,* » et en
tiraient argument pour tâcher de l'imposer aux autres.
Mais cela n'établissait guère la légitimité de la maxime, et
ne prouvait pas grand chose, car, si certaines coutumes
l'admettaient, un nombre à peu près égal la rejetaient.

De même, lorsque les fermiers ou les défenseurs du
domaine invoquaient les opinions de certains jurisconsultes
en faveur de la thèse qu'ils soutenaient, ces opinions
avaient peu de valeur, étant donné le très grand nombre
d'auteurs d'avis contraire que, de leur côté, leurs adversaires citaient à l'appui de leurs revendications. Comme,
dans les siècles derniers, la compilation était à l'ordre du
jour, la liste et les extraits des auteurs invoqués de part et
d'autres était longue, d'autant plus longue que certains
jurisconsultes ne reculaient pas à apporter aux débats les
noms les plus obscurs. Mais en cette matière, n'est-ce-pas
surtout à la qualité et non à la quantité que l'on doit
s'attacher ?

SECOND SYSTÈME. — DE LA LIBERTÉ DES TERRES.

Il est à remarquer que ce sont trois jurisconsultes du
Midi qui ont le plus contribué à cette défense : Caseneuve
et Furgole, spécialement pour le Languedoc, et Gensollen
pour la Provence. Ils combattaient *pro aris et focis,* mais,

---

[1] J. Clamageran, *Hist. de l'impôt en France,* 1867, I, p. 112, 118.

comme la cause du Languedoc et de la Provence était celle des pays de droit écrit et des pays de coutumes, leurs efforts profitaient à toutes les provinces, les arguments qu'ils invoquaient pour leur pays natal, pouvaient l'être et le furent par bien d'autres contrées.

Ce fait que les trois plus grands défenseurs de l'aleu se levèrent en Languedoc et en Provence, s'explique par plusieurs considérations que l'on connaît déjà. La contestation était née à propos du Languedoc dans un grand procès soulevé au Conseil d'Etat entre le roi, défendu par Galland dans un mémoire sur le franc-aleu[1], d'une part, et de l'autre la province de Languedoc, défendue par Caseneuve dans un mémoire sur la même matière[2], défense qui fut reprise par Furgole dans le tome V de ses œuvres[3].

Il était en second lieu, aisé de prévoir que les pays de droit écrit feraient une résistance beaucoup plus énergique que les pays de coutumes et se soumettraient beaucoup plus difficilement ; d'abord parce qu'ils possédaient bien plus d'aleux, partant, qu'ils avaient plus d'intérêt à défendre leurs prérogatives ; ensuite, parce que ces populations

---

[1] *Contre le franc-aleu sans tiltre prétendu par quelques provinces au préjudice du Roy*, sans nom d'auteur. Paris, Robert Estienne, 1629, 1 vol. in-8 de 237 p. Cet ouvrage fut publié de nouveau avec de nombreuses additions sous le titre de: *Du franc-aleu et origine des droits seigneuriaux* aussi sans nom. Paris, Estienne Richer, 1637, 1 vol. in-4, de XV, 396 et VIII p.

[2] *Le franc-aleu de la province du Languedoc*, sans nom. Tolose, J. Boude, 1640 et aussi 1645, 1 vol. in-fol. de XVI, 319 et VIII p.

[3] Et aussi publié à part sous le titre de : *Traité de la seigneurie féodale universelle et du franc-aleu naturel*. Paris, Hérissant, 1767, in-12 de 2 et 256, (coté par erreur 156).

étaient régies encore par le droit romain, c'est-à-dire qu'elles n'avaient jamais cessé de jouir de la propriété romaine.

Quoi qu'il en soit, voici les principaux moyens invoqués par les défenseurs de l'aleu, pour se décharger des droits seigneuriaux en légitimant la présomption d'alodialité et en repoussant la directe des seigneurs et du roi.

1° Caseneuve commençait par appeler à son aide Dumoulin et une foule d'auteurs estimables, ce à quoi Galland répondait en opposant des auteurs non moins recommandables ; Caseneuve s'appuyait encore sur l'autorité d'un certain nombre de coutumes qui admettaient la liberté des héritages à l'encontre des seigneurs, et Galland de son côté répondait : mais si les unes l'admettent, les autres la rejettent. Du moment où les coutumes que vous invoquez sentent le besoin de le dire expressément, c'est qu'elles savent bien qu'elles dérogent en cela à l'ordre, à la règle générale des choses. D'ailleurs, les coutumes ne dépendant que du consentement des habitants, n'émanant que de ceux-ci, ne lient qu'eux, mais elles n'obligent pas le roi. Cela est si vrai, que les enfants anoblis par le ventre en Champagne ne continuent pas moins à payer les tailles au roi, parce que, la coutume les fait bien nobles, mais, comme cette coutume ne peut préjudicier au roi, à son égard ils sont restés roturiers. Cet exemple de Galland était-il très heureux ? Furgole lui répondait que, si ces enfants étaient soumis à la taille, c'était par simple mesure fiscale.

D'ailleurs, ajoutait Galland, celles de ces rares coutumes qui portent présomption d'alodialité, n'ont pas été adoptées sans de vives protestations de la part de la noblesse, les procès-verbaux de rédaction le montrent bien. Si on n'a pas fait droit à ces réclamations c'est que les commissaires ont été surpris. Il faut se méfier des règles établies par turbes, « on cognoit les brigues et comptions d'aucuns « ployants sous la faveur ou la haine et le défaut d'intelli- « gence aux turbiers[1] ! »

2° Les partisans de l'aleu arguaient ensuite des nombreu- ses lettres de confirmation accordées par les rois de France aux diverses provinces, nous verrons en effet que la royauté en fut véritablement prodigue. A cet argument irréfutable Galland ne trouve rien de mieux que d'opposer les guerres nombreuses entreprises par les rois contre les comtes qui leur refusaient la foi et l'hommage « à raison « des fiefs de France qu'ils tenaient. » Mais cela n'a rien à faire dans la question, puisque Galland avoue lui-même qu'en l'espèce il s'agit de fiefs.

3° Par les usages des fiefs appelés *usus* ou *libri feudorum*, qui étaient des espèces de lois générales sur les fiefs, adop- tées par un consentement tacite des nations de l'Europe, il n'était établi aucun droit au profit du seigneur, en cas de mutation du vassal.

A cela Galland répondait que les livres des fiefs, conte- nants diverses constitutions étrangères, qui n'ont rien de commun avec le droit civil, ni avec nos mœurs, ne l'obli- geaient point et étaient mal à propos induits à la décision

---

[1] Le domaniste Galland nous paraît avoir imité, en écrivant cette phrase où il est parlé des « corruptions d'aucuns ployants sous la faveur, » le larron qui, pris la main dans le sac, donne le change en criant lui-même plus fort que les autres « au voleur ! »

de ce différend qui devait se juger uniquement par l'usage du royaume.

4° Par les dispositions du droit romain, disait Caseneuve, toutes choses sont naturellement présumées libres, les charges et les servitudes étant de l'invention des hommes.

« La responce à l'objection induite de la disposition du « droict laquelle répute tous héritages libres et francs, est fa-« cile, disait Galland. Car les droits qui se payent aux sei-« gneurs : quints, requints, sixièmes, huictiesmes, trezies-« mes, lods, ventes, mylods, venterolles, reventes, reven-« tons, retiers, resixiesmes et autres, ne sont pas des ser-« vitudes : ains des recognoissances d'honneur en considé-« ration de ce que les seigneurs ont les ventes agréables et « donnent investiture au nouveau vassal. » N'en déplaise à Galland, nonobstant l'épithète de « recognoissances d'hon-« neur» dont il décore les droits féodaux, l'argument de Caseneuve n'en reste pas moins entier. Toute l'érudition, que le défenseur du fermier déploie dans ce fatras, dans cette quantité innombrable de citations de tous auteurs de tous pays et de toutes époques, aussi fastidieuses qu'inutiles, ne montre pas du tout l'inexactitude du principe avancé par l'avocat de l'aleu, à savoir que, depuis les Romains, les terres avaient toujours été présumées libres, et que le bail à fief, étant un contrat véritable, en l'absence de titre qui l'établisse, on ne devait pas plus le présumer qu'on ne présume un contrat.

5° Les adversaires de la directe disaient encore : le sol de notre patrie n'est point grevé au profit du roi d'un droit de seigneurie directe universelle, mais la liberté des fonds y est de droit naturel, car, cette seigneurie attribuée au roi ne pourrait provenir que de cinq sources, et, comme aucune de ces sources ne se trouve justifiée, il faut conclure que cette seigneurie elle-même n'existe pas.

A. La seigneurie féodale universelle n'est pas un droit de la royauté dans son institution primitive. En créant la terre Dieu la donna aux hommes « terram dedit filiis hominum, » à l'origine toutes les terres étaient libres, les rois ont été choisis par les peuples eux-mêmes pour les diriger, les gouverner, les conduire à la guerre, mais ne leur ont pas donné leurs propriétés. Jean Juvénal des Ursins disait à Charles VII. « Quelque chose qu'aucuns disent de votre « puissance ordinaire, vous ne pouvez pas prétendre le « mien. Ce qui est mien n'est point vostre ; peut bien estre « qu'en la justice vous estes souverain et va le ressort à « vous, vous avez votre domaine et chacun particulier a le « sien. » Achab s'emparant criminellement de la vigne de Naboth et Pharaon, à la suite d'une disette, achetant les terres de ses sujets, montrent bien que, si les rois étaient souverains, ils n'étaient pas propriétaires de leur royaume.

B. Cette directe universelle n'a pas été établie en Gaule par les Romains, ni lors de leur invasion, ni à aucune époque de leur domination. Le droit romain reconnaissait bien au profit des empereurs un *dominium eminens,* mais ce dominium, attribut de la souveraineté proprement dite, n'avait rien de féodal.

C. Ce droit général de directe ne s'est point introduit non plus à la suite de la conquête germanique. Ce qui le prouve c'est que, si le sol en eût été grevé, les aleux eussent disparu, or, justement les terres distribuées aux vaincus, comme celles laissées aux vainqueurs furent de vrais aleux, et le fief n'apparut que longtemps après [1]. Au dire de Grégoire de Tours [2], de du Haillan, de Boulainvilliers, d'Aimoin [3], Clovis distribuait des terres plutôt comme des gouvernements que comme des donations, et l'incident du vase de Soissons montre que le chef n'était propriétaire que de ce qui était tombé dans son lot.

Et en admettant même que les rois francs distribuassent les terres en donations véritables, ils ne pouvaient donner que les terres du domaine public. Or, ce domaine public n'était formé, lors du partage, que d'un tiers du territoire ; un tiers étant resté aux anciens possesseurs et un tiers ayant été partagé entre les conquérants. Ainsi donc il n'y aurait jamais pu y avoir au maximum qu'un tiers des héritages sur lequel le roi eût pu avoir conservé un domaine éminent, mais il faut dire qu'il n'a pas pu le conserver, puisqu'il ne l'a jamais eu, qu'il n'a pas pu transporter non plus le domaine direct, puisqu'il ne l'avait pas davantage. On pouvait comprendre jusqu'à un certain point que le seigneur d'un territoire limité, lequel possède sans contestation la majeure partie des terres, pût être présumé avoir été jadis propriétaire de toutes les parcelles de ce territoire, même de celles dont il ne peut prouver la

---

[1] Furgole, *Traité de la seigneurie féodale et du franc-aleu*, 1767, p. 18 ; Chantereau Lefèvre, *Origine des fiefs*, II, 1 ; Basnage, *Fiefs en Normandie*, font même dater le fief, pour la commodité de leur thèse, de Hugues Capet, et donnent aux mots, qui, dans les capitulaires, désignent ou supposent le fief, les explications les plus bizarres. C'est là une erreur, sous Charles Martel, déjà le fief était devenu fréquent.

[2] Grégoire de Tours, *Historia Francorum*, II, 27.

[3] Aimoin, *De gestis regum Francorum*, I, 14, (dans Duchesne, *Historiæ Francorum scriptores*, 1641, III, p. 19).

propriété, car il peut avoir perdu quelques-uns de ses titres, mais, pareille présomption de la part du roi, est complètement inadmissible, étant donné qu'il n'a jamais été
propriétaire.

D. Les rois de France, ou les seigneurs, ont-ils acquis cette
directe par quelque événement postérieur à la conquête?
L'histoire n'en mentionne aucun. Alaric et les Wisigoths,
Clovis et les Francs, avaient laissé aux vaincus leurs biens,
leurs libertés, leurs franchises [1]. Les fils de Clovis laissè-
rent à la Bourgogne ses constitutions ; Clotaire, en 560 [2],
et Charles le Chauve, en 864, disent dans leurs capitulaires
qu'ils ne veulent changer en rien le droit romain. « In illis
« autem regionibus in quibus secundum legem romanam,
« judicantur judicia, juxta ipsam legem committentes ta-
« lia, judicentur ; quia super illam legem, vel contra ipsam
« legem, nec antecessores nostri quodcumque capitulum
« statuerunt, nec nos constituimus. [3] »

E. Enfin, ni dans le Midi, ni dans le Nord, à aucune époque, il n'y a eu de loi générale qui ait créé cette directe
universelle et fait aux possesseurs une concession au nom
du roi de toutes les terres à titre de fief. Rien n'est plus facile à ce sujet que de réfuter les arguments tirés par les feu-

---

[1] Dom Vaissette, *Hist. du Languedoc*, V, 31, 32 ; Dominicy, *De prerogativa
allodiorum*, VII, 2, 3, 8 ; Dans Schilter, *Corpus juris alemanici feudalis*,
Strasbourg, 1728, p. 168 ; Hautesserre, *Rerum aquit.* III, 8 ; Grégoire de Tours,
II, 36, 37 ; Dubos, *Hist. de l'établis. de la monarch. franç.*, disc. prel. 10 ;
Boulainvilliers, *Dissertat. sur la noblesse de France*, p. 121 ; Fauchet, *Antiquit.
Franc.* II, 16 ; Chantereau Lefèvre, *De l'origine des fiefs*, I, 7 ; Caseneuve, *loc.
citat.*, I, 2.

[2] Labbe, *Concil. col.* I, 827.

[3] Baluze, II, p. 183.

distes de l'édit de Mersen ; réfutation que nous avons déjà donnée en exposant le système des feudistes. Tout démontre que ce n'a jamais été comme propriétaires, mais en vertu de leur autorité royale que les rois ont exigé ou ont remis l'impôt foncier [1].

Tels étaient les principaux moyens de défense que faisaient valoir les partisans de l'aleu. C'était là une défense générale, nous étudierons, en nous occupant spécialement de chaque coutume, quelles raisons particulières chaque province invoquait pour établir d'une façon encore plus péremptoire l'indépendance de ses terres.

Mais quelle origine donc, ce système des franchises, donnait-il à la maxime « *nulle terre sans seigneur,* » et comment expliquait-il qu'elle fut parvenue à dominer ?

Après avoir établi que l'indépendance de la propriété était, à l'origine, la règle générale, et existait naturellement, ces auteurs ajoutaient :

Lorsque la faiblesse des derniers Carolingiens fit tomber la couronne à leurs pieds, tous ceux qui étaient assez près pour y atteindre s'empressaient d'en arracher des lambeaux. Les ducs et les comtes rendirent leurs gouvernements héréditaires et en firent autant de seigneuries patrimoniales ; un capitulaire de 877 légitima d'ailleurs ces usurpations qu'on ne pouvait pas réprimer. Ils n'avaient encore que la justice de leurs nouvelles seigneuries, leur ambition n'était pas satisfaite, car ils voyaient, à côté d'eux, les propriétaires

---

[1] Grégoire de Tours, *Historia Francorum*, édit Ruinart, IV, 2 ; X, 7, p. 142 et 490 ; Schæffner, *Geschichte der Rechtsverfassung Franckreichs*, 1859, I, p. 193 ; Garsonnet, *Hist. des locat. perpet.*, 209.

des anciens bénéfices jouir sur les habitants de leurs terres, des droits qu'ils s'étaient réservés lors de la tradition des héritages. Aussi puissants qu'eux, pourquoi n'auraient-ils pas eu les mêmes prérogatives? Ce système d'oppression, d'abord lent — car on avançait, on reculait, on s'arrêtait selon les circonstances et les forces de ceux qu'on voulait asservir — accéléra sa marche lors de l'anarchie qui porta les Capétiens au trône. Quelle extension les droits seigneuriaux ne durent-ils pas recevoir durant cette période de crise, où la prérogative royale reculait devant celle des seigneurs? Combien de seigneuries ne durent-elles pas se changer en souverainetés indépendantes? Ces hommes, qui n'étaient à l'origine que de simples officiers amovibles, devenus propriétaires des justices et des gouvernements, dont ils n'étaient que les administrateurs, se firent seigneurs de fiefs, exigèrent de leurs justiciables les mêmes droits féodaux que les seigneurs de fiefs percevaient dans leurs domaines [1].

---

[1] Abbé de Mably, *Observat. sur l'Histoire de France*. Guillaume le conquérant, à peine affermi sur le trône d'Angleterre, prive ses terres de leur ancienne franchise, ce sont là les « novas consuetudines quas jure feodali atrociter suscitavit » dont parle Spelleman. « Ac primum omnium legem agrariam tulit qua se possessionem multarum dominum dixit ; qua priores domini eas postea redimerent, quarum partis proprietatem retinuit ; sic ut qui in posterum tempus possiderent, velut fructuarii, in singulos annos aliquid vectigalis sibi et post modum successoribus, dominii causa, persolverent : et id juris voluit alios dominos in suos habere fructuarios, quos tenentes vocant. » (Polydore Virgile, VIII).

« Nous voyons dans les anciennes chartes qui continuent l'établissement des franchises, disait La Thaumassière, que les seigneurs, après avoir usurpé les droits de taille à volonté, de mortaille et autres droits serviles sur leurs hommes de corps et conditionnés, ayant résolu de rendre leur domination plus douce et plus tolérable, accordèrent la liberté à leurs hommes de poote, et commuèrent les redevances qu'ils tenaient sur eux, avant leur manumission, en cens annuels et perpétuels, qu'ils établirent sur leurs héritages.

Les croisades furent un temps d'arrêt et prolongèrent un peu la durée des anciens usages, mais, au retour des seigneurs dont les trésors avaient été épuisés par ces expéditions lointaines, les vexations renaquirent plus fortes que jamais. Le droit des appels, qui s'introduisit au xiiie et xive siècles, fournit le prétexte d'ériger en maxime cette règle qu'on tentait depuis longtemps d'introduire. Les Établissements de Saint-Louis, l'habileté de Philippe IV, les efforts du Parlement pour rendre au roi la puissance législative, finirent par faire proclamer le principe qu'il n'y aurait pas de justice alodiale, c'est-à-dire « *nulle terre sans seigneur.* » Nous avons déjà montré comment, perdant de vue son objet primitif, on appliqua à la directe ce qui n'avait trait qu'à la justice.

Quoique ses défenseurs y missent beaucoup de forme, et qu'il ne leur répugnât pas même parfois de flatter les seigneurs et le roi, ce système établissait que le grand nombre de censives, qui existaient au siècle dernier, ne devaient leur existence qu'à l'injustice et à la force.

Et ce n'est pas seulement par l'établissement des franchises générales que les seigneurs ont retenu les cens et autres redevances, qu'ils ont voulu, sur ceux qui s'établissaient dans l'étendue de leurs franchises, car ils ont fait la même chose lorsqu'ils ont manumis quelques particuliers habitants de leurs terres et ont commué en cens annuel, emportant directe seigneurie le droit de taille et mortaille qu'ils levaient sur leurs héritages avant leur manumission. Ainsi, quand messire Charles de Culant affranchit Hector Lage, Guillaume Painperdu, leurs femmes et leur postérité le 24 mars 1565, il stipula que les deniers de taille serve, qu'il avait coutume de prendre sur leurs personnes et biens, montant à huit sols six deniers, au jour de l'Assomption Notre-Dame, et pareille somme au jour de Noël, seraient convertis en deniers de cens qui seront dus sur leurs héritages ; il y a même clause dans l'affranchissement des de Fougères de Culant et dans une infinité d'autres. »

Voici comment les feudistes essayaient de leur répondre :

1° Vous dites que sous les deux premières races la majeure partie des terres étaient désignées sous le nom d'aleux, mais cette dénomination, uniquement relative à la patrimonialité, n'était exclusive d'aucune espèce de servitude. Un immeuble, bien que grevé de cens ou de prestation quelconque, n'en était pas moins désigné sous le nom d'aleu, toutes les fois qu'il était possédé à titre héréditaire, patrimonialement. Sous la première race, ce mot signifiait les propres héréditaires opposés à l'*attractum*, bien acquis par donation, ou au *bénéficium*; sous la seconde, il s'applique aux propres ou aux acquêts héréditaires opposés au bénéfice précaire; sous la troisième race, le mot aleu désigne tout héritage héréditaire, soumis ou non aux droits féodaux. Donc, du fait que la majeure partie des terres sont qualifiées dans les chartes *aleux*, on ne peut tirer aucun argument. Ces terres étaient dites alodiales uniquement parce qu'elles étaient possédées patrimonialement, mais non parce qu'elles étaient affranchies de prestations censuelles.

Cette réponse n'était qu'une réponse à côté de la question, car les partisans des franchises n'avaient pas dit que toutes les terres à l'origine *s'appelaient* des aleux, mais bien qu'elles *étaient* alodiales, ou plutôt qu'elles n'étaient soumises à aucun droits féodaux, quelque nom qu'on voulût leur donner.

2° Vous dites, reprenaient les feudistes, qu'à aucune époque le roi ni les seigneurs n'ayant été propriétaires des terres, ils n'ont pu les donner, parce que le cens ne peut

s'établir qu'*ab initio, et per traditionem fundi.* Il est vrai,
nous le reconnaissons, que le cens, étant une prestation
réelle, ne peut s'établir que par la tradition de l'héritage,
que, pour imposer un cens, il faut l'établir en donnant
l'héritage, c'est-à-dire qu'il faut être propriétaire, or, que le
roi et les seigneurs, n'ayant jamais été propriétaires de toutes
les terres du royaume, n'ont pas pu les donner toutes à
cens. Mais ce principe, qu'il n'y a point de charges foncières sans tradition du fonds, a-t-il toujours existé ? A-t-il
toujours été reconnu et suivi ? Cela n'est pas certain. Il
serait possible que le cens dût son existence, non à une
concession générale de toutes les terres, mais à une simple
convention et que, néanmoins, il fût établi légitimement,
conformément aux lois et aux opinions reçues lors de sa
création. Nous-mêmes, malgré la précision de nos idées,
ne nous arrive-t-il pas tous les jours d'assimiler aux charges vraiment foncières, des prestations qui n'ont pas été
établies *in traditione,* par exemple les rentes par dons,
legs ; la taille, dans les pays où elle est réelle, n'est-elle pas
regardée comme une charge du fonds ?

Cette réponse, on le voit, n'était fondée que sur une
pure hypothèse et sans aucun document à l'appui.

3° Attribuer à la tyrannie l'établissement de la censive universelle, c'est supposer un système d'oppression savamment
conçu, c'est supposer que les seigneurs, également avides,
également injustes, ont pu se concerter dans leurs plans et
dans leur exécution. C'est supposer qu'il n'ont rencontré aucun obstacle, qu'ils ont eu recours à la séduction toutes les
fois que la violence eût été dangereuse. «Ce serait là bien peu
« connaître le caractère et les mœurs, les vices et les ver-

« tus des seigneurs français sous les deux premières races,
« dit Henrion de Pansey dans une de ses *Dissertations.*
« Ignorants et barbares, mais fiers et généreux, ces
« hommes étaient capables de faire un acte de férocité et
« non de concevoir un système d'oppression. Uniquement
« livrés à la guerre, toujours agités par elle, et ne connais-
« sant qu'une seule manière d'acquérir, la conquête, un
« plan combiné, une confédération pour opprimer par des
« moyens lents et artificieux, tout cela était indigne de leur
« courage et au-dessus de la portée de leur esprit. Voilà la
« noblesse française sous les deux premières races. Si nous
« substituons à la rudesse primitive, l'inconséquence et la
« prodigalité, nous voyons ce qu'elle fut jusqu'au xive siècle,
« et c'est avant cette époque que s'est établie la maxime
« *nulle terre*; cette règle éxistait avant le xive siècle, puis-
« que Beaumanoir, qui écrivait en 1283, disait dans ses cou-
« tumes de Beauvoisis « nul ne peut mie tenir en aleu. »

Cette réponse d'Henrion de Pansey était loin d'être con-
cluante ; elle ne prouvait en rien que les seigneurs « ignorants et barbares » du moyen âge, comme il les appelait,
sans s'ériger en « confédération », n'aient pas profité de leur
force et de la faiblesse de la royauté, comme de celle de
leurs petits voisins, pour usurper bien des droits féodaux.
Ce mouvement est au contraire établi par tous les historiens et ne saurait aujourd'hui être nié.

4° Enfin, disaient les feudistes, vous prétendez que la
maxime « *nulle terre* », faite pour la justice, fut étendue,
par un équivoque de mots, à la directe ? D'abord, qu'est-ce
qui prouve qu'elle a été originairement faite pour la
justice ? Si cela était, pourquoi n'aurait-on pas dit « nulle

justice sans seigneur, » ou « nulle terre sans justicier » ?

Est-il croyable qu'une règle, uniquement relative à la justice, soit devenue un moyen d'imposer à tout un royaume une servitude si onéreuse jusqu'alors inconnue ? Comment aurait-on pu arriver à ce but et triompher de pareilles résistances ? Comment expliquer que, dans certaines provinces telles que les pays de droit écrit, où les règles de la justice étaient les mêmes, il n'y ait pas trace de cette espèce de servitude ; cette cause n'aurait-elle pas dû produire les mêmes effets partout où il y avait des fiefs ?

Assurément, nous ne pouvons que nous étonner avec Henrion de Pansey, mais nous sommes cependant forcés de nous incliner devant l'évidence des résultats ; lentement, et sûrement, la féodalité avait accompli son œuvre. Si elle n'avait pas triomphé aussi complètement dans le Midi, et, si quelques pays de droit écrit, avaient sauvé leurs aleux roturiers, c'est, comme nous l'avons précédemment montré, qu'elle s'était heurtée dans ces contrées à des causes locales puissantes, à des principes plus solidement établis, à des adversaires plus forts et mieux déterminés.

TROISIÈME SYSTÈME. — DU DROIT ITALIQUE.

Tandis que les deux systèmes précédents étaient généraux et absolus, le premier accordant, le second refusant une directe universelle sur toutes les terres du royaume, sans exceptions, ce système-ci était mixte : les seigneurs et le roi ont une directe générale sur tout le royaume, sauf dans les provinces qui jouissaient sous les Romains du *jus italicum*.

Ce système, très en faveur à la fin seulement du XVIIᵉ siècle, était tout de transaction. Il avait été imaginé pour donner satisfaction aux pays de droit écrit qui protestaient trop violemment contre la directe féodale, et, en même temps, il avait l'avantage de faire passer pour légitime la directe universelle dans les autres provinces qui étaient plus faibles dans leur résistance. Voici comment on l'exposait.

Il est à remarquer d'abord, disait-on, que la maxime « *nulle terre* », ayant existé dans les pays qui étaient soumis autrefois à la domination romaine, ce doit être dans les lois romaines qu'il faut en chercher l'origine. (Ce premier point était déjà faux, puisque c'est dans les pays de coutumes que cette règle fit son apparition et non dans les pays de droit écrit. Les partisans eux-mêmes de ce système l'avaient reconnu, puisqu'ils considèrent Beaumanoir comme le premier auteur qui l'ait indiquée ; en tous cas, c'est lors de la réformation des coutumes, au XVᵉ siècle seulement, que nous la voyons expressément formulée.)

Durant la République, ajoutait-on, lorsque la puissance de Rome ne s'étendait que sur l'Italie, tous les citoyens payaient également tribut. Mais, lorsque l'Empire comprit une grande partie de l'Europe et de l'Asie, le système des impositions changea. Comme toutes les terres de l'Italie appartenaient à des citoyens romains et que chaque citoyen était un membre de la souveraineté, l'Italie fut regardée comme domaine du prince [1], affranchie des impositions

---

[1] Que le lecteur n'oublie pas que nous ne faisons que rapporter un système exposé par autrui, et qu'il veuille bien ne pas nous imputer les inexactitudes reproduites par nous à dessein.

publiques et les tributs furent portés sur les provinces. Ces provinces gardaient leurs lois, leurs magistrats, mais Rome se réservait la police générale et le droit de leur imposer des prestations annuelles en argent ou en nature, en reconnaissance de la propriété supérieure dominante ou universelle qui restait à la métropole. Ces prestations s'appelaient cens, et toutes les provinces y étaient soumises. Toutes, sauf celles d'entre elles qui, ayant rendu quelque service signalé à Rome, en étaient formellement exemptées, c'est-à-dire assimilées sur ce point aux terres d'Italie, privilège qu'on désignait sous le nom de *jus italicum.*

Sous la domination romaine, la Gaule, d'une façon générale, était soumise au cens, sauf certaines de ses provinces qui avaient obtenu le *jus italicum.* Le droit italique était l'exemption et l'immunité des tributs, il « emportait « la franchise tant des fonds que des personnes», suivant la remarque d'Adrien Turnèbe. « Jus Italicum nihil aliud « est quam immunitas a tributis [1]. »

Lors de la conquête des Francs, le roi se contenta des terres qui appartenaient au fisc romain, les Francs en prirent fort peu et les naturels du pays conservèrent le surplus de leurs propriétés, comme ils gardaient leurs usages, leurs lois, leurs magistrats. Si les rois francs ont laissé subsister les usages romains, il est certain qu'ils ont conservé les impôts, auxquels les populations étaient accoutumées, la question des impôts étant une de celles qu'on

---

[1] Salvaing, *Droits seigneuriaux*, II, p. 52; Cujas, *Observat.* X, 35 ; Marcellus Donatus, *Dilucidat. sur Suétone* ; Chorier, *Histoire du Dauphiné*, I, p. 192; Cazeneuve, I, 5 ; Sigonius, *De antiq. jur. ital.*, XXI, édit. de Wechel, 1609, p. 156.

modifie le plus difficilement et qui excite le plus les esprits lorsqu'on veut y toucher. Trouvant la chose organisée, pas n'était besoin d'être bien avancé dans l'art de finance pour décider que le cens continuerait à être levé à leur profit. Les capitulaires de 615, de 812, de 815 etc... parlent du *census* [1].

Sous les faibles successeurs de Charlemagne, les comtes et les ducs préposés au gouvernement des provinces, toujours usurpateurs, exigèrent en qualité de seigneurs de fiefs tous les droits et impôts qui appartenaient à la couronne, notamment le cens qui, d'impôt public, devint redevance privée. Donc, il n'est pas nécessaire de supposer ni vexations, ni crimes, chez les seigneurs, pour expliquer l'établissement d'une servitude censuelle dans les pays autrefois soumis aux Romains ; (au contraire, cette usurpation, bien loin de pouvoir être appelée vexation ou crime, était une chose des plus louables, convenons-en.) Qu'est devenue la belle tirade que vous opposiez naguère au système précédent : « Attribuer à la tyrannie l'établissement de la cen-« sive universelle, c'est supposer un système d'oppression « savamment conçu, c'est supposer que les seigneurs éga-« lement avides, ont pu se concerter dans leurs plans et « dans leur exécution, c'est supposer qu'ils n'ont rencontré « aucun obstacle.... Ignorants et barbares, mais fins et « généreux ces hommes étaient incapables de concevoir un « système d'oppression, un plan combiné, de former une « confédération [2]... »

Cette théorie explique, ajoutaient ses partisans, non

---

1 Baluze, I, p. 23, 378, 757.

2 Voyez suprà. p. 187.

seulement l'existence et la généralité du cens, mais aussi son imprescriptibilité; comme impôt, comme plus tard le vingtième, il était, par essence, imprescriptible et conserva ce caractère après qu'il eut cessé d'être impôt public pour être simple droit seigneurial.

Quant à l'origine du droit des lods et ventes, elle est toute naturelle. Ce droit, qui n'est que le prix de la permission d'aliéner, fut d'abord réservé par les propriétaires des anciens bénéfices; en donnant leurs terres à cens, ils étaient bien libres de leur imposer cette condition de n'aliéner qu'avec leur consentement comme de mettre un prix à ce consentement.

La maxime « *nulle terre sans seigneur* » n'était pas appliquée dans les provinces *juris italici* puisque celles-ci ne payaient point de cens lors de la conquête. Telle est la cause de l'exception au principe général de censualité, dont elles bénéficient.

Quelles étaient ces provinces ? C'étaient : le Languedoc [1], le Dauphiné, le Lyonnais, sans contestation; pour certaines autres provinces de droit écrit, notamment pour la Provence [2] et l'Aquitaine, la question de savoir si elles jouissaient ou non du *jus italicum*, était controversée; elles revendiquaient ce privilège, mais on s'accordait assez généralement à le leur refuser [3].

---

[1] Arrêt du Parlement de Toulouse du 23 mars 1495 (Larocheflavin, XXXIII, 2).

[2] Gensollen (*Franc-aleu de Provence*, Aix, 1732, p. 119), affirme que la Provence était *juris italici*.

[3] « Narbonensis provincia, quæ totam fere linguæ occitaniæ patriam complectitur, semper fuit juris italici, et sic omni tributo exempta et libera. » (Benedicti, V, 500).

13

Ce système était exact quand il parlait de l'usurpation du cens, quand il racontait sa conversion d'impôt public en redevances privées, mais il était complètement faux quand il attribuait la franchise des terres au *jus italicum* dont avaient joui exceptionnellement certaines provinces. Aussi, lui faisait-on tout de suite une objection : vous expliquez très bien l'alodialité du Languedoc, du Dauphiné, du Lyonnais ; soit, ces provinces jouissaient du *jus italicum*. Mais comment alors expliquez-vous que d'autres provinces, qui cependant n'ont jamais été *juris italici,* soient alodiales ?

Paul (L. 8, *De censibus*) dit : « Lugdunenses Galli, item Viennenses et Narbonenses juris italici sunt. » C'est-à-dire : la 1ʳᵉ lyonnaise et viennoise, la 1ʳᵉ et la 2ᵐᵉ narbonnaise formant à peu près tout le bassin du Rhône, plus les territoires de Nevers, Auxerre, Langres, Toulouse ; la 2ᵐᵉ lyonnaise (Normandie) ; la 3ᵐᵉ lyonnaise (Bretagne et Touraine) ; la 4ᵐᵉ lyonnaise (Paris et Sens), c'est-à-dire à peu près toute la France, d'après l'édition d'Aporta de 1552 et l'opinion d'Antoninus Augustinus (*Emendationem et opinionum*, IV, 6), Jean Favre, Benedictus, Chopin et Dominicy.

Mais les éditions modernes portent « Lugdunenses Galli, item Viennenses *in Narbonensi*, » excluant donc du *jus italicum* les deux Narbonnaises.

C'est ce qu'explique Dominicy *(De prerogativ. allod.,* II, 3) : « Jus italicum meruit provincia Narbonensis, ejusque prædia jure hereditario, jure optimo, seu pleno dominio possessa nullis tributis obnoxia fuere. Sed an omnis provincia Narbonensis eo iure donata fuerit an soli Viennenses, in ea non levis exoritur difficultas. Etenim si sequatur lectionem Pandectarum florentinarum, soli Viennenses eo jure gaudent exclusis cæteris Narbonensibus, ita quippe habent : Lugdunenses Galli, item Viennenses in Narbonensi juris italici gaudent. Et antiquæ lectiones utrosque complectuntur, sic enim legitur : Lugdunenses Galli, item Viennenses et Narbonenses... »

Voici ce que dit Laferrière sur le peu de durée des privilèges procurés par le *jus italicum :* « Les peuples déclarés libres au nombre de neuf dans la Gaule chevelue et les cités méridionales dotées du *jus italicum* (Arles, Narbonne, Orange, Fréjus, Vienne, Lyon, Bordeaux), conservèrent jusqu'à la fin du iiiᵉ siècle leur immunité d'impôt foncier et personnel. Mais, à partir de Dioclétien et de Constantin, la Gaule, sans distinction en faveur des cités libres et des cités italiques, fut placée sous le niveau de l'uniformité. »

A cela les partisans du système essayaient de répondre : cette objection ne prouve pas que la franchise de ces trois provinces n'est pas l'effet du droit italique, mais seulement que ce droit n'est pas le seul motif de toutes les exceptions qu'a reçues la règle « *nulle terre.* » Il n'est pas étonnant que des causes spéciales particulières et postérieures, aient introduit des exceptions dans ces diverses coutumes. (Ce système pouvait donc être appelé non plus du droit italique mais : de la cause spéciale de chaque coutume. Que de complications inutiles !) Ainsi, par exemple, prenons la Champagne et le Nivernais. Elles n'ont jamais été *juris italici* c'est vrai, mais voici pourquoi elles sont alodiales.

La règle de franchise générale des héritages ne se trouve pas dans les rédactions de 1490, pour le Nivernais, et de 1494, pour la Champagne ; lorsqu'on voulut l'introduire lors de la réformation de ces coutumes, le clergé et la noblesse s'y opposèrent. Que l'on remarque que ces provinces, sont, avec la Bourgogne, celles où l'on trouve le plus de traces de la servitude mainmortable. Les seigneurs dans ces contrées avaient concédé leurs terres à charge de main morte, ils avaient substitué cette espèce de servitude au cens dont leurs terres étaient originairement grevées ; lors des croisades, époque d'affranchissements, la plupart avaient vendu ou donné l'exemption de la mainmorte, comme il est prouvé par un grand nombre de chartes de cette époque. Cette abdication avait transformé en aleux une très grande partie des héritages mainmortables. N'est-il pas probable que les terres soumises à redevances, étant moins nombreuses que les terres franches, la dépendance féodale avait été regardée comme l'exception et que c'était avec juste raison que le tiers-état présentait la maxime « Tout héritage est franc » comme formant le droit général ?

Il ressort du procès verbal de rédaction des Coutumes de Champagne de 1494, qu'en Champagne pouilleuse les seigneurs ne percevaient aucun droit sur la majeure partie des terres, parce que le droit le plus modique eût absorbé, et au-delà, le produit de ces terres incultes et infertiles. Cette exemption était donc plutôt une impossibilité de fait qu'une franchise originelle.

En second lieu, dans cette province, il existait un droit, dit de *jurée* (4 deniers tournois par un ou deux deniers, selon la condition), sur tous les propriétaires d'héritages alodiaux, droit qui formait le prix de cette alodialité. Ainsi donc, l'alodialité en Champagne n'était ni naturelle, ni d'origine, mais elle résultait du fait de l'impossibilité de percevoir un cens sur certaines terres, et de la conversion en un droit de jurée, des redevances seigneuriales.

Voilà ce que disait Henrion de Pansey pour expliquer comment les provinces de Troyes, Chaumont, Nevers, étaient alodiales, quoique n'ayant jamais été *juris italici.* C'était fort ingénieux, exact même sans doute, mais pourquoi bornait-il à ces trois coutumes ses explications, et ne nous donnait-il pas des raisons analogues pour les autres provinces ?

Ce système était vicieux. De ce qu'un fonds était exonéré d'impôts, *censibus*, il concluait que ce fonds était exempt de taxes pécuniaires de toutes espèces, de celles à payer au trésor public, comme de celles à payer au seigneur et qu'ainsi il était alodial. Le mot *census* ne pouvait s'entendre que des contributions dues à l'Etat ou au roi, en vertu

de son droit de souveraineté, en sa qualité de chef de la nation, et nullement des censes, des censives et autres redevances dues aux seigneurs ou au roi à raison de la directe
féodale. L'alodialité n'était pas l'affranchissement de l'impôt, c'était l'affranchissement d'une seigneurie. De ce
qu'un fonds était exempt de l'un, ce n'était pas une raison
pour qu'il le fût de l'autre [1].

De nos jours, deux juriconsultes éminents, M. Charles
Giraud [2] et M. Quinon [3] ont essayé de rénover ce système
du *jus italicum*, en le modernisant toutefois, en le mettant
au courant de la science. Ce n'est plus dans l'exemption de
l'impôt qu'ils cherchent l'origine de l'aleu, c'est dans un
autre effet du *jus italicum*, dans le *jus Quiritium* dont
jouissaient les propriétés dans les provinces *juris italici*,
opposé au domaine imparfait dont devaient se contenter
les autres provinces.

Outre la liberté politique, l'immunité d'impôt, ce qui ca-
ractérisait, d'après Savigny, le *jus italicum* c'était la capacité de propriété *jure Quiritium* pour le sol [4]. Nous avons
déjà expliqué, en étudiant rapidement l'état de la propriété
en Gaule sous les Romains, quel était à ce point de vue
les avantages dont jouissaient les provinces auxquelles il
avait été accordé. Tandis que le peuple romain, en vertu
de son droit de conquête, avait seul le véritable domaine,

---

[1] Ce que Furgole a parfaitement démontré, *Franc-aleu,* 1767, p. 94 et
suiv.

[2] *Recherches sur le droit de propriété,* Aix, Aubin, 1838, p. 302 et suiv.

[3] *Origine et effet du franc-aleu en Dauphiné,* mémoire analysé par M. Rodière, *Académie de législation de Toulouse,* 1858, p. 156 et suiv.

[4] De Savigny, *Ueber das Jus italicum* (dans *Zeitschrift für geschichtliche
Rechtswissenschaft,* Berlin, 1825, t. V, n° 5, p. 256).

la propriété *optimo jure* du sol provincial et que les détenteurs n'en avaient qu'une possession précaire et révocable, les fonds italiques au contraire étaient *res mancipi*, susceptibles de la propriété romaine dans toute sa plénitude,
de mancipation, d'usucapion, des modes d'acquérir *jure*
civili[1].

« Tous ces textes, dit M. Quinon, étaient connus au temps
« de Cujas, de Turnèbe, de Sigonius, de Salvaing, seule-
« ment ces hommes, pourtant si sagaces, n'avaient pas eu
« l'idée d'en tirer les inductions qui se présentaient pour-
« tant d'elles-mêmes. Pourquoi en effet le fonds italique
« est-il *res mancipi* ? Pourquoi admet-il la mancipation, si
« ce n'est parce qu'il est susceptible de propriété quiritaire ?
« La mancipation ne confère-t-elle pas le *dominium ex jure*
« *Quiritium* ? Pourquoi aussi, si ce n'est par le même mo-
« tif, peut-il être usucapé ? Le fonds provincial au contraire
« repousse la mancipation, repousse l'usucapion, parce que
« l'une et l'autre, moyens d'acquérir le *dominium Quiritium*,
« ne peuvent sympathiser avec un objet sur lequel ne peut
« légalement se fixer cette espèce de propriété[2].

« Les habitants des provinces qui jouissaient du *jus ita-*
« *licum*, tels que les Viennenses, avaient donc la propriété
« romaine, ils possédaient leurs champs *ex jure Quiritium*,
« ils en avaient le *dominium* dans sa plus haute expression.
« Bien différent du sol provincial, leur sol n'était pas censé

---

[1] Ulpien, *Fragments*, 19, 1 ; Gaïus, I, 120 ; Pr. Inst. *De usucap.* Gaïus, II,
46 ; L. unic. Code, *De usucap. transf.*, Pr. Instit. *Quib. alien. loc.* ; L. unic. Code,
De rei uxor, etc. ; Chambellan, *Etudes sur l'Histoire du droit français*, Durand,
1848, p. 388 ; Giraud, *Droit de propriété*, I, p. 297 ; *Revue historique du droit*
français, 1881 et 1882.

[2] Voir à ce sujet notre *Histoire de la propriété prétorienne à Rome*, Aix, 1887.

« appartenir au peuple romain et n'était grevé d'aucun droit
« de suprématie.

« L'invasion n'a porté aucune atteinte à cet état. Les
« magistrats romains, qui opérèrent le partage entre les
« Bourguignons et les anciens habitants, n'eurent pas la
« pensée de priver les uns de la propriété *optimo jure* ou
« de la refuser aux autres. Tous ces propriétaires qui
« n'étaient point frappés de la suprématie, de la suzeraineté
« du peuple romain, ni des empereurs, ne furent pas plus
« atteints par celle des rois francs, ni, par là-même, soumis
« à un droit de seigneurie ou de directe. Indépendantes
« leurs terres furent alleux. »

N'est-ce vraiment pas là attacher trop d'importance à une
différence qui pratiquement fut, comme nous l'avons montré [1], de si peu de durée! Comment une dissemblance si
passagère aurait-elle eu de si graves effets, et des effets si
durables? Nous avons établi, qu'au IVe siècle, *dominium* et
proprietas étaient employés comme synonymes, que les
domaines provincial et italique étaient confondus, que le
droit prétorien commençait à s'appliquer à celui-ci comme
il s'appliquait à celui-là. Comment cette tendance indéniable à la fusion, qui amena une assimilation complète entre
les deux domaines, aurait-elle laissé subsister les germes d'une
dissemblance pareille naissant longtemps après la fusion?

Les Romains avaient conservé le domaine éminent sur
les fonds provinciaux pour justifier l'impôt. C'était donc
l'État, qui avait droit à ce domaine éminent, ce n'était pas
là une directe privée, comment les seigneurs auraient-ils

---

[1] Voyez suprà, pages 19 et 20.

pu se prévaloir de ce qu'une province n'était pas possédée *ex jure Quiritium* sous les Romains ? Les habitants auraient pu leur répondre : « Vous dites que nous ne possédons pas « *jure pleno*, parce que, du temps de la domination romaine, « nous n'avions pas le *jus Quiritium*, d'accord, mais le do- « maine éminent sur nos terres appartenait à l'Empire ro- « main et non aux particuliers, or vous n'êtes que des par- « culiers. »

D'ailleurs, ce système n'expliquait pas, lui non plus, pourquoi des provinces, qui n'étaient pas *juris italici*, re- poussaient la règle « *nulle terre*. » Aussi M. Quinon ter- mine-t-il son mémoire par cet aveu : « Jusqu'à quel point, « dut-il ne pas en être ainsi dans les pays dont les habi- « tants n'avaient que le domaine bonitaire ? Ce qu'il y a de « certain c'est que ce domaine, précisément parce qu'il « était subalterne et reconnaissait un domaine supérieur, « dut se prêter à l'établissement de la seigneurie directe. « Aussi plus tard, lorsque les rois voulurent s'arroger une « directe universelle, ils eurent sur ce terrain des argu- « ments précieux à faire valoir. » Sur ce point, nous som- mes d'acccord. Si au lieu de chercher l'origine et la légiti- mité de l'aleu dans le *jus italicum*, nous n'y cherchons qu'une cause de la résistance, que firent les pays de droit écrit à la maxime féodale, nous serons dans le vrai, et nous n'enlèverons pas aux provinces, qui n'avaient pas eu le bonheur d'être *juris italici*, le droit d'invoquer la présomp- tion d'alodialité, le droit de se prévaloir du *jus proprietatis* dans toute sa plénitude. Les explications que nous avons déjà données, l'analyse que nous avons faite de l'aleu et du droit de propriété ne légitiment-elles pas suffisamment la franchise et l'indépendance des terres, comme elles expliquent l'origine de l'aleu ?

§ III. — *Comment se prouve, dans les pays alodiaux, la directe ?*

Nous avons déjà montré que, de même qu'il y avait des pays alodiaux et des pays censuels, il y avait une enclave morale et une enclave réelle. Dans les pays qui repoussaient la présomption d'alodialité, la circonscription formait l'enclave, et, par le seul fait de sa situation d'enclavée, toute terre était astreinte au cens. Au contraire, dans les pays alodiaux il n'en était pas de même et le seul territoire limité était insuffisant à établir la directe. De ce que la majeure partie des terres était assujétie, cela ne préjudiciait en rien à la franchise du reste [1] et le seigneur devait apporter à l'appui de sa prétendue directe des titres ; jusque-là, il ne pouvait pas contraindre l'emphytéote à lui montrer son acte d'acquisition, ni réclamer cens, lods, ventes ou autres droits féodaux.

---

[1] Le Parlement de Provence admettait toutefois que, si le seigneur haut-justicier était propriétaire des terres gastes et incultes, c'était une forte présomption que ces fonds incultes, n'ayant pu être commodément inféodés étaient restés dans ses mains, c'est-à-dire qu'il avait dû posséder autrefois les biens qui étaient détenus en ce moment par les particuliers. En conséquence, le Parlement admettait le seigneur à prouver seulement la directe sur la majeure partie du territoire et lui accordait la directe universelle. (Mourgues, *Statuts de Provence*, 1658, p. 144 ; J.-J. Julien, *Statuts de Provence*, 1778, I, p. 314 ; arrêt du 30 juin 1751, en faveur du sieur de Bausset, seigneur de Roquefort contre les habitants du dit lieu).

Ces titres pouvaient être de deux sortes : particuliers ou généraux. *Particuliers*, quand ils s'appliquaient seulement à telle terre déterminée. Dans les contrées alodiales, ces titres, quelque fût leur nombre, alors même qu'ils englobaient la majeure partie des héritages du pays, n'avaient d'efficacité que pour les terres auxquelles ils s'appliquaient individuellement, mais n'avaient aucune influence même sur les terres qui se trouvaient circonscrites par les héritages censuels [1].

Les titres *généraux* au contraire s'appliquant à tout un territoire, en asservissaient toutes les parties [2].

Mais en quoi consistait, dans les pays alodiaux, la preuve que le seigneur devait faire de sa directe?

Elle consistait d'abord dans l'exhibition des titres primordiaux de première investiture, c'est-à-dire dans la production du bail d'inféodation [3].

Dans le cas où ses titres avaient péri par cas de force majeure, le seigneur était admis à prouver cette perte et le contenu des titres [4]. On discutait sur le point de savoir quelles sortes de preuves pouvaient en ce cas suppléer au titre.

Le seigneur pouvait établir ses prétentions sur les men-

---

[1] Etiamsi maxime cæteri omnes circumvicini fundi jus illud pendant, nihil concludit ad onerandum certum intermedium prædium, nisi alias de titulo, vel longissima prescriptione doceatur. » Dumoulin, *loc. citat.* II, VI, 6.

[2] « Habens territorium limitatum, incerto jure sibi competente in illo territorio, est fundatus in eodem jure, in qualibet parte ejusdem territorii. » Id., LXVII, 6.

[3] « Fundi lex origo tanquam radix, » Dumoulin, *loc. citat.*, 50 ; « matrices et originales investituræ, » Tertullien.

[4] Larocheflavin, II, *De fide instrumentorum*, VII, 9.

tions contenues aux papiers terriers [1], des titres originaux ou de reconnaissances anciennes. « In antiquis enim verba « enunciativa plene probant [2]. »

La preuve par témoins pouvait-elle être admise? Les auteurs étaient divisés, cependant la majeure partie décidaient, qu'en l'absence de preuve écrite, le seigneur pouvait établir par tous les moyens possibles que l'héritage avait été inféodé par ses prédécesseurs [3].

On était d'accord pour décider que les actes recognitifs suffisaient, et cela était juste, ces actes étant une sorte d'adhésion faite par ceux qui auraient eu intérêt à contredire le seigneur. D'ailleurs, il eût été bien difficile d'exiger la présentation de titres pour la plupart si anciens, remontant à une époque si peu lettrée, qu'ils étaient fort souvent introuvables.

Fallait-il plusieurs actes recognitifs, ou un seul était-il

---

[1] On appelait *papiers terriers* des registres qui indiquaient les redevances, corvées, rentes, prestations de tous genres dues au seigneur par les héritages faisant partie de sa mouvance. « Sunt tabulæ territorii aut reditus annui, » Cout. de Bretagne, 83. On obtenait de la chancellerie des lettres de papier terrier portant commission générale, pour faire appeler par devant un notaire à ce commis, les débiteurs des redevances, ce qui donnait au terrier un caractère authentique. Quelquefois, était adjoint au papier un *compoix terrier*, sorte de cadastre de la seigneurie indiquant les superficies de chaque terre, leurs bornes, leur estimation. Ce fut là, l'origine de notre cadastre général dont la confection fut vainement tentée par Louis VI en 1115, par saint Louis en 1269, par Charles VIII en 1491, par Louis XIV en 1666 et par Louis XV en 1763. Tout au plus, avant la Révolution, existait-il dans quelques provinces, comme en Provence, en Languedoc, en Dauphiné, en Bourgogne, en Quercy, en Artois, en Flandre et en Alsace.

[2] Dumoulin, VIII, 77, § 21 ; Bœrius, CCV, 12 ; Ferrère, 257 ; Masuer, XXV.

[3] Cambolas, IV, 45 ; Maynard, IV, 35 ; Larocheflavin et Graverol, *Droits seigneuriaux*, I, 3 ; Pithou, *Cout. de Troyes*, 51 ; Duplessis, *Cout. de Paris*, 41. Au contraire prenaient parti pour la négative : Danti, *De la preuve par témoins*, XIV, 1 ; Catellan, VII, 2, *Lex de jure emphiteutico*.

suffisant ? Pour les droits qui affectaient la liberté de la
personne, comme la main-morte, on était unanime à exiger deux reconnaissances à trente ans d'intervalle, reçues
par deux commissaires différents[1]. Pour les droits réels
sans influence sur la personne, les auteurs n'étaient pas
d'accord.

Les uns voulaient deux reconnaissances. « Pour l'éta-
« blissement d'une censive en faveur d'un seigneur qui ne
« représente ni le roi, ni l'Eglise, il faut deux reconnais-
« sances géminées, et encore faut-il que, depuis la dernière,
« aucun nouvel acquéreur n'ait joui paisiblement pendant
« trente ans[2]. » Il était un cas où, au lieu de deux reconnaissances, certains auteurs permettaient exceptionnellement au seigneur de n'en produire qu'une seule : c'est
lorsque cette reconnaissance émanait du tenancier lui-
même, ou de l'ayant-cause *ex causa lucrativa* du tenancier
lui-même. Ainsi, quand le tenancier était l'héritier, le légataire, le donataire de celui qui avait passé reconnaissance,
il devait respecter la déclaration de son auteur, car il y
avait eu là obligation personnelle de la part de cet auteur,
obligation qui se continuait dans la personne de son héritier. Nous supposons que, lorsqu'il s'agissait d'un donataire
ou d'un légataire, la décision était la même par application
de l'idée que celui-ci « certabat de lucro captando et non
damno vitando. »

Mais cette exception était repoussée par bien des jurisconsultes. « Une simple reconnaissance, dit La Thaumas-

---

[1] Dunod, *Traité de la mainmorte*, p. 38.

[2] Papon, III, 9, § 4 ; La Thaumassière, *Franc-aleu de Berry*, 1700, p. 26.

« sière, ne suffit pas, surtout en pays alodial, pour charger
« un héritage franc de cens ou de fief. « Recognitio enim
« erronea non præjudicat, nec in proprietate, nec in pos-
« sessione. Simplex titulus novus non est dispositorius sed
« declaratorius[1], » alors même que cette reconnaissance
« émanerait del'auteur de l'acquéreur ou d'un co-déten-
« teur. Dans un cas toutefois, une simple reconnaissance
« sera suffisante, c'est si elle est appuyée par le paiement
« non interrompu pendant trente ans des prestations con-
« venues. » Cette exception, donnée par La Thaumassière, ne
nous paraît pas en être une : dans ce cas la reconnaissance
est complétement inutile ; le fait de la prescription tient au
paiement des prestations et non à la reconnaissance, puisque, alors même que celle-ci ferait défaut, le fait des paiements
suffit à établir le cens.

D'autres auteurs, tels que Ranchin, Dunod, Lapeyrère[2],
se contentaient, dans tous les cas, d'une seule reconnaissance.

Quelques jurisconsultes, adoptant un système mixte,
n'exigeaient qu'une seule reconnaissance, mais ils voulaient
qu'elle fût accompagnée d'adminicules. Ils la regardaient
donc comme une demi preuve qui demandait à être appuyée,
à défaut d'une seconde reconnaissance, par la possession,
par des énonciations de contrats de vente ou d'acquisition,
par des papiers de recettes, par des quittances[3], c'est le
système auquel se rallia la jurisprudence.

---

[1] Dumoulin, V, 22, § 1, § 18.

[2] *Décis. somm. du Parlem. de Bordeaux*, Lettre S, § 14.

[3] Coquille, *Cout. de Nivernais*, Des rentes, VIII ; Henrion de Pansey ; Ferrère, 112 ; Bartole, *Quæst. in materia arbitrorum*, II ; Ranchin, *Miscellanea de-
cisionum*, II, 3, § 207 ; Bretonnier sur Henrys ; Taisant, *Cout. de Bourg.*, des

La déclaration par le vendeur que son héritage est chargé de cens, est-elle un titre pour le seigneur ? D'après les art. 180 et 181 de l'ordonnance de 1539 et d'après l'art. 7 de celle de 1549, lors de la vente d'un héritage chargé de cens, le possesseur du domaine utile de cet héritage devait déclarer en quelle censive cet héritage était situé[1]. Cette déclaration servait-elle de titre et de preuve entière au seigneur de la directe, celui-ci pouvait-il s'en prévaloir pour réclamer la directe dont il avait été parlé lors du contrat de vente ?

Les uns disaient que cette déclaration n'était pas suffisante, c'eût été remettre la solution de la question : à qui appartient la directe ? au caprice du vendeur possesseur du domaine utile qui aurait pu, pour favoriser un autre seigneur, faire une fausse déclaration. Ses paroles ne devaient pas pouvoir servir de titre. Car, disait-on, « Dominia rerum non nudis pactis acquiruntur, sed legitimis modis », et « nemo potest alteri stipulari[2] ».

Les autres au contraire tenaient pour l'affirmative, estimant que cette énonciation faisait foi entre l'acquéreur et

---

cens, I, 9 ; Arrêts du Parlement de Dijon du 31 mars 1680 ; du Parlement de Toulouse, admettant comme adminicule la preuve des paiements anciens de censive, (Ferrère sur Guy Pape, 582) ; du Parlement de Provence du 11 mai 1584 (Stephani, *Decis*, 64) exigeant que la cause du cens soit mentionnée dans les quittances. Pour la coutume de Troyes, arrêts du 17 juin 1758, 30 avril 1766, 9 juillet 1778 condamnant des seigneurs qui ne produisaient, comme titres, qu'une simple reconnaissance sans adminicules.

[1] La Thaumassière, *Cout. de Berry*, Bourges, 1700, art. 25.

[2] Durand le Spéculateur, XXV ; Rebuffe, *De constit. redit.* II, § 12, 14 ; Frérot, *Cout. de Chartres* ; Guy Pape, IV, 14 ; Lhote, *Cout. de Lorris* ; Papon, *Recueil d'arrêts*, XIII, 1, § 10 et *Cout. du Bourbonnais*, 342 ; Ferrière, *Corps et compilations* ; arrêt du 18 mai 1608 rapporté par Goujet, *Traité des criées*, IV.

le seigneur, car, disaient-ils, le possesseur du domaine utile, est procureur du seigneur de directe pour la conservation de ses droits, partant il peut stipuler pour lui et à son profit. Le but de l'ordonnance, en édictant cette déclaration, a été justement de donner un titre au seigneur, autrement à quoi pourrait-elle bien servir[1]?

Un système mixte distinguait : dans les coutumes non alodiales, elle admettait la simple déclaration, comme preuve suffisante à faire présumer le cens, mais dans les pays alodiaux, elle considérait la déclaration comme un simple commencement de preuve qui avait besoin d'être appuyé par une reconnaissance, par une mention aux papiers terriers, c'est-à-dire par des adminicules. Car le seigneur utile a fait cette déclaration pour se décharger de la garantie, pour être assuré que l'acheteur ne viendra pas lui dire qu'il lui a vendu comme aleu une terre soumise à cens, plutôt que pour faire un titre à autrui. La jurisprudence dans bien des coutumes paraît s'être fixée dans ce sens .

Tels étaient, dans les coutumes alodiales, les titres particuliers ou le titre général que les seigneurs devaient apporter pour établir leurs prétentions à la directe.

Mais, à ce point de vue-là, *ne fallait-il pas distinguer l'aleu noble de l'aleu roturier?* Tout ce que nous venons

---

[1] Coquille, *Cout. du Nivernais*, 51 ; Bonvot, *Cout. de Bourgogne*, I, censier ; Labbé ; Fortin ; Brodeau ; d'Argentré, *Cout. de Bretagne*, 85, 4.

[2] La Thaumassière, *loc. citat.*, p. 27 ; Chenu sur Papon XIII, 2, § 3. Arrêt contre le Chapitre de Saint-Etienne de Bourges, à propos de la métairie de Javiau.

de dire s'appliquait à l'aleu roturier. Fallait-il sur ce point lui assimiler l'aleu noble?

Les auteurs qui prétendaient que l'aleu noble devait se présumer tout comme l'aleu roturier, faisaient cette assimilation et obligeaient le seigneur à prouver de la même façon pour l'un comme pour l'autre.

Les feudistes au contraire, qui prétendaient que les aleux nobles n'étaient que des fiefs affranchis, soutenaient que le seigneur n'avait rien à prouver, que c'était au possesseur qui se prétendait affranchi à prouver sa libération. Nous avons dit comment l'arrêt de 1667 adopta cette distinction entre l'aleu noble et l'aleu roturier, ce qui était un moyen terme entre l'adoption complète ou le rejet complet de la présomption d'alodialité, et comment des lettres patentes subséquentes vinrent en faire application à diverses coutumes.

Avant cette jurisprudence, et même postérieurement à cette date, dans les coutumes auxquelles cette jurisprudence n'avait pas été étendue, un système mixte, qui était assez en faveur, faisait une légère distinction entre l'aleu noble et le roturier. Voici comment il raisonnait.

S'il était certain que tous les aleux nobles ne fussent que des fiefs affranchis, il aurait fallu répondre que le seigneur n'avait rien à prouver, que c'était au contraire au possesseur qui se prétendait libre à prouver son affranchissement. Mais, il y avait d'autres sources : certains aleux, originairement roturiers, sont devenus nobles par la réunion d'une justice à la glèbe, ou par un démembrement en fief ou en censive. Cela ne suffit-il pas à faire prévaloir la règle contraire et à faire dire, qu'ici encore, ce sera au seigneur à prouver la directe qu'il réclame? Mais faut-il, comme pour les héritages roturiers, qu'il apporte deux reconnaissances, ou au moins une avec adminicules, ou bien un seul aveu, un seul hommage suffira-t-il à établir son droit?

On convient avec juste raison qu'une seule reconnaissance est suffisante: d'abord, parce qu'on présume moins facilement l'aleu noble que l'aleu roturier. « Quando vere sumus in dubio, præsumptio est rem « esse liberam et alodialem, non autem feudalem. Hæc « præsumptio multo magis procedit in prædiis rusticis quæ « sui natura et ex communiter contingintibus sunt « libera[1]. »

En second lieu, parce que, l'aleu noble ne pouvant exister qu'en faveur d'un privilège, qu'en vertu d'une dérogation à loi générale, qui veut que chaque seigneurie dépende d'un seigneur dominant, on doit le regarder d'un œil moins favorable que l'aleu roturier dont l'existence est conforme à la loi générale de liberté des terres.

Enfin, parce que les droits de justice et de mouvance font présumer fief tout immeuble. Cette présomption ne contrebalance-t-elle pas la présomption d'alodialité établie par la coutume alodiale du pays? Dans cet état d'équilibre, un aveu, un dénombrement n'est-il pas suffisant à faire pencher la balance du côté de la féodalité[2]?

Nous avons dit que, en pays alodiaux, de ce que la majeure partie des terres était assujétie, cela ne préjudiciait en rien à la franchise du reste; par exemple, lorsqu'un

---

[1] Menochius, *De præsumpt. juris*, I, 91, § 1, 6.
[2] La Thaumassière, *Cout. de Berry*; Ferrière, *Corps et compilations*.

héritage se trouvait dans la circonscription d'une seigneurie, sans être compris dans aucun des dénombrements. *Ce bien était-il présumé aleu ou fief?* Le seigneur ne pouvait-il pas prétendre que, le fief relevant de lui, ce n'était pas la loi de franc-aleu qui le régissait, donc que tout ce qui appartenait à son vassal dans l'enclave de ce fief était sous sa directe?

Cette prétention n'était acceptable que si la qualité de vassal à raison de ce fief, était établie uniquement par prestation de foi et d'hommage et sans aveu ni dénombrement[1]. En effet, du moment où il y a aveu et dénombrement la consistance du fief est délimitée, et le seigneur ne peut prétendre à rien de plus, les terres non comprises dans l'aveu continuent à être régies par le principe d'alodialité de la coutume. Le seigneur a beau alléguer que sa qualité de seigneur est une dérogation à la loi d'alodialité, que toutes les terres fondées par son vassal doivent être réputées féodales jusqu'à preuve contraire, le vassal lui répond avec raison : vos droits ne frappent que sur les terres mentionnées dans vos titres de seigneurie, tout ce qui ne déroge pas par titre exprès à la coutume reste alodial. Cela est juste. L'exception à la liberté de la coutume doit être établie par titres, or ici ces titres font défaut. Ces terres d'ailleurs, le vassal a pu les acquérir comme alodiales, serait-il juste de les soumettre aux droits féodaux dans une coutume où la règle générale est la franchise?

---

[1] « Omnia quæ sunt in territorio, seu districtu alicujus domini censentur de suo feudo. » (Masuer). Dumoulin, V, 61 : « Debet attendi an territorium et jurisdictio sint de pertinentiis castri, et eodem jure et titulo teneantur simul et tunc censetur tota recognita. »

Quelques auteurs, sans regarder si la qualité de vassal était due à une simple prestation de foi, ou à un aveu, établissaient une autre distinction :

Si tous les héritages du territoire étaient tenus du seigneur en censive, toutes les terres devaient être réputées féodales, alors même que quelques-unes n'étaient pas énoncées dans les aveux, parce que l'universalité du territoire avait reçu un cachet de servitude féodale.

Si au contraire une partie des héritages était tenue d'une façon non contestée en aleux, on devait réputer alodiaux ceux d'entre eux qui n'étaient pas spécialement mentionnés dans les aveux rendus au seigneur.

Ce système d'ailleurs avait toujours été repoussé par la jurisprudence. Pour établir qu'il suffisait, dans les coutumes alodiales, de prouver l'assujétissement de la majeure partie du territoire « pars major trahit ad se minorem », il se prévalait bien de deux arrêts, l'un rendu en faveur du duc de Praslin et de l'abbé Chauvelin, relativement à la terre de Chaource en Champagne — l'autre en faveur de la princesse de Nassau, relativement à la terre de Lisle-sous-Montréal. Mais ces arrêts étaient mal choisis, car, en ces espèces, les demandeurs exhibaient une charte de 1179 et une autre du comte de Champagne de 1466, lesquelles établissaient, à n'en pouvoir douter, un titre général de directe sur toute la circonscription du territoire.

Il va sans dire que tous les auteurs qui admettaient la présomption d'alodialité, l'admettaient aussi bien contre le roi que contre les seigneurs. « Car de dire qu'au respect « du roy il n'y a franc-aleu sans titre, et de dire qu'il n'y a

« point de franc-aleu, disait La Thaumassière, c'est une
« même chose, parce que, si un détenteur avait gagné sa
« cause contre un seigneur subalterne, il la perdrait contre
« le roi qu'il serait obligé de reconnaître et de luy payer
« le cens[1]. »

Le fermier du domaine avait beau alléguer que les titres
de la couronne avaient été enlevés en 1194 au combat
de Freteval par les Anglais, qu'en conséquence le roi ne
pouvait plus exhiber ses titres particuliers de seigneurie,
un aussi puéril argument ne pouvait qu'exciter le rire et
ne pouvait être pris au sérieux par personne[2]. Néanmoins,
bien des arrêts devaient invoquer ce motif pour s'autoriser
de cette apparence de raison, à proclamer qu'en l'absence
de preuves par titres — absence forcée, les titres ayant
péri par cas de force majeure — il fallait passer outre et
suppléer aux titres perdus par tous autres moyens de
preuves.

Dans les provinces alodiales, quand le roi était dépourvu
de titres, il semble que le fermier eût dû être désarmé
pour faire attribuer au roi la seigneurie directe sur ces

---

[1] Arrêts du Parlement de Paris conformes : du 27 mars 1508, en faveur de
Nicolas Léger, sieur de Chevillèles contre le Procureur du Roi ; du 17 juillet
1583 ; du 5 décemb. 1597 contre le receveur du domaine de Bourges ; du 10 nov.
1604 contre le commandeur d'Igny ; du 26 juillet 1608 en faveur des habitants
d'Orcoin ; du 12 avril 1624, entre Jean le Fauconier sieur de Chevrières et
Guill. le Martellier.

Comme ajoutait La Thaumassière, *loc. citat.*, p. 13, du moment où le roi
exigeait une déclaration d'alodialité lors de la confection du papier terrier, « hæc
declaratio conservat statum et qualitatem rei, habet enim hujusmodi descriptio
vicem approbationis et confirmationis alaudii. » (Dumoulin, *loc. citat.*). Arrêt
conforme du 21 juin 1559, rapporté par Bacquet, *Traicté des Francs fiefs de nouveaux acquêts*, Lyon, Duplain, 1744, in-fol. II, p. 29.

[2] *Mémoire à consulter... sur le franc-aleu de Navarre*, p. 116.

terres et pour exiger de leurs possesseurs cens, lods et ventes. Nous avons dit cependant combien furent nombreuses les tentatives de ce genre, et comment, si le fermier ne triompha pas tout de suite, l'idée se faisait jour peu à peu. On n'osa pas tout d'abord faire une injustice aussi flagrante que de supprimer l'aleu, on prit en attendant un moyen terme, en distinguant l'aleu noble du roturier. L'édit de Versailles d'août 1602, après avoir imposé une taxe aux aleutiers qui ne pouvaient pas produire de titres, c'est-à-dire après avoir établi qu'il n'existait pas d'aleu sans titre à l'égard du roi, faisait une restriction en faveur de l'aleu roturier : « voulons néanmoins que l'arrest de « nostre conseil du 22 mai 1667 soit exécuté à l'égard des « terres en franc-aleu roturier de nostre province de Lan- « guedoc, lesquels nous n'entendons comprendre en la « présente recherche, non plus que ceux qui possèdent de « semblables terres en franc-aleu roturier dans les pays « soit de droit écrit, soit de droit coutumier, dans lesquels « le franc-aleu se trouve établi et autorisé par les coutumes « et par une jurisprudence constante... [1] » C'était bien dire que la règle « *nul seigneur sans titre* » ne pourrait plus être opposée au roi que lorsqu'il s'agirait d'un aleu roturier.

Voici comment quelques feudistes s'efforçaient de légitimer l'arrêt de 1667 et quels motifs ils faisaient valoir pour justifier la mesure relative à l'aleu noble.

1° D'abord l'aleu noble n'est qu'un fief affranchi des charges de la féodalité ; pour être autorisé à se dire affranchi, il faut prouver sa libération. Nous avons vu, en étu-

---

[1] Isambert, XX, p. 164.

diant les diverses sources de l'aleu, comment on leur répondait sur ce premier point.

2° En second lieu, toutes les coutumes qui édictent la présomption d'alodialité ne parlent que des héritages roturiers.

Cela résulte d'abord, disaient-ils, des titres sous lesquels
sont placés les articles établissant l'aleu. En effet, si nous
prenons, ajoutaient-ils, les huit principales coutumes alodiales, nous voyons qu'aucune d'elles ne place les articles
déclaratifs de l'aleu au titre des fiefs ou biens nobles.
Ainsi celle de Troyes et celle de Chaumont les placent
sous la rubrique : « De la nature et condition des héritages,
des censives, rentes foncières... ; » celle de Bourgogne et
celle de Franche-Comté au titre ; « des cens » ; celle du
Bourbonnais à la rubrique « des censives et droits seigneuriaux ; » celle d'Auvergne « des prescriptions ; » celle du
Nivernais, « des rentes et hypothèques ; » celle d'Auxerre
« de la justice » et dans la première rédaction de 1507, au
titre « des censives et droits féodaux. » Or, ajoutaient les
feudistes, puisqu'on a eu soin de placer toujours les articles
alodiaux sous le titre des cens et héritages roturiers, il faut
croire qu'on n'a entendu déclarer franches et libres que
les terres roturières, autrement il n'y aurait pas concor-
dance entre l'article et la rubrique et l'on violerait la règle
de Dumoulin « Ut textura respondeat rubricæ. »

Cet argument, il faut l'avouer, était bien faible. On
n'avait pas mis l'aleu sous le titre des fiefs, parce que les
aleux roturiers étaient le *plerumque fit* et étaient plus
nombreux que les aleux nobles ; parce que rien ne diffère
plus du fief que l'aleu, mais de là, à pouvoir tirer un argument *a contrario* contre l'aleu, il y a loin.

Cela résulte encore des termes mêmes de ces articles. En effet, les coutumes qui déclarent le franc-aleu naturel emploient les expressions « héritages libres de censives…, qui ne le montre être serf… », ce qui ne saurait s'appliquer qu'à des héritages roturiers. Pourquoi après avoir parlé des héritages roturiers qui sont libres de censives, n'auraient-elles pas ajouté « et les fiefs libres de l'hommage ? »

Cet argument, encore *a contrario*, était faible, car ces articles ajoutaient « ni redevables d'aucune charge » ce qui était général et comprenait l'hommage.

D'ailleurs si, comme le voulaient ces auteurs, l'article avait dit « et tous les fiefs, de l'hommage », ils auraient prétendu sans doute que ces « fiefs, » en l'absence de dispense formelle, devaient rester soumis à la foi, à l'aleu et au dénombrement. Pourquoi les rédacteurs auraient-ils employé le mot « fief » pour désigner une terre qui n'était plus fief ?

Cela résulte en troisième lieu des procès-verbaux de ces coutumes. Ces procès verbaux nous montrent, disaient les feudistes, que, dans les discussions auxquelles l'aleu donna lieu à cette époque, les roturiers seuls combattent pour le franc-aleu, que, les nobles, au contraire font les plus grands efforts pour faire rejeter les articles établissant la présomption de franchise des terres. Cela prouve bien que les nobles savaient que ces articles ne pouvaient pas influer sur leurs possessions féodales, ni les affranchir des droits de relief, retrait, quint, d'hommage etc… Et que les possesseurs d'aleux nobles savaient aussi, puisqu'ils se sont abstenus de la souhaiter, que la présomption d'alodialité ne s'appliquait pas à leurs possessions. Cela est si vrai, que la première rédaction de la coutume de Troyes de 1493 porte : « Disent les dits no-« bles que toutes terres sont féodales ou censuelles qui ne « les montre par titres être du franc-aleu. » Conséquemment les dispositions alodiales n'ont trait qu'aux héritages roturiers, conséquemment point d'aleu noble sans titre, au moins présumé.

A cela on répondait par deux considérations qui avaient bien leur valeur : on faisait remarquer que la coutume de Troyes, étant de la fin du XVᵉ siècle, datait d'une époque où l'obligation féodale était regardée comme un honneur, ce qui changea bien dans la suite ; et qu'ensuite, si les procès-verbaux de rédaction des coutumes opposaient les roturiers et bourgeois aux possesseurs de fiefs, ils n'entendaient pas faire rentrer pour cela *a contrario* les possesseurs d'aleux nobles sous le titre de « possesseurs de fiefs ». Encore une fois, l'aleu noble n'était pas le fief mais en différait sous cent rapports, et, à cet égard, il est à peu près certain que les aleutiers nobles devaient faire opposition aux seigneurs et être du parti des roturiers et bourgeois. Si on n'a pas cru devoir les mentionner parmi les opposants, c'est qu'ils étaient beaucoup moins nombreux que les roturiers et disparaissaient dans le nombre. D'ailleurs le terme de roturier pouvait s'appliquer à eux, puisque nous avons déjà dit plus haut que le fait de posséder un aleu noble, n'anoblissait pas le possesseur, mais le laissait roturier, la noblesse personnelle exigeant une investiture indépendante.

Cela résulte enfin, ajoutaient les feudistes, des dispositions que les coutumes alodiales consacrent à l'aleu noble.

Des cinq coutumes qui parlent nommément de l'aleu noble (Troyes art. 53, Paris 68, Orléans 255, Vitry 19, Lorraine V, 15), une seule est textuellement alodiale, celle de Troyes. Donc, des huit coutumes alodiales, il y en a sept où l'aleu noble n'est pas même cité. A quoi attribuer ce silence des réformateurs, sinon à ce fait qu'en rédigeant les coutumes alodiales ils n'ont pas eu l'idée de viser l'aleu noble.

De ces cinq coutumes qui parlent de l'aleu noble, deux sont censuelles : celle de Paris et d'Orléans, elles ne parlent donc de l'aleu noble que comme d'une chose possible, d'une franchise qui peut exister, mais non d'une franchise qui peut exister sans titre, qui peut se présumer.

Quoique ses arguments fussent loin d'être péremptoires, ils furent néanmoins adoptés par le Conseil du roi et sanctionnés par l'arrêt du 22 mai 1667 qui tranchait ainsi le débat existant entre le roi et le Languedoc, l'argumentation de Galland et de Caseneuve.

« Le roi s'étant fait représenter en son Conseil les ar-
« rêts ci-devant rendus tant en son dit Conseil, qu'en son
« grand Conseil et en sa Cour du Parlement de Toulouse
« et fait soigneusement examiner tout ce qui avait été dit
« et écrit par différents auteurs, sur le sujet du franc-aleu
« prétendu par les syndics et députés de la province de
« Languedoc... a ordonné et ordonne que le franc-aleu
« roturier sera admis dans la province de Languedoc ; ce
« faisant, que les possesseurs et détenteurs de terres rotu-
« rières et taillables, les posséderont alodialement sans être
« obligés de justifier le dit franc-aleu par aucuns titres...
« Et à l'égard du franc-aleu noble, veut Sa Majesté que tous

« ceux qui prétendent tenir et posséder aucuns fiefs terres
« et seigneuries en franc-aleu soient tenus de le jus-
« tifier par bons et valables titres, sans qu'ils puissent al-
« léguer aucune prescription et longue jouissance, par
« quelque laps de temps que ce soit ; et faute de justifier
« le dit franc-aleu, comme dit est, il seront censés et ré-
« putés relever et tenir les dits fiefs, terres et seigneuries
« en foi et hommage de Sa Majesté à laquelle ils seront te-
« nus de les faire, fournir les aveux et dénombrements et
« payer les droits et devoirs dont ils peuvent être te-
« nus. »

Il est des choses qu'à force de répéter on finit par croire.
Les droits du roi à la directe furent de ce nombre, et c'est
à peine si quelques esprits consciencieux, effrayés de cette
transformation de propriété en simple usufruit, eurent parfois le courage de protester.

« Il est assez singulier de voir, » osera écrire au milieu
du xviiie siècle François Lorry, inspecteur général du Domaine, « une recherche si laborieuse sur l'origine du franc-
« aleu, car les héritages sont naturellement libres : *c'est le*
« *titre de leur servitude qu'il faut rechercher* » [1].

« Le plus remarquable et le moins cité des actes de Col-
« bert en faveur du droit de l'individu, se trouve dans sa
« discussion sur les colombiers avec l'intendant de Pro-
« vence. Aucune de ses dépêches ne révèle au même de-
« gré de quel prix était pour lui la petite propriéré rurale

---

[1] François Lorry, *Traité du Domaine*, t. I, ch. i, § 3, p. 117.

« et comme il la tenait pour sacrée [1]. » Le fermier ayant
voulu exiger des francs fiefs de toutes les terres à colombiers, comme marquées de noblesse, Colbert écrivit à l'intendant de Provence : « Il s'agit du droit naturel de
« l'homme à la pleine possession des fruits de son travail...
« il s'agit de la protection que le roi doit aux faibles con-
« tre les forts et les puissants... *ce n'est qu'une violence et*
« *une usurpation contraire au droit écrit, une dérogation*
« *à la franchise du franc-aleu* [2]. »

Ce n'était malheureusement là qu'un cri courageux isolé,
plus tard même, les fermiers du domaine, ne doutant de
rien, essayèrent de soutenir que l'aleu même roturier ne
pouvait pas être présumé contre le roi, mais il est juste de
dire que leurs prétentions ne furent jamais admises [3], ou
n'eurent pas le temps d'être admises par la jurisprudence.

§ IV. — *De l'aleu ecclésiastique.*

Quoique nous ne voulions pas nous occuper spécialement de la tenure en franche aumône, étude qui nécessi-
terait à elle toute seule un volume, nous sommes obligés

---

[1] Henry Doniol, *Hist. des classes rurales en France*, Paris, Guillaumin, 1867,
in-8, p. 404.

[2] *Correspondance administrative*, décemb. 1681, 21 janv., 6 et 23 févr., 8 et 29
juill. 1682.

[3] Arrêts du 12 août 1779, dans la Cout. de Troyes, en faveur des habitants de
Tourtiers contre le marquis de Béarn ; de février 1785, dans la Cout. de Nivernais pour la présidente de Marolles ; du 7 mars 1786, en faveur d'Audifret et des
syndics de Moulins contre les fermiers du domaine.

toutefois, eu égard à son affinité avec l'aleu, d'en dire quelque mots. C'était, en effet comme l'on sait, une sorte de franc-aleu noble ecclésiastique, et un aleu de la plus haute catégorie, puisqu'il était affranchi de toute juridiction civile.

Au milieu de l'agitation désordonnée de la société des IXe et Xe siècles, l'église apparaît comme un point fixe. C'est vers elle que se portent en foule tous ceux que leur faiblesse expose à succomber dans une lutte inégale. Comme le dit M. Flach : « Enrichie par les libéralités des « rois, des grands, des simples fidèles, munie de privilèges « exorbitants, appuyée au dehors sur la papauté, au dedans « sur la discipline, l'esprit de corps, l'esprit de suite et de « tradition, l'intelligence, l'abnégation, la foi, elle offrait « l'asile le plus sûr, et c'est à elle que le petit propriétaire « libre demanda souvent protection contre les officiers « royaux[1]. »

Cette puissance n'explique-t-elle pas combien nombreuses furent les donations faites à l'église, combien nombreux furent les aleux par elle possédés ?

Dès les périodes mérovingienne et carolingienne en effet, les églises obtiennent des immunités qui sont le germe de cette exemption de la juridiction civile[2]; à cette époque les fondations pieuses faites en forme d'aleux aux églises sont nombreuses, et les expressions « eleemoysina « in perpetuum libera, » fréquentes[3]. A l'origine, cette indé-

---

[1] Flach, *Origine de l'ancienne France*, 1886, I, p. 453.

[2] Fustel de Coulange, *Étude sur l'immunité Mérovingienne*, dans la *Revue historique*, 1883, p. 31 et 44.

[3] L'évêque de Tournai Philippe Mouskes, dans son *Hist. de France*, *chronique*

pendance était absolue et légitimait cette parole de Bou-
tilliers. « L'yglise pure possesseresse sans moien ne li
« tient que de Dieu [1]. » Mais au XIIIᵉ siècle, on admit que le
donateur conservait un droit de patronage sur le bien
aumôné ; on distingua aussi le bien en franche aumône, et
le bien d'aumône simple sur lequel le roi avait un droit
de juridiction.

Comme en affranchissant ainsi les fiefs, on les abrégeait,
on les diminuait au préjudice des suzerains et du souverain
fieffeux, le consentement de ceux-ci était nécessaire, d'abord
à cause de la mouvance qui était ainsi paralysée et puis à
cause des droits féodaux qui ne pouvaient plus être perçus,
les biens de l'église étant inaliénables et intransmissibles.
Aussi, établit-on d'abord cette règle que les gens d'église,

---

rimée, écrite sous Louis XI, nous montre Charlemagne faisant des gratifications
alodiales à Saint-Romain :

> En remembrance de Dieu
> Et del boen Iudas Macabée
> Douna li rois.........
> A sept lieue tout environ
> Si qu'en Franc-aleu le tenoient.
> Dont cy après come proudome
> Ne jamais service a nul ome
> Ne feiscent : mais prier Dieu
> Pour lasme, c'est de son neveu.

Guérard, *Cartul. de Sᵗ-Victor*, 1857, II, p. 600, nº 1125 ; Lafleur de Kermain-
gant, *Cartul. de l'abbaye de Sᵗ-Michel*, 1880, p. 84 ; Brinckmeier, *Glossar.
diplomat.* I, p. 680 ; Laurière, *Gloss.* I, p. 101 ; Walter de Gray Birch, *Cartular.
Saxonicum*, 1883, I ; Ducange, III, 23.

L. Delisle, dans son *Étude sur la condit. agricole en Normandie au Moyen
Age*, p. 38, cite une particularité singulière : en Angleterre et en Normandie il
était d'usage de mettre une croix de bois sur les maisons de franche aumône, ce
qui les faisait appeler *maisons croisées*.

[1] Boutillier, *Somme rurale*, édit d'Abbeville, 1486, p. 130.

de communauté, de main-morte pourraient être contraints de vider leurs mains dans celles du seigneur dans l'an et jour de leur acquisition, et, après l'an, ils étaient tenus de payer au roi un droit d'amortissement à cause de sa directe, et au seigneur une indemnité.

Les ordonnances de Noël 1275 et de 1291 avaient établi une taxe pour les amortissements. Dans le principe tous les barons pouvaient amortir, puis le roi ne donna plus ce privilège qu'à dix-sept seigneurs, enfin il en fit la prérogative de la couronne. Selon que l'acquisition était à titre onéreux ou à titre gratuit, le droit était plus fort ou plus faible ; quand il s'agissait de terres alodiales, comme de juste le droit d'amortissement était moins considérable (deux ou quatre anneés de revenus, au lieu de quatre ou six perçues lorsqu'il s'agissait de fiefs et de censives.) L'ordonnance de 1320 éleva de beaucoup les droits : les acquisitions de fiefs et de censives pouvaient être soumises à une taxe égale à la valeur même des terres, ce qui était exorbitant, celle des aleux resta à l'ancien taux. L'ordonnance de 1402 fixa le droit d'amortissement au profit du roi au tiers de la valeur du bien amorti, et l'indemnité due au seigneur, au cinquième de la valeur des censives. (Pour les fiefs cette indemnité avait été remplacée par le *bail de l'homme vivant et mourant* à la mutation, ou au décès duquel, les droits se percevaient). Moyennant le paiement de ces divers droits, autrefois le fief ou la censive devenaient francs et étaient assimilés aux franc-aleux, mais les droits de la couronne étant déclarés inaliénables et la directe du roi étant un de ces droits, on en concluait qu'une concession à titre gratuit ou onéreux ne pouvait y soustraire aucun bien ; qu'en conséquence les biens amortis n'étaient affranchis que des droits féodaux ou censuels et que leur franchise tenant, non à la qualité du bien, mais à celle des possesseurs, était personnelle et non réelle et disparaissait lorsque la franche aumône changeait de possesseur, ce que nous avons développé à propos de la division des aleux de concession[1]. C'était pour cela que les

---

[1] Certains auteurs toutefois : Masuer, (*Practica forensis*, XXV, § 48), La Rocheflavin, (*Traité des droits seigneuriaux*, ch. II, § 10) ; Valin, (*Nouv. comment. sur la Cout. de La Rochelle et d'Aunis*, Vincent, 1768, I, p. 274 ; étaient d'un avis contraire et repoussaient cette distinction :

Si la tenure en aumône est particulière à l'église, c'est seulement dans le sens qu'elles ont été faites à l'église, mais il ne s'ensuit pas de là que l'héritage donné en franche aumône, n'est franc et exempt de tout devoir qu'autant que l'église en conserve la possession. Il aurait fallu pour cela que la donation eût été faite conditionnellement, c'est-à-dire avec stipulation que dans le cas où le bien donné sortirait des mains des ecclésiastiques, le seigneur recouvrerait ses droits ? Or, ce n'est pas dans cette forme que les donations en franche aumône sont faites. Ainsi donc, un héritage donné de cette façon est parfaitement libre, et conserve cette liberté en quelque main qu'il passe ; cette franchise lui reste en vertu de l'irrévocabilité des donations, car, s'il la perdait, ce serait une révocation partielle.

Ces auteurs, on le voit, assimilaient complétement, essentiellement et substantiellement la franche aumône au franc-aleu.

Cette opinion, quoique juste au fond, était repoussée par la majorité des auteurs et par la jurisprudence : Arrêts du 23 mai 1586 rapporté par Chopin, du 13 mai 1631, dans Basnage, *loc. citat.* CII, qui reconnaissent une condition tacite. L'utilité pratique de la question se posait au point de vue de l'accensement et de l'inféodation. Valin prétendait que l'Église pouvait accenser et inféoder parce qu'elle avait la directe, l'opinion contraire soutenait qu'elle ne le pouvait pas, parce que le seigneur avait conservé cette directe, seulement il ne l'exerçait pas durant le temps que l'église possédait ledit héritage.

On voit que Valin, qui assimilait la franche aumône à l'aleu, par le fait même qu'il permettait au possesseur de l'aumône d'inféoder et d'accenser, donnait le même droit à l'aleutier, ce qui était contraire aux principes féodaux, mais, à son époque déjà, la défense, comme nous l'avons montré à propos des sources de l'aleu noble, était tombée en désuétude, l'usage de l'inféodation et de l'accensement des terres alodiales était devenu fort commun.

dîmes ne pouvaient pas être tenues en franc-aleu par des laïques, « parce qu'estant incapables de les posséder, disait « la Thaumassière, on ne tolère l'occupation qu'ils en font « qu'en feignant qu'elles ont esté inféodées auparavant le « Concile de Latran, pour quoy faire, il suffit d'alléguer « l'inféodation, et prouver la possession immémoriale, la- « quelle fait présumer le titre de l'inféodation[1]. »

Les ecclésiastiques détenant des biens alodiaux, amortis, doivent-ils exhiber leurs titres d'amortissement et d'alo- dialité?

Certaines coutumes admettaient le franc-aleu sans titre en faveur des ecclésiastiques. Notamment celles de Poi- tiers (52)[2], de Blois (33), de Péronne (123), de Saintes (18), de Senlis (266). Dans l'ancienne coutume de Nor- mandie (art. 32), il fallait que la présomption s'appuyât sur une prescription trentenaire; l'art. 141 de la nouvelle ré- daction éleva cette possession à quarante ans. Ce qui était l'opinion générale[3].

La Coutume d'Orléans, au contraire (anc. art. 128; 120 de la nouvelle coutume), repoussait très nettement la pré- somption de franche aumône. Enfin, beaucoup de coutu-

---

[1] La Thaumassière, *Franc-aleu de Berry*, 1700, p. 18. Cependant autrefois il en était différemment : le Chartulaire de l'Eglise de Montermoïen contient deux ventes de 1292, faites par un bourgeois d'Issoudun, de ses dîmes de Porri, Chan- temelle et Marmagne. Le protocole de Guillaume Lemoine, notaire à Bourges, signale, anno 1312, une vente de la moitié indivise de la dîme d'Azenay « in francho allodio, » faite par Guill. de Pollejay à Jean Sathenat, moyennant cent livres tournois.

[2] La cout. de Poitou même n'admettait que l'aleu ecclésiastique. « Aucun ne peult tenir en aleu s'il n'est home d'Eglise. »

[3] Bacquet seul, (*Traité du droit d'amortissement*, ch. LX, § 7), exigeait une possession immémoriale.

mes étaient muettes, ce qui ouvrait la voie aux débats et aux discussions. Celles-ci n'avaient pas tardé à naître. Dès la fin du Moyen Age, en effet, la franche aumône est combattue comme le franc-aleu. C'est la même guerre, Loisel ne dit-il pas, « Tenir en main morte, franc-aleu ou franc-« aumône est tout un en effet [1]. »

Il faut reconnaître cependant que la lutte est moins acharnée que contre l'aleu, et tel jurisconsulte qui sera intraitable lorsqu'il s'agira de celui-ci, n'osera pas se déclarer ouvertement contre le clergé. C'est ainsi que les coutumes de Saintes et de Poitiers, qui repoussaient la présomption d'alodialité, étaient favorables à la franche aumône, c'est ainsi encore que Galland, le farouche Galland lui-même, faiblit et déclare que les ecclésiastiques n'ont pas besoin d'exhiber leur titres « car, dit--il, la plupart de « ceux-ci ont été perdus ou embrasés dans l'aspreté des « anciennes guerres et peu ont survécu à la licence de nos « divisions civiles. » Pourquoi admettre ici une raison qu'il repousse avec horreur lorsqu'il s'agit d'un aleu laïc ? La difficulté de reproduire les titres originaires est la même, qu'il s'agisse d'aleu possédé par un laïc ou par un clerc.

« En Aunis et à La Rochelle, dit Valin, nous ne recon-« naissons point d'aleu laïque sans titre et nous suivons « exactement la maxime *Nulle terre sans seigneur*. « Cette maxime est si bien établie parmi nous, qu'il n'y a « dans la province aucun franc-aleu laïque, au moins qui « soit venu à ma connaissance, mais nous avons beaucoup

---

[1] Loysel, *Institut. coutum.* I, 1, § 66 ; *Opuscules*, édit. de 1656, p. 128.

15

« d'exemples de franc-aleu ecclésiastique, ce que nous ap-
« pelons tenure en franche aumône, également fort connue
« en Poitou, en Saintonge et en Angoumois[1]. »

Il ne faut pas qu'on se prévale contre les ecclésiastiques
de la règle *nulle terre sans seigneur,* ajoute un peu plus
loin Valin, de la même façon que contre les laïques ; car
enfin leurs églises étaient fondées et dotées pour la plus
part avant l'établissement de cette règle, qui est de l'invention du chancelier Duprat, et qui dans le temps essuya
bien des contradictions. Mais les droits de propriété des aleutiers, droits soit de nature, soit de concession, n'existaient
ils pas eux aussi avant l'établissement de cette règle spoliatrice? Pourquoi admettre, en faveur de l'aleu ecclésiastique, l'argument que vous repoussez quand il s'agit de
l'aleu laïque?

Quoi qu'il en fût, on tenait généralement dans les coutumes muettes, que les gens d'église n'avaient pas besoin
de prouver par titre que les biens dépendants de leurs bénéfices avaient été donnés avec exemption de devoirs ; on
les dispensait, non seulement de produire le titre original
de donation ou des copies collationnées de celui-ci, mais
même des actes énonciatifs, on se contentait d'une longue
possession de franchise.

Ce n'était pas à dire pour cela, qu'ils pussent prescrire
la directe contre le seigneur, car le cens était imprescriptible aussi bien contre les ecclésiastiques que contre les
laïques. Ainsi, si le seigneur pouvait prouver que les gens

---

[1] Valin, *Nouv. comment. sur la cout. de La Rochelle et du pays d'Aunis*, Pairs,
Vincent, 1768, I, p. 260.

d'église, qui se prétendaient libres à son encontre, avaient
payé le cens ou autre redevance quelconque à un de ses
prédécesseurs, à quelque époque que se fût, cela suffisait
à rompre la longue possession, à établir son droit au cens,
quel que fût d'ailleurs le temps écoulé depuis ce paiement,
durant lequel il n'y avait plus eu de redevance. En somme,
c'était en faveur des gens d'église la présomption que les
biens leur avaient été donnés originairement avec exemption de tout devoir, et cette présomption ne cessait que par
la preuve du contraire[1].

Le roi lui-même affichait cette partialité. Les lettres patentes en faveur des aleux ecclésiastiques sont nombreuses.
Arrêt du 5 janvier 1518 en faveur des chevaliers de Saint-
Jean de Jérusalem ; lettres patentes de 1572 ; du 23 mai
1586 «... Avons ordonné que les dits ecclésiastiques se-
« ront deschargez de la dite exhibition de titres... à la
« charge neantmoins qu'ils baillent par déclaration et se
« purgent par serments qu'ils n'ont les titres ny par dol,
« ny fraude, ne les ont delaissez avoir. » Autres patentes
de 1596, 1606, 1613, 1615, édits de 1610 et 1614 pour le
Languedoc. Arrêts du 31 août 1616 au profit des Char-
treux de Paris, faisant défense à « tous fermiers du do-
« maine de les plus comprendre en la rechercheet confec-
« tion des terriers... ny les contraindre à exhiber leurs ti-
« tres », de 1619 au profit de la cathédrale de Saintes,de
1633 au profit de l'évêque de Valence, etc...

Nous devons mentionner comme mesures hostiles à
l'aleu ecclésiastique : au XIIIe siècle, dans certaines coutu-

---

[1] Valin, *loc. citat.* I, p. 262 ; Cochin, *Œuvres*, I, p. 663.

mes, comme celles de Normandie (art, 41, 139, 140), la
suppression de l'exemption de juridiction civile dont il
jouissait ; quelques arrêts, épars il est vrai, obligeant à
bailler des titres [1]; une jurisprudence du xviiie siècle déclarant qu'aucune franche aumône ne peut être aleu noble,
mais qu'elle n'est qu'une tenure roturière [2]. Enfin cette
jurisprudence porta le coup de mort à la franchise des
biens ecclésiastiques en les soumettant à la directe du roi.

Nous ne voulons pas insister davantage sur ces divers
points qui trouveraient mieux leur explication et leur développement dans un traité de la franche aumône. Cependant, comme la guerre, que lui fit la royauté au xviiie siècle, est par le fait connexe à celle que l'aleu eût à soutenir,
nous avons indiqué, à propos de l'aleu, chaque fois que
l'occasion s'en est présentée, les assauts qui furent dirigés
à la fois contre les deux tenures [3].

---

[1] Bacquet, *loc. citat.*, en cite un de 1614 relatif au comté d'Armagnac.

[2] Arrêt du 9 avril 1739, contre les religieux de Bellozane près Rouen, en faveur
du duc de Luxembourg.

[3] Cf. Henrion de Pansey, *Dissertations féodales*, 1789, II, p. 54 à 149.

CHAPITRE V

L'ALEU DANS LES DIVERSES PROVINCES

M. Laferrière, dans son *Histoire du droit*, classe les provinces, au point de vue de l'alodialité, en quatre divisions :

1º Les pays de droit écrit, Dauphiné, Bourgogne, Provence, Languedoc, Rouergue, Guienne, qui avaient conservé la tradition du droit romain.

2º Les pays de coutumes mixtes, Saintonge, Poitou, Orléanais où l'influence romaine s'était mêlée aux usages locaux : pour le Poitou et la Saintonge, compris dans l'Aquitaine, à cause de leur situation géographique ; pour l'Orléanais, où fleurit de bonne heure l'enseignement du droit romain enlevé à l'Université de Paris par le décret d'Horius III, de l'an 1220.

3º Les pays de droit coutumier habités primitivement par les Gaulois qui, lors de la conquête romaine, avaient obtenu le titre d'alliés et qui furent autorisés en conséquence à conserver leurs usages nationaux : le Hainaut, la

Champagne (Troyes, Châlons, Chaumont, Vitry et Reims,) Meaux, Langres, Bourbonnais, Auxerre, Berry, Nivernais et Auvergne [1].

4° Les provinces de droit coutumier habitées par les Gaulois éloignés du centre de la conquête germanique, Maine et Anjou [2].

Cette classification des provinces, d'après les traditions et d'après l'origine de leurs coutumes, montre bien que c'est l'influence romaine au premier chef, et peut-être, d'après M. Laferrière, l'influence gallique en sous-ordre, qui ont fondé l'alodialité des coutumes.

Bien qu'elle soit exacte, nous ne l'adopterons pas, ou du moins, maintenant que nous l'avons établie, nous allons étudier les diverses provinces en les groupant d'après un ordre qui facilitera davantage notre tâche, en nous permettant des rapprochements nécessaires. Mieux vaudra, croyons-nous, commencer par l'examen des coutumes les moins alodiales, par la Bretagne, pour finir par les pays de droit écrit et en dernier lieu par le Languedoc. Nous irons ainsi d'un pôle à l'autre, nous suivrons de cette façon une gamme ascendante, puisqu'ayant débuté par les provinces où la lutte en faveur de l'aleu fut la moins vive, nous irons progressivement vers celles où la résistance fut héroïque, où le combat fut acharné.

Si nous nous plaçons à la fin du xviie siècle, nous pouvons diviser les coutumes en quatre classes :

1° Celles qui, non-seulement rejetaient la présomption

---

[1] Pline, *Histoire naturelle*, IV, 17 et 19.

[2] Laferrière, *Hist. du Droit français*, Cotillon, t. V, 1858, p. 282.

d'alodialité, mais admettaient au contraire une présomption de féodalité invincible, présomption qui ne pouvait pas être combattue par la preuve contraire, à moins que le titre originaire de concession fût représenté. C'étaient celles de Bretagne et de Poitou.

2° Celles qui rejetaient expressément la présomption d'alodialité, mais qui en admettaient la preuve. C'étaient celles de Meaux, de Melun, de Hainaut, de Cambrésis, de Senlis, de Blois, de Touraine, de Péronne, de la Rochelle, d'Angoumois, de Lille, de Beauvoisis.

3° Celles qui étaient muettes, et c'était le plus grand nombre, soit qu'elles ne mentionnassent pas du tout l'aleu, soit qu'elle gardassent le silence sur la seule question de présomption d'alodialité. C'étaient les coutumes de Paris, Normandie, Anjou, Maine, Lorris, du Grand-Perche, de la Marche, d'Amiens, d'Abbeville, de Laon, de Tonnerre, de Tournai, de Saint-Quentin, de Châlon, du Lyonnais, du Forez, du Beaujolais, du Mâconnais, de Franche-Comté, de Langres, du Bourbonnais, de Berry, d'Auvergne, de Picardie, de Vitry-le-Français, d'Orléans, de Vermandois, de Reims, etc... Ces coutumes, en vertu des principes que nous avons exposés, et de la légitimité incontestable de l'aleu, auraient dû, en l'absence de toute prohibition formelle, profiter de ce silence pour admettre la présomption d'alodialité. Nous allons voir que, si quelques-unes l'admirent, d'autres aussi appliquèrent la maxime féodale.

4° Quelques-unes enfin présumaient expressément l'alodialité sauf preuve contraire, c'étaient celles de Troyes, Nivernais, Auxerre, Chaumont, Lorraine, Barrois.

5° Quant aux pays de droit écrit, nous verrons que la

majeure partie, sauf la Guienne, la Saintonge, admettaient l'alodialité ; mais nous verrons aussi avec quelle persistance on la leur contesta.

Tel est l'ordre logique que nous nous proposons d'adopter. Nous ne relèverons dans chacune de ces coutumes que les traits les plus saillants de l'aleu et les particularités les plus notables des luttes auxquelles il donna lieu ; nous réservant toutefois pour la Provence et le Languedoc de faire un historique un peu plus complet, lequel pourra donner, par analogie, une idée de ce que furent ces luttes dans les autres provinces.

§ I. — *Coutumes qui exigent expressément que l'alodialité soit prouvée par le titre de concession lui-même.*

A. Bretagne

La presqu'île armoricaine, habitée par des peuplades encore plus sauvages que celles du Nord de la Gaule, superstitieuses et farouches au possible, que César, après beaucoup de peines avait fini par battre, mais qu'il n'avait pu vaincre, avait accueilli difficilement les lois romaines, et, si elle les avait reçues, elle ne les avait pas acceptées. Très éloignée du centre de la domination romaine, elle résista davantage à l'invasion de la civilisation romaine, et elle en conserva moins longtemps les germes qu'elle en avait reçus. C'est à cette raison sans doute qu'il faut rapporter ce fait, que, plus on avance vers le nord-ouest de la France, et moins on trouve d'aleux; celui-ci, fréquent sur les bords de la Méditerranée, n'existe plus sur les côtes de la Manche.

M. Laferrière prétend bien que l'usage de l'aleu est attesté par les lois galloises d'Hywell-da et par les traditions les plus anciennes du pays de Galles. Mais il serait vraiment singulier, si cela était, que la tradition, qui conserva cependant toujours « sur ce sol de granit » une vitalité si puissante, n'eût pas protégé l'aleu en Bretagne, d'autant que la presqu'île armoricaine était loin du centre de la conquête et de la domination germanique[1].

Il est certain toutefois qu'il y eut des terres franches, alodiales dans ces pays[2]; certaines paroisses conservèrent même jusqu'à notre époque le nom d'*allaires* en souvenir des derniers aleux qu'elles avaient possédés, mais ce fait

---

[1] Laferrière, *Hist. du Droit*, V, 1858, p. 284-287.

[2] *Le Cartulaire de Redon*, édit. de Courson, Paris 1863, cite bien des chartes qui en mentionnent :

XLIX, p. 39, du 13 juillet 866 : « Totum et ad integrum, sine censu et sine tributo et sine opere et sine loth ulli homini sub cœlo nisi Sancto Salvatori et supradictis monachis. »

LII, p. 42, du 12 août 866 ; LXXVI, p. 59, du 26 avril 862 ; CLII, p. 116, anno 830 ; CLIII, p. 117, anno 865.

CCLXVII, p. 216, anno 814 : « Uoruuet nomine, venit ad tyrannum Jarnhitinum ad Lisbedu et secum duas flacones vini optimi deferens, et postea, ille Jarnhiden dedit illi Uurnueletdo, sicut hereditarius et princeps, locum supradictum (Rosgal) in elemosina perpetua et dedit illi licentiam quantum ex silva et saltu in circuitu potuisset preparare, sicut heremitario in deserto qui non habet dominatorem excepto Deo solo. »

CXXXVI, p. 103, anno 842 : « Dedit istam terram sicut de transmare super scapulas suas in sacco suo detulisset, et sicut insula in mare, sine fine, sine commutacione, sine jubeleo anno, sine exactore satrapaque, sine censu et sine tributo, sine opere alicui homini sub cœlo nisi Sulcomino presbytero et cui voluerit post se commendare, preter censum regis. »

même prouve combien rare avait dû devenir l'aleu[1].

Les causes qu'on en peut donner se trouvent dans l'usage des domaines congéables qui s'était établi aux ve et vi{e} siè. cles lors de l'émigration des fugitifs du Pays de Galles, reçus en qualité de colons, et qui devinrent véritables censiers; en second lieu, dans l'extension que prit la féodalité sur le sol breton avec les Assises du comte Geffroy en 1185. D'ailleurs Saint Jérôme ne l'appelait-il pas : « Britannia « fertilis provincia tyrannorum », et Saint Gildas, Saint Grégoire de Tours ne nous parlent-ils pas des luttes sanglantes et continuelles des seigneurs Bretons entre eux. Tout cela, sans compter les guerres, n'explique-t-il pas l'habitude précoce de la recommandation *guhrau* ou *chymmyn* (prononcez kêmen), coutume commune aux Celtes et aux Germains[2].

Faut-il s'étonner dans un pays, où au xe siècle l'esclavage florissait[3], de voir exprimer déjà la maxime « nulle terre sans *brenin* (chef) » par les lois d'Hoël-le-bon (Cyfreithjeu Hywell-da) qui furent rédigées au xe siècle. Qu'un terri-

---

[1] On trouve encore près de Fougères dans l'Ille-et-Vilaine, une commune du nom de *Saint-Ouen-les-alleux*.

Certaines familles bretonnes en ont même conservé les noms,(Cf. de Courcy, *Nobiliaire de Bretagne*, Paris, Aubry, 1862,3 v. in-4º), et se sont appelées *d'Allaire* etc.

Ainsi nous voyons Anne Philippe du Buat écuyer, seigneur de Bonjern, épouser Suzanne Félicité *Le Mercier-des-Alleux*, suivant contrat à Fougères du 4 décembre 1797, (Henri Lecourt, *Généalogie de la maison du Buat*, Lisieux, 1886, p. 41).

[2] Georges Philips, *Hist. des Institut. anglo-normandes.*

La plus ancienne charte connue, où se trouve le mot fief, *feodum*, est de 930, jusque-là, on s'était exclusivement servi, pour désigner le fief, du mot *Kêmenet*, objet de recommandation. A cette époque-là, il y avait donc encore une certaine franchise des propriétés.

[3] Les lois d'Hoël le bon, parlent encore du *Caeth a brynher*, c'est-à-dire de l'esclave acheté. Wotton, *Leg. Walicæ*, II, 5 ; A. de Courson, *Hist. des Bretons*, 1846, II, p. 76 ; Daru, *Hist. de Bretagne*, I, p. 258 et 430 ; De Ronjoux, *Hist. des rois et ducs de Bretagne*, I, 4.

toire appartînt à l'Eglise ou à des laïques, il devait au
roi le service militaire et un grand nombre de redevances
seigneuriales. Toute terre qui n'avait pas de seigneur
reconnaissait la suzeraineté du roi, sous peine de confiscation[1]. « Ce principe, dit Bertrand d'Argentré, est antique
« comme la race bretonne.[2] » En tous cas, l'art. 328 de la
coutume rédigée en 1580 est aussi absolu et aussi explicite: « Nul ne peut tenir terre en Bretagne sans seigneur:
« parce qu'il n'y a aucun franc-aleu en iceluy païs[3]. »

L'art. 289 disait déjà quelque chose de semblable, ou
du moins donnait une application du même principe :
« Quand aucun seigneur a accoustumé lever et user
« d'aucuns subsides en sa seigneurie et qu'un ou plusieurs
« des demeurans et estans entre les mètes du dit seigneur
« et en seigneurie, prétendent exemption des dits subsides,
« ils sont tenus de prouver le titre de leur exemption : ores
« qu'ils disaient qu'eux ne leurs prédécesseurs ou auteurs
« n'en auroient jamais payé aucune chose.[4] »

---

[1] *Leg. Walic.* Cod. Demetie, I, 1, c. 13, § 11, p. 369 ; id., l. 2, c. 8, p. 478.

[2] Voir Pierre Hévin sur Sébastien Frain, *Quest. et observat. concernant les matières féod.* Rennes, 1786, p. 228.

[3] Il est à remarquer que la très ancienne coutume de Bretagne de 1450, que
l'ancienne coutume de 1539, et que celle connue sous le nom de *Petit volume,* qui
leur était encore antérieure, ne renferment aucune disposition du même genre.
Bertrand d'Argentré, *Commentarii in patria Britonum leges,* 1640, in-fol.
Voici ce que disait d'Argentré sur l'art. 328 : « Hic prima universalis regula
omissa in veteri etsi vetustissima erat tradita 224 qua constituitur omnia in feudalia esse et beneficio alterius teneri, sive is supremus fit princeps, sive alius, ita
ut princeps, non magis possit se prætendere fundatum in dominio directo rei,
quam quilibet alius, licet supremi ressortus jus ad eum pertineat jure coronæ :
sed dominium directum ex probationibus pendet, prout quisque reperitur fundatus in loco et territorio loci cujusque particulariter. » (*Coutumes générales du
pays et duché de Bretagne.* Paris, Buon, 1640, p. 59).

[4] Ancien art. 279, de la Cout. de 1539.

B. Poitou

Les anciennes coutumes générales du Pays de Poictou de 1514 disaient, art. 37 : «... Car aucun ne peult tenir en « aleu s'il n'estoit homme d'Eglise... et les gens d'Eglise « pevent tenir en aleu, s'ilz ont tenu par quarante ans « franchement sans en faire foy n'hommage, devoir ne « redevance. Et autres que gens d'Eglise ne pevent tenir « sans en faire devoir au redevance, par quelque tenement « qu'ilz en ayent fait, si par privilège et usance ancienne « de tel et si longtemps qu'il n'est mémoire du contraire « ilz n'avoient accoustumé d'ainsi le faire sans en ce com- « prendre les droicts du Roy ne les indemnitez deues aux « seigneurs, comprins par les ordonnances faites sur les « francs-fiefz et nouvaulx acquets. » Cette disposition est reproduite par l'art. 52 de la nouvelle coutume. Le procès-verbal de rédaction de celui-ci ne mentionnait sur le 52ᵉ art. aucune protestation [1].

On comprend que la Révolution ait été pour ces contrées un changement plus complet que pour les provinces où il existait encore des aleux. M. Baudrillart, de l'Institut, qui naguère, dans une étude fort intéressante, analysait le développement des *Populations agricoles du Poitou*, constatait le fait : « Ainsi s'est opérée, disait-il, une transformation

---

[1] Bourdot de Richebourg, *Nouveau coutum. génér.* édit de Brunet, 1724, t. IV, p. 746 ; *Petri Rat Pictaviensis decurionis in Pictonum leges... glossemata*, édit. de 1548, XXXVII ; Joseph Boucheul, *Corps et Compilation*, XVI, 7.

« remarquable dans ce département dont la face a pour
« ainsi dire changé depuis un siècle... Les campagnards
« sont devenus plus actifs parce qu'ils se sont mis à tra-
« vailler pour eux-mêmes[1]. »

Montesquieu ne disait il pas : « Les terres sont fécondes
« moins encore en raison de leur fertilité naturelle que de
« la liberté dont elles jouissent. »

Ne pourrions-nous pas ajouter que la transformation a
été plus grande là qu'ailleurs, justement parce que la transition des tenures féodales aux modes de tenures actuels,
a été plus brusque ?

§ II. — *Coutumes rejetant expressément la présomption, mais admettant la preuve d'alodialité.*

A. Brie

La Coutume du bailliage de Meleun de 1560, art. CV,
disait : « Franc-aleu ne doit vest ne devest, censive ne foy,
« ne hommage et ne peut estre dit héritage en franc-aleu
« par possession ; ains faut qu'il ait tiltre exprès. »

La coutume de Meaux (Brie champenoise) ne présumait
pas non plus l'alodialité. L'art. 189 disait en effet : « Franc
« aloy par tout le dit bailliage et ancien ressort d'icelui ne
« peut être possédé sans tiltre particulier. » L'art. suivant

---

[1] *Séances et travaux de l'Académie des sciences morales et politiques,* 1887.
P. 161, 516.

définissait l'aleu : « Franc-aloy est de telle nature qu'il ne
« doit censive, relief, homage, ne quelque autre redevance
« que ce soit[1]. »

Enfin l'art. CCII ajoutait : « Aucuns droits ne sont deus
« pour les héritages tenus en franc Aloy, excepté les droits
« dont mention est faite ès ordonnances Royaux sur le fait
« des francs fiefs et nouveaux acquests. »

En présence de l'art. 189, il semble que la question de
présomption d'alodialité n'aurait pas dû se poser. Elle se
posa toutefois et voici comment.

Les trois châtellenies de Tréfou, Sezanne et Chan-
temerle, sur les confins de la Champagne mais qui faisaient partie cependant du territoire régi par la coutume de
Meaux, admettaient, dans l'art. 2 de leurs coutumes locales, la présomption d'alodialité. Lors de la rédaction de la
coutume de Meaux, les députés de ces trois châtellenies firent
insérer à la suite du procès verbal leurs coutumes locales[2].

Plus tard, les habitants de ces pays voulurent se prévaloir et de leurs coutumes locales, et du fait que celles-ci
avaient été insérées à la suite du procès-verbal, ce qui,
d'après eux, leur donnait force de loi. La jurisprudence se
montra contraire à ces prétentions en disant que ces coutumes n'avaient été annexées au procès-verbal qu'à titre de
mémoire, et qu'on n'avait pas entendu les adopter comme
coutumes ; qu'elles ne sauraient avoir force de loi ; que
d'ailleurs les châtellenies de Sézanne, Tréfou et Chante-
merle étaient de l'ancien ressort du bailliage de Meaux,

---

[1] Richebourg, *Cout. gén.*, III, p. 396
[2] Ch. Dumoulin, *Coutume de Meaux*, édit de 1682.

que c'était l'art. 189 qui les régissait, qu'en conséquence la présomption d'alodialité ne saurait leur être appliquée[1].

Il ne paraît pas cependant que les aleux, s'ils ont été attaqués, aient disparu en Brie, car voici ce que dit M. Baudrillart à ce sujet : « En Brie, (aux XVIIᵉ et XVIIIᵉ « siècles) il n'y a pas d'habitant qui n'ait son champ à la- « bourer, sa vigne à faire valoir, tous sont aisés et aucun « n'est riche[2]. » « La petite propriété (de vingt hectares « au maximum, de quelques ares au minimum), la pro- « priété morcelée est fréquente ; c'est la seule qui soit à la « portée des faibles épargnes du paysan. Heureux quand « celui qui l'a acquise ou qui la tient de son père, peut la « préserver et la transmettre après lui[3] ! »

B. Hainaut

Détachée des Pays-Bas et du comté de Hainaut par le traité de Nimègue, pour appartenir à la France, Valen- ciennes, en changeant de nationalité, n'avait point abdiqué

---

[1] Arrêts du 27 juin 1711, en faveur de la marquise de Beuvron contre le sieur Bernard, au sujet d'une terre de Barbonne située dans la Brie champenoise ; du 11 juillet 1713, aussi en faveur de la marquise de Beuvron contre Dame de Soudé, au sujet des terres de Dosnon et de Sᵗ-Didier ; du 11 juin 1739, entre le duc de Caderousse, comte de Sézanne, et les sieurs de Besu, d'Yancourt, de Buchère. Ch. Dumoulin, d'ailleurs sur cette question avait donné son opinion dans le même sens. Jean Bobé, *Coutumes générales du bailliage de Meaux*, CLXXXIX.

[2] *Archives de Seine-et-Marne*, VI, 253 f°, 75 ; G. Leroy, *Recherches historiques sur l'agriculture en Seine-et-Marne au XVIIᵉ et XVIIIᵉ siècles*, dans les *Mémoires de la Soc. d'archéol. de Seine-et-Marne*.

[3] H. Baudrillart, *Les populations agricoles de l'Ile-de-France*, dans les *Comptes-rendus de l'Académ. des Sciences morales et polit.* 1887, p. 804.

son droit coutumier. Elle avait apporté avec elle dans sa nouvelle patrie, ses vieilles coutumes, ses usances locales, pieuses reliques du vaincu, que le vainqueur arrache difficilement au pays conquis.

Ses mains-fermes, ses meubles et ses actions personnelles étaient régis par les coutumes d'Albert et d'Isabelle (1619), tandis que ses fiefs et ses aleux l'étaient par les Chartes de Hainaut reçues de Charles-Quint en 1534, qui continuèrent à les régir après comme avant 1678. Tandis que, d'après la coutume de 1619, les meubles et les conquêts main-fermes tombaient en communauté, les fiefs et aleux, régis qu'ils étaient par les Chartes de Hainaut[1], en étaient exclus. Bien qu'achetés durant mariage, des deniers de la communauté, les aleux comme les fiefs, par une sorte de privilège de masculinité, devenaient, sans récompense envers la communauté, la propriété du mari; la femme ne pouvait prétendre sur ces biens qu'à un droit de douaire.

Ainsi donc, en Hainaut, la tradition germanique était demeurée plus vivace. L'aleu était, à peu de chose près, ce qu'il était au commencement du Moyen-Age, le synonyme de la *terra salica,* le bien des ancêtres dont la succession était interdite aux femmes. Comme chez les Germains, la part à laquelle avait droit la femme à la dissolution du mariage ne se prenait que sur les *acquisita* et non sur l'aleu[2].

---

[1] Chap. lxxxi, *Des alleutz.* A la mort d'un époux l'alleutz reste à l'autre mais à la mort du survivant, s'il n'y a pas d'enfant, il fait retour aux parents de celui des deux époux à qui il appartenait. (Bourdot de Richebourg, I, p. 25).

[2] Lehuërou, *Hist. des Instit. mérov. et carol.* II, p. 35 et suiv.

Non seulement le Hainaut est resté en retard sur les pays du Sud, mais il paraît même avoir ignoré l'aleu en tant que bien libre, indépendant, opposé au bénéfice et au fief; il semble que, pour lui, l'aleu ait toujours été le bien des ancêtres. Du moment où l'aleu pouvait aussi bien être un propre qu'un conquêt, il y aurait dû y avoir lieu à faire cette distinction, afin de fixer, lors de la dissolution du mariage, la part de la femme qui en général ne se prélevait que sur les conquêts [1].

L'art. 2 du chapitre CII des Chartes de Hainaut dit : « Tous biens immeubles sont réputés fiefs si, par fait espécial, n'appert du contraire. » Ainsi donc il y a là une présomption formelle de féodalité.

Mais dans le cas où il était certain qu'un héritage n'était pas fief, devait-il être présumé aleu ou censive [2]? Censive, assurément car cette province était des plus sévères pour l'aleu. Elle le régissait par des dispositions un peu spéciales. Ainsi tout aleu dépendait de la seigneurie dans laquelle il était situé ; lors de chaque mutation il était sujet à relief par devant deux officiers nommés *Francqs-alloëtiers*, par devant cinq officiers pour les deshéritances et adhéritances [3]. Le relief n'était pas absolument obligatoire, car

---

Mais, contrairement à ce que disent M. Lehuërou et M. Dubois, les femmes étaient appelées aux successions d'aleux. Voici, en effet, ce que portent les coutumes générales de Haynault de 1534 : « Item en toute succession d'alleutz les filles y auront semblable portion que le fils, sauf à l'aisné fils, si fils il y a, et si non à la fille aisnée la haute justice, profits et émolumens en dépendans. » Disposition qui fait l'objet de l'art. 105 de la nouvelle Charte du 5 mars 1619.

[1] Dubois, *Revue critique*, 1853, p. 996.

[2] En Belgique, en Cambrésis, en Picardie, la censive s'appelait : *mainferme*. C'est à tort que Denizart emploie ce terme comme synonyme d'aleu roturier.

[3] Chap. XXX, art. 1, 4, 19, 30 ; XXXIV, 14 ; LXIX, 18 ; CVI, 1.

l'art. 3 du chap. cvi dit : « En alloëts bail n'aura lieu,
« ainsy succèdera prestement le trespas de ses père, mère
« ou parents, sans aucune sujection de relief. » Il était utile
en cas de contestation, car le premier relevant était mis
en possession, partant défendeur au procès en revendication.

C. Cambrésis

Dans ce pays l'aleu s'appelait *fief cottier*, car il tenait le
milieu entre le fief et la censive ou *coterie*, et était soumis
aux mêmes devoirs de loi qu'en Hainaut. Le relief se faisait devant les *hommes cottiers*.

Nous disons que l'aleu tenait le milieu entre le fief et la
censive. En effet, à la différence du fief, il se partageait
également sans distinction de sexe, ni de succession directe
ou collatérale, il ne devait ni relief, ni droits seigneuriaux,
mais il différait de la censive, *coterie* ou *main-ferme* en ce
qu'il n'était pas sujet au droit de *maineté*, droit qui n'était
imposé qu'aux main-fermes et non aux fiefs[1].

Le *franc alloëtier* était un témoin, choisi par la partie parmi les possesseurs
d'aleux. L'acte n'étant consigné sur aucun registre, mais sur une feuille volante,
les fraudes étaient fréquentes. Le roi d'Espagne, par arrêt du 17 nov. 1626, enre-
gistré à la Cour de Mons, avait ordonné, pour remédier à cet inconvénient, de
faire registrer l'acte au greffe, mais cet arrêt resta lettre morte. Cogniaux, *Pratique du retrait*, VI, 10.

[1] *Cout. de Cambrésis*, tit. I, art. 74, VIII, 8 ; Id., VIII, 12, Richebourg, *Cout.
général*. II, p. 286 ; Arrêt du Parlement de Flandre, du 14 février 1775.

D. Angoumois

La coutume du comté d'Angoumois de 1514, dans son article xxxv, porte que « Tout seigneur châtelain ou autre « ayant haute justice ou moyenne et basse avec territoire « limité, est fondé par la coustume et commune observance « du pays de soy dire et porter seigneur direct de tous les « domaines et héritages estans en iceluy ; qui ne monstre « devement du contraire ; et au moyen d'icelle directe, s'il « trouve en ses limites, terres possédées sans devoir, peut « sur icelle asseoir cens tel conforme et semblable, qui est « assis ès terres voisines de son territoire. »

E. Blois

La coutume de 1523 dans son article 23 proclamait le principe que toute terre était féodale. En effet : « Au « comté et bailliage de Blois et ressorts d'iceluy, il y a trois « droits seigneuriaux fiefs, cens et terrages ; lesquels s'ap- « pellent seigneuriaux parce qu'aucun ne peut tenir héri- « tage es dits comté, bailliage, et ressort, sinon qu'il le « reconnoisse tenir d'aucun seigneur à l'un des trois droits, « si lesdits héritages n'estoient bien et deuement amortis « et que les seigneurs y prétendans censives, terrage ou

« féodalité, eussent esté payéz de leurs indemnitez. »
L'art. xxxv ajoute que ces trois droits seigneuriaux sont
imprescriptibles. Julien Brodeau dit sur cet article :
« ergo en cette coutume le franc-alleu n'est receu non plus
« que en Bretagne. » C'est une erreur, le pays de Blois
pouvait avoir des aleux, du moment où l'article même
ajoutait qu'on pouvait amortir les héritages féodaux.

F. Péronne

L'art. 102 de la coutume de Péronne, Montdidier et Roye
porte : « Nul n'est fondé en franc-aleu, s'il n'en fait
« apparoir », et l'article suivant ajoute : « Et en franc-aleu
« n'est deu saisine ne dessaisine. » Le procès-verbal de la
rédaction de 1567 ne mentionne aucune protestation.

L'ancienne coutume de 1507 cependant ne contient aucune règle semblable, mais, ce qui prouve que les aleux
avaient dû devenir rares par suite des conversions en fiefs,
c'est que cette ancienne coutume visait ces conversions :
« Item, si aucunes personnes tenans en franc-aleu ou en
« censuel d'aucun grand seigneur, parvient pour avoir port,
« faveur ou autrement pour le tenir en fief du dit seigneur,
« et advoué le tenir en fief pour avoir port etc [1]... »

Sur les derniers mots de l'art. 102. « Nul n'est fondé
« en franc-aleu, s'il n'en fait apparoir, » Julien Brodeau
fait remarquer qu'il faut que ce soit par titre, car « la pos-
« session immémoriale n'est pas considérable. »

---

[1] Richebourg, *Cout. génér.* II, p. 632.

G. Beauvoisis

La coutume de Clermont en Beauvoisis est assurément,
comme nous l'avons dit, la plus ancienne qui ait proclamé
la présomption de féodalité. Voici en effet ce que dit Beaumanoir, capitres xxiv, 5 : « Or, veons quel uzage ne valent
« pas. Quant li sires voit aucun de ses sougès tenir héritage
« duquel il ne rent à nului chens, rentes, ne redevances :
« li sires y pot geter les mains et tenir le comme soie
« propre ; car nus, selonc nostre coustume, ne pot pas
« tenir d'alues ; on apele alues ce con tient sans rendre à
« nului nule redevance. Et se li quens s'aperchoit avant
« que nus de ses sougès, que tix alues soit tenus en se
« conté, il les pot penre come siens, ne n'en est tenus à
« rendre n'a repondre a nus de ses sougès, porce qu'il est
« sires de son droit, de tout ce qu'il trueve tenant en alues.
« S'il uns de ses sougès ne pot prouver qu'il a trouvé
« esfranquié, li alues doit demourer au conte, ne cil qui
« en alues le tenoit ne se pot aidier de lonc uzage[1]. »

---

[1] Édit. Beugnot, 1842, I, p. 340. Le texte est du Mst de St-Germain Harlay,
nº 425 à la Bibl. nat. lequel date du xiiiᵉ siècle.

Les Msts de Colbert, nº 9440 (xivᵉ siècle), des Missions Étrangères, nº 154 (du
xvᵉ siècle), ne contiennent pas les mots *aleux*, sauf dans la phrase qui pose le
principe, et les remplacent par les mots « iretages... *Chozes tenus de cette manière...* » M. Beugnot, en faisant remarquer ces différences de textes, les attribue à
un raisonnement du copiste : puisque cet article dit qu'il n'y a pas d'aleu, je ne
dois plus me servir de ce mot.

H. Saintonge

Quoique ayant toujours joui du droit romain, cette province reconnut toujours la maxime féodale. « Le seigneur « chastellain, » dit en effet l'art. vi des coutumes de la seneschaussée de Xaintonge de 1520, « est fondé par la « coustume à soy dire et porter direct et util de tout ce qui « est au dedans de sa chastellenie, dont ne luy est fait devoir « ou redevances, si par titre particulier il n'appert du « contraire. »

I. Aunis

La coutume de la Rochelle paraît aussi avoir été très favorable à la présomption de féodalité, car les art. 5 à 8 du chapitre IV établissent un droit de saisie générale en faveur du seigneur, ce qui forcerait naturellement tout possesseur prétendant à la franchise à établir celle-ci.

Il existe encore aujourd'hui dans le département des Deux Sèvres, deux communes du nom *Des alleuds,* il est certain que ces noms leur viennent des immunités alodiales dont ces petits pays jouissaient, franchises exceptionnelles qui contrastaient avec l'état de dépendance général de la région[1].

---

[1] L'une se trouve dans le canton de Surin, l'autre dans celui de Sauzé-Vaussais arrondissement de Melle.

J. Senlis

L'art. 262 de la coutume de 1539 était formel : « Item « aucun ne peut tenir terre sans seigneur. » Et, alors même que cette disposition n'eût pas été expresse, l'art. 191 déclarant le cens imprescriptible, aucune présomption d'alodialité n'aurait pu être invoquée. « Toutes actions en ma- « tière d'hypothèques, pour rentes et autres droits réels « sont éteintes et expirées par le temps et espace de qua- « rante ans, *excepté le droit seigneurial de censive* et fonds « de terre *qui ne se prescrit point,* combien que les arré- « rages de ce soient prescrits par trente ans. »

Néanmoins, à la fin du xvie siècle, les marguilliers de la paroisse de Choisi voulurent exciper de la présomption d'alodialité contre les religieux de Reaulieu, mais ils furent condamnés par arrêt du 8 mai 1595[1].

K. Lille

Dans les Flandres, d'une façon générale, on ne présumait pas l'alodialité, la plupart des coutumes déclaraient le cens imprescriptible[2].

---

[1] *Cout. du bailliage de Senlis* à la fin du T. II du *Traité des donations*, de J. M. Ricard, édit. de Gosselin. 1713, p. 85.

[2] *Cout. de la chastellenie de Bergh* S^t. *Winox,* XIV, 2, Namur, Liège, Bruges, etc... Ainsi qu'en Argonne, *Cout. de Clermont,* XIV, 7.

L'art. 72 de la coutume de Lille de 1565 disait : « En le
« dite chastellenie, il n'y a nulles franches garennes etc. »
D'ailleurs ce qui prouverait que l'aleu était fort rare en
ce pays, c'est qu'une des coutumes locales d'un petit pays
non loin de Lille, La Salle était dite *Coutumes des Francs
alleuds* parce qu'elle portait : « Héritages tenus en francs-
« alleux dépendant de la dite Salle de Lille sont réputez pour
« meubles[1] » et cet article avait été inséré dans la coutume
générale de Lille (VII, 11), mais toujours comme spécial à
La Salle.

§ III. — *Coutumes muettes qui ne prennent parti ni pour ni contre la présomption d'alodialité.*

A. Paris

Le Parisien avait de tout temps joui du droit d'acquérir
et de transmettre ses biens en franc-aleu. Dès que la possession du bourgeois était fondée sur un titre, il était
exempt de toute charge et ne relevait du seigneur ou du
roi qu'en matière judiciaire. Réputé bien noble jusqu'à la
rédaction de la coutume de 1510, l'aleu était soumis au
droit d'aînesse, le Parisien était ainsi traité en gentilhomme
dans sa personne et dans ses propriétés. Charles V en effet

---

[1] Richebourg, *Cout. gén.* III, p. 218.

avait accordé par ordonnance aux bourgeois de sa bonne
ville de Paris, le port des armes, de l'éperon etc. Cette
noblesse était un honneur parfois périlleux, que fit remarquer le président Baillet lors de la rédaction de la coutume : les maisons et les héritages tenus en aleux et auxquels n'étaient attachés ni fiefs, ni censives, ni justice, appartenaient de la sorte dans les successions exclusivement
à l'aîné, qui par là dépouillait complètement ses frères et sœurs, quand le défunt ne laissait pas des immeubles hors Paris. Les Etats décidèrent donc que ces aleux
se partageraient roturièrement, c'est-à-dire également entre les enfants du même lit, et le privilège d'aînesse fut
réservé aux biens alodiaux nobles. Le lieutenant civil Sé-
guier avait même demandé à ce que le père de famille pût
déclarer par testament que l'aleu noble serait partagé
également entre tous ses enfants, mais cette motion, qui
aurait troublé le système des successions, ne fut pas
adoptée.

L'aleu, quoiqu'il fût nombreux, ne s'était toutefois jamais présumé, et demanda toujours à être fondé sur un
titre. Ce n'est pas que quelques auteurs n'aient point
cherché à établir le contraire, mais l'art. 124, qui établissait l'imprescriptibilité du cens, semblait implicitement
proclamer la règle « *nulle terre sans seigneur.* » Cet article
disait en effet : « Le droit de cens ne se prescrit par le dé-
« tenteur de l'héritage, contre le seigneur censier, encore
« qu'il y ait cent ans, quand il y a titre ancien ou reconnais-
« sance faite du dit cens ; mais se peut la quantité du cens
« ou arrérages prescrire par trente ans contre majeurs-âgés
« et non privilégiés. »

Charondas le Caron[1], Louet[2], de Laurière[3], Salvaing[4], et plusieurs autres excellents auteurs tenaient pour l'alodialité. « Le cens est imprescriptible, d'après l'art. 124, « même par cent ans, *quand il y a titre ancien ou recon-* « *naissance de cens*», donc, disaient ils *a contrario*, quand il n'y a pas titre ni reconnaissance de cens, on peut se prévaloir de sa possession, c'est donc que la présomption est en sa faveur et que le fonds est réputé avoir gardé sa liberté naturelle. »

Mais la jurisprudence repoussa toujours ces prétentions. Un arrêt du 17 mars 1538 obligea ceux qui alléguaient l'alodialité à l'établir par titre et de nombreux arrêts conformes sans une seule dissonance, vinrent ratifier la même sentence.

B. Normandie

On sait l'influence grande des lois anglo-normandes dans cette province[5]. Or la directe universelle étant, en droit anglo-normand, un principe incontesté[6], aurait dû pros-

---

[1] *Pandectes*, II, XV.

[2] Lettre C, § 21.

[3] Sur Loysel, II, 2, § 1.

[4] *Usage des fiefs*, 52.

[5] Gauttier d'Arc, *Histoire des Normands*, 1830.

[6] Le *Domsday-book*, livre terrier de Guillaume le Conquérant, supposait bien au XIᵉ siècle des aleux et des aleutiers (Domsday-book, I, fᵒˢ 1, 22, 23, 54, 269), employait bien les mots *drenchs* et *drenghs* qui avaient le même sens (Ellis, I, p. 56), mais il est certain, étant donnés les principes absolus de domaine éminent

crire de Normandie tout aleu, et cependant il n'en est rien, les aleux y sont rares et n'y sont jamais présumés il est vrai, mais il y en a. Les historiens nous attestent l'existence d'un aleu roturier au temps qui précéda la cession de la Neustrie par le roi de France, et celle d'un aleu noble au temps qui suivit la réunion, faite par Philippe-Auguste, de la Normandie à la Couronne au xiiie siècle [1]. La Charte aux Normands de 1314 en reconnaît formellement l'existence, ainsi que certaines chartes contemporaines de Roll [2].

Pourquoi cette différence avec la Bretagne et comment se fait-il que l'aleu, contraire aux lois anglo-normandes, ait pu s'établir en Normandie? M. Laferrière en attribue la cause à l'influence grande que conservaient dans cette province les lois danoises de Kanut le grand où l'*alodium* le *Boc-land*, la terre libre, était la règle générale, et dont le

---

dé toutes les terres au profit de l'Etat, qui réglaient le droit anglo-normand, que ces mots ne pouvaient signifier que le droit le plus complet de possession, que la tenure la plus étendue qu'on puisse avoir sur une terre dont on n'est pas propriétaire (Cf. Ellis, I, p. 54; Garsonnet, *Histoire des locations perpétuelles*, 1879, p. 308).

[1] Basnage, *Cout. du pays et duché de Normandie avec comment.* Rouen, 1694, 102; Guillaume de Jumièges, *Historia Normannorum*, II, 19 (dans Duchesne, *Historiæ Normannorum scriptores antiqui*, 1619, p. 85). Toutefois, la distinction des deux sortes d'aleux ne figure dans les textes que dans la rédaction de la nouvelle coutume, c'est-à-dire après le xve siècle. (Cf. Richebourg, *Coutumier gén.*, art. 53, 102).

[2] David Houard, *Dictionnaire du droit Normand*, p. 62; Brussel, *loc. citat.* I, p. 72; *Histoire de l'abbaye de Saint-Germain des Prés*, 1724, 2e part. p. 21, charte anno 918.

La terre d'Yvetot, qui conserva le nom de royaume jusqu'au xviiie siècle, était probablement un aleu d'après Henri Martin, édit. 1857, X, p. 283 et 575, et d'après Garsonnet, *loc. citat.* p. 303.

principe se perpétua, en contrebalançant et annihilant le principe féodal des lois anglo-normandes[1].

Il y a peut-être là une autre cause : c'est que les Normands avaient reçu leurs parts, comme propriété perpétuelle, sans autre devoir que celui d'aider Rollon à la défense du pays[1]. Ne serait-ce pas là, le vrai point de départ de l'alodialité quant à la Normandie ?

C'était déjà beaucoup que l'aleu existât en Normandie, quant à la présomption c'était trop demander. Il fallait donc l'établir par titre énonciatif ; quelques auteurs admettaient aussi la possession de quarante ans. Selon la règle générale, l'aleu était soumis à la juridiction foncière du fief où il était enclavé[3].

A côté de l'aleu, on trouvait en Normandie une tenure privilégiée qui emportait certaines franchises et qui, bien que non affranchie de toute sujétion à la féodalité, était exempte d'une partie des charges qui en étaient la conséquence. C'était le *franc bourgage* : héritage iroturer exempt de relief, treizième, lods et ventes et autres droits seigneuriaux sauf titre ou possession immémoriale du contraire. C'était donc là, une sorte d'aleu présumé. Toutefois, le possesseur en franche bourgeoisie, était soumis aux banalités, plaids, gage-plèges, à la confiscation, à la com-

---

[1] Laferrière, *Histoire du Droit*, Cotillon, V, 1858, p. 614.

[2] G. Steenstrup, *Etudes préliminaires pour servir à l'histoire des Normands*, 1881, p. 156 ; Dudonis Sancti Quintini, *De moribus et actis primorum Normaniæ ducum*, édit. Lair, p. 171.

[3] Houard, *Traité sur les coutumes anglo-normandes*, 1776, p. 434 ; Boutillier, *Somme rurale*, 91 ; Bacquet, *Francs fiefs*, 1744, II, p. 456.

mise en cas de désaveu, aux droits de bâtardise et de déshérence[1].

L'origine de cette franchise se trouve probablement dans le désir qu'eurent certains seigneurs d'attirer dans leurs villes et leurs bourgs les populations voisines.

En général, c'était, des maisons de ville qu'on tenait en bourgage quoi qu'on en trouve aussi dans les paroisses rurales, comme à Saint-Martin des Bois dans le canton de Breteville-sur-Laize[2]. Les maisons des faubourgs pouvaient aussi être tenues en bourgage à condition de n'être pas isolées[3]. Ce mode de tenure était assez fréquent en Normandie, d'où il passa en Angleterre.

C. Anjou

Cette province ne connaissait qu'un aleu imparfait. L'aleutier était bien exempt de foi, d'hommage, de prise par défaut d'hommes etc... mais d'après l'art. 140 il devait deux choses.

D'abord comparaître en la cour de son seigneur pour lui déclarer qu'il tenait sa terre en aleu. En cas de mort

---

[1] Ragueau, *Glossaire du droit français*, v° Bourgage, 1704, I, p. 179 ; Lefort, *loc. cit.* p. 283.

[2] Léopold Delisle, *De la condit. agricole en Normandie*, Evreux, 1849, p. 39.

[3] Denisart, *Collect. de Décisions nouv. relativ. à la Jurisprud.* 1775, v° Bourgage ; arrêts de Rouen, 16 mars 1697, 20 juillet 1715 ; Houard, *Traité des cout. anglo-normandes*, I, p. 234.

du seigneur, d'après du Pineau, l'aleutier devait comparaître devant chacun des successeurs [1].

En second lieu, payer en cas de mutations, les droits de
lods et ventes. En conséquence de cette obligation, tout
acquéreur d'aleu devait exhiber son contrat d'acquisition,
au seigneur, sous peine d'amende pour vente recélée dans
les délais.

La confiscation, qui était la sanction à ces deux devoirs
de reconnaissance et de paiement de lods et ventes, n'avait
lieu que dans ces deux cas seulement.

L'aleu était encore soumis aux *issues*, c'est-à-dire aux
droits de ventes doubles (art. 156), et, lorsqu'il était acquis
par des gens de main-morte, il était sujet à une indemnité
payée au seigneur en dédommagement de ce qu'il sortait
du commerce et ne paierait plus lods ni ventes.

Quoique cette coutume ne fût pas explicite, la doctrine
et la jurisprudence angevines exigeaient que l'aleu fut
prouvé par titres. Quelques auteurs essayèrent de faire
l'objection suivante : l'art. 140 n'exige qu'une simple déclaration orale de la part de l'aleutier, il n'est rédigé de
cette déclaration aucun écrit, quel titre l'aleutier en peut-
il conserver ? Si donc l'art. 140 ne juge pas à propos de
donner un titre à l'aleutier, c'est qu'il ne juge pas ce titre
nécessaire, c'est qu'elle présume l'alodialité.

A cela, Pocquet de Livonière répondait que l'aleutier
n'avait qu'à faire enregistrer cette déclaration de bouche.

---

[1] Du Pineau, *Cout. d'Anjou*, Angers, 1746, in-8º, art. 140.
Voir supra, p. 86, 87, quelques détails sur cette *offre de foy*, ainsi qu'une
charte du xvıe siècle la constatant. Nous croyons inutile d'y revenir ici.

Que d'ailleurs cette déclaration n'était pas le titre obligé, qu'on pouvait en apporter d'autres, ainsi des partages, des contrats constatant que la qualité alodiale du dit domaine est de possession immémoriale ; cela suffira à faire triompher l'aleutier si le seigneur n'apportait pas des titres formels contraires. La jurisprudence ratifia d'ailleurs cette doctrine[1].

Il faudrait se garder d'induire de là, qu'en Anjou, l'aleu se pût acquérir par prescription, ce n'est pas ce que voulait dire Pocquet. Tout ce qu'il voulait exprimer c'est ceci : à défaut de titres primordiaux, les simples titres énonciatifs pouvaient y suppléer et faisaient présumer que les choses étaient à l'origine telles qu'elles.

D. Maine.

Cette coutume était, relativement à l'aleu, semblable à celle d'Anjou, c'est-à-dire qu'elle ne reconnaissait qu'un aleu imparfait.

Toutefois, la question était controversée de savoir si l'aleu, en cas de mutation, devait payer les lods et ventes, comme en Anjou. L'art. 153, était conçu dans les mêmes termes que l'art. 140 d'Anjou, sauf qu'il portait une négation qui en changeait le sens du tout au tout. « Si la

---

[1] Arrêts du 7 septembre 1640 ; du 11 août 1662 ; Brodeau, *Cout. du Maine*, LXVIII, 8 ; Salvaing, *Traité des fiefs*, LIII, p. 283 ; Chopin, *Cout. d'Anjou*, Paris, 1611, p. 305 et suiv. I, 38, § 8 ; II, 2, § 2 ; V, 1, 2, 4 ; Pocquet de Livonière, *Traité des fiefs*, p. 558 suiv.

« terre est vendue ou eschangée, disait l'art. 153 du Maine,
« le seigneur·*n'y* prendra ventes ou autres émoluments de
« fiefs » tandis que l'art. 140 d'Anjou contient la même
phrase mais « ... *y* prendra ventes... »

Certains auteurs, tels que Fr. Ragueau[1], prétendaient que
la négation avait été introduite par erreur dans la coutume
d'Anjou, lors de sa réformation. Mais l'original du Prési-
dial d'Angers la portait bel et bien ; et, tandis que dans le
Maine, en cas de mutation, l'aleu n'était pas soumis aux
lods et ventes, en Anjou il y était soumis[2].

E. Amiens, Abbeville, Laon, Tonnerre, Tournai.

Toutes les chartes d'affranchissement des communes
font sonner bien haut les franchises et les libertés dans

---

[1] *Coutumes générales de Berri*, CLIII : « Hic puto addi debere negationem,
sententia exigente ex artic. 153 consuetud. Cenom. quæ huic convenit fere in
omnibus. »

[2] M. Beautemps-Beaupré, (dans ses *Institutions de l'Anjou et du Maine antérieures au XVe siècle*, Durand, Pedone-Lauriel, 1883, T. IV, p. 15) dit, à propos
du Mst Ottobonien (no 2962 à la Biblioth. nation.) dont il donne une édition,
que ce texte à l'article *aleu* reproduit le no 33 du livre II du *Grand coutumier*,
et M. Beautemps-Beaupré ajoute : « Il n'y avait point de franc-aleu en Anjou,
pas plus qu'en Touraine et à Paris. » Et déjà, au T. III, p. 305, en reproduisant
l'art. 164 de la Coutume de 1463, M. Beaupré, se fondant sur une note de Pocquet de Livonière semblait dire qu'il n'y avait pas de franc-aleu à Paris, à Orléans ni en Anjou.

M. Beaupré nous paraît faire une confusion totale entre l'*existence* de l'aleu,
et sa *présomption* d'existence. Il est certain que l'aleu existait à Paris, à Orléans et en Anjou, puisque plusieurs articles en font mention, la seule question
qui puisse s'agiter, c'est celle de la présomption.

lesquelles elles maintiennent et confirment leurs habitants. Plusieurs villes voulurent se prévaloir de ces énonciations, de ces confirmations pour prétendre à la présomption d'alodialité.

Ainsi les villes d'Amiens et d'Abbeville[1], firent valoir les termes de : « Eisdem privilegiis, libertatibus et fran- « chisiis hactenus usi sunt pacifice et quiete, rata haben- « tes, ea volumus et ratificamus » que portait leur charte[2]. La ville de Laon en Vermandois argumenta aussi de la teneur de sa charte d'affranchissement, accordée en 1128 par Louis le Gros, qui contenait les mots « si in alodio « fuerint[3]... » Tonnerre allégua une charte de 1261 donnée par le Comte Eudes, et Tournai celle de 1187 qu'elle avait obtenue de Philippe-Auguste, portant : « Homines Tornaci « quieti et liberi erunt ab omnibus consuetudinis a nobis « et heredibus nostris regibus. »

Mais ces villes étant soumises aux lods, au cens, au quint et au requint, signes évidents d'une soumission féodale, ne purent pas faire établir la présomption d'alodia-lité. On les repoussa en leur disant que l'objet des chartes d'affranchissement avait bien été de maintenir les bourgeois de ces villes dans leur liberté et dans leur franchise de toute redevance ou de toute imposition arbitraire des

---

[1] Les cout. du comté de Ponthieu, d'Abbeville, du bailliage d'Amiens étaient muettes. La cout. du Vidamé de Gerberoy était formelle sur l'imprescriptibilité du cens. « Item, quiconque a jouy, disait l'art. 78, et possédé d'aulcun héritage à tiltre ou sans tiltre, franchement sans payer aucune rente, par le temps de qua-rante ans continuels... il a acquis par prescription la franchise, excepté le droit seigneurial de censive qui ne se prescrit point. »

[2] *Ordonnances du Louvre*, IV, p. 54.

[3] *Ordonnances*, t. XI, art. 2.

17

seigneurs, mais à condition qu'ils paieraient un cens
annuel. Cette liberté, loin d'être une immunité ni une
exemption de toute prestation, ne dispensait les bénéficiaires que des redevances *quæ servis infligi solent*, et
imposait au contraire le devoir du cens, même personnel.
Cela était si vrai, disait-on, qu'il existe des coutumes,
comme celle d'Aigues-mortes donnée en 1246 par
Saint-Louis[1], qui, tout en affirmant la liberté des personnes et des biens, fixe *in fine*, par un article exprès, la
quotité du cens et à quelle date la ville doit le payer[2].

·On observait dans le territoire de Laon une particularité
assez bizarre, qui était une dérogation évidente aux règles
générales en matière de compétence judiciaire *loco*. En
effet, d'après la charte communale de Laon du xiie siècle,
l'homme qui commettait un crime dans le territoire de
cette ville, s'il possédait un aleu, au lieu d'être jugé par le
seigneur dans le district duquel étaient ses possessions,
n'était justiciable que de l'évêque[3]. Cette règle n'avait-elle
pas été édictée pour mettre les aleutiers à l'abri des vexations et de la rapacité jalouse des seigneurs?

---

1 *Ordonn. du Louvre*, V, p. 162.
2 H. de Pansey, *Dissert. féod.;* arrêt de 1776, adjugeant la directe sur la ville
de Tonnerre au marquis de Courtanvaux. (Guyot, *Répertoire*, II, [1784, p. 797).
3 Charte de Laon, anno 1128, ch. 11, dans *Recueil des Ordonnances*, t. XI
p. 185 ; G. d'Espinay, *La féodalité*, Saumur Godet, 1862, in-8, p. 100.

F. Marche

Une charte d'Hugues comte de Marche et d'Angoulême, donnée à la ville d'Ahun dans la Haute-Marche en 1268, portait : « Ipsos recognoscimus et volumus et concedimus « in perpetuum esse francos et liberos cum omnibus rebus « suis et bonis. » Mais elle ajoutait : « Ita quod non tenea- « tur nobis dare seu reddere aliquam talliam sive quæs- « tam, nisi tantummodo, quinquaginta libras Marchiæ mo- « netæ annuatim et in quatuor casibus consuetis tantum. »

Ainsi voilà déjà un abonnement annuel de cinquante livres, voilà déjà la franchise un peu entamée !

Lorsque le comté de la Marche fut réuni en 1551 à la couronne, François Ier reconnut les libertés du pays.

En 1679 le fermier Jacques Buisson procéda à la con- fection du papier terrier, les consuls d'Ahun protestèrent, mais furent condamnés par l'Intendant de Moulins, le 20 juillet 1679, à passer reconnaissance à Sa Majesté des cinquante livres (dont parlait la charte de 1268), pour les droits de directe, lods et ventes, prélation et taille dans les quatre cas énoncés. Les consuls ayant fait appel, obtinrent un arrêt du 1er juillet 1684 déclarant que « c'est à tort que « les habitants d'Ahun et du mas d'Auriolle ont été déclarés « sujets aux droits de lods et ventes, et en conséquence les « en exempte. » L'art. 197 de la coutume était d'ailleurs formel sur la question des lods et ventes.

C'était là cependant un triomphe bien platonique puisque l'abonnement de cinquante livres restait comme devant.

G. Lorris et Saint-Quentin en Vermandois

Quoique la coutume de Lorris fût muette, il semble qu'elle triompha sur la question d'alodialité, grâce à sa charte d'alodialité (art. 9), accordée par Louis le Gros en 1118, charte qui lui avait été confirmée par Louis le Jeune de 1155 et en 1187 par Philippe Auguste[1].

La ville de Saint-Quentin aussi obtint gain de cause, grâce à l'art. 3 de la charte qu'elle avait reçue de Philippe Auguste en 1195. « Communia vero ita statuta est, quod « homines communiæ cum omnibus rebus suis, quieti et « liberi permaneant. » Le fermier avait essayé de se faire accorder la directe en alléguant que les mots « cum omni- « bus rebus suis » ne signifiaient que les effets mobiliers, les choses qui suivent le corps et les personnes, ce que nous appellerions aujourd'hui le statut personnel. Il fallait, le malheureux, qu'il fût bien dépourvu d'arguments pour en aller chercher d'aussi mauvais ! Aussi un arrêt du Conseil de 1775 vint-il confirmer l'alodialité dont la ville, il faut le dire, n'avait jamais cessé de jouir.

H. Grand-Perche

Cette coutume était muette ; il paraissait pourtant qu'elle dût être contraire à l'alodialité. L'art. 86 disait qu'en la

---

[1] Rapportée par Galland, p. 375 ; par Guizot, *Hist. de la civilisation en France*, édit. de 1840, IV, p. 247 ; *Recueil des ordonnances*, XI, p. 200.

Chastellenie de Mortaigne il n'était dû ni cens, ni lods, ni ventes [1].

I. Lyonnais, Forez, Beaujolais, Maconais.

Quoique ces coutumes ne présumassent pas expressément l'alodialité, elles l'impliquaient, car elles disaient que le seigneur devait par son exploit d'assignation donner copie de la dernière reconnaissance des auteurs de l'emphytéote, avec déclaration des vieux et nouveaux confins et du territoire où était situé l'héritage duquel il prétendait le cens [2].

La ville de Montbrison se prévalait des libertés qui lui avaient été accordés en 1223 par Guigon, comte de Forez : «... Si aliquis habeat alodium in re aliqua, et obligaverit « alodium alicui, le *benevisers* (beneficiaire) non debet dare « aliquia pro investitura illi qui alodium pignori accepit. « Item si ille qui habet alodium in re aliqua, vendiderit « vel donaverit, vel alio modo alienaverit alodium suum, « le *benevisers* non tenetur dare aliquid pro investitura, « nisi unum denarium de solido, vasto pretio re estimata, « si res fuit aliter quam vendendo alienata... »

---

[1] *Les coustumes du pays, comté et bailliage du Grand Perche* par Gilles de Bry, 1737, p. 221.

[2] *Claude Henrys* avec les observat. de Bretonnier et Terrasson, édit. de 1772, IV, p. 717.

J. Chalons

Bien qu'il n'y eût dans cette coutume aucun article qui posât le principe de présomption d'alodialité aussi formellement que l'art. 51 de la Coutume de Troyes, plusieurs articles semblent avoir été inspirés de ce principe et avoir été calqués sur des dispositions de la coutume de Troyes [1].

L'art. 123 disait en effet que la formalité du vest et du devest était inutile dans cette coutume, que la possession de fait suffisait, sauf dans le cas où l'héritage vendu était tenu à cens. Ainsi donc ce n'était pas supposer la censive comme règle générale, mais bien comme exception. Le vest et devest est inutile parce que la règle est que la justice ne suppose pas la censive, mais si la féodalité se trouve jointe à la justice, alors, par exception au droit commun, le vest sera nécessaire. N'est-ce pas ériger l'aleu en maxime générale [2] ?

Les feudistes essayèrent bien, pour combattre la présomption d'alodialité, de se prévaloir de l'art. 125 qui disait: « l'acheteur de l'héritage roturier doit au seigneur foncier

---

[1] Les art. 123, 165 (partage égal des aleux nobles ou roturiers) et 226 (l'an et jour du délai pour le retrait lignager court de la prise de possession) de Châlons, correspondent absolument aux art. 68 et 144 de Troyes.

[2] Godet, *Cout. de Châlons*, édit. 1615, CXXIII. « Il n'y a environ Chaalons vest ni devest. La cause si est parce qu'il n'y a ni lods ni ventes, ainsi qu'il est porté au viel coutumier de Champaigne. » Toutefois Godet ajoute que les aleux étaient peu nombreux à Châlons.

« le droit de vente, le douzième denier du prix prin-
« cipal. »

A cela on leur répondait que l'art. 125 supposait que le
dit héritage avait reconnu le seigneur, avait admis la
seigneurie censuelle. Ce qui le prouve, c'est que la coutume
de Troyes, éminemment alodiale de l'avis de tous, avait la
même disposition, et après avoir dit que tout héritage était
franc sauf preuve contraire, elle ajoutait à l'art. suivant
(52) : « Tous héritages chargés et redevables de censives,
« assis en la prevôté de Troyes, portent lods, ventes,
« amendes, quand le cas y échet. »

K. Bourbonnais

Cette coutume était alodiale parce que le cens y était
prescriptible [1]. Nous avons montré, à propos des aleux de
prescription, que c'était un principe certain que la prescriptibilité du cens contre le seigneur était le signe incontestable, la preuve non équivoque du caractère d'alodialité
de la coutume qui la permettait. Quel est le but en effet de
de la prescription ? Anéantir les titres particuliers en faveur
de la possession, ramener les choses dans leur état naturel.

---

[1] L'art. 22, au titre des prescriptions, dit en effet : « Cens portant directe
seigneurie, et autres devoirs annuels, sont prescriptibles par l'espace de trente
ans... »

Arrêts du 26 févr. 1779 contre l'abbé Bardounet seigneur de Souvigny, en faveur
du sieur Milon ; du 11 mai 1781, en faveur du sieur Dufour ; du 8 mars 1742, contre
le comte de Montmorillon en faveur de Gaulmin de Lally.

Or, dans les provinces où le cens est prescriptible contre le seigneur, l'effet de cette prescription est de ramener les héritages à l'aleu naturel, à la propriété franche et libre ; donc c'est que, dans ces provinces, l'alodialité était l'état naturel, le droit commun. Cela était si vrai qu'aucune des coutumes qui adoptaient la maxime « *nulle terre sans seigneur* », n'admettait la prescriptibilité du cens.

En second lieu, ce qui indiquait que le Bourbonnais était alodial, c'est que les art. 101, 103 et 145 disaient que le tenancier n'était obligé qu'en vertu de la reconnaissance par lui souscrite. Comme c'est la reconnaissance qui établit la directe, du moment où sa preuve en incombait au seigneur, c'est que l'alodialité était présumée. Ce fut là toujours l'opinion de la doctrine et de la jurisprudence[1].

Ce n'est pas toutefois que les fermiers du domaine n'aient pas fait tous leurs efforts pour faire attribuer au roi la directe universelle en Bourbonnais, mais ils ne purent jamais parvenir à leurs fins.

---

[1] Louet ; Brodeau ; Papon, *Cout. de Bourbonnais* ; Jean Duret, *Cout. du Bourbonnais* ; Jacques Potier, *Cout. du Bourbonn.*, 392 ; Auroux des Pommiers, *Cout. du duch. du Bourb.* 22 ; Germain Guyot, *Traité des matières féodales*, édit. de 1768, IV, p. 278 ; La Thaumassière, XX ; Duplessis, *Cout. de Paris*, II, 2.

Jurisprudence conforme :

Sentence de la Sénéchaussée de Moulins, du 29 avril 1645, en faveur du sieur Auray contre le seigneur de Villebouche ; arrêts du Parlement de Paris, du 7 mai 1668, contre le fermier de la Châtellenie de Moulins ; du 6 sept. 1713, en faveur des demoiselles de Cusset contre le sieur de Montjournal seigneur de Saulcet (Guyot, *loc. cit.* t. II, p. 51) ; jugement de la Chambre du domaine de Moulins, du 29 janvier 1746, contre le sieur Mestrand, fermier de la seigneurie de Verneuil en faveur du sieur de Lingendes, confirmé par arrêt du 15 juillet 1749. Tous ces arrêts déchargent les défendeurs des demandes en censives formées contre eux, parce que les demandeurs n'établissent pas suffisamment leurs prétentions.

Un seul arrêt, du 24 sept. 1606, était contraire à cette jurisprudence.

Déjà, à la suite de l'Edit général de 1692, le receveur Fumée avait essayé de comprendre cette coutume parmi celles qui n'étaient pas alodiales. Sur la plainte des syndics du pays, le Conseil du roi avait rendu le 8 août 1693 un arrêt « maintenant et gardant les habitants de la province « de Bourbonnais dans la liberté et franchise dans laquelle « ils sont de posséder leurs terres et héritages en franc-« alleu, conformément à leur coutume. Fait défense au dit « Fumée de faire aucune poursuite contre eux, ordonne « néanmoins Sa Majesté qu'ils paieront suivant leurs offres « pour les nécessités présentes de la guerre, ès mains du « dit Fumée, la somme de 100,000 livres. »

Cette façon d'accorder de nombreuses, trop nombreuses confirmations d'alodialité, nous allons la voir pratiquer souvent, à peu près généralement dans toutes les provinces alodiales, c'est toujours moyennant des présents *gracieux* de sommes de cent mille livres pour les *nécessités de la guerre* ou autres. On ne devait pas tarder à exciper de ces dits présents, qui étaient au fond de vrais abonnements, comme d'arguments contre cette même alodialité, pour la conservation de laquelle on les avait faits. Le Bourbonnais, plus heureux que bien des provinces dont nous allons étudier les malheurs, notamment que la Provence, paya, mais ne devait plus être inquiété.

En 1774 toutefois, les traitants poursuivirent un sieur Audifret en paiement de lods et ventes pour l'achat d'héritage qui avait toujours été franc. Ce bien, Audifret l'avait acheté du Chapitre de Notre-Dame de Moulins, il en tenait une partie à cens, pour laquelle il payait au dit Chapitre les droits seigneuriaux, mais l'autre partie était alodiale et ni le Chapitre, ni personne n'avait réclamé quoi que ce fût à ce sujet. C'est de ces derniers biens que le fermier dit à Audifret : le roi a la seigneurie universelle et les droits sont dus à Sa Majesté partout où il n'y a pas de seigneur particulier. Payez-lui donc les lods et ventes. Vous ne pouvez pas vous prévaloir de votre abonnement de 1693 puisque, par l'ordonnance de 1771, le roi a entendu rentrer dans ses droits.

Le bureau des finances de Moulins, le 7 avril 1775, accueillit cette demande par un jugement d'avant dire droit, ordonnant au demandeur « d'apporter les titres en vertu « desquels il prétendait que tout ou partie des héritages en « question était en la censive du roi. » En appel, le fermier fit valoir que la coutume de Bourbonnais n'était pas alodiale, ce qui n'était pas soutenable, et subsidiairement qu'alors même qu'elle le serait, ce caractère ne pouvait pas être opposé au roi. Ce dernier point était aussi tout à fait opposé à la jurisprudence, puisqu'il avait été récemment tranché en sens contraire par deux arrêts[1]. Aussi un arrêt de la Grand'Chambre, rendu à l'unanimité sur les conclusions du procureur général, le 7 mars 1786, donna-t-il encore raison au sieur Audifret et aux syndics de Moulins contre les fermiers Merlin et Réné[2].

---

[1] L'un du 12 août 1779, dans la coutume de Troyes pour les habitants de Tourtiers et Mᵉ Duperron, contre le marquis de Béarn et le procureur général ; l'autre de février 1785, dans le Nivernais, pour la présidente de Marolles.

[2] Chapsal, *Discours sur la féodalité et l'allodialité*, 1789, p. 272.

L. BERRY

Comme celle du Bourbonnais, avec laquelle d'ailleurs elle avait beaucoup d'analogie[1], la coutume de Berry était alodiale parce que, d'après l'art. 14 de son titre XII, le cens y était déclaré prescriptible[1].

L'article I, de la « rubriche et septaine première » de la coutume de la ville de Bourges était formel : « Première- « ment la coutume de la ville et septaine de Bourges est « terre franche. »

L'article I des anciennes coutumes de Château Meillan édictait le même principe : « Et premièrement tous les « hommes et femmes demeurant en la ville et faux bourgs « de Château Meillan sont francs bourgeois de franche con- « dition, eux et les héritages, s'il n'appert du contraire [3]».

Les chartes berrichonnes font mention d'un grand nombre

---

[1] Entre le Berry, le Nivernais et le Bourbonnais, il y avait une affinité étroite. Ces deux derniers comtés, en effet, furent longtemps du ressort du bailliage de Bourges, c'est-à-dire étaient soumis à la même juridiction et à la même coutume. Aussi, après leur séparation, et la rédaction de coutumes spéciales à chacune de ces provinces, trouve-t-on les plus grandes analogies dans les règles qui y furent édictées : au point de vue des successions, des modes de tenure du sol, du droit de suite, qui était inconnu dans les autres coutumes ; la question d'alodialité est donc un peu la même pour ces trois provinces.

[2] Toutefois Guyot, *loc. cit.* II, p. 52, est d'un avis contraire, en expliquant que ce n'est pas le droit qui se prescrit, mais les arrérages dûs seulement, il cite deux arrêts conformes du 7 juillet 1744, et du 3 juin 1745. Cette opinion paraît n'avoir été qu'isolée. (Chapsal, *loc. citat.* p. 304).

[3] La Thaumassière, *Anciennes et nouvelles coutumes locales du Berri et de Lorris*, Bourges 1679, p. 189 et 313.

de donations alodiales : anno 917, fondation de l'abbaye de Déols ; juin 1222, donation d'un chezal situé en la ville Bourges à l'abbaye de Mascé : « In franco alodio secun-« dum usus et consuetudines Bituricenses. » ; mai 1250, vente à Saint Pierre-le-puellier « sive censu et in franco alodio » ; février 1225 ; annis 1211, 1259, 1246, 1225, 1255, 1308 ventes à l'Eglise de Montermoien de terres « ab omni consuetudine, feodo et censu liberas penitus et immunes et in franco alodio[1] » ; annis 1242, 1254, 1331 achats « in franco alodio » de prés ou champs par le chapitre de la Sainte-Chapelle Saint-Hippolyte ; anno 1253 vente aux religieux de Fontmorigny, d'une maison sise en la ville de Bourges ; anno 1256 vente de plusieurs aleux au Chapitre de Bourges par Pierre de Fontenay ; anno 1404 donation à la sainte chapelle par Jean 1er, Duc de Berry, conçu aussi dans les mêmes termes[2].

---

[1] « Universis præsentes litteras inspecturis, officialis Curiæ Bituriensis Salutem in Domino. Noveritis quod præsens coram nobis Johannes Audrandus, filius defuncti Johannis Audrandi, olim Burgensis exoldunensis, certus, providus,... vendidit, tradidit, cessit, concessit et pure et in perpetuum quittavit venerabil. Viris Decano et Capitulo Medii-Monasterii Biturencis et ipsorum successoribus, pro 40 libris turonensibus... unum blandium bladisani, novi et receptibilis, per tertium, frumenti, marceschiæ et avenæ, ad mens. Bitur. conducto Bituris in Ecclesiam Medii-monasterii... quolibet anno ad festum sancti Michaelis... quod bladum assignavit et assedit super omnibus et singulis bonis suis... et specialiter super decimis suis de Chantemelle et de Lorri, sitis in Parochia de Charlico, vel circa... Promittens garantire in perpetuum, et defendere erga omnes gentes super omnes res suas, in judicio et extra judicium, quiete et libere, ab omni debito, obligatione, dono, legato, servicio, servitute, exactione, dote, oscleo seu dotalitio, feodo, refeodo, angariis, perangariis, censu, censa, censiva, et quecumque alio onere generali et speciali. Actum anno Domini MCCCXCIII, die Sabbati ante Nativitatem Beatæ Mariæ. »

[2] Chartulaire de l'ancien chapitre de Chasteau-lès-Bourges ; trésor de la Sainte

Jusqu'au xviiie siècle, il semble que cette alodialité n'ait jamais été contestée, de nombreux arrêts sanctionnaient ce caractère qu'aucun jurisconsulte ne contestait [1]. Lorsqu'en août 1692 le roi confirma le Languedoc en présomption de l'aleu roturier, les habitants nobles et roturiers, laïcs et ecclésiastiques adressèrent un placet au roi pour obtenir semblable déclaration [2].

Ce fut seulement en 1740 qu'un arrêt du grand Conseil du 8 mars, inaugura une jurisprudence nouvelle. Cet arrêt se fondait sur ce qu'aucun article de la coutume n'établissait expressément la présomption d'alodialité. En second lieu sur ce que l'article 20 obligeait tout nouvel acquéreur des choses tenues à cens d'exhiber au seigneur censier le contrat d'acquisition dans les quarante jours — ce que, disait-on, la coutume n'eût pas ordonné, si son intention eût été d'admettre l'aleu, auquel cas elle eût obligé le seigneur à communiquer ses titres à l'acquéreur. Cet argument portait à faux, l'art. 20 supposant que l'acquéreur ne déniait pas au seigneur son droit. Dans le cas où il déniait c'était au seigneur à établir son droit au préalable. L'art. 20 ne visait que l'établissement du *quantum* et non l'existence du droit lui-même [3].

Chapelle ; Cartulaire du chapitre de la cathédrale de Bourges, ffos 44, 70, 176, 232, 376 ; Chartulaire de St-Pierre le Puellier.

[1] Arrêts du 3 avril 1568, Gautier contre le chapitre de l'Église de Bourges ; du 6 avril 1599, du 14 juillet 1603, du 19 février 1667, du 14 nov. 1724, rapportés par La Thaumassière, *Le franc-aleu de la province du Berry*, Bourges 1700, in-fol p. 38 et suiv.

[2] Rapporté in extenso par La Thaumassière, *loc. citat.* p. 36.

[3] Dumoulin, XXXVII, 16, § 3 ; Pontanus, *In consuetudines Blesenses commentarii*, VII, 107 ; Carondas le Caron, *Cout. de Paris*, 62.

Cet arrêt condamnait en conséquence Guillaume Duris, sieur de Verneuil, receveur des tailles de la province, à exhiber ses contrats d'acquisition aux jésuites de Bourges, seigneurs d'Ivernault, territoire circonscrit et limité[1].

Un second arrêt, rendu par la Grand'Chambre le 17 juillet 1744, adopta les mêmes motifs et la même solution à l'encontre de la veuve Robert, du sieur Dubois et consors, propriétaires d'une métairie dans la Noue, en faveur du sieur Gougenot, seigneur de l'Isle-sur-Arnon et de la Noue[2].

La jurisprudence était dès lors établie dans ce sens et plusieurs arrêts conformes furent rendus[3].

Les demandeurs avaient tiré argument de ceci : lors de la première rédaction de la coutume, le Tiers-État avait fait insérer une cause relative à la présomption d'alodialité, mais l'arrêt d'homologation de la coutume, en date du 8 juin 1540, grâce à l'influence de la noblesse, ordonna sur cet article une instruction plus ample. Chacune des deux parties n'étant pas sûre de l'emporter, la chose en resta là et l'instruction n'eut pas lieu. Les demandeurs se prévalurent de ce défaut d'homologation et s'en firent un argument puissant contre l'alodialité, un argument qui emporta décision en faveur de la règle « *Nulle terre sans seigneur.* »

Voici les autres arguments que les demandeurs firent valoir et les réponses péremptoires qu'on leur faisait.

---

[1] Arrêt rapporté par Rousseaud de Lacombe, *Arrêts notables.*

[2] Denizart, *Collection de décisions nouvelles*, 1775, II, p. 355.

[3] 27 avril 1784, etc. H. de Pansey, *Dissert. féod.*, 1789, I, p. 77.

Dans une instruction de la Chambre des Comptes, un article dit : « L'on prétend qu'il n'y a point contre le roi de franc-aleu sans titre. » Ces prétendues instructions, répondait-on, ne passent pas pour véritables. Dumoulin assure (I, 12, art. 68) qu'elles ne se trouvent pas dans les mémoires de la Chambre des Comptes, et que d'ailleurs, si on voulait admettre cette maxime, il faudrait dire qu'en France il n'y a pas un seul aleu, ce qui est notoirement faux. Du reste, la plupart des coutumes sont postérieures à cette prétendue instruction — qui, n'étant pas édit, ni ordonnance, ne saurait avoir force de loi — et elles n'en établissent pas moins, comme devant, l'aleu.

La déclaration royale du 17 avril 1603, disaient les demandeurs, ordonne que tout détenteur de terre devra en passer déclaration et reconnaissance sauf qu'il fasse la preuve de la franchise de sa terre. Ce n'est pas là une déclaration, répliquaient les défendeurs, ce n'est qu'une simple apostille au cahier du commis au papier terrier de Champagne ; les parties n'ont pas été entendues, ce n'est pas un édit, c'est une simple remarque pour la Champagne et on ne saurait l'ériger en loi générale pour tout le royaume.

Les demandeurs invoquaient deux arrêts, l'un au profit de la Dame de Cluys contre les habitants de Crezon, l'autre du 7 mars 1626 au profit du roi contre les habitants d'Ay. C'étaient là des questions de fait, leur répondait-on, ceux qui prétendaient à la directe universelle, l'ont obtenue parce qu'ils ont suffisamment prouvé leurs droits.

Enfin les demandeurs faisaient valoir l'éternel argument que les coutumes, n'étant faites que par les délégués du pays, n'ont de force qu'entre les habitants de ce pays, et ne sauraient être opposées au roi. Pas du tout, disait-on, la coutume est discutée par le procureur général du roi, qui représente celui-ci, elle est homologuée par les Parlements royaux, le roi doit être obligée par elles. D'ailleurs lorsqu'elle lui est profitable il sait bien invoquer ces dispositions (comme pour les successions vacantes etc.), il est donc bien juste qu'il respecte les coutumes dans leur entier.

M. — Auvergne

Sans s'expliquer formellement sur la question de présomption d'alodialité, les articles qui parlaient de l'aleu étaient nombreux[1]. Les règles qu'ils édictaient ne se distinguaient de celles des provinces environnantes que sur un point : la distinction de l'aleu noble d'avec le roturier était inconnue, ou plutôt tous les aleux étaient roturiers[2].

C'était déjà là une première facilité pour admettre la présomption d'alodialité, puisqu'on se montrait toujours plus favorable à l'aleu roturier qu'au noble. Les jurisconsultes faisaient valoir que l'origine de leur coutume se trouvait dans le droit romain, qu'une partie de l'Auvergne était de droit écrit, que la province devait être assimilée aux pays de droit écrit, à sa voisine la Bourgogne qui, bien que muette, était réputée alodiale.

---

[1] XVI, 19 ; XVII, 19 ; XXXI, 2, 67.
[2] Chabrol, *Cout. d'Auvergne*, édit. de 1785, II, p. 889.

C'est que leurs adversaires voulaient assimiler l'Auvergne non pas à la Bourgogne, mais bien à Paris. « La coutume de Paris, elle aussi, fait mention des francs-aleux, « et, comme celle d'Auvergne, elle ne s'explique par sur la « classe dans laquelle doit être rangé un bien qu'aucun « titre ne qualifie d'aleu, ni de censive, ni de fief. Cependant on n'a jamais prétendu que la coutume de Paris « fût allodiale en ce sens que ce bien, à défaut de titres, « devait être présumé alodial. Pourquoi n'en serait-il pas « de même de la coutume d'Auvergne[1]? » Cet argument n'eut pas beaucoup de succès, et, quoiqu'on l'ait réédité pour le Bourbonnais et pour les coutumes muettes, il fut toujours repoussé par la jurisprudence. Pourquoi en effet, la coutume de Paris avait-elle été déclarée, ne pas admettre la présomption? C'est que la possession avait toujours été en faveur des seigneurs contre les propriétaires, comment aurait-on pu admettre la même solution pour le Bourbonnais et l'Auvergne où la possession était tout au contraire en faveur des propriétaires contre les seigneurs?

L'Auvergne avait toujours été alodiale.

Dans une sentence rendue en juillet 1280, entre la ville d'Aurillac et les religieux de Saint-Géraud, Eustache de Beaumarchey Sénéchal de Toulouse dit :

« Charolus Francorum rex... in nomine sanctæ et indi« viduæ Trinitatis, Patris et filii et spiritus sancti, amen... « Anno incarnationis ejusdem filii Domini nostri Jesu « Cristi... dicimus, volumus et ordinamus... et alia jura

---

[1] Dubost, *Jurisprudence du conseil... sur la matière des francs-fiefs*, édit. de 1759, II, p. 395.

« franquesias et libertates habeant Aureliaci quas commu-
«·nitatem habere decet, ut est antiquitus observatum.

« Item ordinamus et statuimus quod consules supra-
« dictæ villæ, et eorum successores qui pro tempore fue-
« rant recognoscant simpliciter se tenere a beato Gene-
« raldo et domino Abbate et monasterio, libere et quitte
« muros villæ... et alia jura... cum omnibus suis libertati-
« bus, usibus, franchesiis quas habent et quibus usi sunt
« ab antiquo...

« Item præcipimus quod dominus Abbas, ullâ ex causâ,
« unquam suscire possit consulatum, vel jura communi-
« tatis[1]... »

Ainsi donc les consuls détiendront *libere et quite;* ils
auront bien eux et leurs successeurs à faire reconnaissance
à Monseigneur l'abbé, mais sans avoir à lui payer aucun
droit, aucune redevance, et sans pouvoir être révoqués
par lui.

. Une autre charte, donnée par Mathilde comtesse de Nevers et d'Auxerre en 1223, dit : « Ut sine aliqua turba-
« tione et interventu pecuniæ possideant paçifice et
« quiete[2]... »

Masuer, qui était un des officiers du duc d'Auvergne,
c'est-à-dire qui aurait dû cependant faire ses efforts pour
affirmer la seigneurie universelle, dit : « Dominus directus
« tenetur rem pro quâ prætendit censum sibi deberi, de
« ea facere ventam si petatur[3]. »

Basmaison est d'avis que « tout héritage est franc et alo-

---

[1] *Archives de la ville d'Aurillac.*

[2] *Ordonnances des rois de France*, VI, p. 420.

[3] *Masuerii practica forensis*, édit. de 1534, XXVI, 33.

« dial. La coutume maintient en cette liberté naturelle les
« héritages situés dans son district, pour charger de la
« preuve du contraire ceux qui prétendent des fiefs, des
« cens et autres servitudes, s'ils n'en font apparoir[1]. »

Aymon (*In consuetudinis Arverniæ*) en 1546 écrit : « Om-
« nia bona præsumuntur libera et alodialia nisi probentur
« feudalia.» Chabrol, qui était cependant seigneur de plusieurs fiefs en Auvergne, était de cette opinion, ainsi que
la presque totalité des auteurs[2].

A cette masse de preuves, d'opinions, de témoignages,
les partisans de la censualité opposaient le fait qu'en Auvergne, comme dans les pays non alodiaux, les seigneurs
jouissaient des droits de déshérence, de confiscation, de
triage sur les biens communaux, ainsi que celui de s'appro-
prier les biens vacants. Mais, leur répondait-on avec juste
raison, ces droits n'ont aucun rapport avec l'alodialité. Ils
ne tiennent ni à la mouvance féodale, ni à la directe censuelle,
ils dépendent uniquement de la justice. Ce qui le prouve
c'est que dans tous les pays alodiaux, ils existent de
même.

Le roi lui-même reconnut le bien fondé des prétentions de
l'Auvergne ; car, en 1693, le commissaire de Riom ayant
ordonné aux possesseurs d'aleux d'en faire déclaration, sur
la plainte des syndics, reçut ordre du roi de ne pas mettre
sa décision à exécution.

La jurisprudence d'ailleurs fut toujours conforme à la
doctrine, même au xviiie siècle alors que, par toute la

---

[1] *Coutumes du haut et bas pays d'Auvergne*, édit. de 1608, p. 127.
[2] Chapsal, *Discours histor. sur la féodalité et l'allodialité*, 1789, p. 222.

France, l'aleu était en butte aux attaques des fermiers, et
succombait en bien des endroits. Citons un arrêt du 10
juin 1739 déchargeant du droit de franc fief un sieur
Henri; un autre, également du Conseil, en date du 8 mars
1740, déchargeant des mêmes droits les sieurs Vallon et
Dumas, à l'encontre de l'ordonnance de l'Intendant en
date du 16 juin 1736 ; enfin un arrêt de la Cour de Cassation du 24 vendémiaire an XIII, confirmatif d'un arrêt de
la Cour d'appel de Riom du 22 ventôse an XI, ainsi
conçu : « Attendu que la coutume d'Auvergne était pure-
« ment alodiale, ainsi que cela résulte de la combinaison de
« plusieurs de ses articles et de la jurisprudence constante
« du pays ; que par conséquent toutes les redevances dues
« sur les biens situés dans le ressort de cette coutume, qui
« était soumise à la maxime « *nul seignenr sans titre* »
« étaient de leur nature réputées purement foncières, à
« moins que le contraire ne fût positivement stipulé par
« acte valable [1]... »

On se demandera peut-être comment il se fait que la
Cour de Cassation ait eu à juger si une terre était alodiale
ou non, après que les lois de la Révolution avaient proclamé l'alodialité de toutes les terres. C'était justement,
nous en avons déjà parlé, pour savoir si une redevance
était féodale ou non, c'est-à-dire si les lois abolitives de 93
s'y appliquaient ou non.

Il s'agissait en l'espèce d'un droit de Champart réclamé
par un sieur de La Salle et sa femme Marguerite de Ro-
quelaure, ci-devant seigneurs haut-justiciers de Blanzat

---

[1] Affaire Jacoux-Mouly c. de la Salle, *(Journal du Palais,* IV, p. 207-210).

dans la Limagne d'Auvergne. Les défendeurs leur disaient:
En Auvergne, point de seigneurs sans titre, donc vous pos-
sédiez ci-devant ces biens comme alodiaux, avant la concession que vous nous en aviez faite; en les concédant
vous en avez retenu la seigneurie directe en vertu de l'art. 2
du chapitre XXI portant « celui qui acquiert cens ou rente
« sur héritage quitte et alodial acquiert la directe seigneu-
« rie, posé que de la directe ne soit fait aucune mention. »
Donc ce droit était seigneurial dans votre main, donc il
est aujourd'hui aboli.

Ce à quoi les demandeurs répondaient avec succès:

D'abord, quant aux mots de *directe seigneurie*, ils ne
peuvent s'entendre que de la directe emphytéotique, c'est
ce qui résulte de l'édit d'août 1692 et de la déclaration du
2 janvier 1769 reconnaissant le principe que le propriétaire
d'un aleu n'a jamais pu le concéder ni en fief, ni en censive, et que, quelle que soit la clause qu'il ait employée à
cet effet, la redevance par lui retenue ne peut jamais for-

---

[1] C'est ce qu'exprimait Chabrol, *loc. citat.* : « Il y a en Auvergne un grand
nombre de cens épars qui ne relèvent d'aucun seigneur ; la raison en est que les
propriétaires des héritages alodiaux ont la liberté de les concéder à cens et la
coutume porte, XXXI, 2, que la première rente imposée sur un fonds auparavant
alodial, emporte la directe seigneurie. Il est évident que le cens imposé sur de
pareils héritages, ne peut pas être d'une qualité différente que ces héritages même.
Le propriétaire d'un héritage alodial qui y impose un cens en directe seigneurie,
ne peut pas se créer un fief de sa propre autorité ; il ne saurait se procurer, par
ce moyen le droit de chasse dans un domaine qu'il possède en franc-aleu et
préjudicier au seigneur haut justicier. Il faut donc dire que le cens imposé sur
un héritage alodial, n'est qu'un franc-aleu roturier, comme l'héritage même. Le
franc-aleu d'Auvergne n'est pas d'une nature différente de celui du Dauphiné.
Or, M. Salvaing, chap. LIV, assure que c'est une erreur de croire qu'en Dauphiné
il n'y a point de cens et rente qui ne relèvent en fief d'un seigneur. Il établit son
sentiment sur un arrêt du 16 décembre 1649. »

mer dans sa main qu'une rente emphytéotique[1]. Puisque
la coutume d'Auvergne est alodiale, ajoutaient les demandeurs, le bail à cens seigneurial ne peut pas se présumer,
il faut nécessairement en conclure qu'une rente foncière
n'est pas présumée être le prix d'un bail à cens seigneurial,
mais que toute rente foncière est présumée être le prix ou
d'une somme d'argent, ou de la concession d'un héritage
alodial, en emphytéose.

N. Soissons en Picardie

Cette coutume fut toujours considérée comme alodiale.
Adrien de Morlière (*Antiquités d'Amiens* I) rapporte le texte
d'un dénombrement de 1302 dont l'original est à l'évêché
d'Amiens. « La baronnerie de Pecquigny est de franc-aleu,
« possédée moult franchement en moult grande noblesse.»
Ribemont obtint par arrêt du Conseil d'État du 18 juin
1695 d'être déchargée de la somme de deux mille livres,
pour laquelle elle avait été inscrite en 1693, lors de l'abonnement de cette province. « Tous les héritages des sup-
« pliants de Ribemont étant tenus constamment en franc-
« aleu, le roi, ayant regard à la requête des habitants de
« Ribemont les a déchargés, et décharge de la somme...
« pour laquelle ils étaient compris au rôle arrêté au Con-
« seil, le 12 janvier 1694, fait défense au dit Lacour de
« Beauval, etc... »

O. Vitry-en-Perthois

Jusqu'au milieu du xviiie siècle la jurisprudence s'était déclarée très franchement pour la présomption d'alodialité dans cette province [1]. En 1748 naquit une contestation entre le seigneur d'une part et les habitants de Cumière et de Dameny d'autre part, relativement à l'alodialité de ces deux territoires. Le débat porta surtout sur le sens qu'il fallait attacher à l'art. 16 de la coutume : « Toutes terres

---

[1] Arrêts des 18 janv. et 20 nov. 1604, en faveur de Jean Lallemant contre le commandeur d'Igny ; du 26 juillet 1608, en faveur des sieurs Thierion et Lhoiste contre François et Gaspard de Verneuil, seigneurs d'Orcon, exigeant que ceux-ci fissent la preuve de leur directe par de bons titres ; des 12 janv. 1613 et 12 avril 1614 entre Jean le Fauconnier, seigneur de Chevière et les sieurs Le Marteleur, Dasse et Bataille, ne donnant raison audit seigneur que relativement au cens des héritages auxquels s'appliquaient les titres qu'il avait fait valoir, le déboutant de celles de ses prétentions non justifiées par titres ; des 14 mai 1618 et 15 mai 1619, en faveur de Colsenet contre Antoine de Vignancourt et Gilles de Bournonville seigneurs de Pierrepont ; du 19 janv. 1619, entre Pierre de la Rivière seigneur de St-Morel et Nicolas Varin ; du 22 août 1620 entre Antoine Rollet secrétaire du roi et Pierre Desmanches, (il s'agissait des terres de Juvigny et la Veufvre, dépendant du domaine de la Couronne); du 1er août 1716 entre Lhoste, fermier de la seigneurie de Balham et le sieur Chaalons ; du 22 décemb. 1718, entre les bénédictins de St-Vannes de Verdun, seigneurs de Chamy et les habitants dudit Chamy ; du 23 juin 1723, entre le seigneur et les habitants de Bignicourt sur Saulx ; du 20 juillet 1723, entre le seigneur et les habitants de Grateuil ; du 19 août 1727, en faveur de Denis Hennès contre Louis de Riancourt, seigneur d'Orche ; des 7 mai 1728 et 8 janv. 1733 en faveur de Duval contre de Montfort, seigneur de St-Euphaise, (*Gazette des Tribunaux*, t. XXIII, p. 78 et suiv. et aussi dans Guyot, *Répertoire univ. et raisonné de jurisprud. civile*, Paris Visse 1784, t. VII, p. 557-561.

Tous ces arrêts, conformes, dans leurs attendus et leur dispositif, déboutaient les demandeurs, parce qu'ils ne justifiaient pas suffisamment que les héritages, pour raison desquels ils demandaient lods et ventes, fussent chargés de cens envers eux.

« occupées tenues et réclamées franches, par dix ans entre
« présens, vingt ans entre absens, aagés et non privilégies,
« avec juste titre et bonne foy, sont à tousjours franches
« de cens, redevances ou servitudes[1]. »

Le 21 mai 1743 le Parlement avait sollicité du roi une
nouvelle rédaction de cet article ; le 27 juillet une commission avait été nommée à cet effet, elle se composait des
trois conseillers : Dupré, Lambelin et de Coste de Cham-
peron, et avait ordre de faire une enquête, d'entendre en
assemblée les seigneurs, gens d'épée et de robe, pour dres-
ser procès-verbal de leurs avis. Une première assemblée
eut lieu le 27 avril de l'année suivante, mais fut annulée
parce qu'on avait oublié d'y convoquer les habitants de
Reims, de Châlons, de Soissons, villes qui étaient cependant régies par la coutume de Vitry.

Une seconde assemblée, réunie par lettres patentes du
27 mars 1747, eut lieu de 29 avril de l'année suivante. Les
membres du clergé, de la noblesse, du tiers-état y furent
entendus, procès-verbal fut dressé de leurs avis, mais la
chose en resta là et l'article ne fut pas réformé. Cependant
cette question avait soulevé de vives controverses et donné
lieu à plusieurs mémoires. Voici les raisons principales in-
voquées de part et d'autre.

Par les adversaires de l'aleu. Le comte de Champagne
Thibaut établit en avril 1232 une communauté à Vitry sous
la réserve de censive et autres droits[2]. Le T. III, f° 202 du
Liber principum contient une charte de Hugues, châte-

---

[1] Dans l'ancienne coutume c'était là l'art. 135, identique sauf qu'il portait *in
fine* les mot : « ainsi en use l'on. »

[2] Ducange, *Glossar.* v° *Communiæ*, II, p. 867.

lain de Vitry, datée de décembre 1232, qui impose à ses
gens la même censive que Thibaut imposa aux siens : « Ego
« Hugo, Vitriaci castellanus, notum facio universis præ-
« sentes litteras inspecturis, quod ego posui homines meos
« de corpore, apud Vitriaticum commorantes, in tali cen-
« sivâ et tali communiâ, qualis est censiva et communia
« hominum Theobaldi comitis Campaniæ et Briæ, in villâ
« prædicta commorantium. Et ut hoc firmum teneatur,
« in hujus rei testimonium litteras sigilli mei munime Do-
« mino meo comiti Campaniæ et Briæ contuli roboratas.
« Actum anno Domini 1232, mense decembri. »

Au folio suivant, se trouve une charte par laquelle Hugues prie Thibaut, comme seigneur dominant, de vouloir
bien consentir à une vente qu'il a faite d'un cours d'eau[1] ;
aux folios 204 et 205 se trouvent encore deux chartes françaises de 1263 et 1267 qui sont des reconnaissances de
mouvance en faveur du comte de Champagne. Il est donc
certain, disaient les adversaires de l'aleu, que la châtellenie
de Vitry était un fief dépendant du comte de Champagne
et que le seigneur de ce fief avait la censive sur ses hommes,
tout comme le comte de Champagne l'avait sur les siens.

En second lieu, disaient-ils, les articles 19 et 20 de la
coutume définissent bien l'aleu noble et le roturier, mais
ils sont muets sur la question de présomption. Ce silence
n'est-il pas éloquent? Lorsqu'on rédigea les diverses cou-

---

[1] « Excellentissimo domino suo Theobaldo, Dei gratia regi Navarræ, Campaniæ
et Briæ, comiti palatino, Hugo castellanus, Vitriaci fidelis suus salutem et reve-
rentiam. Nobilitati vestræ significo quod vendidi... Inde est quod vestram, in
quantum possum, rogo benignitatem, quatenus de venditione hujus atque de
feodo vestro moret, prædictis abbatissæ pro Dei amore assensum vestrum præ-
beatis et litteras vestras patentes eisdem conferre dignemini. Vale in Domino. »

tumes, on prit soin, dans les pays où l'affranchissement était presque général, d'exprimer par un texte formel que tout héritage serait réputé franc sauf preuve contraire faite par le seigneur ; dans les endroits où il n'y avait pas d'affranchissement on inséra dans le texte que tout héritage devrait le cens ; enfin dans les pays où il n'y avait que quelques terres franches on se contenta de dire qu'il y avait des aleux, mais cette simple mention n'a fait que viser une exception en faveur de certaines terres. Or la présente coutume est de cette dernière catégorie : elle renferme bien les mots d'aleux, mais sans insister, sans dire qu'ils étaient le droit général ; tout comme dans la coutume de Paris dont l'art. LXVIII est semblable à nos art. 19 et 20.

Enfin, ajoutaient-ils, le 17 avril 1603, sur les remontrances de la noblesse de Champagne, « le Roi a ordonné que « tous ceux qui occupent terres dans sa seigneurie... seront « réputés en la censive de Sa Majesté et comme tels inscrits « crits au papier terrier, sauf s'ils font apparoir des titres « contraires. » Les possesseurs d'aleux répondaient à cela que les mots « en sa seigneurie » restreignaient cette ordonnance aux domaines du roi, mais leurs adversaires répliquaient : les domaines du roi ne peuvent pas être régis par d'autres règles que celles qui régissent la province dans laquelle ils sont situés ; si donc Sa Majesté a interprété de la sorte pour ses domaines, c'est que ce sont ces règles-là qui régissent toute la province de Champagne.

Les feudistes se prévalaient en outre de deux arrêts du Parlement : l'un du 20 juin 1609 au profit de la veuve Martin Le Quien contre les habitants de Juvigny, l'autre du 7 mai 1626 qui condamnait les habitants d'Ay à payer cens, lods et ventes pour les héritages par eux possédés sans titre de franchise, au sieur Amelot de Chaillou qui n'apportait cependant pas de titre.

Les partisans de l'aleu alléguaient au contraire que les trois bailliages de Vitry, Troyes et Chaumont formaient au xiii⁰ siècle l'unique bailliage de Champagne et étaient soumis à une coutume unique, intitulée : *Le droict et lis coustumes de Champaigne et Brie*, rédigée de 1224 à 1299 d'après les usages, sur l'ordre de Thibaut comte de la province et roi de Navarre, en présence des seigneurs du pays parmi lesquels se trouvait le châtelain de Vitry.

Or l'art. 50 de cette coutume, s'il mentionne l'existence de droits seigneuriaux, prouve que l'usage de ces droits, loin d'être la généralité, était l'exception. En effet, quand il s'agit de savoir si dans un pays l'aleu est naturel, il suffit d'examiner à qui incombe la preuve. Est-ce au possesseur à prouver la franchise? le pays est censuel. Est-ce au contraire au seigneur à établir sa directe? le pays est alodial. Or l'art. 50 dit qu'en cas de main mise faite par le seigneur, si on lui conteste ce droit de saisie, il doit abandonner le bien et prouver son droit, donc la présomption, loin d'être en sa faveur, est une présomption de franchise.

Lorsqu'on réforma la coutume on laissa la même disposition. L'art. 103 de la rédaction de 1481 la répète dans les mêmes termes, c'est donc là une preuve qu'au xv⁰ siècle l'aleu naturel formait encore le droit commun de la province, tout comme au xiii⁰ siècle. Il n'est guère admissible que dans la période de vingt-sept ans, qui sépare cette seconde rédaction de la troisième réformation, laquelle eut lieu en 1506, les choses aient changé du tout au tout. En l'absence de texte formellement contraire, n'est-on pas encore régi sur ce point par les coutumes de 1224 et de 1481 ? Or, non-seulement cette rédaction de 1506 ne contient pas de texte contraire, mais les art. 16, 18, 20, 38 semblent conformes et l'art. 40 reproduit sous une autre forme, un peu moins explicite il est vrai, l'art. 50 de la rédaction de 1224[1].

Malgré ces arguments, les adversaires de l'aleu obtinrent deux arrêts : l'un du 28 août 1767 rendu au rapport de Regnault d'Irval contre les habitants du Mesnil et de Villeneuve, l'autre du 28 août 1769 au rapport de l'abbé Terray contre les habitants de Vitry-le-Français en faveur du sieur Morel.

Heureusement, qu'en dépit des efforts du fermier des domaines, cette jurisprudence ne continua pas. Un premier arrêt du 10 mars 1778 fut rendu contre le seigneur de Villers en Argonne. Le régisseur général des domaines, ayant poursuivi en 1779 les sieurs Géant, Collart et consors pour passer déclaration de leurs possessions dans le territoire de Passavant, fut débouté de sa demande par arrêt du 7 sept. 1784. Le même fermier avait fait valoir que la coutume de Vitry était censuelle, qu'alors même qu'elle n'eût pas été censuelle, le principe d'alodialité ne pouvait pas être opposé au roi, celui-ci ne pouvant pas être lié par les coutumes, enfin que les titres de la seigneurie de Passavant asservissaient toutes les terres du

---

[1] *Réfutation d'une dissertation pour prouver que le franc-aleu ne peut être admis sans titre dans la coutume de Vitry*, s. nom d'auteur, 1747, in-4° ; Charles de Saligni, *Coutumes de Vitry-le-Français*, Châlons, 1676, XIX ; Chapsal, *Discours historiques sur la féodalité et l'alodialité*, 1789, p. 343.

territoire aux droits de lods et ventes. Le fermier poursui-
vait non-seulement les lods et ventes, mais encore le droit
d'ensaisinement, disant que ce droit était obligatoire pour
tous les contrats translatifs de propriété qui étaient payés
dans le royaume, nonobstant la franchise des héritages.
Ce à quoi les habitants de Passavant répondaient que
l'ensaisinement n'étant qu'une suite des lods et ventes, ne
pouvait pas être dû, là où le principal ne l'était pas[1]. L'année suivante, un autre arrêt fut rendu dans le même sens
en faveur des habitants d'Autry contre le sieur René, administrateur général des domaines de la couronne[2].

P. ARTOIS

Cette coutume, de 1509, était muette sur la question de
présomption d'alodialité. Au titre *des prescriptions* art. 77,
elle disait : « Item par usage et style au dit bailliage, qui-
« conque vient en la ville de Saint-Omer pour expédition
« des caúses qu'il peut avoir au dit bailliage et au siège
« des francs-allœux, soit en demandant ou en deffendant
« et sans fraude, il n'est arrestable par justice. »

Non loin d'Arras, et dépendant de l'abbaye de Saint
Vaast, se trouvait un petit pays appelé *Lalleue*, sûrement
parce que les franchises dont il jouissait contrastaient avec
la coûtume où il était assis. Voici ce que dit en effet

---

[1] *Gazette des tribunaux*, T. XXIII, p. 78 et suiv.
[2] Arrêt du 2 avril 1785 (*Gazette des trib.* T. XXIV, n° 13).

l'art. XLIX : « Par la dite coustume un chacun est sieur et
« maistre sur ses fonds et meubles ayant puissance, et
« peut le propriétaire et son fermier pescher et faire chasse
« au gibier à leur bon plaisir... ne sont sujets à impôts,
« ni maltaute sur le vin etc [1]... »

Q. Vermandois

La coutume générale était muette. L'art. CXXXIII disait seulement : « En franc-aleu, n'est requis vest ne de-
« vest pour en acquérir la saisine : mais suffit l'appréhen-
« sion de possession réelle, ou autre acte de droict, equi-
« pollant à icelle. »

Quoique dépendant du Vermandois, et du bailliage de
Laon, les villes de Châlons, Reims, Noyon, Saint-Quentin, Ribemont, Coucy, Soissons avaient chacune sa coutume particulière, aucune ne tranchait la question de présomption d'alodialité. Nous avons déjà vu celles de ces
villes qui lui étaient favorables et celles qui la repoussaient,
il ne nous reste à parler que de celle de Reims.

L'art. 40 de cette dernière coutume portait : « Tous
« biens immeubles sont tenus ou noblement en fief ou ro-
« turièrement en censive ou en franc-aleu. »

« Pour héritage de franc-aleu, ne sont deuz aucuns
« droicts ou devoirs seigneuriaux ; néantmoins pour ac-
« quérir la propriété d'iceux est requis vest et devest

---

[1] Richebourg, *Cout. génér.* I, p. 371, 378.

« (art. 139), sous peine de l'amende de tost entrée de six
« sols parisis, » ajoute l'art. 150.

« La plupart des héritages roturiers sont tenus en censive » dit l'art. 140, c'est là presque une présomption contre l'aleu. « Il y en a toutefois aucuns pour lesquels on n'a
« accoustumé payer aucun droict annuel ; et ne doivent au
« seigneur foncier, sinon que vestures et ventes. » Mais
comme la plupart des autres parties de la Champagne
étaient formellement alodiales, Reims en argumenta pour
obtenir les mêmes privilèges quant à l'aleu [1].

R. Orléanais

La coutume du duché, bailliage et prévôté d'Orléans de
1583 était muette sur la question de présomption, on en
profita pour faire application de la maxime féodale. Il faut
dire que l'art. CCXLIII établissait l'imprescriptibilité du
cens. « Droicts censuels et autres droicts seigneuriaux, ne
« se peuvent prescrire pour le tout, mais bien pour la
« quotité... » (ancien art. 311 des coutumes de 1509).

S. Calais

Cette coutume, qui était bien postérieure comme rédaction aux autres puisqu'elle datait de 1583, s'en remettait

---

[1] J. B. de Buridan, *Cout. de Rheims,* 1665, XL, et *Coutume de Vermandois,*
1631, CXXXIII.

pour les cas qu'elle ne prévoyait pas à celle de Paris, art. 22. « Et pour le surplus, les droits et différends des « fiefs qui pourraient survenir cy après, sera suivie, gar- « dée et observée la coutume de la prévôté et vicomté de « Paris, laquelle aura lieu pour les cas obmis au présent « chapitre. » Le cens était donc imprescriptible, et, quoi- que la cout. de Paris fût muette sur la question de pré- somption, comme on y appliquait la maxime « *nulle terre* « *sans seigneur*, » il faut croire que Calais admettait les mêmes règles.

§ IV. — *Coutumes expresses en faveur de la présomption d'alodialité.*

A. Troyes

L'art. 51 était en effet ainsi conçu : « Tout héritage est « franc et réputé de franc-alleu, qui ne le monstre être serf « et redevable d'aucune charge, posé qu'il soit assis en « justice d'autruy et qu'il n'en ait titre. »

Le procès-verbal de rédaction de l'année 1509, fait bien mention de l'opposition de la noblesse, mais cette opposi- tion ne put être soutenue, et il fut passé outre[1].

---

[1] « Sur l'article 51e, porte le procès-verbal de rédaction, les nobles, aucuns des gens d'Eglise ayans haute justice, estant en la dicte assemblée, ont dit, que de ce il n'y en a point de coustume, et que si les gentilhommes tenans fiefs, sont tenus, pour raison d'iceux faire en vers le Roy la foy et hommage, aller au ban et arrière ban et faire service ; par plus forte raison un roturier, qui tient

Les arrêts ou jugements condamnant les demandeurs à rapporter les titres justificatifs de leur prétendue directe, ou annulant des saisies féodales faites avant que le saisissant ait prouvé sa directe, sont nombreux[1].

Toutefois les traitants n'en essayèrent pas moins d'entamer le principe d'alodialité, la chose valait la peine d'être essayée ; des entreprises semblables, tentées dans des pays

---

terres en leurs justices, est tenu leur payer quelque censive ou redevance ; et ne les peuvent tenir sans seigneur ; autrement terre roturière serait plus privilégiée que féodale. Les gens d'Eglise non ayans justice, practiciens et autres bourgeois disans au contraire que toutes servitudes viennent à restraindre et abolir, et toute liberté vient à soustenir. Et que aussi de droit toutes terres sont franches. Et par ce, celui qui y veut prétendre cens ou servitude le doit monstrer et en faire apparoir ; aliàs a faute de ce, le dit héritage ou terre doit estre dite et réputée franche. Veu lesquels differents, qui n'estoient seulement au dit bailliage de Troyes, mais ès bailliages de Chaumont et Victry (lesquels avaient été remis en la Cour), nous avons ordonné que les dicts gens d'Eglise, nobles et practiciens escriroient et produiroient ce que bon leur sembleroit, afin d'en faire rapport à la Cour pour par icelle en estre ordonné... et pour plus amplement déclarer le faict du dit franc-aleu, a semblé à tous les assistans que l'on devoit mettre l'article qui s'en suit : au dit bailliage il y a franc-aleu noble et roturier, etc... » Bourdot de Richebourg, *Cout. génér.* T. III, p. 261).

[1] Arrêts du 16 février 1434 contre l'abbé et les religieux de Montieramey en faveur des habitants de St Jean du Châtel ; du 16 août 1646 au profit de Denis Camusat contre les chanoines de la chapelle Notre-Dame de Troyes et le fermier des dîmes, en faveur d'un sieur Chesle contre les chanoines de Vincennes, seigneurs de Méry ; du 20 nov. 1554 en faveur de Jacques Favier contre le seigneur de Just ; du 5 janv. 1603 en faveur de Come Merville contre le duc de Mantoue ; du 13 mai 1621 en faveur des habitants des Chapelles contre le Chapitre de St Pierre à Troyes ; du 7 sept. 1654 en faveur de Claude Jacquot contre les fermiers de l'abbaye de Moutiers ; du 28 août 1669 en faveur d'Alain Carpentier et Demoiselle Desmartins sa femme contre Dame Bossuet de Pont sur Seine ; du 17 février 1673 entre le cardinal de Retz et le maire de la ville de Nogent-sur Seine (rapportés par P. Pithou, *Les Coutumes du bailliage de Troyes,* LI ; par L. Legrand, *Coutumes du bailliage de Troyes... augmentées de plusieurs pièces des années 1507 et 1509 concernant les droits de bourgeoisies et de franc-aleu de la province de Champagne,* 1715, LII et LIII, p. 162 ; par Boucheul, et par Brillon, *loc. citat.* T. III, p. 412.

19

de droit écrit, dans des provinces réputées jusque-là alodiales, avaient été couronnées de succès, pourquoi n'aurait-on pas pu réussir ici ?

Claude Baudouin, encore qu'il eût invoqué les déclarations des 4 sept. 1641 et du 27 août 1657, n'obtint cependant pas gain de cause. Les arrêts des 6 sept. 1658, du
8 janv. 1694 ; du 17 juin 1758, en faveur des habitants de
Fougères contre le comte de Pont ; du 30 avril 1766 contre le sieur de Marigny seigneur de Fonvanne, en faveur
de la veuve l'Ecorché ; du 9 juillet 1778 contre le prince
de Listenois qui réclamait la directe universelle sur le territoire de Césy (arrêt limitant le cens prétendu aux héritages pour lesquels le prétendant avait exhibé ses titres particuliers) ; du 12 août 1779 contre le marquis de Béarn
seigneur de Torvilliers, proclament, sans qu'il y ait une
seule décision contraire, la présomption absolue d'alodialité dans le pays de Troyes, et une alodialité résultant non
de la prescription, non de la négligence des seigneurs,
mais bien de la liberté originaire et naturelle aux terres.

Aussi voyons nous au xviiie siècle, presque par toute la
Champagne le laboureur et le manouvrier être propriétaires de leur maison. Tantôt ils l'ont reçu en héritage de
leurs parents, tantôt elle a constitué leur dot ou elle a été
le premier acquêt de leur mariage[1].

En étudiant les différences entre l'aleu noble et le roturier au point de vue des successions, nous avons signalé
la particularité que présentait la coutume de Troyes, sou-

---

[1] D'Arbois de Jubainville, *L'administration des intendants d'après les archives de l'Aube*, 1880, p. 35 ; Albert Babeau, *Vie rurale de l'ancienne France*,
1883, p. 15.

mettant les successions des deux sortes d'aleux aux mêmes règles, à la règle d'égalité, au partage roturier. Voici ce que dit en effet l'art. 14 : « ... et au regard des héritages « tenus en franc-aleu ou en censive et autres biens immeu- « bles non tenus en fief et pareillement des biens meu- « bles et debtes, ils se partent et divisent par portions « égales et sans advantage, entre les dits frères et sœurs. » Cela tenait à ce qu'à l'époque de la rédaction de la coutume, l'aleu noble n'avait pas encore été nettement distingué de l'aleu en général.

B. NIVERNAIS

Il est difficile d'être plus formel que l'était l'art. 1 du titre VII : « Tous héritages sont censez et présumez francs « et alodiaux, qui ne monstre du contraire. »

Cet article, cependant, lors de la rédaction de la coutume, n'avait pas été adopté sans résistance, la noblesse en appela même au Parlement, comme il fut relaté au procès-verbal[1]. Galland ne manqua pas de tirer contre l'aleu, argument de cette contestation ; à tort assurément, car, somme toute, la rédaction n'en avait pas moins été adoptée.

Aussi, quoique la coutume fût muette sur la question de prescription du cens, la jurisprudence, malgré les efforts de Coquille, se prononça-t-elle pour la prescriptibilité[2].

---

[1] Guy Coquille, *Commentaires sur la Cout. du Nivernais*, Des ventes, 1., Bordeaux, 1703, p. 119.

[2] Arrêts du 16 juin 1763 en faveur de la D^lle Bourgoin de Sichamps (Deni-

C. Auxerre

Quoique l'art. 23 fût formel : « Tous héritages sont ré-
« putez et tenus pour francs, s'il n'apert du contraire, »
Galland essaya de l'attaquer en lui reprochant sa date récente de rédaction, 1571. Or, si l'on remonte à la rédaction
précédente de 1507, ajoute Galland, on trouve cet article
ainsi conçu : « Nul ne peut tenir aucuns héritages en jus-
« tice haute, moyenne et basse d'un seigneur, sans payer
« au dit seigneur la censive ou à celui qui est seigneur cen-
« sier, s'ils n'ont titre au contraire. » Lorsqu'en 1571, on
fit une nouvelle rédaction, le projet portait la reproduction
pure et simple de l'ancien article, mais lorsqu'on le lut, le
Tiers-Etat protesta vivement et, nonobstant les réclamations des deux ordres, les commissaires, en quelque sorte
à la sourdine, arrêtèrent le texte de l'art. 23, qui, on peut
le dire, n'a été ni conçu, ni voté à tête reposée, mais par
surprise et au milieu d'une discussion orageuse [1].

A cela Caseneuve répondait qu'il était vrai que cette coutume était récente quant à sa réformation, mais que l'article dont il était question était fort ancien. Le procès-verbal de l'assemblée de 1571, portait que c'était « le six-
« vingt-quinzième article de l'ancienne coustume. » Or

---

sart, *loc. citat.* v° Cens, n° 41) ; du 14 mars 1781 en faveur de Gascoing de Ville-
court contre le chapitre de Nevers ; du 21 mars 1783 en faveur de Bonis d'Amasi,
contre le sieur de Bélombre ; du 18 juillet 1785 au profit de Claude Cougny
contre la Dame de Chargère. (Chapsal, *loc. citat.* p. 334).

[1] Galland, *loc. citat.* p. 11.

Galland se trompe indignement en disant que cette ancienne coutume de 1507 était contraire à l'aleu, puisque
ce même procès-verbal ajoute : « Le six-vingt quinzième
« article de l'ancien livre dont la teneur estait : tous héri-
« tages sont censés et réputés francs. » Mais, comme le dit
ce procès-verbal, les gens du Tiers-Etat accusaient la noblesse d'avoir changé frauduleusement « d'avoir immué »
le texte du six-vingt quinzième article[1].

Après avoir posé la règle de présomption d'alodialité,
l'art. 23 établit l'exception : toutes les fois qu'un seigneur
sera en possession du cens sur la majeure partie de sa
terre, il sera autorisé à le percevoir sur le surplus, quand
même il n'aurait sur ces héritages ni titres, ni possession.
« Et aussi excepté que, si un seigneur a accoustumé de
« prendre censive en sa terre, le particulier ne s'en pourra
« exempter, pour quelque laps de temps que ce soit, s'il
« n'a titre ou convention contraire ; mais sera tenu de
« payer icelle censive, à raison des autres héritages sujets
« et redevables à icelle. » Cette restriction fut le résultat
des débats entre le Tiers-Etat et la noblesse ; les réformateurs embarrassés entre deux assertions si diamétralement
opposées, prirent ce parti moyen.

D. Chaumont

« L'on tient au dit bailliage, dit l'art. 62, que tout héri-

---

[1] Caseneuve, *loc. citat.* p. 181. Voir le procès-verbal de rédaction dans Richebourg, *Cout. génér.* III, p. 623-624.

« tage est réputé franc, qui ne le monstre estre redevable
« d'aucune charge quelque part qu'il soit assis. »

Malgré l'opposition de la noblesse, qui avait d'ailleurs
trop d'intérêt à contester cette disposition, la présomption
d'alodialité fut d'une jurisprudence constante. Les arrêts
des 6 sept. 1658, 8 janv. 1659, 7 mars 1665, déboutèrent
de leurs prétentions des seigneurs qui voulaient se prévaloir de la maxime « *nulle terre sans seigneur* [1]. »

Un arrêt du Conseil d'Etat du 5 février 1694, arrêta les
recherches que les fermiers du domaine, à la suite de l'édit
de 1692, avaient voulu entreprendre dans la province.
«... Le roi a déclaré et déclare le franc-alleu roturier natu-
« rel en la coustume de Chaumont. En conséquence a
« maintenu et maintient les habitants de la dite ville, res-
« sort et étendue de la dite coustume, en la faculté de pos-
« séder leurs terres et héritages, en toute liberté et fran-
« chise. »

E. Franche-Comté et Langres

La coutume de Franche-Comté disait que les droits de
lods et ventes ne seraient dus qu'autant qu'ils seraient
constitués par titres, prouvés par possession [2].

---

[1] Juste de Laistre, *Coutume de Chaumont en Bassigny*, Osmont, 1731, LXII :
« La présomption, dit-il, est donc en faveur du tenancier ; on présume que son
héritage a été « ab initio » du nombre des francs-alleux et que le titre de concession, établissant cette franchise, en a été perdu. »

[2] Dunod, *Traité des prescriptions*, 1753, p. 346.

Les art. 3 et 4 de la coutume de Langres édictaient la même disposition, et furent confirmés par arrêt, après enquête par turbes, le 7 septembre 1608 sur décision de la grand'Chambre au profit de la comtesse de Cammarin contre messire Charles Descan, évêque et duc de Langres.

« Au pays de Langres, disait l'art. 4, ne sont dus cens, lods, ventes, ni amendes au seigneur de *justice foncière*, soit de menu cens ou gros cens... excepté ès terres et seigneuries es quelles les seigneurs ont titre et possession. »

Cette coutume était donc très libérale, plus libérale que beaucoup d'autres qui, comme la Provence et la Guienne notamment, permettaient au seigneur justicier d'exercer les droits de suprématie refusés au seigneur féodal. Celle-ci faisait respecter l'aleu par tous deux.

La coutume de Sens (de 1555), ne se distinguait de celle de Langres qu'en ce qu'elle était muette sur les aleux. Les domanistes argumentaient naturellement de ce silence. Cependant de l'identité complète de coutume, ne devait-on pas conclure à l'existence ici aussi de la présomption d'alodialité ?

Les partisans du système qui trouve l'origine de l'aleu dans le *jus italicum*, ont fait une remarque au sujet de cette différence : tandis que les Lingons avaient été les alliés des Romains, les Ségonais ne les avaient jamais été. Ils voyaient dans cette différence une preuve nouvelle de la connexité étroite entre les souvenirs romains et l'indépendance des terres.

Cette connexité, nous la reconnaissons, mais ne l'établissons pas avec le *jus italicum*, car rien ne prouve que les Lingons eussent joui de ce privilège.

Ajoutons que le bailliage de Sens avait dans son ressort plusieurs paroisses soumises à la coutume alodiale de Troyes, pour celles-ci il ne pouvait donc y avoir doute[1].

F. Metz, Lorraine et Barrois

La coutume de Lorraine reconnaissait les *francs-alœuds*[2]. Le *miroir de Souabe*[3] et les coutumes de Metz portaient aussi : « Terre prétendue féodale, doit estre recognue ou « prouvee telle par tiltre, autrement elle sera tenue allœu-« diale[4]. » La coutume de Bar était muette mais, comme

---

[1] Pelée de Chenouteau, *Conférence de la coutume de Sens avec le droit romain*, 1787, p. 330.

[2] Charte de 1131 dans les preuves de l'*Histoire de Lorraine* de dom Calmet, II, p. 295 « Ont aussi donné leurs pescheurs avec toute la pescherie de leur dit allœuf, comme aussi l'allœuf de Moranges, item l'allœuf de Luringe. »

[3] CCIII, p. 38.

[4] *Coustumes générales de la ville et cité de Metz*, titre III : « Des fiefs et francs alleufs » art. 16 (Richebourg, *Cout. gén.* II, p. 339).

Les Coustumes de l'évêché de Metz, de 1601, tit. VI, art. 8 et 9 (Id., p. 418), disent : « Francs aleufs enclavez en l'évêché de Metz sont régis et gouvernez selon les coustumes générales d'iceluy tant ès droits possessoires que pétitoires.

Encore que celuy qui tient franc-aleud soit exempt des foy et hommage et autres droits et mesme les sujets y demeurant francs et immunes des aydes généraux ; si est-ce néanmoins que tant le seigneur comme les sujets sont tenus subir jurisdiction au bailliage du dit Eveché, y estant convenus pour droits seigneuriaux ou de communauté et de contribuer aux prestations et charges communes pour passages de gens de guerres et autres commoditez publiques. »

L'art. 7 du chap. XVI aux prescriptions dit : « Droit de cens ne se prescrit par le détenteur de l'héritage contre le seigneur censier que par temps immémorial. »

Ces articles de la *Cout. de Metz*, se retrouvent mot à mot dans celle de Lorraine, V, 14 et 15 (Id., p. 1104).

elle avait la même origine, et était régie par les mêmes principes, la solution devait être la même que pour ses sœurs.

Cette alodialité des coutumes de l'Est, qui est un point de ressemblance frappant avec les pays du Midi, vient de ce que l'ancienne coutume de Metz avait puisé dans le droit romain la plupart de ses principes.

Trois dispositions venaient encore établir la présomption d'alodialité de ces coutumes : elles admettaient en effet quatre moyens pour affranchir un héritage originairement chargé de cens, le serment, la prescription, le rachat et la translation du cens sur un autre héritage.

D'après le titre V, art. 7, le propriétaire, pour repousser le seigneur qui voulait l'asservir, n'avait qu'à lui répondre « par serment qu'il ne l'estime estre fief. »

L'héritage devenait libre par prescription libératoire du cens de trente ans, et nous avons montré que cela ne pouvait avoir lieu que dans les coutumes qui présumaient l'aleu, toute prescription tendant à faire rentrer les choses dans leur état naturel [1].

« Tous cens sont racheptables au denier vingt, ou cinq « pour cent, s'il n'appert du contraire par titre [2]. » C'était bien encore là une preuve d'alodialité.

Enfin la translation du cens d'un immeuble sur un autre était possible : « Ne peut le détenteur de la pièce af- « fectée au dit cens, le transférer sur un autre, sans l'ex-

---

[1] *Coutumes de Lorraine*, tit. VIII, art. 1. (Id., p. 1118).

[2] *Coutume de Gorze*, XII, 23, Bourdot de Richebourg, *Coutum. génér.* II, p. 1089 ; il est vrai que l'art. 16 du tit. XIV défendait la prescription du cens.

« près consentement du seigneur censier, à peine de priva-
« tion de la chose accensée ; ne doit aussi vendre la dite
« pièce affectée franche et deschargée, à peine de soixante
« sols d'amende à Son Altesse, et dépens, dommages et
« intérêts[1]. » L'art. 5 ajoutait : « Ceux qui possédant hé-
« ritages spécialement affectés à tel cens, seront trouvés
« les avoir vendus francs et libres, et qui, pendant le temps
« de prescription, auront, pour les affranchir, payé le dit
« cens sous main, seront amendables de soixante sols en-
« vers Son Altesse et contraints au rachat du dit cens, no-
« nobstant toute prescription. » Donc, le tiers acquéreur
continuait à prescrire dans ce cas, et la seule ressource
qu'il restait au seigneur était de forcer le vendeur de mauvaise foi à racheter le cens.

Cette franchise des terres fut reconnue par le roi le
15 novembre 1629 et confirmée par de nombreux arrêts[2].

On essaya bien d'argumenter, en faveur de la censualité, d'un arrêt du Parlement de Paris du 20 janvier 1779,
rendu en faveur du comte de Rutant seigneur d'Illoud,
contre le sieur Bernard qui refusait de payer le cens en
prétendant sa terre alodiale, mais cet arrêt n'avait été mo-
tivé qu'en fait et non en droit. Le comte de Rutant avait
exhibé des titres constitutifs, des aveux, des dénombrements, les contrats de vente de la maison dont s'agissait,
la reconnaissance des détenteurs, une possession reconnue

---

[1] *Coutume d'Epinal*, VII, 2 (Id., p. 1134).

[2] Voir notamment un arrêt du 15 juin 1769. Jean Le Paige, *Coutumes du bailliage de Bar avec commentaire du droit romain*, LII ; Marlorat, *Cout. de Bar.*

d'un demi-siècle, les déclarations de Bernard lui-même et de ses prédécesseurs. Rien n'eût été donc plus faux que de s'attacher à la décision de cet arrêt[1].

§ V. — *Pays de droit écrit.*

A. PROVENCE.

Au milieu du xviiie siècle un jurisconsulte provençal laissait échapper cette exclamation à laquelle se mêlait une pointe d'amertume : « Le franc-aleu, dont l'origine est « pourtant dans le droit romain, qui est confirmé par nos « usages et privilèges particuliers, a souffert tant d'at- « teintes de la part des fermiers que ceux-ci sont venus à « bout de le détruire. On ne reconnait plus aujourd'hui « de biens en franc-aleu, que ceux dont la possession libre « et indépendante a été autorisée par quelque titre émané « du souverain, le franc-aleu de nature suivant lequel « tout bien est présumé libre n'est plus qu'un vain mot « dans ce pays ! »

Cependant, il faut avouer que si la franchise des terres

---

[1] Pierre Canon, *Commentaires sur les Coutumes de Lorraine*, V, 15.

M. Guyot, professeur à l'Ecole forestière de Nancy, a, dans ses *Etudes sur la propriété rurale en Lorraine*, fait un historique fort intéressant de deux francs-aleux nobles ecclésiastiques, ceux de *Spalmail* dans l'arrondissement de Briey, et d'*Ormange* dans l'arrondissement de Sarrebourg, aujourd'hui à l'Allemagne. Cf. l'analyse de M. A. de Foville dans le *Bullet. du com. des trav. histor. Sect. des sciences économ. et sociales*, 1886, p. 34 et suiv.

devait se maintenir quelque part, ç'aurait bien dû être en Provence, où le droit romain était toujours resté si vivace[1]. Mais il y avait plus. Quand la Provence avait été unie à la France par testament de René d'Anjou, au détriment de ses neveux d'Armagnac, ce testament portait comme condition essentielle la maintenance du droit romain dans le pays ainsi que de toutes les prérogatives, libertés et franchises dont il jouissait sous le roi Réné : « ... In suis pactionibus, privilegiis, libertatibus, franchi-« siis, statutis, exceptionibus, prærogativis, » toutes choses que le roi « ... ratificavit, acceptavit, approbavit, confirma-« vit ac observari et easdem terras etiam amplioribus pri-« vilegiis prosequi, jurejurando promisit. »

A l'avènement de chaque roi, la Provence s'empressa en outre de faire reconnaître ses statuts et ses franchises; c'est ainsi qu'elle obtint des lettres patentes de Louis XI le 11 décembre 1481 ; de Charles VIII, en octobre 1483, de Louis XII en juin 1498 « avons pour nous et nos suc-« cesseurs voulu et voulons que notre pays de Provence « ne déroge ni à ses privilèges, libertés, franchises... », de François Ier en 1515 ; d'Henri II en 1547, de François II en 1560, d'Henri IV en 1594, de Louis XIII en 1622[2].

Il semble que la sécurité résultant de ces nombreuses paroles royales eut dû être immense. Dès le XVIIe siècle cependant la province commença à être inquiétée.

Brignole et Apt se virent d'abord attaquées par les trai-

---

[1] Jacques Morgves, *Les statuts et coutumes du pays de Provence*, édit. de Charles David, 1658, in-4°, p. 141.

[2] Dont plusieurs sont rapportées dans le *Franc-aleu de Provence*, Aix, Joseph David, 1732, in-4°, p. 102 et suiv. (par Gensollen).

tants qui leur contestaient leur alodialité ; deux arrêts du Parlement de Provence du 22 décembre 1612 et de 1622 leur donnèrent toutefois gain de cause. Ainsi donc en Provence, ce ne fut pas par les seigneurs que l'aleu fut attaqué, mais bien par la royauté (ou par ses mandataires), alors que celle-ci aurait dû faire respecter le principe de l'indépendance du droit de propriété, aurait dû en tous cas être la dernière à attaquer ces franchises qu'elle avait elle-même reconnues à tant de reprises. Le fermier du domaine dans ces premières escarmouches savait bien ne pas réussir, mais il savait aussi la vérité qu'exprimait plus tard Talleyrand sous cette forme « Calomniez, calomniez, il en « restera toujours quelque chose ! » Il savait que les arguments qui étaient aujourd'hui repoussés, avec de la patience seraient accueillis demain[1].

---

[1] Ce fut Galland qui fut son premier porte-paroles dans son *Traité contre le franc-aleu sans tiltre*, p. 215. Caseneuve répétait ainsi dans son *Traité du franc-aleu*, p. 272, les deux arguments de Galland : « Quant au parlement de Provence, nos adversaires disent que, bien que le droit romain soit domestique et naturel à cette province, il ne laisse pas de rejeter le franc-aleu, mais ils n'en allèguent pas un seul arrest pour preuve de ce qu'ils avancent, si ce n'est qu'ils font voir par l'authorité de quelque décisionnaire provençal, comme par les règlements et les ordonnances des anciens comtes de Provence, que les lods et ventes y sont deubs. Mais que veulent-ils conclure de là ? S'ensuit-il que la Provence soit privée de la liberté du franc-aleu, parc e que les lods et ventes y sont deubs ? Que ne prouvent-ils plus tost que les possesseurs des terres alodiales y sont contraints en payement de ce droit par les seigneurs dans les fiefs desquels elles se trouvent assises ; car nous ne nions pas même en Languedoc, que les fiefs ne soient subjects aux lods et ventes. La liberté du Franc-aleu consistant en l'exemption des droits féodaux, il ne peut estre dit Franc-aleu que d'autant qu'il n'est tenu au payement des lods et ventes, ni de tels autres droits ; et ainsi, le raisonnement de nos adversaires n'est pas moins estrange que s'ils disoient que le jour n'est pas clair parce que la nuit est obscure ; d'autant que ce que la clarté est au jour, la liberté l'est au Franc-aleu ; et ce que l'obs-

En 1629, l'ordonnance de Marillac proclamait dans son 383ᵉ article : « Et sont tous héritages ne relevant d'autres « seigneurs, censez relever de nous, sinon que les posses-

---

curité ou la privation de la lumière est à la nuict, l'obligation des droits et des redevances l'est au fief.

Mais l'autre preuve dont ils se servent pour faire voir que la submission est ordinaire à la Provence, et que le Franc-aleu n'y est point présumé, est bien plus estrange. L'art. 36 de la paix solennelle faite l'an 1257, entre Charles d'Anjou, comte et marquis de Provence et les habitans de Marseille, porte que les possesseurs d'héritages dont ils n'ont payé jusques alors aucune censive à Marseille, ou au territoire qui en dépend, n'en pourront être chargés à l'avenir, ni contraints de justifier le titre de leur exemption et liberté : ils veulent conclure de là que la submission ou la subjection féodale devait être générale à toute la Provence, et en excluait entièrement le Franc-aleu, puisque les habitants de Marseille en furent rendus exempts par ce traité de paix ; mais ils ne prennent pas garde que, puisque l'article porte en termes exprès, que les possessions et héritages des habitants de Marseille, n'avaient jusques alors payé aucune censive, ce n'était pas, comme ils le disent, une prérogative en faveur de la ville de Marseille, mais bien plutôt une confirmation de leur ancienne liberté. »

Nous avons déjà montré (p. 60) que les statuts de Marseille du XIIIᵉ siècle, comme ceux de Salon et de plusieurs autres communes de Provence défendaient de créer des censives pour l'avenir à peine de nullité, c'est donc qu'elles étaient manifestement hostiles à la féodalité.

Voici le texte de cet article des *criées* (Liv. III, caput XXX intitulé : *De possessionibus ad certum censum datis*), d'après le magnifique mˢᵗ appelé *le livre rouge* qui était fixé par une chaîne sur la table du conseil municipal de Marseille, (aujourd'hui aux Archives de cette ville). « ... Statuentes similiter deinceps inviolabiliter observandum quod nullus dominus alicujus honoris seu a quo teneatur honor aliquis quandocumque vendetur honor ille vel alias alienabitur et super eo laudimium vel consensus dicti domini interponatur vel erit interponendus possit vel debeat super eo petere vel exigere sibi fieri pactum vel convencionem aliquam ab emptore illius rei vel alias acquirende de apportando sibi vel ad domum suam habere dicti domini censum pro ea re prestandum.

Quod si forte faciet et super eo aliqua convencio de censu dicto apportando factum fuerit illa nullius sit valoris et momenti et nichilominus pro inde dictus dominus vel alius quicumque qui temerario ausu contra hujusmodi prohibicionem venire præsumpserit vel presumet nomine pene comuni Massilie tantum dare teneatur sine mora quantum est vel erit trezenum illius vendicionis vel precii pro ea re dati vel conventi que pena a rectore vel consulibus pro comuni

« seurs des héritages fassent apparoir de bons titres qui
« les en déchargent. » Tandis que les Parlements de Grenoble et de Toulouse se refusaient à enregistrer l'art. 383,
celui de Provence refusa l'ordonnance tout entière et ne
fut pas contraint à l'enregistrer[1].

Massilie ab eo domino viriliter exigatur. Et nullus tabellio audeat vel debeat a modo aliquid scribere in aliquo instrumento de convencione vel convencionibus aliquiquibus adversus prope dictam prohibicionem apportandi census dictos alicui a quocumque in Massilia.

Licet autem de apportando predicto censu ab aliquo alicui in Massilia prohibitum sit jam supra prope convencionem fieri et inde fieri instrumentum sive cartam attamen illi qui tenebuntur prestare dictos census teneantur ad requisicionem illorum quibus tenebuntur prestare dictos census facere instrumentum sive cartam recognicionis dictorum censuum, scribendam per manum publici notarii Massilie continentem res illas cum suis confrontationibus, etc...» (Voir aussi Méry et Guindon, *Hist. de la Commune de Marseille*, Marseille 1841, T. IV, p. 62).

[1] Faut-il s'étonner de la résistance désespérée que les fermiers du domaine rencontrèrent en ce pays, quand on considère le caractère méridional ? Voici le portrait frappant des idées d'indépendance qui étaient le propre des Provençaux, tracé naguère par notre savant ami M. Guibal dans son *Mirabeau et la Provence en 1789.* « Avec leurs qualités et leurs défauts, dit-il, les Provençaux avaient une personnalité provinciale nettement accusée. Ces traits si marqués de leur génie, justifiaient aussi bien que leur histoire, leur prétention de se considérer comme une nation unie à la grande nationalité française sur un pied d'égalité. La Provence entendait n'être pas un Etat subalterné. Le roi de France n'était pour elle que le comte de Provence. Léguée à la couronne par son dernier comte, Charles d'Anjou, elle s'était en 1486, par l'organe de ses Etats, donnée *d'un cœur franc* au roi de France, en stipulant le maintien de ses statuts, coutumes, libertés et privilèges. Le roi le lui avait promis, par lettres patentes en date d'octobre 1486. De grands sacrifices pécuniaires lui avaient, mieux que la parole royale, conservé les libertés de son régime municipal, qui rappelait l'indépendance républicaine des communes consulaires du XIIe et XIIIe siècles. De l'aveu de l'intendant Le Bret, le paysan était en Provence plus spirituel et, partant aussi, moins docile qu'en aucun pays. On n'avait jamais tenté de le soumettre à la corvée. Il supportait avec impatience les charges et les vexations féodales (Arthur Young, I, p. 307 ; *Mémoires de l'intendant Le Bret*, p. 133, De Coriolis, *Traité de l'administration du comté de Provence*, I, p. 351 ; Ch. de Ribbe, *Pascalis*, p. 24).

Le morcellement de la propriété, la nécessité de lutter sans cesse contre une

Le roi, voyant que les mesures radicales n'avaient pas de succès, prit un biais et chercha à obtenir par ruse ce qu'il ne pouvait avoir ouvertement. Une déclaration du 4 décembre 1641 décida que certains engagistes du domaine paieraient un supplément de finance et que les possesseurs des biens alodiaux seraient taxés par confirmation d'icelui au vingtième de la valeur des dits biens. Admirons le subterfuge et l'expression « par confirmation d'icelui. » Vous êtes libres, vous ne devez rien à personne, c'est pourquoi payez-moi le vingtième de la valeur de vos biens. Les malheureux aleutiers n'osèrent pas résister, furent même enchantés de posséder une nouvelle confirmation, (le grand nombre qu'ils en avaient déjà aurait dû leur faire suspecter cependant leur valeur!), ils ne se doutaient pas qu'on allait tirer argument de ces sommes, qu'ils consentaient naïvement à payer, pour leur dire : vous avez payé au roi, c'est parce que vous reconnaissiez les droits de directe qu'il avait sur vos terres, sans cela pourquoi eussiez vous été assez naïfs pour payer sans cause. Vous avez donc passé condamnation.

L'assemblée générale des communes de 1643 accordait

---

nature peu favorisée et souvent redoutable avaient, non moins que la persistance des traditions de droit romain, contribué à développer, dans le cœur de ce paysan, des instincts d'indépendance, de fierté et même de révolte. Ces instincts s'unissaient chez lui aux emportements d'un caractère brusque, heurté, violent, qui semblait rappeler les tempêtes du mistral... »

Notre cher maître M. Jules de Séranon, dans ses *Villes consulaires et Républiques de Provence au moyen âge*, Aix, 1858, nous a décrit la vitalité puissante de l'organisation consulaire dans nos cités de Provence, organisation qui a dû être pour beaucoup dans le maintien des franchises de la province, dans la conservation des lois romaines, dans la protection de la petite propriété, partant dans le maintien de l'indépendance et de la franchise des terres.

au roi deux cent vingt mille livres, moyennant quoi, Sa Majesté était suppliée de revoquer plusieurs taxes, notamment celle qui portait sur les possesseurs de biens alodiaux.

En 1646 on entreprit le renouvellement du papier terrier ; un arrêt du Conseil du 28 février ordonna que ceux qui avaient acquis, soit par acte volontaire, soit en paiement de leurs créances, les domaines nobles des communes qu'elles tenaient du roi ou des seigneurs particuliers, et ceux qui avaient pris à nouveau bail de la chambre des comptes, des biens nobles de la mouvance du roi, en passeraient reconnaissance. Des lettres de commission en date du 6 décembre 1647 furent données aux sieurs de Brunet et Chaix, conseiller et auditeur en la chambre des comptes, pour recevoir les dites reconnaissances ; on appelait de leur décision au Conseil du roi, c'était là une innovation peu conforme aux principes de procédure du temps et préjudiciable au pays ; c'était là un véritable droit d'évocation qui soustrayait la solution de ces affaires à la justice ordinaire, aussi cette disposition fut-elle mal vue et fortement suspectée, on avait peur que la justice rendue par le Conseil du roi fût une justice « un peu contingente » pour employer une expression célèbre. Les arrêts de conflit n'existaient pas à cette époque, sans cela on ne se serait pas étonné pour si peu.

Les sieurs de Brunet et Chaix se portèrent sur les lieux, pour faire reconnaître aux communes les biens roturiers qu'elles possédaient et occasionnèrent par là beaucoup de dérangements et de frais inutiles. Aussi les Procureurs du pays portèrent leurs plaintes au Conseil et obtinrent sur

20

leur requête un arrêt du 20 mai 1648, en interprétation de
la commission donnée aux sieurs de Brunet et Chaix, portant que les commissaires à l'avenir procéderaient seulement contre les particuliers qui posséderaient des domaines nobles aliénés par les communes, sans y comprendre ni obliger les dites communes à raison des biens
roturiers, et ce, dans la ville d'Aix mais non ailleurs. Les
Procureurs par une autre requête, protestant contre ce
droit inusité d'évocation au profit du conseil du roi, de-
mandèrent que, conformément aux statuts et privilèges du
pays, les appels des jugements rendus par les commissaires fussent portés à la Cour des comptes.

Le conseil tourna la difficulté, et, sans répondre directement à la requête, ajourna la solution en ordonnant, par
arrêt du 4 juillet 1648, qu'il serait sursis aux reconnaissances jusqu'à nouvel ordre.

La trêve fut de courte durée. Par lettres patentes du
26 janvier 1653 les sieurs de Montfuron et de Pierrerue,
conseillers en la cour des Comptes, et Chaix auditeur, reçurent commission conforme aux arrêts de février 1646 et
de décembre 1647, à l'effet de faire passer les reconnaissances ordonnées par ces arrêts.

Les Procureurs du pays, se méfiant de la tendance de
ces dispositions, s'opposèrent vivement à l'enregistrement
de ces lettres patentes. Ils convenaient que si les communes avaient cédé à leurs créanciers des biens nobles
mouvants du roi, il était juste que reconnaissance en fût
passée, mais cela ne devait pas s'appliquer aux biens mouvants de la directe des seigneurs, ni à ceux qui étaient
possédés en aleux, sans quoi on eût introduit en la pro-

vince un principe exclusivement propre à certains pays de coutumes, mais absolument contraire au droit romain qui la régissait, à savoir qu'il n'existe « *nulle terre sans seigneur*. » La Cour des comptes fit droit à cette requête et, sur les conclusions du procureur général, adoptant ces principes, tout en vérifiant les dites lettres patentes, ordonna par arrêt du 12 juin 1654 que les commissaires procéderaient aux reconnaissances des biens mouvants du domaine royal, « suivant les anciens titres et nouveaux baux et de la manière accoutumée, » ce qui soumettait le fermier à prouver la directe du roi par titres ou nouveaux baux, c'est-à-dire confirmait l'aleu naturel.

Pendant ce temps, le fermier, peu satisfait du zèle des commissaires, avait fait révoquer la commission des sieurs de Montfuron et de Pierrerue et l'avait fait donner, par arrêt du 5 février 1654, aux sieurs Léon de Valbelle conseiller au Parlement et à Jean Chaix auditeur à la Cour des comptes. Cette nouvelle commission était entièrement aux ordres du fermier, c'est-à-dire bien décidée à faire main basse sur le franc-aleu[1].

Un arrêt du conseil du 15 juillet 1654 ne laissa plus aucune illusion sur le but de toutes ces dispositions : « ... Pour annuler les tendances à établir le franc-aleu « sans titre, ordonne l'exécution pure et simple de l'arrêt « du 5 février, avec défense aux Procureurs de Parlement « de faire réquisition contraire à cet arrêt. » Tout posses-

---

[1] Léon de Valbelle ayant eu quelques années après un procès avec le marquis de Simiane, s'entendit reprocher, en plein Parlement, d'avoir partagé le gâteau avec le fermier du domaine.

seur devra exhiber ses titres, sans quoi il sera condamné à passer reconnaissance.

La commission se signala bientôt par sa véhémence et par sa procédure violente contre les particuliers et les communes, à tel point que, sur les plaintes des procureurs du pays, le Parlement, toutes chambres réunies, par arrêt du 20 nov. 1655, fait défense aux officiers de la dite Cour d'accepter aucune commission extraordinaire sans l'avoir communiquée à la Cour, sous peine de privation de ses gages ; ordonne aux commissaires de remettre leurs lettres de commission au greffe pour être vérifiées par les intéressés et par le Procureur général, leur fait défense d'agir jusque-là en quoi que ce soit.

A cette même époque, la commune de Toulon était attaquée par un sieur de Mongeays auquel le roi avait cédé sa directe sur la ville et son terroir, quoique la province fût alodiale. Toulon se plaignit beaucoup et demanda à l'assemblée générale de la province de 1655 son intervention. L'année suivante celle-ci résolut de se pourvoir devant le roi pour faire confirmer le pays en franc-aleu, ce qui devait lui coûter un nouveau versement de cent mille livres.

Pendant ce temps, le roi, à qui la ferme attitude du Parlement avait donné à réfléchir, par arrêt du 12 avril 1656, demandait aux Procureurs et avocats-généraux des deux Cours de lui donner leurs avis sur le bien fondé de la présomption d'alodialité. Les 8 et 12 mai 1656 ces avis furent donnés au roi ; ils proclamaient l'inviolabilité de l'aleu et concluaient que si les seigneurs ou Sa Majesté prétendaient à la directe, ils devaient la prouver. Est-ce à la suite de cet avis ou des cent mille livres votées, toujours est-il que de nouvelles lettres patentes de mai 1656 vinrent confirmer l'aleu naturel et exempter les domaines aliénés par les Comtes de Provence des droits de vente, revente etc. « ... Permettons et ordonnons aux communautés et « habitants du dict Païs de Provence de continuer la joüis- « sance du dict droict escrit et de posséder leurs dicts « biens en franc-aleu [1]. »

Mais sur les autres points, les traitants triomphaient. Car cet arrêt, confirmé par un acte du Conseil du 7 mars 1657, sans s'arrêter aux arrêts des Cours de Parlement et des Aides des 15 juillet et 29 novembre 1655, ordonnait l'exécution des arrêts du conseil des 5 février, 13 mai, 15 juillet 1654 et portait qu'à l'avenir l'appel des jugements rendus par les commissaires délégués pour la recherche des domaines, droits recélés ou usurpés, ne pourrait être reçu par les Cours, mais devrait être porté au Conseil. Les lettres patentes du 23 avril 1658, qui élevaient le nombre des commissaires à sept, (choisis dans les deux Cours), déclaraient que leurs décisions seraient en premier et en dernier ressort.

De ces sept commissaires quatre appartenaient au Parlement et trois à la Cour des Comptes. Celle-ci, doublement mécontente de ce qu'on lui enlevait la connaissance des reconnaissances du domaine, et de ce qu'elle avait moins de représentants dans la commission que le Parlement, excitée d'un autre côté par les Procureurs du pays qui espéraient qu'une querelle relative à la commission ne pouvait qu'être

---

[1] Voy. le texte dans Gensollen, *Franc-aleu de Provence*, Aix, 1732, p. 224 à 238.

favorable à leur cause et retarder la confection du papier terrier, la Cour des Comptes, disons-nous, accueillit les protestations que les Procureurs avaient fait afficher dans toute la ville à la suite des assignations qu'ils avaient reçues des commissaires.

La Cour des Comptes en outre fit saisir et emprisonner un nommé Duclos, huissier au Châtelet de Paris qui était venu lui signifier un arrêt du Conseil lui interdisant de connaître des reconnaissances du domaine, elle s'empara des papiers de Duclos et de ceux du Procureur du roi en la commission et prononça le 12 mai 1659 un arrêt suspendant l'exécution des décisions que les commissaires venaient de rendre à l'encontre des Procureurs du Pays, et qui donnait au contraire gain de cause à ces derniers.

Le même jour, de son côté, la commission rendait un nouvel arrêt d'exécution. Il y avait là un conflit dont il paraissait difficile de sortir. Pour comble de confusion, les Procureurs du pays, qui déployaient en cette affaire une énergie peu commune, obtenaient du Parlement, le 28 mai 1659, un arrêt de sursis à l'exécution des sentences de la commission du domaine. Ainsi donc la commission avait pour ennemis : les Procureurs du pays, la Cour des Comptes et le Parlement. Les premiers combattaient *pro aris et focis*; la Cour des Comptes, qui était dépositaire des archives du roi, qui détenait les titres du domaine, qui jusque-là avait seule connu des affaires relatives aux baux des biens domaniaux, qui avait reçu les aveux et dénombrements donnés par les possesseurs des biens mouvants de la directe royale, était furieuse de se voir enlever ces attributions. Le Parlement qui était, on le sait, terriblement ombrageux et susceptible, était, lui aussi, non moins jaloux de la création de cette nouvelle Cour souveraine, et ne cherchait que l'occasion de la faire supprimer.

L'équipée de la Cour des Comptes relative à l'huissier Duclos fut vivement blâmée par le Conseil, lequel, par arrêt du 3 mai 1659 annula la procédure faite à ce sujet, et par arrêt du 8 novembre de l'année suivante déclara qu'il serait passé outre aux décisions du Parlement et de la Cour des Comptes.

Le roi étant venu à Aix dans le courant de 1660, la province eut l'idée de se faire accorder de nouvelles lettres patentes (mars et octobre 1660, renouvelant celles de mai 1856 et conçues dans les mêmes termes) la maintenant dans la jouissance du droit écrit et des biens en franc-aleu. A cette occasion *et en remercîments*, l'assemblée générale vota un *don gracieux* de cent cinquante mille livres[1], à la suite duquel la commission fut supprimée par édit du 7 août 1661 : « ... avons révoqué et révoquons la chambre souveraine « des reconnaissances établie à Aix pour en connaître, vou- « lons et nous plaît qu'à l'avenir il soit procédé aux dites « reconnaissances par notre Cour des Comptes, aides et « finances de Provence, aux formes ordinaires, sur les « nouveaux baux et vieilles reconnaissances qui seront pro- « duites de notre part, ainsi qu'il est accoutumé et confor- « mément à nos lettres patentes de 1656 et 1660. » Cet édit fut suivi de deux arrêts conformes, l'un du Conseil du 9 août 1661, l'autre de la Cour des Comptes du 5 novembre de la même année.

---

[1] Gensollen, *loc. citat.*, p. 240-243.

Mais il fallait au fermier un tribunal qui fût à sa dévotion ; aussi la Cour des Comptes ne tarda-t-elle pas à être dépouillée de cette compétence. En 1666 M. d'Oppède, premier président du Parlement, M. de Bezons intendant de Languedoc et M. Guidy trésorier général de France furent commis à la confection du papier terrier, laquelle, avec toutes ces difficultés, se trouvait bien peu avancée[1]. Les appels devaient se porter devant le Conseil.

Une nouvelle campagne fut entamée par un nouveau fermier Francois Euldes, et continuée avec non moins de vigueur par son successeur Claude Vialet.

Euldes obtint d'abord un arrêt du Conseil du 3 octobre 1667 ordonnant que tous possesseurs de biens alodiaux seraient tenus d'en passer déclaration au papier terrier, sauf au fermier à justifier la directe du roi. Ce n'était pas, il est vrai, attaquer ouvertement l'aleu, mais c'était un acheminement. De quel droit en effet exigeait-on ces déclarations ? Pour éviter les suites de cet arrêt et les abus qu'ils en prévoyaient devoir découler, les Procureurs du pays le 20 février 1668 firent devant les auditeurs de la Chambre des Comptes une déclaration générale comme quoi tous les biens étaient possédés, d'après le droit écrit, en francs-aleux lorsqu'il n'y avait pas de directe prouvée sur eux. Le lendemain la Commission déclara qu'il serait passé outre à cette déclaration générale.

Une assemblée du 26 février de la même année députa à Paris M. Dedons procureur du pays pour présenter une

---

[1] A la mort de M. d'Oppède ce fut M. Rouillé, intendant et ensuite MM. Morant, Le Bret et de La Tour, intendants de Provence qui présidèrent successivement cette commission.

requête au roi, mais celle-ci fut repoussée. Un arrêt du 26 mars suivant vint régler les frais pour les déclarations au papier terrier : les déclarations faites par les aleutiers étaient gratuites.

Les premières décisions des commissaires ne furent pas trop vexatoires, et reconnaissaient constamment le principe d'alodialité ; l'ordonnance générale du 21 janvier 1670 déboute même le fermier parce qu'il n'avait pas prouvé suffisamment l'existence de la directe royale. Néanmoins cette obligation de venir passer déclaration mécontentait le pays : l'assemblée générale de 1669 avait chargé le sieur Vincens avocat des communes, de rechercher les documents propres à une défense, et avait commis Me Julianis, avocat au Parlement, aux procès relatifs au papier terrier avec six cents livres d'honoraires. Le 22 août 1670 la Cour des Comptes et le Parlement avaient joint leurs doléances à celles du pays qui furent présentées au roi par les trois états. Un arrêt du Conseil du 18 octobre de la même année permit aux Consuls des communes qui se prétendaient alodiales, de passer des déclarations générales comme quoi le pays était tenu en aleu ; ces déclarations seraient communiquées au fermier qui pourrait y contredire et prouver que tels biens dépendent de la directe royale. Cet arrêt, qui était presque un succès complet, ne tarda malheureusement pas à être méconnu ; M. Rouillé et M. Morant, son successeur, rendirent bientôt des ordonnances qui soumettaient les possesseurs d'aleux à venir faire des déclarations particulières[1].

[1] Ordonnances du 2 février 1677, du 3 décembre 1682.

Sur la plainte des Procureurs, un arrêt du Conseil du 18 avril 1684 vint un peu modifier ces ordonnances. Pour les territoires dans lesquels le roi n'avait aucune directe, la déclaration générale d'alodialité des consuls suffirait. Mais quant aux localités où le roi avait des directes mêlées avec des aleux, les consuls devraient fournir une déclaration détaillée de tous les biens alodiaux avec qualité, consistance et confronts de chacun d'eux.

Est-ce à dire que pendant ce temps l'aleu ne rapportât rien au roi? En 1676 parut une ordonnance qui imposait un droit d'un dixième sur les terres alodiales. Pour la Provence seule ce droit rapporta quatre cent mille livres[1]. Ainsi donc, si les prestations et mesures ordinaires, en ce qui touchait les aleux, étaient relativement légères, les impositions et mesures extraordinaires, qui, nous l'avons vu, étaient nombreuses, lourdes et fréquentes, avaient bien leur importance. Le pays se donnait grand mal pour repousser une taxe uniforme et perpétuelle, mais il ne faisait presque pas de difficulté pour donner la même valeur sous une autre rubrique, sous le titre de don gracieux ou autre.

Cependant le fermier avait fait présenter à la commission, par l'intermédiaire du Procureur du roi, le 1er décembre 1683, une requête tendant à faire adjuger à Sa Majesté la directe universelle dans le territoire de Toulon; cette prétention fut admise par jugement des commissaires du domaine du 5 août 1687, lequel devait recevoir commune exécution, non-seulement à Toulon, mais dans toute la Provence. Cet arrêt établissait donc la directe universelle

---

[1] Gensollen, *loc. citat.* p. 252-260.

en faveur du roi dans toutes les villes de Provence et à Forcalquier, forçait les habitants à faire déclaration au papier terrier et à payer les droits seigneuriaux arriérés depuis vingt-neuf ans. Un arrêt du 24 octobre suivant étendit cette mesure au territoire d'Arles.

C'est en vain que les assemblées générales de 1683 et de 1685 firent supplication au roi, excipèrent de nombreuses lettres patentes, tant anciennes que récentes, qu'elles avaient obtenues, moyennant finances, et protestèrent contre cette assimilation entre Toulon et le reste de la province, contre cette conclusion illogique du particulier au général. De ce que Toulon eût été soumis à une directe universelle (parce que, comme Antibes, Toulon avait appartenu à des seigneurs particuliers, notamment au XIIIe siècle à la famille de Blacas, le roi revendiquait pour lui la survivance de ces droits), il ne s'en suivait pas que toute la Provence y dût être soumise.

Aussi le pays en appela-t-il au Conseil. Il faisait valoir que cet arrêt était injuste : d'abord parce qu'il violait le droit romain, droit du pays ; en second lieu parce qu'il violait la condition testamentaire imposée par le roi René à son legs ; ensuite parce qu'il méconnaissait les nombreux arrêts et les nombreuses lettres patentes royales ; enfin parce qu'il violait les promesses faites à plusieurs reprises par Louis XIV lui-même, promesses pour lesquelles il avait été donné au roi en trois fois six cent cinquante mille livres. Cet appel fut reçu par arrêt du 30 décembre 1687. Mais tandis qu'il était pendant, la Provence s'abonnait pour faire cesser les revendications continuelles des droits d'albergue, de fouage, de péage, de cavalcade, de quiste etc...,

moyennant une redevance annuelle de trente-cinq mille livres.

Voici le texte de l'arrêt du 19 juin 1691 qui acceptait cet
abonnement : «... Sa Majesté accepte les offres faites par
« les Procureurs du Païs de Provence... ordonne que les
« droits seigneuriaux..... dûs à sa Majesté à cause de la di-
« recte universelle qui lui appartient dans les territoires
« de Provence et de Forcalquier, à l'exception du droit de
« prélation et de retrait féodal... à raison des droits de
« péage, régale... faculté de servir de l'eau des rivières pour
« arroser... droit d'une obole d'or et d'argent sur chaque
« étranger venant s'habiter à Tarascon... le droit de quatre
« deniers sur chaque charge de blé sortant de Tarascon...
« demeureront à l'avenir abonnez, éteints et supprimez
« moyennant la somme de 35,000 livres... à l'exception
« des villes de Marseille, Arles, La Camargue, Nostre-
« Dame de la Mer..... que le roi n'a pas entendu compren-
« dre dans le présent abonnement, non plus qu'une somme
« de 300 livres... plus 13,000 livres pour les droits de lods
« et ventes non payés ces deux dernières années[1]... »

Les Procureurs en refusèrent l'exécution, trouvant les
prétentions royales trop exorbitantes et ces diverses sommes supplémentaires mal justifiées ; enfin ce droit de retrait féodal que se conservait le roi les mécontentait et à
juste titre : le roi semblait faire abandon de sa directe et
en conservait un des effets, une des conséquences ! Enfin,
sur l'assurance formelle que leur donna le contrôleur gé-

[1] Voir le texte dans *Recueil de jurisprudence féodale à l'usage de la Provence
et du Languedoc*, Avignon, Vᵉ Girard, 1765, in-8, (par Ventre de la Touloubre),
II, p. 34 à 40.

néral Pontchartrain que ce retrait ne serait jamais exercé,
pour en finir avec ces ennuis, ils firent adhésion. Mais,
tandis qu'ils n'avaient offert cet arrangement que pour
le temps que durerait le procès, à leur retour à Aix, ils
apprirent que les trente-cinq mille livres dont s'agissait
n'étaient pas payables qu'une seule fois, mais étaient annuels ; le fermier prétendait même aussi que son indemnité de six mille cinq cents livres, qui n'avait pour·cause
cependant que l'arriéré, devait être payée à l'avenir annuellement ce dont d'ailleurs il fut débouté par la com.
mission du domaine présidée par Le Bret. Néanmoins les
Procureurs furent furieux et étaient d'avis de repousser
des accords aussi onéreux. Mais sur les instances de plusieurs fonctionnaires qui s'interposèrent, notamment sur
les efforts de M. de Cosnac archevêque d'Aix, l'assemblée
générale de 1691, espérant en finir de la sorte avec ces
luttes continuelles dont chacun était fatigué, décida d'accepter cet abonnement comme définitif et perpétuel.

Tout ceci n'est-il pas bizarre et anti-juridique ? Comme
le disait Gensollen, de deux choses l'une : ou le pays était
de franc-aleu et alors il ne devait pas payer cette rente de
trente-cinq mille livres, et ces nombreuses sommes intitu-
lées *dons gracieux*, ou bien le pays était soumis à la di·
recte universelle et alors ces cinq taxes excessives payées
par lui en quarante ans ne s'expliquent pas davantage[1].

---

[1] Faut-il s'étonner de ces tracasseries, de ces demandes incessantes d'argent, en
voyant le roi, dont le trésor était appauvri par des guerres continuelles, obligé de
se procurer des ressources par tous les moyens possibles, par les moyens les plus
héroïques et les plus patriotiques, comme par la fonte de sa vaisselle personnelle,
et aussi par les moyens les plus ridicules. En moins de vingt ans furent créés,

Cette décision fut l'arrêt de mort du franc-aleu de nature.
Ce fut là le titre qui allait servir de texte au fermier, lors
du renouvellement du papier terrier, pour nier qu'il pût y
avoir en Provence des aleux sans titre. Pouvait-on en effet soutenir désormais que l'acceptation de cet abonnement, que ce rachat, que le paiement de cette rente, ne fussent pas autant de reconnaissances formelles de la directe
universelle royale, un aveu de sa légitimité, une renoncia-

---

pour la Provence seulement, plusieurs centaines de fonctionnaires bien bizarres
tels que : Receveurs des amendes, épices et vacations de la Cour des Comptes,
gardes dépositaires des registres du contrôle ; certificateurs des criées ; jurés pri-
seurs ; vendeurs de meubles ; greffiers gardes-minutes des arrêts ; jurés-mesureurs
de grains ; conseillers syndics des notaires ; subdélégués de M. l'intendant ;
commissaires pour la vérification des comptes des étapes ; conseillers auditeurs,
des étapes ; rapporteurs généraux des comptes des étapes ; commissaires des
tailles ; trésoriers, receveurs et payeurs des revenus des fabriques ; contrôleurs
des actes d'affirmation de voyages et de séjours ; inspecteurs visiteurs, mesureurs
et contrôleurs des matériaux servant à la construction et réparation des bâtiments;
inspecteurs des bâtiments ; jurés crieurs ; jurés mouleurs ; visiteurs, compteurs,
mesureurs, peseurs de bois à brûler, de charbon ; contrôleurs visiteurs des poids
et mesures ; inspecteur conservateur général des domaines ; gardes-dépositaires
des archives ; courtiers-facteurs ; trésoriers payeurs receveurs des communautés
d'arts et métiers ; contrôleurs d'arts et métiers ; receveurs des vigueries ; trésoriers
et contrôleurs des octrois ; commissionnaires des voitures ; commissaires contrô-
eurs et inspecteurs des voitures... Il faut nous arrêter cependant et dès le début
de l'énumération qu'on trouvera tout au long dans le Mss. 611, de la Biblioth.
Méjanes, fol. 433 à 465.

« Il faut remercier le ciel, disait le contrôleur général Pontchartrain, de trouver chaque fois que le roi crée un office nouveau, un imbécile à qui la vendre. »
Ce n'était assurément pas le pays qui remerciait le ciel, car chacun de ces officiers
prélevait naturellement comme intérêt du capital versé pour l'achat de sa charge,
de très grosses sommes variant du 2 au 16 pour o/o. Afin de se libérer la Provence eut encore recours aux abonnements.

A mesure qu'un office était créé, le pays se rachetait ; le roi créait le lendemain un nouvel office, c'était le rocher de Sisyphe ou le tonneau des Danaïdes.
Des centaines de mille livres, furent de la sorte dépensées. Les moindres de ces
charges furent rachetées, dix, quinze et vingt mille livres et beaucoup cent, et
deux cent mille livres.

tion à toute contestation à ce sujet, une sorte d'acquiescement aux prétentions du fermier?

Naturellement il n'y avait pas de raison pour que celui-ci arrêtât là ses prétentions, et les taxes continuèrent à frapper sans relâche la province.

Un édit d'août 1692, confirmatif de l'aleu, (quel emphé-misme!) ordonne que les possesseurs d'aleux nobles — cet édit établit nettement la distinction entre l'aleu noble et le roturier — paieront une année de revenus et le dixième de la valeur des héritages inféodés ou donnés à cens. L'assemblée générale de 1693, de plus en plus lasse de la résistance, décida d'abandonner les dites taxes moyennant cent mille livres dont la moitié fut imposée, l'autre moitié empruntée. Cet abonnement fut accepté par arrêt du Conseil du 2 mars de l'année suivante : le contingent du pays était fixé à deux cent vingt mille livres sur lesquelles Arles en donnait vingt-cinq mille et Marseille soixante mille. C'était donc un excédant de trente-cinq mille livres pour le reste du pays qui était taxé à 135,000 livres, alors qu'il n'en avait proposé que cent mille. Néanmoins l'assemblée générale de 1694 accepta ces conditions et cet excédant.

Comme la déclaration de 1676 et l'édit de 1692 avaient qualifié improprement de « nobles et féodales » les directes roturières et emphytéotiques établies sur les fonds alodiaux, le fermier imagina de soumettre au droit de franc-fief les possesseurs de ces directes roturières. Enfin, après cinq ans de procédure, le traitant fut repoussé par déclaration royale au 2 janvier 1699[1], grâce aux efforts de M. Pazery député du pays à Paris.

---

[1] *Recueil des décisions sur les droits royaux*, édit de 1775, II, 107.

La Provence goûta un repos d'une trentaine d'années,
mais l'Intendant Le Bret ayant été commis le 26 août
1727, à la confection du papier terrier, rendit deux ordonnances, du 26 janvier 1729 et 8 janvier 1730, qui obligeaient les possesseurs d'aleux à en venir faire déclaration
et à prouver leur alodialité, sous peine d'être soumis à la
directe royale[1].

Sur la requête des Procureurs du pays qui appelèrent
aussitôt de cette sentence, et sur les représentations de
MM. Decormis, de Colla, Saurin, Pazery, Gensollen, l'intendant consentit à suspendre l'exécution de ces ordonnances jusqu'à la décision définitive que devait prononcer
le Conseil sur l'appel interjeté, fixant toutefois le maximum de ce délai suspensif à six mois.

Gensollen, assesseur d'Aix et procureur du pays cette
année-là (1730), fut chargé d'écrire un traité en faveur du
franc-aleu de Provence. Déjà un avocat du Parlement de
Paris, du nom de Bargeton, avait fait un mémoire, fort

---

[1] Pour se concilier son intendant, il n'y avait cependant pas de sacrifice que
la Provence ne sût s'imposer. Le 12 juin 1713, elle avait pris à sa charge les frais
du baptême du fils de M. Lebret, lequel avait été tenu sur les fonts par les procureurs du pays au nom de la province, en suite de la délibération de l'Assemblée
générale. Les dépenses s'élevèrent à 1699 livres 7 sols. En 1749, la fille de
M. de Latour sera aussi tenue en la paroisse de Ste-Magdeleine sur les fonts, par
les procureurs aux frais du pays, les dépenses en largesses, étrennes, présents à
l'accouchée se monteront à 1755 livres 10 sols. (Mss. 611, à la Bibl. Méjanes, fol.
175 verso).

Chaque année la Provence fait quelque augmentation de dépenses en faveur
de l'intendant, tantôt pour lui construire un palais, tantôt pour lui augmenter ses
gendarmes. Avant 1540, le pays ne donnait absolument rien à son gouverneur, les
États de 1540 votèrent un don gracieux de quatre mille livres ; au milieu du
xviie siècle, c'est par centaine de mille livres qu'il faut compter ce qu'il donne à
son intendant.

médiocre d'ailleurs et des plus obscurs, sur la légitimité de l'aleu de Provence[1]. Celui de Gensollen au contraire joignait à une scrupuleuse exactitude une grande clarté, et respirait la conviction de son auteur. Il fut imprimé l'année suivante[2].

Cependant les six mois de délais s'étant écoulés, sans

---

[1] Mst à la Bibl. Méjanes, n° 629.

[2] *Franc-aleu de Provence,* (s. nom d'auteur), Aix, Joseph David, 1732, in-4° de 295 p. L'Assemblée générale de 1733 chargea l'archevêque d'Aix, Mgr. de Brancas, de fixer les honoraires de Gensollen. Sans faire une analyse détaillée de ce livre auquel nous avons pas mal emprunté, disons que ses trois arguments principaux sont les suivants. Si les seigneurs ont la directe c'est qu'à l'origine ils ont eu la pleine propriété, tandis que le roi n'a jamais été propriétaire de la Provence pays très morcelé ; quant à la maxime « *nulle terre,* » que le fermier Leblanc disait avoir été appliquée à la France en 1450, par arrêt de la Chambre des Comptes de Paris, elle ne saurait faire loi pour la Provence puisque celle-ci ne fut réunie à la France que trente ans après et sous la condition de conserver ses usages ; enfin, ajoutait Gensollen, il faut se garder de confondre les deux pouvoirs du roi, la souveraineté qu'il exerce sur toute la France, et ses droits féodaux semblables à ceux de tout'seigneur, mais qu'il ne peut exercer que sur ses propriétés privées.

Le *Mercure* du mois d'août 1732 donna une analyse détaillée de ce traité, sous le titre d'*Extrait de la deffense du franc-aleu de Provence.* Aussitôt le fermier fit paraître une réponse anonyme à cet article et à l'ouvrage analysé, sous le titre de : *Mémoire à Mgr. le contrôleur général,* (Aix, Joseph David, 1732, s. nom d'auteur). C'est là un factum sans aucune valeur.

Il reproche à Gensollen d'avoir passé sous silence un arrêt de 1687, rendu contre les procureurs d'Arles en faveur de M. de Richebourg. Dieu merci, Gensollen a cité assez d'arrêts importants sans aller encore citer les inutiles !

Le genre d'argument qu'il donne est celui-ci : « On aurait élevé la condition du roturier au-dessus de celle de la noblesse ! Quoi, cette noblesse qui dans tous les temps n'a refusé à son roy ni sa vie, ni ses biens, dont le sang a été en toutes rencontres prodigué avec tant de gloire, de zèle, de générosité et d'honneur... sera soumise à la directe du roy, le tiers état au contraire, le paysan jouira d'une franchise de nature, la seule proposition révolte !

D'un autre côté, on rendrait l'état de la noblesse en Provence plus illustre que celle du souverain ? Les seigneurs jouiraient de la directe universelle et le roi serait d'une pire condition?... » On le voit cette campagne était contre l'aleu roturier, puisque le noble avait déjà depuis longtemps succombé. (La Bibl. Méjanes, renferme sous le n° 529, le Mst de cet opuscule).

21

qu'une solution fût intervenue, les Procureurs demandè-
rent un nouveau sursis d'un an, qui leur fut refusé par
arrêt du Conseil du 4 décembre 1731. La guerre et la mort
de Le Bret interrompirent les opérations du papier terrier.

Un arrêt du 15 octobre 1737 commet M. de la Tour,
premier président et intendant, à l'exécution des lettres patentes, ordonnances et arrêts rendus précédemment relativement au domaine. Le fermier Le Blanc avait eu comme
successeur Carlier, puis par arrêt du 3 février 1739 François Rémy.

Une ordonnance du 1er juillet 1738 art. 7 ne laissa aucun
doute sur les intentions de la nouvelle commission : « Les
« particuliers et communautés... qui prétendent tenir leurs
« biens en franc-aleu... les possesseurs qui ne sont soumis
« à aucune cense ni envers le Roy, ni envers un seigneur,
« seront tenus dans un délai de trois mois, sous la peine
« de cinq cents livres d'amende de les reconnaître sous la
« mouvance directe et immédiate du roi à moins qu'ils jus-
« tifient..... » Une ordonnance du 5 juillet de l'année suivante commet dans chaque ville un notaire pour percevoir
les déclarations et reconnaissances, fixe les honoraires dues
pour cette cause à ces notaires et au greffe de la commission ; le 10 du même mois une instruction était adressée
aux dits notaires[1].

Les assemblées générales de 1739, 1740, 1742 s'occupè-
rent d'un projet d'abonnement nouveau ; en augmentant la

---

[1] La même année une requête était adressée au gouverneur de Provence « Requête de MM. les Procureurs du Pays de Provence à M. l'intendant commissaire
délégué pour la confection du papier terrier pour la défense du franc-alleu. » Aix,
David, 1739, pet. in-4°, s. nom d'auteur (par Cartellier assesseur d'Aix, procureur du pays).

pension de trente-cinq mille livres on espérait arrêter la confection du papier terrier. Mais ce projet ne put être accepté par suite des protestations des députés de certaines communes, notamment de celle de Saint-Maximin, et les ordonnances de M. de Latour furent exécutées.

Il est tout naturel que bien des communes n'aient pas voulu de l'augmentation d'un abonnement qui était déjà très lourd ; il est même assez étonnant que ces communes aient accepté celui de 1691. Pourquoi des villages ou fiefs appartenant à des seigneurs particuliers, qui n'avaient rien à redouter de la confection du papier terrier, se seraient-ils imposés pour obtenir un résultat qui ne les touchait en rien ? Ils étaient sous la directe de leurs seigneurs particuliers, que leur importait qu'une ville alodiale, comme Toulon par exemple, fût recherchée par le fermier et soumise à la directe universelle du roi ? L'intérêt qu'ils avaient à ce que les territoires des villes de la province fussent libres et indépendants, exempts de directe, était trop éloigné à leur égard, pour qu'ils se soumissent d'eux-mêmes à une contribution annuelle et perpétuelle, surtout à une époque où les charges s'étaient multipliées et alourdies d'une façon considérable. Pourquoi alors les communautés exemptes de droits vis à vis du Prince et de ses fermiers, n'auraient-elles pas contribué à leur tour aux redevances féodales, aux abonnements que les villages, soumis aux directes des seigneurs, leur payaient, c'eût été une juste réciproque.

Les villes de Provence pouvaient se classer en quatre catégories :

1º Celles qui avaient obtenu des concessions et des confirmations en franc-aleu. (Nous avons vu que la royauté n'avait pas été avare de ces sortes de titres !) Aix[1], Grasse, Hyères, Brignoles, Saint-Maximin, Aups, Draguignan, Moustiers, Colmars, Lorgues, Pertuis, Apt, Forcalquier.

2° Celles qui, ayant été inféodées avec directe à des particuliers, se rachetèrent ensuite et étaient soumises à la juridiction royale : Sisteron, Les Mées, Mezel, Gardanne, Callas, Coursegoules, Cuers.

3° Celles qui ont toujours reconnu la directe royale : Castellane, Antibes, Annot, Seyne, Saint-Paul-lès-Vence. La directe de Digne était partagée entre le roi et l'évêque.

4° Villes qui n'étaient soumises à aucune directe : Toulon[2], Barjols et Saignon.

Le 13 avril 1769 des lettres patentes supprimaient cette juridiction d'exception, cette commission du domaine, en rétablissant l'ordre de choses antérieur. Les trésoriers de France étaient chargés de continuer la confection du pa-

---

C'étaient bien là des efforts inutiles. Tout n'avait-il pas été dit en faveur de l'aleu ? mieux et plus complétement d'ailleurs. Le pays ne voyait-il pas là un parti pris, auquel il devait se résigner en sa qualité de plus faible ?

[1] Le plus ancien titre d'immunité d'Aix était des lettres patentes du Roi Réné du 24 août 1470 « Universitati nostræ Aquensi... sic universitatem prædictam in Franco-Alodio reponentes, ita quod eorum bona seu possessiones sub franco alodio possideant sicuti huc usque fecerunt, prout et per easdem præsentes motu et scientia prædictis nostris reponimus et repositam esse volumus. »

De même Toulouse présentait une reconnaissance du roi Jean. Les traitants raisonnant *a contrario* disaient : puisqu'Aix et Toulouse présentent leurs titres de libertés, c'est que le principe n'est pas la liberté, sans cela où eût été l'utilité d'apporter un titre ? Dumoulin répondait à cela qu'il fallait distinguer entre le titre acquisitif et le titre déclaratif ; qu'en l'espèce ces titres, étant déclaratifs, ne pouvaient nuire en aucune façon aux droits acquis. Ce qui est dit de la capitale doit être plutôt présumé dit du pays qui en dépend.

[2] Pour Toulon, la question avait été préjugée par deux jugements interlocutoires des commissaires du domaine, du 25 mai 1667 et du 20 décembre 1668 qui ordonnaient une enquête, celle-ci eut pour résultat de faire débouter le fermier du domaine.

pier terrier et de connaître de toutes les difficultés y relatives ; l'appel se portait devant le Parlement[1].

Il avait donc fallu 125 ans de luttes, d'efforts et d'injustices pour supprimer en Provence l'aleu de nature ! Au
bout de ce temps, les résistances de la province qui
avaient été vives au début, mais qui s'étaient calmées peu
à peu, avaient disparu. Il n'y avait plus besoin dès lors
d'une juridiction d'exception, d'une justice « contingente »,
l'*injuria* avait été acceptée, mais était-elle entrée dans les
mœurs ? La nuit du 4 août 1789 montra bien que non[2].

B. Dauphiné

La liberté naturelle des terres de cette province avait été
réservée expressément par l'acte de donation fait en 1349
par Humbert II, dernier Dauphin, à Philippe VI de Valois. Ces libertés et franchises avaient été confirmées par
déclarations de Charles V, du 17 mars 1367 et d'Henri II
du 15 janvier 1555[3].

---

[1] Un dernier effort fut tenté en 1771, par les Procureurs. Le bureau des finances, par ordonnance du 17 mai de cette année-là, avait confirmé celles de
M. de Latour, sauf qu'il augmentait notablement les frais des déclarations et
reconnaissances par devant les notaires royaux. Les Procureurs par acquit de
conscience appelèrent de cette décision, mais par arrêt du Conseil du 23 mars
1772 l'assignation d'appel fut cassée, défense était faite aux appelants de recom-
mencer la procédure à peine de dommages-intérêts.

[2] *Délibérations et remontrances du corps de la noblesse de Provence, suivies de
la réponse de la noblesse aux observations des nobles non possédant fiefs de Provence*, Aix, 1789, in-8.

[3] Ce que nous avons dit de l'organisation des villes consulaires pour la Provence s'applique aussi au Dauphiné, Cf. notamment : J. Roman, *chartes de libertés ou de privilèges de la région des Alpes* (Nouv. Rev. histor. de droit franç.,
1885, p. 436-454 ; 659-680) ; A. Prudhomme, *charte communale de Veynes* 1290

Aux Etats de Blois de 1577, comme nous l'avons déjà dit, la noblesse avait demandé au roi, que, par une ordonnance générale, toutes les terres du royaume fussent déclarées féodales et censuelles. C'était demander l'abolition pure et simple de l'aleu. Sur la remontrance de deux députés du Dauphiné, Claude de Clermont et Balthazar de Comboursier, la requête excepta les terres de Dauphiné « où les héritages sont réputés francs s'il n'y a quelque « chose d'individu ou de spécifique au contraire. »

En 1629, le Parlement de Grenoble refusa d'enregistrer l'art. 383 de l'édit qui proclamait la directe universelle. « Sur le 383ᵉ article, le Franc-alleu a lieu en Dauphiné « par possession immémoriale et libre de la province : il « en sera usé selon l'ancien usage, conformément à l'or-« donnance du 15 janvier 1555. »

Un édit d'octobre 1658 reconnut pleinement cette franchise : « En Dauphiné le franc-alleu est établi suivant « l'usage y observé en tous temps et admis non-seulement « par les anciens Dauphins, mais par les déclarations des « rois nos prédécesseurs. Nous voulons que les propriétai-« res des héritages tenus allodialement ne puissent être « inquiétés dans leurs anciens usages et privilèges aux-« quels Sa Majesté les maintient et les confirme... La plu-« part des fiefs, cens et directes ont été prescrits par la « négligence de ceux qui étaient chargés de la reconnais-« sance et recouvrement des dits droits et les fiefs et fonds

---

(Id. p. 527-557) ; A. Paul Guillaume, *coutumes embrunaises des* XIIIᵉ *et* XIVᵉ *s.* (Id. 1886 p. 482-525.)

Ce mouvement a été curieusement signalé par notre ami feu le conseiller E. Berger, *Les communes et le régime municipal en Dauphiné*, Grenoble 1872, 175 p.

« sujets aux dites censes, devenus par ce moyen allo-
« diaux. »

Chose bizarre, cette exemption de droits seigneuriaux
existait même dans les terres domaniales que le roi
possédait en sa qualité de Dauphin, si on en croit un
arrêt du 12 août 1666, en faveur de la commune de Mo-
« ras : « Les fonds et héritages allodiaux et qui ne sont as-
« servis à aucune cense, situés dans le mandement de Mo-
« ras, sont francs et exempts de payer aucuns lods à raison
« des ventes et autres aliénations qui sont faites d'iceux [1]. »

La présomption d'alodialité du Dauphiné était presque
unanimement admise [2]. Pour la mieux défendre, non con-
tente d'invoquer sa qualité de pays de droit écrit, la province mettait en avant son privilège d'être *juris italici*, ce
qui n'avait rien à faire en l'espèce, mais ce qui, elle l'espérait du moins, devait en imposer. « On n'a jamais révo-
« qué en doute, » disait le premier président en la Chambre
des comptes de Grenoble, Denis de Salvaing, « que le
« Dauphiné ne fût de franc-alleu comme étant régi par le
« droit écrit, suivant lequel tous les fonds et héritages sont

---

[1] Chorier, *Jurisprudence ou décisions de Gui Pape*, édit. de Grenoble, 1769,
p. 46, et Brillon, *Dictionnaire des arrêts*, 1726, t. III, p. 411.

[2] Les chartes sont nombreuses. Citons-en une de 1307 de Philippe, évêque de
Viviers : « Dictus episcopus et successores sui Vivarienses episcopi, qui pro tempore fuerint, jurare debebunt se esse fideles de personis et terris suis nobis et
successoribus nobis regibus Franciæ ; licet terram suam a nemine tenere, sed
eam habere allodialem noscantur. » *Chartulaire royal*, CCCLI.
Ce n'est pas à dire qu'il n'y ait pas en cette province des conversions d'aleux
en fiefs. Nous voyons notamment que la seigneurie de Veynes fut abandonnée le
21 mai 1253 par ses dix-huit co-seigneurs au Dauphin Guigue qui la leur remit
en fief moyennant hommage lige, promesse de service militaire et de plaid,
(Archiv. de l'Isère, B. 3013, cah. 140). Cf. Valbonnais, *Hist. du Dauphiné*, I, 29.

« réputés francs et allodiaux, et en conséquence, exempts
« d'hommages, droits de lods et ventes et autre servitude
« s'il n'y a titre au contraire, dont la preuve est rejetée sur
« celui qui prétend la sujétion. »

« Et quoique ce soit un principe du droit romain, si est
« ce que la liberté du Dauphiné se trouve particulièrement
« énoncée sous le nom du Viennois dans une loi du juris-
« consulte Paul, *de censibus*, où il dit : « Lugdunenses Galli,
« item Viennenses in Narbonnensi *juris italici* sunt.
« C'est-à-dire qu'ils jouissaient dans la possession de leurs
« héritages de la même franchise que les citoyens romains
« et les villes municipales de l'Italie. C'est une vérité qui
« n'a pu être dissimulée par Galland aux p. 7, 217, 218,
« 219 de la seconde impression de son traité, où il rap-
« porte un arrêt du Parlement de Paris du 5 juillet 1631,
« donné entre le sieur de Mézieux en Viennois et noble
« Jean Vincent, sieur de Rambion, par lequel celui-ci fut
« déchargé de l'exhibition des contrats et du paiement des
« droits qui lui étaient demandés, faute que le seigneur eût
« justifié la sujétion [1]. »

Récemment M. Quinon qui avait repris en faveur de
l'alodialité le système du *jus italicum*, disait aussi : « Que
« d'autres provinces aient eu des droits suffisants pour as-
« pirer au franc-alleu nous le voulons bien, mais avouons
« que le Dauphiné et les autres provinces *juris italici*,
« avaient pour l'obtenir un titre de plus [2]. » Que ce fût ce
titre qui, en en imposant à la royauté, l'empêcha d'avoir

---

[1] Denis Salvaing, *De l'usage des fiefs et autres droits seigneuriaux en Dau-phiné*, Grenoble, F. Féronce, 1664, in-8, LV et LIII, p. 277.

[2] Quinon, *Académie de législation de Toulouse*, 1858, p. 156 suiv.

sur cette province les mêmes prétentions de directe universelle que sur le reste de la France, c'est bien possible,
mais de là à ce que l'origine et la légitimité de l'aleu
consistât dans le *jus italicum* il y a loin !

Quoi qu'il en soit, il est certain que le Dauphiné fut à
peu près à l'abri des revendications de la royauté. Un arrêt du Parlement de Grenoble du 16 décembre 1649,
rendu sur les conclusions du Procureur général Dufaure
et un autre du 27 novembre 1653, vinrent arrêter quelques seigneurs un peu trop entreprenants : « Sur la re-
« quête présentée à la Cour par le Procureur général du
« Roi, remontrant que, quoique cette province du Dau-
« phiné soit de franc-alleu, que tous les fonds de quelque
« nature qu'ils soient y sont réputés et présumés francs et
« libres de leur nature, néanmoins quelques seigneurs
« hauts-justiciers se prévalent de l'autorité qu'ils ont sur
« leurs terres, contraignent leurs justiciables à leur recon-
« naître des directes universelles sans aucun titre, et par
« un autre abus font procéder à des saisies féodales con-
« traires aux droits et libertés de la province confirmés en
« ce point par des lettres patentes des rois Charles V et
« Charles VI qui tiennent lieu de statuts à la dite pro-
« vince ; et d'autant que des jugements particuliers ne pour-
« ront pas arrêter cet abus, et concluant à ce qu'il plaise à
« la Cour par un arrêt général déclarer quel est l'usage de
« la dite province ; et ce faisant, dire et déclarer tous les
« fonds et héritages assis en cette province, censes et au-
« tres droits être francs et allodiaux de leur nature, exempts
« de lods et ventes s'il n'y a titre du contraire, et en outre
« déclarer toutes saisies féodales nulles, abusives... que

« défenses soient faites à tous huissiers et sergents de les
« exécuter à peine de cinq cents livres d'amende. La Cour,
« de l'avis des chambres, faisant droit sur la dite re-
« quête [1].... »

Plus récemment, la Cour d'appel de Grenoble, à propos
de droits qu'on prétendait éteints comme seigneuriaux,
eut à se prononcer sur la question de l'aleu sans titre, et
trancha la question dans le sens de l'alodialité par arrêt du
19 février 1853 [2].

C. Bourgogne, Bresse, Bugey, Gex, Valromey

La Bourgogne était pays de droit écrit [3] et fut de tous
temps alodiale, les chartes qui l'établissent sont nombreuses [4] et les auteurs sont unanimement de cet avis. « Il suf-
« fit au propriétaire de la seigneurie qu'on prétend un
« alleu noble, d'être en longue possession de son allodia-

---

[1] Basset, *Plaidoyers et arrêts du Parl. de Grenoble*, 1695, t. II, III, § 6.

[2] Dalloz périodique, 1855, V, p. 227 (affaire de Belmont) et dans le *Recueil de Jurisprudence de la Cour de Grenoble*, 1854, p. 316.

[3] Président Bouhier, *Œuvres de jurisprudence*, édit. de Bevy, Dijon, 1787, p. 423 et suiv.

[4] Perreciot, *De l'état des personnes et de la condition des terres dans les Gaules*, 1845, preuves, rapporte plusieurs chartes contenant des donations d'aleux : anno 1072 : « Quatuor mansos de alodio ; » anno 1673 : « ...ex alodio nostro in eadem villa donamus... ; » 1092 : « omne alodum suum de Pontidoto et fœdum quod habebat de Ansedio ; » 1093 : « totum alodium quod habebam... alodium juris mei... » Ces chartes, dans quelques-unes desquelles l'aleu est distingué du fief, ne laisse aucun doute sur l'existence de l'aleu en Bourgogne.

Anno 1204 : « Je ay veu et sai certainement, dit le sire de Ceys, de mes de-
vanciers, que Gniante la feme Bernard Raiene de Ceys et sui ancessors ont tenu franchement et de lour allux et or ce que nul de mes hoirs ou autres hoirs n'y puisse reclamer droit de fiie ne de heritage. »

« lité, car elle forme en sa faveur une présomption légale
« qui rejette la preuve contraire sur celui qui lui dispute
« cette qualité [1]. »

L'ordonnance de 1629 ne fut pas enregistrée et la province refusa de s'y conformer. Toutefois, un arrêt du Conseil d'Etat du 4 juillet 1693 étendit, à la Bourgogne et à la
Bresse, la distinction entre l'aleu noble et le roturier, distinction que l'arrêt de 1667 avait déjà appliquée au Languedoc. « Vu l'ordonnance du sieur d'Argouges, conseiller
« de Sa Majesté en ses conseils, maître des requêtes ordi-
« naires de son hôtel, intendant en Bourgogne et pays de
« Bresse, Bugey, Valromey et Gex, rendue sur les requêtes
« respectives, l'une de Jean Girard bourgeois de Dijon,
« l'autre de Jean Fumée chargé du recouvrement de la fi-
« nance.., » après avoir dit que le duché de Bourgogne
était pays de droit écrit en vertu des lettres patentes d'appro-
bation de Philippe le bon du 26 août 1459, qui renvoient au
droit romain pour tous les cas non prévus par la coutume,
et après avoir dit qu'en ces pays la liberté naturelle des héritages était de droit commun, « ... Le roi en son conseil a
« déclaré et déclare le Franc-alleu roturier être naturel
« dans le duché de Bourgogne, contés et pays adjacents,
« ensemble dans les pays de Bresse, Bugey, Valromey et
« Gex : ce faisant ordonne que les détenteurs des terres,
« maisons et autres biens roturiers les posséderont allo-
« dialement et en disposeront à l'avenir comme ils ont fait

---

[1]. Président Bouhier, *Les coutumes du duché de Bourgogne avec les observations*, édit. Dijon, 1787, ch. XLIX, T. II, p. 356 et suiv.

« In dubio, quælibet res potius præsumitur alodialis, quam feudalis » disait
en 1523, Chasseneuz (*Consuetudines ducatus Burgundiæ*, LXVI, 3).

« par le passé, sans être tenus de justifier leur franchise
« et liberté par aucun titre.... Fait Sa Majesté main levée
« des saisies faites, ordonne que ce qui pourrait avoir été
« reçu par le dit Fumée pour ce, sera rendu et restitué[1]... »

A la suite de l'édit de Toulouse du 20 avril 1660, qui
ordonnait la confection d'un papier terrier général par tout
le royaume — édit qui avait été rendu à la diligence de
Pierre Bidoux, — le sieur Boulanger, commis du dit Bidoux pour les bailliages de Bresse et de Bugey[2], assigna
tous les seigneurs à venir faire leurs déclarations et inscri-
vait toutes les seigneuries, fiefs et aleux, dont les propriétaires ne justifiaient pas par titre être sous la mouvance de
quelque seigneur ou être alodiaux, comme mouvants du
roi. Mais on lui résista énergiquement, et, au milieu du
XVIIIe siècle, le doyen de l'université de Dijon J. Bannelier
peut encore dire : « Le franc-aleu naturel est celui qu'on
« reconnaît dans le pays pour être de droit commun et qui
« dès lors n'a besoin, ni de titre, ni de possession. Il est
« tel en Bourgogne et dans presque tous les pays de droit
« écrit où l'on dit *Nul seigneur sans titre*[3]. »

Récemment la Cour d'appel de Dijon eut à se prononcer

---

[1] Taisand, *Coutume générale des pays et duché de Bourgogne*, édit. de Dijon,
1698, p. 155.

[2] Ces pays avaient toujours été alodiaux comme cela résulte de l'*Edit des inscriptions* d'Emmanuel Philibert duc de Savoie, de 1563, dans le *Stylus regius*,
p. 152 et de plusieurs autres actes confirmatifs des ducs de Savoie (Id., p. 146,
164, 179). Les aleux y durent être d'autant plus nombreux que le domaine ducal
n'était pas inaliénable. (Cf. Guichenon, *Histoire de Bresse et de Bugey*, Lyon,
1650, qui avait été chargé en 1661, par la noblesse de ces provinces de rédiger
un mémoire au roi en faveur de l'aleu.)

[3] Davot, *Traité sur diverses matières de droit français à l'usaga du duché de
Bourgogne*, avec les notes de J. Bannelier, édit. de Dijon, 1765, VIII, p. 83.

sur cette question au sujet de droits réclamés par le baron de Pontac sur certains biens de la commune de Bour-
bonne-les-bains dans la Haute-Marne, c'est-à-dire dans le
Bassigny champenois. Le tribunal de Langres avait donné
raison au demandeur « attendu qu'aux termes de l'art. 102
« de la coutume de Chaumont, dans le ressort de laquelle
« se trouvait la ville de Bourbonne, les seigneurs étaient,
« en leur qualité de hauts-justiciers, présumés propriétai-
« res de ce territoire... » La Cour, sur les conclusions du
ministère public en faveur de l'alodialité dont jouissait le
pays avant la Révolution, par arrêt du 10 août 1864 réforme ce jugement et déboute le baron de Pontac[1]; la
Cour de Cassation rejeta la requête formée par celui-ci,
par arrêt du 7 mai 1866[2].

D. Languedoc

Comme nous l'avons dit au début de cette étude, cette
province fut occupée d'abord par les Romains puis par les
Goths, mais n'en resta pas moins régie par la loi romaine.
Alaric, par la déclaration d'Aire connue sous le nom
d'*Exemplar authoritatis commonitorium Timotheo V. S.
Comiti,* qui se trouve au commencement du Code théodosien, défend à tous officiers de justice — sous peines de
confiscation ou de mort — de se servir d'une loi autre que

---

[1] Dalloz périodique, 1865, 2ª p., p. 33.
[2] Dalloz périodique, 1866, 1ª p., p. 476.

la *Lex romana*. « Providere ergo te convenit, ut in foro tuo
« nulla alia lex neque juris formula proferri vel recipi præ-
« sumatur. Quod si factum fortasse constiterit aut ad peri-
« culum capitis tui, aut ad dispendium tuarum noveris fa-
« cultatum [1]. »

Clovis s'empara de la partie nord du Languedoc, c'est-à-
dire de l'Albigeois, du Rouergue, du Lauraguais, de Foix et
de Toulouse ; les Goths ne conservèrent que les côtes de la
Méditerranée des Pyrénées au Rhône. Mais il est probable
que l'Aquitaine et Toulouse se donnèrent volontairement
à Clovis ; quoi qu'il en soit, celui-ci confirma ces pays dans
le droit qui les régissait, et ses successeurs maintinrent
cette confirmation.

A partir de cette époque les habitants de tout le Midi
de la France sont confondus sous la même dénomination
de *Romains*, parce qu'ils étaient régis par le droit romain.
Le code de Justinien succéda à celui de Théodose et
même, en 1268, Jacques, roi d'Aragon et seigneur de Montpellier, fonda à l'Université de cette ville une chaire spéciale à cet enseignement. Jacques de Ravenne, Accurse à
Toulouse, Placentin à Montpellier professaient le droit
romain.

Aussi les chartes qui nous montrent des terres indépendantes, des aleux, sont-elles nombreuses [2]. Nous en avons

---

[1] Comment après cela Bodin a-t-il pu écrire dans sa *République*, I, 8, qu'Alaric avait défendu l'emploi du droit romain ?

[2] Plusieurs chartes contiennent les mots de *faux-aleu*. On appelait ainsi en
Languedoc, et surtout du côté de Montpellier, des terres qui n'étaient pas possédées en fiefs ni en pleine propriété, mais en usufruit. Ducange, annis 1534, 1535,
« et primo sub viatico in falso alodio totum quoddam suum hospitium, in quo
habitat, » et aussi anno 1391, *Chartulaire royal*, CCLXXXVIII.

déjà cité à plusieurs reprises. Quelques-unes montrent même que le Languedoc n'échappa pas complétement au mouvement que nous avons signalé des conversions d'aleux en fief, par suite de la violence des puissants.

Catel dans ses Mémoires sur le Languedoc (*Vie de Danie archevêque de Narbonne*) raconte que le Comte Milon, ayant usurpé des biens de l'Église de Narbonne sous prétexte que « Ipsas villas Rex Carolus sibi dederat beneficium, » en 778, fut condamné à les restituer parce que ces biens avaient toujours été possédés « in alodium, ab inte-« gro, cum omni integritate, » c'est-à-dire étaient aleux. D'autres fois, les évêques ne purent pas toujours obtenir gain de cause et n'eurent bien souvent d'autre ressource que d'excommunier les seigneurs trop entreprenants, ou de l'aller dire à Rome, ce qui, à cette époque, avait un effet[1].

---

[1] Arnaud de Verdale, *Vie des anciens évêques de Maguelonne.*

Les seigneurs étaient même si âpres que ce mouvement est signalé dans les chansons des troubadours du temps :

Ainsi cum Selh qu'a estat ses senhor
En son *alo* francamen, et en pats,
Qu'anc re non det, nim mes mas per
[amor,
Ni son destregs mas per sas volontats
Et eras es per mal senhor forfats.
Atressi eys me fuy ieu lonjamen
Qu'anc re no si per antray mendamen,
Ar'ay senhor ab cuy non val mercés,
Amor que a mon cor en tal loc més
On non aus dir, ni mostrar mon talen,
Ni per nul plag partir xo men puesc gés.

De même que celui qui a été sans seigneu
Librement en son *aleu* et en paix
Qui jamais rien ne donne ni moisson si ce
[n'est par amitié
Ni ce qui lui appartient si ce n'est par sa
[volonté,
Et qui maintenant est sous un seigneur
méchant et félon,
De même moi je suis resté longtemps
Sans jamais rien faire sur l'ordre d'autrui
Maintenant j'ai un seigneur duquel je n'ai
[merci,
Puisqu'il a mis mon cœur en un tel lieu
Où je n'ose le dire, ni montrer mon désir
Ni pour aucune cause je ne peux m'en
[éloigner.

Au milieu du XIIIe siècle, les officiers royaux ayant cherché à percevoir des droits seigneuriaux sur les aleux de Languedoc, sur la plainte des habitants, Saint Louis, par acte du 8 avril 1250, ordonne à ses officiers de respecter les aleux : « Quia illa terra adhuc regitur jure scri-« pto. Demum de alodiis quæ a possessoribus eorum « vendi libere consueverunt et quæ baillivi nostri vendi « non permittunt nisi census aliquis in his retineatur, et « insuper pecunia pro laudimio eis detur. Volumus quod « census impositi revocentur et similia in posterum non « attentent[1]. »

Louis le Hutin en janvier 1315 accorde des lettres patentes semblables, datées d'Orléans, aux habitants de Toulouse, Carcassonne, Lyon (Petragoricensis, Ruthenensis, Bellicadii).

Louis XI ayant fait son entrée à Toulouse en 1463, jura sur le *Te igitur* et la Croix, de garder inviolablement les franchises de la ville. Cet acte fut reçu par les Capitouls de Toulouse, agissant non comme magistrats municipaux de la cité mais comme sénateurs de la province de Languedoc, « ut concilium linguæ occitanæ ; » la reconnaissance s'appliquait donc à toute la province.

Malgré cela, les commissaires des francs fiefs étendaient leur commission aux aleux. Aux États généraux de 1483 les députés des trois ordres de Languedoc, présentèrent un cahier de doléances : « Item que au dit Païc a plusieurs « manans et habitans qui tiennent et possèdent terres et

---

[1] Registre de la Cour des comptes de Paris, intitulé : *Hoc est registrum Curiæ franciæ domini regis de feudis senescalliarum Carcassonæ, Tolosanæ...* rapporté par Caseneuve, p. 291-295.

« possessions situées et assises dedans le dit Païs, dont ils
« païent les tailles, lesquelles sont franches de rentes ou
« censives, et néanmoins, sous ombre et couleur des com-
« missions octroyées sur les francs fiefs et nouveaux ac-
« quests leur ont esté données plusieurs molestations et
« empeschement. Requérant que, à cause de ce, doresna-
« vant ne soyent molestez, ne travaillez [1]... »

Le conseil donna son assentiment : « Le Roy, si c'est
« son bon plaisir, leur peut accorder... ne seront contraints
« de payer aucune censive pour les possessions qu'ils au-
« ront tenues de toute ancienneté franches et desquelles
« on trouvera ès livres et thrésor du Roy, que pour icelles
« aucun droit ait esté payé... »

Charles VIII délivra à Tours, le 8 mars 1483, des lettres

---

[1] Nous avons trouvé dans Isambert, *Recueil général des anciennes lois françaises*, V, p. 312, des lettres datées de Nîmes, 16 février 1367, ordonnant qu'il
ne serait point payé de finance par les non-nobles pour les acquisitions d'aleux
roturiers et ne relevant point du roi, ni en fief, ni en arrière-fief, faites de personnes nobles.

Ces deux textes semblent indiquer qu'on avait essayé de prélever déjà sur les
possesseurs d'aleux roturiers, des droits sous la rubrique fallacieuse de franc-
fief, droits sous lesquels l'aleu roturier ne devait pas tomber par le fait même
qu'il était roturier, puisque les droits de franc-fief n'étaient perçus que sur les
biens *nobles* possédés par des vilains.

Ces lettres de 1367 montrent encore qu'à cette époque on distinguait déjà
l'aleu noble du roturier.

Par la même requête la province obtint d'être dispensée du droit d'aubaine.
Les bases de la lutte étaient à peu près les mêmes pour le droit d'aubaine que
pour l'aleu. Voici comment raisonnait le Languedoc quant à celui-là. D'après le
droit romain, constitution d'Antonin Caracalla, novelle 78, tous les habitants libres étant *cives romani*, les étrangers venant s'établir dans les pays de droit
écrit doivent être assimilés aux indigènes et exempts de droit d'aubaine. La
lutte se soutint là aussi avec des fortunes diverses, Charles VIII et Louis XI accordèrent toutefois au Languedoc ce qu'il demandait, mais ce ne fut qu'une exemption passagère.

patentes accordant satisfaction aux dites requêtes. « Char-
« les... Salut. Nos tres chers et bien aimez les deputez des
« trois estats de nostre païs de Languedoc nous ont fait
« dire et remontrer que au dit païs plusieurs manans et
« habitans qui tiennent et possedent terres et possessions
« situées et assises en icellui païs franches de rentes et
« censives, pour laquelle ils sont contribuables à nos tailles
« et imposts, selon la valeur et facultés d'icelles, et en la
« dite franchise les ont tenues et possedées tant et si lon-
« guement qu'il n'est mémoire du contraire, jusqu'à puis
« na guères que nos officiers ordinaires et aucuns commis·
« saires particuliers sur les francs fiefs et nouveaux ac-
« quests les ont contraints à payer et reconnaistre les dites
« rentes ou censives et autres droits pour les dits francs
« fiefs : en quoy ils ont été grandement travaillez, intéres·
« sez et endommagez, et doubtent qu'on veuille aussi faire
« le temps advenir; et pour ce Nous ont supplié et requis,
« que, en ensuivant les dites franchises et libertés con-
« formes à disposition de droit commun, il nous plaira les
« garder et entretenir en icelles, sans aucune chose être
« innovée au contraire et sur ce, leur impartir nostre grace.

« Savoir faisons... afin que les dits habitants de Nostre
« païs de Languedoc soient tousiours de plus en plus en-
« clins à Nous obeyr, seruir et complaire, comme bons,
« vrays et loyaux subjets et pour tousiours les releuer des
« charges et oppressions... à iceux pour ces causes et
« autres considérations à ce Nous mouvans, avons par
« l'advis et délibération de plusieurs des Seigneurs de
« nostre Sang et autres gens de nostre Conseil, estant lez
« Nous, octroyé et octroyons, voulons et Nous plaist de

« grâce spécial, pleine puissance et authorité royal par ces
« presentes, que d'ores enavant ils et leurs successeurs
« pour le temps a venir ne soient tenus, ne contraints par
« nos officiers ne commissaires... a Nous payer aucune
« rente ou censive des terres, possessions et héritages, pour
« lesquelles ils sont et seront contribuables à nos dites
« tailles et imposts, qu'ils auront tenües et possedées de
« toute ancienneté franches de censives, et desquelles ne
« se trouvera aucune chose avoir esté payée pour le temps
« passé à Nous et à Nostre thresor, et aussi ne seront iceux
« habitans semblablement tenus pour icelles terres nous
« païer aulcune finance et indemnité. Mais de ce les avons
« en tant que besoin est affranchis, quittez et exemptez...
« sans que ores ne pour le temps à venir, sous ombre des
« ordonnances faites sur le fait des francs-fiefs aucune
« chose ne leur puisse par nos dits commissaires, officiers
« estre imputée ne demandée en aucune manière [1]. »

Le même souverain adressa le 3 juillet de l'année suivante de nouvelles lettres confirmatives en forme de
charte touchant les francs-aleus ; elles étaient, disent-elles,
« seellees en las de soye et cire verte a double queue. »
Elles furent entérinées par la Cour des comptes le 18 août
1486, ce qui réduit à néant l'argument de Galland consistant à dire qu'elles ne sauraient avoir force exécutoire [2].

Enfin Charles VIII le 23 décembre 1495 reconnut pour

---

[1] V. Caseneuve, *loc. cit.* p. 209 et suiv.

[2] En 1490 le Parlement de Toulouse rendait un arrêt dans lequel toutes les
confirmations antérieures étaient relatées ; depuis celles de Philippe III, de
Charles VII en 1456. Les provisions en étaient, dit Caseneuve, au *Cartulaire de
Languedoc.*

la troisième fois la franchise de l'aleu, mais les lettres qu'il délivre portent *in fine* : « ... datisque propterea Do-« mino et progenitori nostro per gentes ipsas liberaliter, « realiterque, quindecim mille libris turonensibus [1]... »

Le 6 octobre 1501, de Lyon, Louis XII à son tour : « ... Mandons à nostre dit Procureur et de nostre com-« pagne la Reyne [2] et à tous les dits seigneurs de fief et « autres qu'il appartiendra, faire inhibitions et défenses de « par Nous sur certaines et grandes peines à Nous à ap-« pliquer que d'oresnavant ils n'ayent à contraindre, nos « dits subjets de Languedoc, ne aucuns d'eux à faire, ne « payer aucunes recognoissances, charges ne deuoirs quelx-« conques à cause de leurs dites terres, fors celles qui « sont et seront trouuées estre deües par ancienne jouys-« sance, lettres, bons et loyaux titres... »

En 1540, François Ier accorde des lettres patentes con-çues dans les mêmes termes. Déjà en 1522, sur la repré-sentation d'une députation des membres des trois États de Languedoc, ce roi avait accordé un édit, connu sous le nom de « Grand charte de plusieurs beaux privilèges du Païs de Languedoc, » qui reconnaissait par ce statut « per-pétuel et irrévocable » pour le roi et ses successeurs, les privilèges, libertés, franchises. Mais les dits députés avaient apporté cinquante mille livres et l'édit portait à ce sujet : « ... Acceptons et avons agréable la dite composition de la « dite somme par manière de contrant et convention avec « les deputez du Païs dessus nommé [3]... »

---

[1] Rapporté par Caseneuve, *loc. cit.* p. 302.

[2] Qui possédait en douaire le comté de Pézénas.

[3] Caseneuve, *loc. citat.* p. 146.

En juillet 1548 Henri II, de Dijon, confirmait les franchises de cette province. Toutes ces ordonnances font sonner bien haut les mots de « fidèles et loyaux subjets... en
« considération de leurs bons et excellents services... »
Elles sont exactement copiées les unes sur les autres et
pour les obtenir, quoique leur valeur ne soit pas grande,
il faut toujours payer. « Pour les récompenser de leur zèle,
« de leur amour, de leur fidélité envers leur souverain.., »
par lettres de 1656 le roi accepte un don gracieux de cent
cinquante mille livres.

Cependant tous ces titres ne furent pas suffisants pour
protéger le Languedoc contre les traitants. Dès le commencement du XVIIe siècle on les voit faire leurs efforts
pour introduire la maxime « *Nulle terre sans seigneur.* »

Une première ordonnance des Trésoriers généraux de
France en la généralité de Montpellier, en date du 21 mai
1602, condamnait les consuls et les particuliers habitants
de la ville de Nîmes à reconnaître les terres vaines et
vagues, pâtis et guarrigues au profit du roi et à prendre
bail sous le droit de censive ; à payer en outre les arrérages
des dites censives. Cette ordonnance, malgré les protestations du pays fut confirmée par arrêt du Parlement de Toulouse, le 8 mai 1607[1].

C'est à ce moment-là que, sur la demande des fermiers
du domaine, Auguste Galland, alors président du synode
de Castres et procureur général en Navarre, fit un mémoire en faveur de leurs intérêts, lequel fut publié sans
nom d'auteur, sous le titre de : *Contre le franc-aleu sans*

---

[1] David Defos, (*Traité du comté de Castres*, Toulouse, 1633, p. 158), en donne
le texte.

tiltre prétendu par quelques provinces au préjudice du Roy.
(Paris Robert Estienne 1629 [1]).

Nous avons déjà donné, à propos des systèmes généraux contre ou pour la présomption d'alodialité, (p. 170 et suiv. 177 et suiv.) quelques-uns des arguments fournis par Galland, les objections et les réponses qui leur furent faites. Il ne nous reste plus à exposer ici que les arguments s'appliquant spécialement et exclusivement au Languedoc, ou plutôt aux pays de droit écrit, puisque leur cause était un peu commune.

Le Languedoc, disait Galland, n'est pas régi par le droit écrit mais bien par la coutume de la ville, prévôté et vicomté de Paris, à laquelle il est soumis depuis quatre siècles. En effet, en 1212 Simon de Montfort l'a donnée pour coutume aux pays d'Albi et de Rodez et depuis elle a été embrassée, comme le dit Chopin, par toute la province. Galland, qui d'ailleurs était un érudit, à la fin de

---

[1] In-8 de 237 p. En 1637, Galland en donna une seconde édition plus complète sous le titre de : *Du franc-alleu et origine des droits seigneuriaux*, (Paris, Estienne Richer, in-4 de XV, 396 p. et VIII), toujours sans nom d'auteur, mais la préface est signée. Cet ouvrage, plein d'érudition d'ailleurs, fut traduit en latin et inséré dans le recueil de Schilter intitulé : *De paragio apanagio et feudis juris Francisci*, Argentorati, 1701, in-4.

Voici le portrait que trace de Galland le duc de Rohan dans ses *Mémoires*, IV, t. I, p. 4, édit de 1756: « On envoya pour commissaire au synode, Galland, reconnu sans contredit pour un habile homme, mais mercenaire sans honte et sans conscience, avec des instructions... »

La confection de cet ouvrage valut au domaniste les places de membre du conseil d'État et du conseil privé. Galland était d'ailleurs un homme de haute valeur et de grande érudition. La Biblioth. Nationale (n°s 16174 à 16191, fonds Saint-Germain) possède 18 volumes manuscrits in fol. dûs à Galland, traitant de matières féodales et domaniales, lesquels sont du plus grand intérêt.

son traité, reproduit même *in extenso* la loi de Simon de Montfort, d'après un original de la Chambre des Comptes de Paris et une copie authentique. En plusieurs endroits, dit Galland, surtout pour ce qui a trait aux fiefs, on voit que Simon de Montfort renvoie à la coutume de Paris, c'est-à-dire qu'il soumet le fief aux règles qui régissaient les fiefs à Paris. Suivent de nombreux actes, force citations, des tableaux généalogiques, l'histoire fort détaillée de la maison de Montfort, toutes choses qui montrent bien la science profonde du domaniste, mais qui n'ont que faire dans la question dont s'agit.

On répondit à Galland d'abord que le roi seul avait le droit de faire des lois, et que Simon de Montfort, n'étant que comte de Toulouse, n'avait pas le droit de supprimer la franchise générale des terres.

En second lieu, que les dites lois de Montfort ne parlaient pas de l'aleu, et comme elles se terminaient par ces mots : « Salvis conventionibus, privilegiis, consuetudini- « bus quæ non fuerint contrariæ istis...» elles maintiennent l'aleu.

Les textes dont Galland tire argument sont ces deux-ci : les modes de successions seront à l'avenir ceux de la vicomté de Paris. Il ne s'agit pas d'aleu mais de succession. Les fiefs seront régis comme ils le sont à Paris. Il ne s'agit pas davantage de l'aleu puisque Montfort ne parle que du fief. Qu'il soumit le fief à la coutume de Paris, cela ne prouve pas qu'il méconnut l'aleu et la franchise de ce qui justement n'était pas fief.

Galland se reporte à la rédaction des coutumes de Paris de 1510, ce n'est pas celle-là qu'il faut consulter, c'est celle qui existait en 1212. Caseneuve dit avoir consulté à l'archevêché de Toulouse un manuscrit du commencement du XIIIe siècle des coutumes de Paris, dont plusieurs auteurs s'étaient servis, et dont la rubrique était « Établissements le « roy de France selon l'usage de Paris Dorliens. » Il dit n'y avoir pas trouvé un mot relatif à l'aleu. Comment Montfort, s'il avait voulu supprimer l'aleu, aurait-il renvoyé à ces coutumes, puisqu'elles n'en parlaient pas ?

Pas de doute d'ailleurs que ces lois, faites pour l'Albigeois, n'ont jamais été imposées à Toulouse[1]. Odieuses à tous nobles et roturiers, comme leur auteur[2], elles n'avaient pas eu le temps d'entrer dans les mœurs, même en ce qui concerne Albi, puisque cette ville retourna au roi en 1222, c'est-à-dire dix ans après qu'elle eût reçu les lois de Montfort. Celui-ci étant mort en 1218, deux ans après tous les fonctionnaires d'Albi ayant à leur tête l'évêque, consignaient en langue latine et en dialecte méridional les anciennes libertés et coutumes, les franchises de leurs ancêtres et terminaient cette charte ainsi : « Quod alie bone « consuetudines ville Albie, non scripte, haberent vim et « sicut in antea observarentur[3]. » « Admirable mouvement « d'un peuple revenant de lui-même à ses usages, dès qu'il

---

[1] Voir le texte du serment solennel prêté à Toulouse par S. de Montfort et son fils Amaury le 8 mars 1215 dans Lafaille, preuves I, p. 124.

[2] C'est nous qui parlons et non Caseneuve, car celui-ci, somme toute, approuve la guerre contre les Albigeois et appelle Simon de Montfort « ce grand homme que la valeur et la piété rendent également recommandable... » Et l'humanité ? Caseneuve est toutefois obligé de reconnaître qu'on fit passer, à cette époque, pour hérétiques, bien des seigneurs riches quoiqu'ils ne fussent pas protestants, afin de pouvoir les piller et les dépouiller.

[3] La charte originale, que nous avons eue entre les mains, se trouve encore à la mairie d'Albi.

« est affranchi du joug du despote, » dit M. Laferrière dans son *Histoire du droit français*.

C'était bien remettre en vigueur les lois d'autrefois et passer l'éponge sur les lois de Montfort. Comment celles-ci, exhumées par Galland des archives de Carcassonne, sans valeur et lettre-morte depuis le XIIIe siècle, pouvaient-elles être de quelque autorité au XVIIe ? Leur donner une vie et une autorité rétroactive, vouloir effacer la pratique des quatre siècles qui l'avaient précédé, c'était abuser de ses pouvoirs d'officier du domaine. Et quand même la coutume de Paris serait devenue celle d'Albi, de Rodez, de Béziers, de Carcassonne, les coutumes anciennes renouvelées par celle de 1220, par la pratique postérieure, par les confirmations royales, par les témoignages sans nombre qui établissent, à n'en pouvoir douter, combien vivace resta le droit romain en Languedoc, ne protestent-elles pas bien haut contre les mauvais arguments du domaniste?

Les anciennes coutumes de Toulouse supposaient l'alodialité[1]. Toutefois elles venaient équitablement à l'aide des seigneurs qui avaient perdu leurs titres, chose qui arrivait fréquemment durant ces périodes troublées, en forçant les feudataires et tenanciers à donner copie au seigneur des actes qu'ils possédaient[2]. Galland avait étrangement inter-

---

[1] Cependant elles n'emploient pas le terme d'aleu, elles appellent ces terres franches *immobilia libere possessa*. Ainsi l'art. 148, qui permet aux serfs de posséder des fiefs et des aleux se sert de cette expression : « item de immobilibus, scilicet de casalagio et feudis que tenent a domino suo et aliis *libere possessis*. »

Ces coutumes avaient été promulguées le 6 février 1286 et approuvées par nos rois en 1461, 1463, 1483, 1498, 1515. La Biblioth. Nationale, sous les n°s 9187 et 9993 fonds latin (Moreau), en possède deux Mss. de la fin du XIIIe siècle, qui, selon M. Tardif, sont les *libri albi* dont s'est servi Casevieille.

[2] « Item est consuetudo, sive usus Tholosæ, quod quilibet feudatarius, vel

prêté cette disposition, il avait voulu en induire que toute terre était fief, si le tenancier ne prouvait pas le contraire par titre. C'était dénaturer complètement ce texte qui ne s'appliquait qu'aux fiefs et censives, qui ne voulait viser qu'un moyen de permettre en seigneur de reconstituer les archives qu'il avait perdues surtout en cas de difficultés avec les tiers[1].

Un second argument de Galland consistait à dire qu'en 1228 Saint Louis exigeait de Raymond comte de Toulouse foi et hommage à raison de certaines terres « secundum consuetudinem Baronum Franciæ. » Mais de ce que Raymond était obligé à hommage, lui répondait-on, cela ne prouve nullement que toutes les terres du Languedoc fussent tenues en fief. Suivait une énumération interminable d'actes constatant prestation de foi et d'hommage de seigneurs de la Langue d'Oc à raison des terres qu'ils tenaient et des guerres entreprises pour contraindre ceux des seigneurs qui avaient refusé la foi. Galland était, on le voit, à côté de la question. Jamais on n'avait nié que, dans les pays de droit écrit il y eût des fiefs, tout ce qu'on entendait soutenir c'était que tout n'y était pas fief, et que l'ancien mode de tenure romain s'y était conservé.

Galland se prévalait ensuite de trois arrêts du Parlement de Toulouse[2], condamnant les défendeurs à recon-

---

tenens feudum, quod teneatur a domino feudaliter, tenetur ostendere omnes chartas quas habet, vel habere potest, de dicto feudo, vel ad dictum feudum pertinentes... (*Cout. de Toulouse*, IV, 1, § 2, ou art. 133).

[1] De Catelan, *Arrêts notables*, III, 2 ; Cambolas, *Décisions notables*, IV, 45 ; Casaveteri, *In consuetudin. Tolosæ*, édit. de 1544, de homagiis XVI, f°, 66 ; A. Tardif, *Cout. de Toulouse*, 1884, p. 64 ; Id., *Le Droit privé au* XIIIe *siècle*, 1886, p. 48.

[2] Du 23 juin 1528, en faveur de la Dame de Clermont contre les habitants de

naître des demandeurs les terres qu'ils détiennent, à leur juger lods et censives, « sauf les terres et possessions que « les dits habitants montreront et feront apparoir dûment « par instrumens ou autres légitimes documens avoir esté « affranchies. » Mais, outre que les arrêts rendus dans ce sens étaient l'infime minorité[1] et qu'un arrêt ne saurait faire loi, Caseneuve répondait que, dans ces trois espèces, les demandeurs avaient produit des titres généraux, établissant leur directe générale dans leur circonscription, c'était donc en effet aux défendeurs à prouver leur affranchissement.

Enfin Galland répondait aux deux arguments principaux qui avaient été proposés au Conseil du roi par le syndic de Languedoc. Par patentes du 8 mars 1484, confirmées par arrêt du Parlement de Toulouse du 24 décembre 1495, disait le syndic, les habitants sont exempts du paiement de lods et ventes à cause des terres qui payent la taille. *A contrario*, ripostait Galland, les autres terres ne payant pas taille portent lods et ventes. Mais combien serait-il ridicule de penser que les terres sujettes aux tailles payent lods et ventes aux seigneurs et ne les payassent point au roi! Ces patentes n'ont point été confirmées par les rois suivants (?). « D'ailleurs les rois n'étant que dépositaires des

---

Montfrin dans le Gard ; du 11 mars 1552, en faveur d'Antoine de Lomagne, baron de Terride contre les syndics et habitants de Finghan ; du 2 sept. 1554, en faveur de Gérault de Mauléon, contre les habitants de Desplas près Foix.

[1] Caseneuve opposait une foule d'arrêts contraires, notamment du 20 février 1585, en faveur du sieur Margastaud contre le baron de la Mothe, (rapporté par la Rocheflavin, *Droits seigneuriaux*, I, 1); 6 janvier 1593 ; du 19 février 1631 (d'Olive, II, 19); du 7 février 1623, en faveur des habitants de Paulian (Cambolas, *loc. citat.*, IV, 45).

« biens de l'État n'en peuvent abuser, les affaiblir n'y diminuer. » Voilà un argument bien trouvé pour calmer la conscience du souverain qui, après avoir promis de respecter
l'alodialité, moyennant finance, mettait la main dessus ; en
vertu de la maxime du domaniste sa promesse était radi-
calement nulle. Caseneuve répondait : les provisions de
Charles VIII ordonnent que les biens maintenus en franc-
aleu paieront la taille, afin que, s'ils ne reconnaissent pas
le roi comme seigneur, ils le reconnaissent au moins
comme roi. Il peut y avoir des biens à la fois nobles et alodiaux ; ils sont présumés alodiaux, mais alodiaux roturiers et ce sera à celui qui les prétend nobles à le prouver ;
il faut distinguer *alodialité* et *aleu noble*.

Ce fut seulement en 1640 que le Languedoc publia un
traité en faveur de l'aleu pour répondre à l'ouvrage de
Galland. Ce fut un modeste ecclésiastique, dont l'érudition
et la science juridique étaient profondes, qui, sur les ordres
de l'archevêque de Toulouse, prit en main la défense des
intérêts des États de Languedoc[1].

Nous avons déjà vu à propos de diverses questions, la

---

[1] Les États de Languedoc s'étant émus de l'attaque de Galland, avaient chargé
en 1638 l'archevêque de Toulouse, Charles de Montchalt en sa qualité de président des Etats, de confier la confection d'un mémoire pour la défense de l'aleu
du Languedoc à telle personne d'érudition qu'il lui plairait de choisir en lui pro-
mettant telle récompense qu'il croirait convenable.

Trois ans après, le mémoire de Caseneuve était imprimé aux frais des États :
Instructions pour le franc-aleu de la province du Languedoc, Toulouse, Jean
Boude 1641, in-4º. Une seconde édition augmentée fut publiée cinq ans après
sous le titre de : *Le franc-alleu de la province du Languedoc establi et defendu*,
s. nom d'auteur. Toulouse, Jean Boude, 1645, in-fol. de 319 p. En voir une analyse
très détaillée par M. Astre, dans le *Recueil de l'Académie de législation de Toulouse*, 1867, p. 134 à 199.

majeure partie des arguments fournis par Caseneuve, nous
avons vu comment il réfutait victorieusement les feudistes.
Il ne nous reste que fort peu de chose à dire pour avoir
donné l'essence de son estimable ouvrage, auquel nous
avons déjà d'ailleurs pas mal emprunté.

Après avoir posé que la question d'alodialité était commune à tous les pays de droit écrit, parce que tous les habitants de ces pays étaient appelés indistinctement, au
Moyen-Age, Romains ou Provençaux, leur langue, romaine
ou provençale[1], Caseneuve raisonne ainsi : il est certain
que le Languedoc a toujours été régi, depuis la domination
romaine, par le droit écrit, c'est-à-dire par le droit romain,
or, d'après le droit romain, toutes les terres sont censées
franches et libres et non grevées de servitudes, donc il
doit en être encore de même aujourd'hui. Quelle que soit
l'origine de la maxime « *nulle terre sans seigneur* » les feudistes reconnaissent que c'est là un brocard emprunté au
droit coutumier ; quel que soit le sens qu'on lui donne, on
ne saurait l'appliquer au Languedoc ni à la Provence, pays
de droit écrit. Tout ce que Galland a pu dire sur les coutumes, est peut-être vrai pour les pays de coutumes mais
ne saurait être étendu aux pays de droit écrit, régis par des
principes différents, par un esprit de législation tout autre.
D'ailleurs, de ce qu'une contrée a une règle, ce n'est pas une
raison pour qu'une autre contrée ait la même. « Il est vray, »
dit Caseneuve dans un langage imagé qui rend bien la

---

[1] Joachim Vadianus, *Anciens collèges et monastères d'Allemagne*, II ; Raymond
d'Agiles, *Hist. de la prise de Jérusalem:* « Omnes de Burgundia et Alvernia et
Vasconia et Gothi, provinciales appelabantur cæteri vero Francigenæ. » Robert,
Hist. de Jérusalem, « Aquitanum quemdam, quem nos Provincialem vocamus. »

naïveté du parler de l'époque, « que dans la conformité de
« leur soumission à la puissance royale, l'Estat ressemble
« à un corps de musique dont l'harmonie résulte de la di-
« versité des parties ; ou bien à la Nature mesme, dont l'u-
« nion est composée des qualitez contraires des Elemens.
« Et comme dans la musique ce qui est grave ne détruit
« pas ce qui est aigu et qu'en la nature le sec n'empesche
« pas l'humide : de mesme en la Monarchie françoise, les
« coustumes qui en certaines provinces rejettent le Franc-
« aleu, ne peuvent pas estre alleguées contre les autres
« Provinces où il est establi par le droit commun. »

Après avoir énuméré et transcrit *in extenso*, toutes les
chartes, tous les documents, toutes les lettres patentes,
toutes les ordonnances, tous les édits royaux et autres confirmatifs de l'aleu, Caseneuve ajoute en conclusion : tous
ces rois ont voulu maintenir, respecter le franc-aleu, ce serait donc être téméraires pour ne pas dire sacrilèges que
de vouloir faire changer l'opinion de la royauté. Ce à quoi
Galland répondait qu'il n'est jamais trop tard pour revenir des choses surannées : « choses justes (?) combien que
« nouvelles ne sont à rejeter. »

Caseneuve, très courtois envers ses adversaires, ne né-
glige pas de temps à autre un mot flatteur à l'adresse du
roi, c'est ainsi qu'il écrit : « La jurisdiction n'appartient
« qu'au roi auquel elle est essentielle, les seigneurs subal-
« ternes ne l'ont que par participation, de sorte qu'il en
« est que comme la lumière laquelle estant communiquée
« à la lune et aux estoilles par le Soleil qui en est la source,
« on peut dire pourtant que la lumière est en éminence
« dans ce bel astre. »

Enfin voici comment il termine : « La justice de nostre
« Franc-aleu ressemble au cube, qui, de quelque façon
« qu'on le retourne, se tient toujours dans son assiette na-
« turelle : lors que nos Adversaires croyent l'avoir renversée
« elle se trouve ce qu'elle estoit au paravant, et leurs ef-
« forts les plus violens n'y gagnent enfin que la honte de
« la voir tousjours ferme. Mais comme leur esprit et leur
« scavoir ont de quoy tousjours fournir de nouvelles armes
« à leur courage, ils ne se rebutent point, et quelque mau-
« vais succes qui suive leur entreprise, ils ne laissent pas
« de poursuivre leur première pointe. Leur combat pour-
« tant ne se fait pas tousjours de vive force et à guerre ou-
« verte ; ils se servent quelques fois de stratagème et selon
« la maxime d'un ancien ils employent la peau du Renard
« où celle du Lyon ne leur a pas réussi. »

Les adversaires de Caseneuve étaient nombreux, et plus
encore puissants. A côté de Galland, était venu entrer en
lice David Defos, contrerolleur du roy, pour la comté de
Castres, qui publiait en 1633 un *Traité du comté de Castres... où est aussi particulièrement parlé du privilège du
franc-aleu sans titre, prétendu contre le Roy par ses subiects de la province de Languedoc* [1]. Defos va très loin puisqu'il dit : « Les héritages alodiaux sont exemps de droits
« seigneuriaux, ce qui se fait quand le roy par titre et con-
« cession expresse et particulière donne et attribüe cette
« franchise[2]. » Pour lui, l'aléu d'origine n'existe pas, et il
ajoute : « Le roy ayant droit en toutes choses qui sont dans
« son royaume, ne pouvant perdre iceluy sans son gré et

---

[1] Tolose, Arnaud Colomiez, 1633, in-4° de VIII et 224 p.

[2] D. Defos, *loc. citat.* p. 130.

« consentement, nul ne peut prétendre sa terre immune
« s'il n'en a titre spécial au Roy, ainsy que nous l'avons re-
« cueilly des termes d'une vieille recognoissance, faite par
« Pierre Villieu au comte de Castres en l'année 1406 à la
« Gache Raymond Ysarn (qui est un quartier de la ville de
« Castres)..... » Et Defos tire cette conséquence uniquement de ce fait que l'aleutier dont s'agit a reconnu tenir
sa terre franche et quitte en déclarant les tenants et aboutissants. Induire de ce qu'en 1406 un aleutier a déclaré tenir sa terre alodialement, le fait que tout aleutier doit faire
pareille déclaration, paraît bien excessif!

Et encore si tout s'était borné à la publication d'un mémoire! Mais, en conformité avec ces idées, quelques années auparavant David Defos, en sa qualité de contrôleur
du roi avait condamné les consuls et les habitants de la Ba-
ronie de Lesignan, Torozelle, Castelnau et autres lieux à
payer déclaration, il les avait déclarés « décheus des droits,
« privilèges et immunitez declarez au dénombrements par
« eux remis, lesquels droits, privilèges et droits patrimo-
« niaux, nous avons unis et incorporés au domaine de Sa
« Majesté... à peine de mil livres. » Ces ordonnances furent confirmées par le Parlement de Toulouse le 11 avril
1620[1].

Nous avons déjà dit, comment en 1629 l'ordonnance de
Marillac dans son article 383e essayait de proclamer la directe universelle, et comment le Parlement de Languedoc
refusa d'enregistrer la dite disposition par arrêt du 5 juillet
de la même année. « Et n'aura lieu soûs le bon plaisir du
« Roy l'article 383e, dans la province du Languedoc où le

---

1 D. Defos, *loc. citat.* p. 130-164.

« franc-aleu est observé de tout temps par le droit escrit
« et par les privilèges de la province[1]. »

La résistance était inutile. Le 22 mai 1667, un arrêt du
Conseil d'Etat, sous prétexte de prendre un parti moyen,
supprimait l'aleu noble en Languedoc.

« Le roi, s'étant fait représenter en son Conseil, les ar-
« rêts ci-devant rendus, tant en son dit Conseil qu'en son
« grand Conseil et en sa Cour de Parlement de Toulouse,
« et fait soigneusement examiner tout ce qui a été dit et
« écrit par différens auteurs sur le sujet du Franc-alleu pré-
« tendu par les syndics et deputez de la province du Lan-
« guedoc ; *et combien que le plus grand nombre ait décidé*
« *en faveur de la Majesté, que suivant la maxime générale*
« *du royaume, on ne puisse tenir aucune terre sans seigneur,*
« et que, si quelques-uns prétendent de les tenir posséder
« allodialement, ils en doivent rapporter la justification par
« titres valables ; que même par les ordonnances du feu
« Roy de glorieuse mémoire père de Sa Majesté, de l'an-
« née 1629, art. 383, il soit expressement porté que tous
« les héritages relevant de Sa Majesté en pays coutumier ou
« de droit écrit, sont tenus sujets aux droits de lods et
« ventes, de quints et requints, et autres droits ordinaires
« selon la condition des héritages et coutumes des lieux, et
« sont tous héritages ne relevant d'autres seigneurs censés
« relever de Sa Majesté, sinon que les possesseurs des hé-
« ritages fassent apparoir de bons titres qui les en déchar-
« gent ; au moyen de quoi la prétention des dits syndics de
« Languedoc ne peut pas subsister ; *néanmoins Sa Ma-*

---

[1] Isambert, *Anciennes lois franç.* XVI, p. 317.

« *jesté voulant bien à l'humble supplication qui lui en a esté*
« *faite par les Estats de la dite province, se départir d'une*
« *partie de ses droits en faveur des habitants de la dite pro-*
« *vince qu'elle désire traiter favorablement.*

« Sa Majesté en son Conseil a ordonné et ordonne que
« le Franc-alleu roturier sera admis dans la province de
« Languedoc ; ce faisant, que les possesseurs et détenteurs
« des terres roturières et taillables les posséderont allo-
« dialement sans être obligés de justifier le dit franc-al-
« leu par aucuns titres ; et si les officiers ou fermiers de
« ses domaines prétendent quelques censives ou autres
« droits ou redevances sur les dites terres, ils seront obli-
« gés de justifier qu'elles sont dans la directe et seigneurie
« de Sa Majesté ; faute de quoi elles seront tenues et cen-
« sées allodiales ; et lorsqu'il sera procédé au renouvelle-
« ment et confection de nouveaux papiers terriers de Sa
« Majesté, les possesseurs et détenteurs des dites terres
« seront seulement tenus de passer leurs déclarations qu'ils
« tiennent et possèdent en franc-alleu, moyennant les-
« quelles ils demeureront confirmés, sinon que les dits of-
« ficiers ou fermiers justifient, comme il est dit, que les
« dites terres soient dans la directe de Sa Majesté.

« Et à l'égard du Franc-alleu noble, veut Sa Majesté que
« tous ceux qui prétendront tenir et posséder aucuns fiefs,
« terres et seigneuries en Franc-alleu, soient tenus de les
« justifier par bons et valables titres, sans qu'ils puissent
« alléguer aucune prescription et longue jouissance, par
« quelque laps de temps que ce soit : et faute de justifier
« le franc-alleu, comme dit est, ils seront censés et réputés
« relever et tenir les dits fiefs, terres et seigneuries en foi et

« hommage de Sa Majesté, à laquelle ils seront tenus de
« les faire, fournir les aveux et dénombrements et payer
« les droits et devoirs dont ils peuvent être tenus, soit
« de lods et ventes, quints et requints et autres, sui-
« vant l'usage et la coutume des lieux où ils seront si-
« tués.

« Enjoint Sa Majesté au Parlement de Toulouse, cour
« des comptes et aides et finances de Montpellier et tréso-
« rier de France, chacun en droit soi, de tenir la main à
« l'exécution des présentes. » Cet arrêt fut confirmé par un
édit d'août 1681 et par un autre arrêt de 1688.

Qu'on admire dans quelle forme délicate cet arrêt, qui
dépouillait, somme toute, le Languedoc d'une partie de
ses privilèges, était conçu : « Néanmoins Sa Majesté, vou-
« lant bien à l'humble supplication qui lui en a été faite
« par les Etats de la dite province, se départir d'une partie
« de ses droits en faveur des habitants de la dite province
« qu'elle désire traiter favorablement... »

Il semble qu'on va trouver à la suite quelque acquisition
de privilège, pas du tout, on trouve la suppression de l'aleu
noble, *in caudâ venenum.*

Ah ! qu'en vers délicats ces choses-là sont dites !

Certains auteurs qui admettaient le Languedoc à jouir
de la présomption d'alodialité, par exception, la refusaient
au comté de Toulouse. D'abord, disaient-ils, parce que les
ordonnances de 1483, 1484, 1488 ne parlaient pas du
comté de Toulouse, ensuite parce que l'arrêt du 5 juillet
1629, refusant d'enregistrer l'art. 383 de l'ordonnance de

Marillac ne parlait pas non plus de Toulouse[1]. Ces arguments ne nous satisfont guères. En parlant du Languedoc n'a-t-on pas voulu en même temps parler de Toulouse ? Ce qui est vrai du tout, n'est-il pas, sauf réserve expresse, vrai de la partie ? Comment, c'est le Parlement de Toulouse qui refuse d'enregistrer l'ordonnance de 1629, et vous voudriez qu'il ne protestât pas au nom de la ville dans laquelle il se trouve !

Quand, en 1463, Louis XI vient à Toulouse, il jure devant les Capitouls de garder les franchises du Languedoc, celles de la ville n'étaient-elles pas comprises ? On ne peut pas arguer des lois de Simon de Montfort de 1212, puisque nous avons montré qu'elles ne supprimaient pas l'aleu, même dans les pays où elle était appliquée, c'est-à-dire dans le comté de Toulouse. Enfin, là où sont les mêmes causes, là doivent être les mêmes effets : Toulouse avait la même origine que le Languedoc, il était comme lui pays de droit écrit, il avait conservé aussi vivace l'usage du droit romain, comme lui il devait admettre le grand principe de la liberté des terres.

E. — NAVARRE

La Navarre fut toujours alodiale et ne se vit sérieusement contester ce privilège qu'en 1780, c'est-à-dire à la veille de la suppression des droits féodaux.

---

[1] Cf. notamment Ventre de La Touloubre, *Recueil de jurisprud. féodale,* Avignon, 1765, p. 50.

L'administrateur du domaine ayant poursuivi quelques habitants en reconnaissance, le syndic général protesta vivement et fit publier un mémoire de l'avocat Polverel pour la défense du pays[1], dont voici les arguments principaux.

Le système invoqué par les fermiers du domaine en arrive à dire qu'il n'y a plus qu'un propriétaire en France, et que ce propriétaire est le roi.

Or, pour qu'un seul homme ait la seigneurie universelle de toutes les terres d'une nation, il faut de deux choses l'une : *ou bien qu'il ait été un jour propriétaire.* Or, comment supposer qu'une vingtaine de millions d'hommes libres aient consenti à conquérir, à cultiver et à défendre un territoire de trente millions de lieues carrées pour un seul homme ? Pareil contrat a-t-il jamais pu exister ? *Ou bien il faut que cet homme exerce ce droit comme mandataire de chaque propriétaire particulier*, or, ce contrat de mandat a-t-il jamais existé ?

A côté de cet argument général, Polverel exposait un système assez extravagant pour nier le mouvement général des conversions d'aleux en fiefs, et se donnait aussi beaucoup de peine pour chercher à prouver que la recommandation ne faisait pas perdre à l'aleu son caractère d'indépendance (!), uniquement parce qu'il prenait d'une façon trop large et trop absolue dans la bouche de Montesquieu, cette idée de conversion[2].

Quant aux raisons particulières militant en faveur de la Navarre, voici comment Polverel les exposait.

---

[1] *Mémoire à consulter et consultation sur le franc-aleu du royaume de Navarre.* Paris, Knapen, 1784, in-8º de XII et 316.

[2] Id., p. 69.

La Navarre fut unie à la France en 1620 et cette union n'a dérogé à aucune de ses anciennes lois. Avant cette annexion, toutes les propriétés foncières y étaient gouvernées par le droit des gens, par le droit romain et par le *for*.

Le droit des gens, d'après lequel toute terre est libre, et aucune servitude ne doit se présumer.

Le droit romain, qui admet les mêmes principes. D'ailleurs, les Vascons de Navarre avaient obtenu sous Vespasien le *jus latii*, et le *jus civitatis* sous Caracalla ; ils étaient donc privilégiés même sous la législation romaine. Qu'on ne dise pas qu'une autre influence a pu se faire sentir après la domination romaine sur la Navarre, car, depuis cette époque, cette province et la ville de Pampelune ont été libres, elles ont pu faire des traités d'alliance avec les Sarrasins, avec les Français, mais elles n'ont jamais été soumises durant le Moyen-Age, ni aux uns ni aux autres.

Le for de Navarre, qui établit et suppose partout la liberté des terres. En tous cas s'il eût été muet sur ce point c'est au droit romain, à la législation antérieure, qu'il eût fallu remonter ; mais il est formel. Il répute en effet alodiale, toute terre possédée par quarante ans, et cette prescription est opposable non seulement aux seigneurs, mais même au roi, et alors même qu'on apporterait le titre originaire qui établit les redevances seigneuriales[1].

Au XVIe siècle une partie de la Navarre fut conquise par l'Espagne, tandis que l'autre résista et demeura française.

Or, la partie qui devint espagnole ne fut jamais soumise

---

[1] *For du royaume de Navarre,* II, tit. V, ch. 1.

à la directe universelle. En effet, les coutumes de ce pays disent formellement que les terres vacantes appartiendront, non au roi d'Espagne, mais à la communauté; de plus, des ordonnances vinrent défendre aux receveurs royaux de donner des terres à cens, sans avoir au préalable prouvé les droits de propriété du roi[1]. Une ordonnance de Charles Quint, de 1524, disait que les terres possédées par des prêtres devront toujours être indépendantes[2], et une autre, du même souverain, en date de 1531, relative aux ventes frauduleuses de terres sujettes à redevances qu'on avait fait passer pour alodiales[3], montrent bien que les aleux étaient nombreux dans la Navarre espagnole.

Le 7 février 1782, fut dressé pour la Haute Navarre, par le doyen des notaires de la Chambre des comptes de cette province, sur un décret de ce tribunal, un acte de notoriété établissant que l'aleu noble, comme le roturier, devait être présumé, et, qu'à moins de preuve contraire par titre, il ne serait dû ni au domaine du roi d'Espagne, ni à aucun autre seigneur de ce pays, aucun hommage, dénombrement, ni reconnaissance pour aucune terre, ni redevance foncière. Et cet acte de notoriété fut confirmé par arrêt de la Chambre des comptes.

Or, disait Polverel, si la Navarre espagnole a conservé son antique privilège d'alodialité, comment la Basse Navarre aurait-elle perdu cette liberté pour avoir eu le courage et le bonheur de se conserver à ses légitimes souverains les rois de France, comment ceux-ci voudraient-ils la pri-

---

[1] *Recopilacion d'Armendarys*, I, tit. XIII, Loi 3.
[2] Id., II, tit. VIII, L. 1.
[3] Id., II, tit. VIII, L. 3.

ver de ses franchises pour la récompenser de son courage
et de sa fidélité[1]?

Mais pourraient-ils légalement le faire, alors que les
princes d'Albret et de Bourbon, leurs prédécesseurs ont
toujours maintenu au pays ses privilèges? Alors que l'édit
même d'union, donné par Louis XIII à Pau en octobre
1620, promet expressément aux Navarrais de les maintenir dans leurs *fors* et leurs franchises? Les successeurs de
ce roi n'ont-ils pas fait le même serment et leurs édits, notamment celui de 1694 ne semblent-ils pas les mettre sur
ce point à l'abri de toute attaque?

Il est vrai, opposent les domanistes, que Louis XIII fit
rédiger pour la Navarre des coutumes, par une commission. Mais celle-ci était présidée par Galland, elle avait fait
disparaître, dans sa rédaction, bien des franchises; les
Etats protestèrent vivement et s'opposèrent de toutes leurs
forces, quoique en vain, à l'enregistrement de ces nouvelles coutumes qui eut lieu en 1622. Pareille rédaction ne
peut être opposée aux Navarrais ni comme loi, ni comme
monument des anciens usages du pays, pas plus que comme
coutumes, car, d'après la tradition, les coutumes ne sont
valables que faites par les députés du pays, par les *Ricos-
hombres*, or, ces prud'hommes ne furent pas consultés. Le
fisc a été à la fois juge et partie, puisque c'est lui qui a
fait uniquement, par la voix de Galland, les lois qu'il lui a
plû. Et encore, si nous nous reportons à l'art. 6 de la rubrique XV de cette coutume de 1622, voyons-nous que la
commission a laissé subsister l'ancienne prescription de
quarante ans.

---

[1] *Mémoire à consulter...*, p. 262.

Les domanistes se font un argument de la lettre d'un édit d'union : « Henri IV, par l'édit de juillet 1607, dé-« clara que les duchés, comtés, vicomtés, baronnies et au-« tres seigneuries mouvantes de la couronne de France, ou « des parts et portions de son domaine, tellement accrues « et réunies à icelui, que dès lors de son avènement à la « Couronne de France, elles étaient devenues de même na-« ture et condition que le reste de l'ancien domaine « d'icelle[1]. »

Que cela soit vrai des comtés, duchés, vicomtés, baron-nies, bien. Mais la Navarre était *un royaume* ; ainsi que le Béarn il ne fut pas réuni à la France par l'édit de 1607, mais bien par un édit expresse de Louis XIII, en date d'oc-tobre 1620, et cet édit confirme au contraire les privilèges et franchises de la Navarre[2], il conserve même à la Na-varre son titre de royaume. D'ailleurs, les rois de France n'ont-ils pas joint toujours à ce premier titre, celui de roi de Navarre ? C'est que la Navarre n'est pas devenue, par l'union, une province du royaume de France, mais comme la Provence, qui, « libre s'est donné d'un cœur libre, » c'est un royaume uni à un autre royaume.

Enfin, ajoutait le syndic général, l'intérêt pour le fisc, à l'établissement de la directe universelle, est moins grand qu'on se l'imagine. Il ne faut pas calculer seulement ce que rapporteraient les redevances annuelles et les lods et ventes en l'état actuel des terres. Il faut considérer au con-traire que la liberté peut seule féconder les sables et les rochers des Pyrénées et que le joug de la féodalité, au lieu

---

[1] Lefèvre de la Planche, *Traité du domaine.*
[2] *Mémoire à consulter...* p. 291 et 310.

de redevances et de mutations, ne produirait que des dé-
sertions. « Otez aux habitants de ces montagnes les fran-
« chises dont s'agit, et vous n'aurez bientôt plus dans la
« Basse-Navarre que des terres désertes et incultes. La
« terre ne fournit que juste ce qu'il faut pour nourrir le
« cultivateur et le propriétaire, on ne peut la charger d'une
« redevance seigneuriale sans prendre sur leur subsistance.
« Dans ces conditions, la redevance seigneuriale ne tardera
« pas à devenir nulle, puisqu'il n'y aura bientôt plus de
« culture en ce pays ; il y aura des hommes de moins, ce
« qui est quelque chose pour l'Etat, et l'impôt qu'ils payaient
« sera perdu, ce que le fisc compte pour beaucoup. »

Il est donc à désirer pour les Navarrais, pour l'Etat et
pour le fisc, que la tentative de l'administration ne réus-
sisse pas. Le roi a, par un principe d'humanité superbe,
aboli la servitude féodale, — quoique ce fût un droit incontesté — il lui conviendrait maintenant de renoncer à
ses droits de directe universelle, ce serait un acte d'humanité pour les Navarrais qui, par la nature de leur sol, ne
peuvent pas subsister sans ces franchises.

Tels sont les arguments que fit valoir le pays. Celui-ci
d'ailleurs n'avait pas trop à se plaindre. Les ordonnances
de 1629, de 1665 de la Chambre des comptes de Paris ne
furent pas exécutées. L'arrêt du Conseil de 1672, qui avait
nommé une commission pour la confection d'un papier
terrier général, n'eut non plus aucun effet en Navarre et
la commission fut révoquée en 1686, sans qu'on eût payé
dans la province une seule reconnaissance.

A la suite d'une remontrance des Etats de 1692, un édit
de 1694 « maintenait et gardait les habitants de la Na-

« varre dans la faculté de tenir en franc-aleu naturel et
« d'origine tous leurs biens nobles et roturiers, particuliers
« et communs... nonobstant les édits d'août 1692 concer-
« nant le franc-fief et le franc-aleu, qui ne pourront leur
« nuire ni préjudicier[1]. »

La Révolution ne laissa pas le temps aux fermiers de
triompher dans la lutte qu'ils avaient entreprise en 1780.

F. BÉARN, SOULE, FOIX

Le Béarn paraît avoir été alodial. Les *fors* de Béarn reconnaissent l'aleu et les auteurs citent cette petite contrée
comme une de celle où l'indépendance était la plus vive[2].

L'alodialité de la Vicomté de Soule (petit territoire entre
la Navarre et le Béarn, dont Mauléon était la capitale),
avant son annexion, qui eut lieu en 1306, comme après, fut
toujours respectée. Sa coutume était d'ailleurs formelle (I,
art. 1). La question se posa au sujet de l'origine d'une
rente qu'il s'agissait de dire féodale ou foncière, pour savoir si les lois abolitives s'y appliquaient ou non. Un jugement du tribunal de Saint-Palais, un arrêt de la Cour
de Pau du 17 janv. 1807, confirmé sur ce point par la
Cour de Cassation le 27 février 1809, décident que la coutume présumait l'alodialité.

---

[1] *Mémoire à consulter...* p. 311.

[2] For général, art. 329 ; for d'Oloron, 1, édit. Mazure et Hatoulet, Pau 1844,
p. 198 et 209. Elisée Reclus, *Les Basques, Revue des deux Mondes*, 15 mars 1867,
p. 335 ; Arthur Young, *Voyages en France*, I, p. 107.

Les habitants du comté de Foix alléguaient pour l'indépendance de leurs terres qu'ils étaient régis par le droit écrit ; ensuite, qu'en 1303, Gaston, comte de Foix, avait exempté les habitants de Pamiers de toute censive et droits seigneuriaux non prouvés par titres ; enfin, qu'en 1611, Henri IV, en réunissant ce comté à la France, avait confirmé ses privilèges. Mais ils ne durent pas triompher facilement dans leurs revendications, car, aujourd'hui encore, se trouve dans l'arrondissement de Saint-Girons une commune nommée *l'Aleu*, ce qui ferait supposer que le reste du pays n'était point alodial.

G. Roussillon

Le Roussillon possédait des aleux de temps immémorial. Dès juin 1188, Alphonse roi d'Aragon permet à Bérenger Castellan, à sa femme Sibylle et à Robert d'Arles de construire un château-fort à Saint-Jean de Pla de Corts et de le posséder en propre aleu.

Les ordonnances de paix d'Alphonse d'Aragon de 1173, de Pierre II son successeur, en 1200 et 1202, celle de Jacques-le-Conquérant de 1234, parlent de terres libres qui sont indépendantes du roi et les distinguent très nettement des fiefs.

Cependant, en 1263, Pierre Guillaume de Villefranche, ayant vu le parti que l'on pouvait tirer de l'aleu, obtint de Jacques-le-Conquérant une commission datée de Lérida, le

10 des calendes de juin de la même année, pour la recherche des droits féodaux dans le Conflent, la Cerdagne, les
territoires de Ripoll et Prat de Mollo, la viguerie de Campredon, mais cette autorisation de recherches ne s'étendait
ni à la Catalogne, ni au Roussillon. D'ailleurs, elle fut révoquée, deux ans après, par Jacques-le-Conquérant lui-
même dans sa déclaration de Gironne du 4 avril 1265.
« Si les interprétations faites par le roi sur la matière des
« fiefs se trouvaient contraires aux usages de Barcelone, le
« juge, au lieu de décider d'après les dites interprétations,
« devrait se conformer aux usages de Barcelone. » Un registre sur parchemin des Archives de Roussillon renferme
dix-sept jugements des commissaires du roi d'Aragon, conformes à cette déclaration de 1265, tous déclarant des
biens alodiaux parce que ceux qui prétendaient avoir un
droit de suzeraineté sur eux ne le prouvaient pas suffisamment [1].

---

[1] Jugements des ides de février 1265, maintenant en possession alodiale Bernard
Amell de biens situés en Cerdagne sur le territoire de Ger, biens achetés du monastère de Notre-Dame de Corneilla en Conflent ; ils étaient cependant enclavés
dans une terre domaniale ; « ipsa villa erat regalencum domini regis ; » du 15 des
calendes de mars 1265, par lequel de Capelleig, commandeur de l'ordre de Jérusalem, est maintenu en possession alodiale des biens donnés à son hôpital par
Raimond de La Tour, quoique ces biens fussent situés dans le bailliage de Qué-
rol dépendant du domaine royal « quæ est regalencam domini regis et de domi-
nicatura sua ; » du 16 des calendes de mars 1265, en faveur d'Espérance Corda
tutrice de Pierre Cerda, maintenue en possession alodiale de deux métairies sises
en Cerdagne dans le territoire d'Enveig, enclavées dans les terres du roi ; du 4 des
ides de juillet 1265, par lequel Guillaume de Vallubolera est maintenu en
possession alodiale des domaines qu'il possédait au territoire d'All en Cerdagne,
domaines acquis du monastère de St-Michel de Cuixa et qui étaient enclavés dans
des terres *regalenca* ; du 15 des calendes d'août 1265 rendu en faveur du monastère
de St-Martin de Canigou, portant: « suivant les usages de Barcelone et du droit
commun, la présomption n'est pas que les biens situés dans le royaume relèvent

Des lettres patentes royales, du 8 des calendes de mai 1269, avaient confirmé les possessions alodiales dans tout l'Aragon. Les coutumes féodales de Catalogne, rédigées au xiiie siècle par Pierre Albert chanoine de la cathédrale de Barcelone, commentées par Soccorats sous le règne de Jean II d'Aragon et insérées au xve siècle dans le grand code de Catalogne, disent dans l'art. 14, qu'en cas d'enclave, la présomption sera d'alodialité et non de féodalité, à moins de possession immémoriale ou de titre exprès. Les aleutiers tant roturiers que nobles devront toutefois, d'après l'art. 18, concourir à la défense du château.

Louis XIV, après la conquête du Roussillon, conserva à cette province ses usages, franchises et privilèges [1], et le 2 juillet 1660, Anne de Noailles gouverneur de Perpignan ratifia cette confirmation.

du roi, si la mouvance n'est pas expressément prouvée ; » du 17 des calendes de septembre 1265, en faveur du prieur de Ste-Catherine de Ripoll ; du 3 des ides de novembre de la même année en faveur de l'abbé de St-Pierre de Portella (monastère du diocèse d'Urgel); de la veille des ides de novembre 1265 et du 15 des ides de septembre 1266, en faveur du prieur de Notre-Dame de Marcerol (ordre du St-Sépulcre de Jérusalem); du 17 des calendes de février 1267, en faveur de l'abbé et du monastère de St-Michel de Cuixa ; du 4 des ides de juillet 1267, en faveur de l'abbé et du monastère de Campredon au sujet d'aleux sis dans le Conflent et le Prat de Mollo ; des ides d'avril 1269, en faveur d'une métairie de l'hôpital du Col de l'Arc ; du 9 des calendes d'août 1269, maintenant l'abbé et le monastère de St-Saturnin de Tavernols, diocèse d'Urgel, en possession alodiale ; du 8 août 1269, en faveur de l'hôpital du Pont du Bar ; des ides d'août 1269, en faveur de Raimond Pelicier ; du 3 des ides d'août 1269, en faveur de l'évêque et du chapitre de la cathédrale d'Urgel.

[1] Lettres patentes datées de Montpellier du 6 janvier 1660, (Registre conservé aux archives de l'Hôtel de Ville).

Il est étonnant que l'alodialité soit restée si vivace dans une province où l'esclavage s'était maintenu, en souvenir des races musulmanes, par l'aide des lois romaines, et par la paresse naturelle des Catalans et des Espagnols, jusqu'au xviie siècle. Cf. A. Brutails, *Etude sur l'esclavage en Roussillon (Nouv. Revue histor. de droit franç.* 1886, p. 388-427.)

H. Guienne et Agenais

La domination anglaise altéra profondément le caractère
de liberté qu'avait eu jusque-là la propriété foncière en
Aquitaine. Lorsque cette province passa sous la domination anglaise, par suite du mariage d'Eléonore de Guienne
avec Henri de Plantagenet, la majeure partie des terres
étaient encore alodiales ; mais, comme les violences et les
guerres ne tardèrent pas à désoler le pays, et le désolèrent
pendant plusieurs siècles, les propriétaires d'aleux se recommandèrent en foule [1]. Richard Cœur-de-Lion convoqua
même les seigneurs, afin d'établir un règlement qui assura une paix relative aux campagnes, mais cette mesure
fut insuffisante pour arrêter les progrès de la vassalité [2].

Edouard Ier resté seigneur d'une partie de la Guienne,
demanda aux maires et jurats des principales villes de reconnaître ses droits de seigneur. Une assemblée fut tenue en
1273 dans l'Eglise Saint-André de Bordeaux, assemblée qui
déclara que « les terres et vignes de Bordeaux étaient pour
« la plupart alodiales, que cette cité avait toujours été li-
« bre, habitants et terres, même durant l'invasion des Sar-
« razins [3]. » C'est ce qui faisait dire à Arnoul-le-Ferron,

---

[1] Alteserra, *De ducibus et comitibus provincialibus Galliæ... de origine et
statu feudorum*, édit. de 1643, III, 17 ; Dom Vaissette, *Hist. du Languedoc*, édit. de
1730-1745, XVIII, t. II, p. 474.

[2] Archives de St-Seurin ; Dom de Vienne, *Hist. de Bordeaux*, II, p. 28.

[3] Recueil de *Las Coutumas*, p. 300.

conseiller au Parlement de Bordeaux au xviᵉ siècle : « Aqui-
« tani id habent privilegium, ut res, fundos, prædia in ju-
« ridictione regis et dominio aliorum, optimo jure, optima
« que conditione et libera possidere possint, neque ulli
« vectigali, aut reditui, vel obsequio obnoxia[1]. »

Cependant, déjà à cette époque, l'aleu était vigoureuse-
ment battu en brèche par les seigneurs et plusieurs arrêts
étaient venus donner raison à leurs prétentions. Voici leurs
arguments. Sous la domination anglaise, toutes les terres
sont devenus féodales, les petits possesseurs ont préféré
s'assujettir pour être protégés par nous. Nos titres de suzeraineté ont été brûlés par les Anglais, nous ne pouvons
les produire, il y aurait injustice à nous faire subir la conséquence d'un cas de force majeure pareil. Enfin, quand la
Guienne a été reconquise et est revenue à la France, les
terres ont été rendues féodales afin de punir la province de
n'avoir pas mieux résisté aux Anglais et d'avoir subi leur
joug[2].

Comme le disait Furgole, ce dernier point était tout à
fait contraire au traité du 12 juin 1451, par lequel Charles VII accordait à la Guienne et à la Gascogne le maintien de ses coutumes, de ses privilèges, de l'usage du droit
écrit « elles ne pourront être chargées d'aucunes tailles,

---

[1] Arnoul le Ferron, *Observations sur la Cout. de Bordeaux*, édit. de Lyon 1565,
de feudis 7 ; *Coutum. du ressort du Parlem. de Bordeaux* (s. nom d'aut.), Bordeaux 1769, II, p. 303 ; Delpit, *Notice d'un Mss. de la Biblioth. de Wolfenbüttel*
p. 335.

[2] Cambolas, *Décisions notables du Parlement de Toulouse*, édit. 1735, Franc-
aleu, VI, in fine ; Fr. de Graverol, *Arrêts notables de Laroche-flavin*, édit. de
1745 ; Géraud, *Traité des droits seigneuriaux ;* Boerius, *Décisions burdigalenses*,
I, 9, 229, 231, 283.

« impositions ni subsides outre les anciens devoirs. » Déjà en 1369, le Prince de Galles avait confirmé la province dans ses immunités [1].

Certaines parties de la contrée défendirent mieux leurs aleux que d'autres. Ainsi dans le Bordelais, le Médoc, le Limousin [2], la Gascogne, l'Auch et l'Armagnac où la tradition romaine était restée plus vivace, les aleux résistèrent mieux que dans la Saintonge, l'Agénois, le Périgord, le Quercy, les villes de Condom, Marmande, Moissac, Bergerac...

Un arrêt du Parlement de Bordeaux du 14 mars 1529, accorde déjà cens, lods et ventes à un seigneur, parce que le défendeur ne prouve pas sa franchise. Un autre du 16 mars 1571 rendu en faveur d'Honorat de Savoie, seigneur de Sainte-Livrade contre les habitants de ce pays, en confirmation d'une décision du 22 mars 1509, oblige tous possesseurs à fournir au dit seigneur déclaration par tenants et aboutissants de leurs terres et maisons à Sainte-Livrade, les oblige encore à lui payer cens, rentes, lods, ventes et autres droits seigneuriaux suivant les anciennes baillettes qu'ils seront obligés de représenter. Ceux qui ne pourraient pas représenter ces baillettes devront payer le cens et redevances seigneuriales comme les autres tenanciers de la même juridiction ; dans le cas où à Sainte-Li-

---

[1] Dupleix, *Hist. de France*, p. 879 ; Furgole, *Traité de la seigneurie féodale et du franc-alleu naturel*, 1767, p. 187 ; La Peyrère, *Décisions sommaires... du Parlement de Bordeaux*, 1749, S, 14 et A, 56.

[2] On trouve cependant un arrêt du grand conseil du 10 nov. 1544, en faveur du Roy de Navarre, vicomte de Limousin, contre Jean de Calvimont, rejetant l'exemption de lods et ventes réclamée par celui-ci ; mais cet arrêt invoqué par Galland, outre qu'il n'est pas formel, paraît être isolé.

vrade on ne pourrait trouver ni baillette, ni reconnaissance, chacun sera tenu de reconnaître ses biens comme
relevants du seigneur et payer un droit de directe égal à
celui que paient les tenanciers dans les juridictions voisines [1]. Un arrêt du conseil, du 8 novembre 1599, fut rendu
dans le même sens en faveur de M. de Bouillon, vicomte
de Turenne. Ces décisions établissaient donc formellement
que tout seigneur avait dans les limites de ses domaines
une directe universelle, que le cens était imprescriptible,
que les tenanciers devaient établir la quotité de leurs redevances, faute de quoi ce sens était rétabli par estimation
arbitraire.

Quatre arrêts vinrent enfin décider que la Guienne était
soumise non au retrait lignager, mais au retrait féodal [2].

Toutefois, en 1617, le Parlement de Bordeaux, eu égard
aux anciens privilèges de cette ville, rendit en faveur du
syndic de Bordeaux et à l'encontre du fermier une décision
favorable à l'aleu : « ... Il n'y a pas lieu de contraindre les
« habitants de la ville, pays bordelais et seneschaussée de
« Guienne à exhiber les titres en vertu desquels ils possè-
« dent des biens situés dans cette seneschaussée, que préa-
« lablement le procureur général n'eût fait apparoir de la
« féodalité ou directe du roi. Avant de faire droit sur les

---

[1] Arrêt rapporté par Galland, *loc. citat.*, p. 207 ; autres arrêts conformes du
Parlement de Bordeaux, du 23 décemb. 1518, entre le baron de Mareuil et le
baron de Bourdeille à propos de la terre des Bernadières.

Il existe encore aujourd'hui dans le canton de Sainte-Livrade (Lot-et-Garonne)
une commune du nom d'*Alleq* ; il nous paraît probable que ce nom lui vient des
franchises exceptionnelles dont elle jouissait autrefois.

[2] Arrêts du Parlem. de Toulouse, 24 mai 1538 ; du Conseil de 1588, 1611, 1614,
dans Denisart, *Décisions nouvelles*, Paris, Desaint 1775, t. II.

« lods et ventes prétendus sur les fiefs nobles situés en la
« dite seneschaussée, ordonne qu'il sera enquis par turbes,
« dans deux mois, de la possession immémoriale dans la-
« quelle le procureur général soutient que le roi est fondé
« de prendre lods et ventes. »

Mais, sur l'appel du fermier, le roi évoqua l'affaire, et,
par arrêt du 30 septembre 1619, les habitants furent condamnés à payer au fermier les lods et ventes des biens nobles. Le 15 juillet de l'année suivante les syndics de Bordeaux députés au roi, lui remirent une requête de protestation contre la présomption de directe universelle et
demandaient que ce fût à l'avenir les officiers royaux qui
eussent à exhiber les titres de mouvance et non les habitants à prouver leur libération.

Le 4 mai 1624 le roi accorda aux gentilshommes de
Guienne « par grâce et sans entendre renoncer à ses droits,»
une remise sur les lods et ventes dus pour les acquisitions
de fief faites antérieurement, à condition qu'ils rendraient
foi, hommage, aveu et dénombrement devant une commission du domaine et qu'à l'avenir ils paieraient lods et
ventes. Le 14 du même mois arrêt conforme fut rendu
contre les habitants de Bordeaux. La noblesse eut beau en-
voyer des députés au roi, un arrêt du 23 décembre 1625
ordonna que tous les acquéreurs de fiefs du Bordelais paieraient, comme les autres possédant fiefs du reste de la
Guienne, sans préjudice de la grâce accordée le 4 mai de
l'année précédente.

Cette jurisprudence établissait donc qu'il n'y avait point
d'aleux nobles en Guienne et que les possédant fiefs sont
tenus de rendre foi et hommage au roi, quand ils n'ont pas

d'autre suzerain, de lui payer lods et ventes et mutations, sauf à eux à prouver leur exemption. Aussi l'ordonnance de 1629, quant à l'art. 383, ne changea pas grand chose à ce qui existait déjà en Guienne relativement à l'alodialité.

En 1670, un nouveau pas fut fait par l'attaque de l'aleu roturier. La confection d'un papier terrier dans la généralité de Bordeaux était ordonnée et une commission instituée par arrêt du Conseil du 18 décembre 1670, sous la présidence de M. d'Aguesseau intendant de la province. L'art. 7 ordonnait à tout possesseur de terres, maisons, héritages, seigneuries en franc-aleu noble ou roturier d'en faire déclaration devant la commission, de représenter ses contrats d'acquisition et titres justificatifs de possession, « même les titres justificatifs des dits francs-alleux. » L'art. 10 ajoutait : « Dans le cas où on ne pourrait justi-« fier par titres, les commissaires du domaine imposeront « d'office des redevances et censives sur le pied des terres « et héritages voisins. »

Le maire et les jurats de Bordeaux protestèrent. Ils soutinrent devant le Conseil qu'ils devaient continuer à jouir des aleux tant nobles que roturiers, franchement, quittement, qu'ils devaient être déchargés d'en faire déclaration et d'en prouver la franchise. Ils firent valoir leurs anciennes immunités, le droit romain, la possession immémoriale dont ils avaient joui. Ils cherchèrent à se prévaloir de l'arrêt du 22 mai 1667 qui reconnaissait l'aleu roturier en Languedoc, d'un arrêt du 30 mars 1574 les déchargeant des droits de francs fiefs. Mais leurs efforts furent vains, un arrêt du 1er août 1682 repoussant cette requête, ordonna que l'arrêt du 18 décembre 1670 serait exécuté.

Au xviiie siècle cependant, le pays fit encore une tentative. Le fermier avait assigné devant le bureau des finances de Guienne le sieur Lesparre, afin qu'il payât les lods et ventes d'un bien qu'il venait d'acheter. Celui-ci refusait ce paiement alléguant que ce bien, étant aleu roturier, n'était sujet à aucun droit ; ce à quoi le fermier répondait qu'en Guienne il n'y avait pas d'aleu naturel et qu'il eût à prouver l'alodialité du dit bien. Par jugement du 20 avril 1734, le sieur Lesparre fut renvoyé des fins de la plainte, malheureusement ce triomphe fut de courte durée.

Sur l'appel du fermier, Lesparre se prévalut d'abord de l'édit d'août 1692. Ce à quoi on lui répondit que cet édit avait été rendu dans le seul but de tirer une taxe de ceux qui possédaient des aleux sans titre, que, par cet édit, le roi n'avait pas eu l'intention d'abandonner sa directe universelle, car ce droit y était relaté en termes exprès et formels, que c'était lui qui autorisait le roi à demander une taxe extraordinaire justement en rémunération de ce que, pendant longtemps, les possesseurs d'aleux avaient méconnu cette directe universelle. Lesparre ayant argumenté en second lieu de l'arrêt du 4 août 1693, le fermier répondit que cet arrêt n'avait pas décidé que les habitants de Bordeaux pussent posséder aleux sans titre, qu'il n'avait eu pour but que de les exempter de payer finances. On ajouta qu'au surplus cette exemption, qui avait été accordée en échange d'une forte somme fournie par la noblesse de Bordeaux, avait été supprimée, et qu'à Bordeaux comme en Guienne tous les habitants étaient soumis au droit de franc fief. En conséquence, l'arrêt du 4 juin 1747 casse et annule le jugement du bureau des finances du 20 août 1734, condamne le sieur Lesparre à payer les droits de lods et ventes.

Quant aux villes de Moissac, Condom, Marmande[1], l'alo-dialité leur fut refusée au XVIIIe siècle, sous prétexte qu'en 1271 la seigneurie du roi avait été reconnue formellement par les serments de fidélité prêtés par les nobles désireux de revenir sous la suzeraineté du roi de France[2]. » Il en « résultait, disait-on, que toutes les terres non fondées par « titre comme aleux y relevaient médiatement du roi et « immédiatement des seigneurs locaux[3]. » Est-ce bien là une conséquence nécessaire? Il faudrait voir par qui le ser-ment a été prêté; il l'a été par la noblesse, en quoi cela touche-t-il les possesseurs d'aleux roturiers?

Quoiqu'il en soit, ces villes ne passaient pas pour alo-diales[4]. Un arrêt du conseil du 12 septembre 1746, en fa-veur du duc d'Aiguillon et de l'inspecteur du domaine con-

---

[1] M. Tholin, *Ville libre et barons*, p. 225, dit : « Nous trouvons dans Beaune *(Hist. du droit)* que Marmande et Condom n'étaient pas pays de franc-aleu. Cette assertion doit être tirée d'autres ouvrages où l'on a peut-être confondu les époques et pris une ordonnance exceptionnelle pour la règle. » Il faut distinguer : ces pays auraient dû être légalement alodiaux ; en fait ils le furent jusqu'au XVIIIe siècle, mais à cette époque ils perdirent ce privilège.

Les consuls de Marmande réclamaient la suppression de la seigneurie factice créée au profit de la maison de Richelieu ; ce vœu qui emportait le rétablisse-ment de l'aleu fut inséré dans l'art. 25 des cahiers du Tiers-Etat de 1789 *(Ca-hiers des doléances du Tiers état de l'Agenais*, p. 163, 185.

[2] *Rec. de las Coutumas*, II, p. 293.

[3] Laferrière, *Hist. du droit*, 1852, V, p. 558 et suiv.; *Coutumes du ressort du Parlem. de Bordeaux*, (s. nom d'auteur), 1769, II, p. 293.

[4] Arrêt du 20 juill. 1664 condamnant Thorame de Caudecoste à passer recon-naissance et à payer les droits seigneuriaux au syndic des religieux d'Alerac, dans le diocèse de Condom, rapporté par Brillon, *Dictionnaire des arrêts*, 1727, III, p. 411.

tre les consuls de Condom, de Marmande, de Mezin, de Montréal, de Vaussillon, établit au profit de Sa Majesté la directe universelle emportant censive, lods, ventes et autres droits seigneuriaux. Cet arrêt ordonne que dans les lieux où la perception du cens a été suspendue, il en serait imposé de nouveau en proportion des seigneuries inconvoisines.

Un autre arrêt conforme fut rendu le 25 février 1769, en faveur du sieur du Barbier seigneur baron de Lisse, contre le sieur du Barry d'Arrouède à propos des droits seigneuriaux sur le domaine d'Appelahot dans la sénéchaussée de Condom [1].

Voyons quelle fut l'histoire de l'aleu dans l'Agenais. Cet historique est plus général qu'il ne paraît. Dans l'impossibilité où nous sommes de faire une histoire, particulière pour chaque province, des luttes, des procès et des exactions auxquels l'aleu donna lieu, nous devons nous borner à retracer les épisodes de cette histoire dans quelques contrées. Mais, en généralisant, on pourra se rendre compte, se faire une idée d'ensemble, une physionomie générale de l'aleu, et juger par induction de ce qui se passait, non seulement dans les régions voisines, mais encore dans les autres provinces.

Le franc-aleu avait été officiellement reconnu aux Agenais en 1221 par les comtes de Toulouse [2], puis par Phi-

---

Il existe encore aujourd'hui dans l'arrondissement de Bergerac, une petite commune du nom d'*Alès*, ainsi appelée autrefois probablement à cause des franchises par lesquelles elle se distinguait dans le pays.

[1] Il fut publié à ce sujet un *Mémoire pour le sieur du Barbier*, par son avocat Mᵉ Perrin.

[2] Au xiiiᵉ siècle les comtes de Toulouse, suzerains de tout l'Agenais, n'étaient seigneurs directs que d'un petit nombre de terres, comme il est prouvé par l'énumération de leurs propriétés personnelles qui se trouve dans le *Rôle des fiefs du comte de Toulouse dans la sénéchaussée d'Agenais en 1269*, pièce de 4 mètres de

lippe de Valois en 1341 [1]. A cette époque-là, nous dit M. Tholin, le savant archiviste du Lot-et-Garonne, « la juridiction
« d'Agen était partagée en domaines dont les conditions
« étaient diverses : le nombre de ceux qui possédaient des
« fiefs nobles était limité ; les biens de l'Église devaient
« être considérables et sujets à des redevances dont les
« quotités variaient à l'infini suivant les clauses des baux
« primitifs. Les petits seigneurs, tels que ceux de Mérens,
« Lamothe-Bézat, Limport, avaient le bénéfice de leurs
« propriétés personnelles et leurs rentes assurées par des
« baux emphytéotiques. Quel que fût le nombre des pro-
« priétés soumises à ces divers régimes, il ne dépassait pas
« sans doute celui des terres appartenant aux bourgeois,
« aux *burgenses ac jurati, cives ac burgenses.* Ceux qu'en-
« richissait le trafic si considérable de nos ports sur la Ga-
« ronne devaient faire des placements en propriétés. Seuls

---

longueur, contenant 88 reconnaissances. (*Layette du trésor des Chartes,* par Teulet
et J. de Laborde, J. 314, t. III, p. 499 b.)

[1] Par ces lettres patentes, Philippe de Valois, après avoir confirmé l'Agenais
dans ses « libertates, franchisias, consuetudines et privilegia, » accorde aux bourgeois d'Agen même roturiers la faculté de posséder des fiefs nobles dans tout le
duché d'Aquitaine, sans payer aucun droit au roi ni à ses officiers. « Insuper¹
concedimus eisdem burgensibus ut, absque financia aliquali et nulla alia a nobis
seu officiariis nostris petita licencia seu obtenta, licet ipsi innobiles existant, in
toto ducatu Aquitanie et alibi in regno predicto, feuda nobilia possint deinceps
adquirere, tenere et jam acquisita perpetuo retinere. » (Archives d'Agen,
AA, 6).

C'est en vertu de ces lettres confirmées par les rois, que, jusqu'à la Révolution,
les Agenais, fiers de leur titre de *bourgeois d'Agen,* purent échapper au ban, à
l'arrière-ban et aux droits de francs-fiefs, (on sait, qu'établie en 1275, cette taxe
consistait en une année et demie du revenu de la terre, à payer tous les vingt ans.
— Viollet, *Hist. du droit,* p. 220 ; Beaune, *Condit. des biens,* p. 168, 316 ; Tholin, *Ville libre,* p. 220).

« les juifs préféraient appliquer leurs capitaux à la banque
« et tenaient plus à l'argent qu'à la terre[1]. »

En 1470 était rédigé entre la ville d'Agen et les seigneurs
de Madaillan un traité de délimitation de juridiction relative à six paroisses foraines de l'Agenais. Le procès-verbal
en fut fait par les seigneurs de Madaillan et accepté par
les paysans délégués des six paroisses intéressées, lesquels
ignoraient probablement complètement ce qu'ils pouvaient
bien perdre ou gagner aux termes de ce traité. Ces clauses
allaient cependant déterminer pour eux et pour leurs descendants un changement notable de condition, pendant une
période de plus de trois siècles.

Par ce traité, les six paroisses étaient placées sous la juridiction des seigneurs. Y gagnaient-elles? Les tailles payées
au roi restaient les mêmes ; la justice dépendait du seigneur au lieu de dépendre des consuls et du bailli d'Agen,
mais le seigneur pouvait la rendre avec équité ; sur ces
deux points donc rien n'empirait. D'un autre côté les services du château de Madaillan pouvaient être moins pénibles que les charges imposées par la ville d'Agen à ses forains : en temps de guerre, les habitants des dites paroisses
avaient dans les remparts du château un abri tout indiqué,
en même temps que des secours plus prompts et plus ef-
ficaces. De ce côté, ils avaient donc avantage au changement. Mais *quid* au point de vue des charges pécuniaires?

Les actes de réunion des paroisses à la baronnie de
Madaillan gardaient, relativement aux droits de directe, un
silence complet ; elles ne parlaient que de la justice, de la

---

[1] G. Tholin, *Ville libre et barons*, p. 91.

police, de la juridiction, qui passaient des consuls au seigneur. Donc, les habitants de ces paroisses ne devaient
pas par ce fait passer de la condition de francs-aleutiers à
celle d'emphytéotes, de tenanciers. Les titres féodaux sont
des titres de propriété qui ne peuvent se supposer ; les
consuls d'Agen n'avaient pas de directe sur ces habitants,
pourquoi le seigneur de Madaillan, qui n'était que l'ayant-
cause des consuls, aurait-il eu plus qu'eux ? En 1470 le
seigneur de Montpezat avait acquis la justice sur la paroisse
de Madaillan avec la juridiction, le *jus collectisandi* mais
rien de plus. Et cependant, ses successeurs, moins d'un
siècle après, se prévalaient de la directe sur toute l'étendue de la baronnie.

Pour que cette prétention eût été fondée au xviiie siècle,
il aurait fallu que ces droits se fussent étendus primitivement sur toutes les terres sans exception des six paroisses
du bailliage d'Agen, ou bien qu'ils eussent été successivement acquis, de telle sorte que la baronnie tout entière
fût devenue une propriété foncière compacte ; or, sur le
premier point le traité de 1470 ne parle que de la cession
de justice, sur le second il était certain que ces terres
n'avaient pas été acquises après coup, car, lors des procès
ultérieurs, les seigneurs auraient pu au moins produire quelques-uns de ces actes d'acquisition, or ils n'en purent pas
exhiber un seul.

Néanmoins, un beau jour la baronnie de Montpezat
en vint à étaler au soleil plus de huit mille carterées d'un
seul tenant ; tous les habitants de ce territoire avaient passé
de la condition de justiciables à celle de tenanciers. Les
procès entre les habitants des paroisses usurpées de Saint-

Sardos, de Felletone, de Granges, traînèrent la plus grande partie des trois derniers siècles. Les pauvres diables retracèrent par quels subterfuges, par quelles violences les seigneurs de Madaillan — prédécesseurs de Montpezat — les avaient amenés aux xve et xvie siècle à passer reconnaissances pour ces terres, et cette usurpation de directe s'explique fort bien : les six paroisses payaient autrefois aux consuls, pour les nécessités de la ville, des *collectes*, variables d'année en année selon les besoins, tellement variables que parfois leur augmentation amenait des séditions . A partir de 1470 , les seigneurs continuèrent à percevoir ces collectes pour leurs nécessités à eux; ils en fixaient eux-mêmes le chiffre, comme faisaient d'ailleurs les consuls, et la tendance fut naturellement de les augmenter. Or, le paysan, afin d'être assuré pour l'avenir, préféra une quotité qui ne variât pas ; de là un abonnement annuel dont le montant était fixe, et que cette régularité, cette fixité, fit confondre pour ainsi dire avec les redevances féodales, ou tout au moins avec les rentes emphytéotiques, elles aussi fixes et régulières. Le terrier pour les taillables se transformait en livre de reconnaissances.

Dès 1558, pour avoir la tranquillité, quatorze cents habitants passaient reconnaissance à Honorat de Savoie, seigneur de Madaillan. En 1593, le sieur de Secondat, de Roques, était condamné par sentence du sénéchal d'Agen, avec quinze autres de ses concitoyens, à reconnaître le duc de Mayenne, ce qui fut confirmé par arrêt du 6 février 1596. En 1614, pour éviter des frais, les consuls faisaient une reconnaissance générale au nom de tous les habitants.

Quelles étaient à cette époque les redevances dont il

s'agit? Des six reconnaissances que nous possédons, les trois premières du xive siècle ne stipulent que des rentes d'un demi-sol à un sol par carterée; l'acapte étant d'un demi-sol. Les trois autres pièces, du xve siècle, établissent des redevances d'un sol par carterée et en plus des redevances en nature : un douzième de quarton de froment, un demi quarton d'avoine, trois quarts de poule, un sixième de livre de cire par carterée. Et lors des procès, les avocats du duc d'Aiguillon ne purent pas produire de pièces établissant des devoirs plus forts.

Mais, à partir du milieu du xvie siècle, ces devoirs ont subi de grosses aggravations. En 1558, l'acapte est de deux sols; la carterée paie un demi quarton de froment et un dixième de manœuvre en plus des charges d'autrefois[1]. Dans sa plainte, le syndic estimait les rentes de Madaillan à cinquante sols par carterée[2].

Or, pendant ce temps, les habitants qui étaient demeurés dans la juridiction d'Agen, ne payaient qu'un sol et rien

---

[1] Le quarton était de 8 picotins, c'est-à-dire un quart de sac ; la carterée valait 73 ares.

M. Tholin, *Ville libre et barons*, p. 125, établit, à l'aide des mercuriales du marché d'Agen, la valeur approximative de ces redevances en nature, et il arrive au chiffre de deux livres par carterée, c'est-à-dire à une rente quarante fois plus forte en nature qu'en argent.

Les seigneurs laissent toujours la redevance en argent au même taux, ils n'augmentent que les redevances en nature : d'abord, parce qu'il est moins pénible au paysan de donner ses fruits que de tirer de sa bourse l'argent qu'ils représentent, et ensuite parce que, tandis que le prix de l'argent tend à baisser, celui de denrées ne peut qu'augmenter.

[2] Ce qui faisait une somme totale de revenus, pour toute la seigneurie de Madaillan, de dix mille livres ; or justement un état des revenus du duché d'Aiguillon pour 1785, conservé aux Archives départementales du Lot-et-Garonne, cote les rentes de Madaillan à 10,600 livres.

de plus. D'où venait cette différence ? Ce surcroît de charges avait-il une cause légitime ? voilà ce que devaient se demander les paysans qui, deux fois l'an, portaient leurs denrées au château. Cependant, leurs pères et leurs grands-pères ayant payé, ils payaient aussi, mécontents mais résignés.

A côté d'eux toutefois, d'autres hommes de bourgeoisie, de lois, voire même du bas clergé et de la petite noblesse, furent curieux d'apprendre l'histoire de la baronnie, et, au cours de cette étude, ils s'aperçurent de l'origine plus que suspecte de ces prétendus droits seigneuriaux. Ils se mirent donc à la tête de ces centaines de tenanciers illettrés, pour les guider dans leur lutte contre trois ou quatre grands seigneurs d'entre Lot et Garonne.

En 1701, noble homme Melchior Herald, sieur de la Garenne, refuse de payer trois annuités de rentes ; les autres tenanciers de Madaillan imitent son exemple, et le pays nomme des représentants pour soutenir la cause d'intérêt général, parmi lesquels il a le soin de choisir deux Montpezat, descendants des anciens barons de Madaillan, qui ne devaient pas pardonner aux d'Aiguillon de les avoir supplantés dans leurs possessions et leur fortune. Le clergé même ouvrit, lui aussi, sa bourse au syndicat.

Les syndics trouvèrent le biais suivant : comme le domaine du roi était imprescriptible, ils se prévalurent de ce qu'ils faisaient autrefois partie du domaine du roi, pour se réclamer de celui-ci. C'était attaquer l'origine même de la possession et remonter aux sources.

Les tenanciers de Frespech s'arment des mêmes arguments contre leur seigneur M. de Raignac, et ceux de Laroque contre Mme de Villemont et Jules de Raffin. Voyant le péril, toute la grande noblesse de l'Agenais s'unit pour porter secours aux seigneurs de Madaillan, tandis que les habitants avaient pour eux l'administration du domaine et les intendants de la province [1].

En 1704 le Procureur général au Parlement de Bordeaux prend fait et cause pour les syndics. Ce que voyant, le duc d'Aiguillon cherche à faire évoquer l'affaire par le Châtelet de Paris, puis sollicite du Conseil du Roi un règlement de juges, le tout inutilement, car un arrêt du 31 janvier de l'année suivante ramenait l'affaire devant le Parlement de Bordeaux. Jean de Laplace, fermier du domaine du roi en Guienne se portant partie et réclamant au duc d'Aiguillon la restitution de quarante années de rentes indûment perçues.

Le 31 juillet 1727, un arrêt réunit les paroisses de la seigneurie de Madaillan au Domaine, auquel elles avaient autrefois appartenu ; le duc d'Aiguillon est condamné à recevoir les quarante dernières années de revenus, qu'il n'a pu prescrire, soit 63,000 liv. C'était, avec la diminution annuelle de dix mille livres pour l'avenir, une perte de deux millions !

Mais jusque-là, le duc seul s'était occupé de cette affaire, et ce qu'il n'avait pu empêcher, sa femme le fit effacer rapidement. La duchesse, femme des plus habiles, grâce à

---

[1] Boucher notamment autorisa une imposition extraordinaire de 4,000 liv. dans le pays, pour subvenir aux frais du procès, en même temps qu'il ordonnait aux consuls d'Agen de rechercher les pièces utiles à la cause et de les lui transmettre pour qu'il les fasse valoir auprès du contrôleur général. (Lettres originales aux Archives d'Agen, F F 142, et au chartrier de M. Bourrousse de Laffore).

mille agissements, parvint à gagner du temps, à retourner en sa faveur le Parlement, à jeter la discorde dans le parti adverse, à en gagner, soit par son adresse soit par ses libéralités, les plus redoutables de ses chefs, tandis qu'elle ruinait et frappait impitoyablement de sa vengeance les autres. Finalement elle obtenait un nouvel arrêt de 1732, qui, rapportant celui de 1727, remettait tout en cause.

A ce moment-là, les habitants de Madaillan avaient perdu trop d'argent à ce procès pour pouvoir le continuer ; leurs chefs étaient gagnés ou ruinés, ils préférèrent essayer de transiger. Mais la duchesse triomphante traita avec le plus grand mépris les émissaires à elle députés, tandis que Louis XV, par lettres patentes de mai 1733, lui confirmait les droits de justice sur les baronnies de Madaillan et de Montpezat. Enfin des arrêts de 1736, 1737, 1739 « main- « tiennent M. le duc d'Aiguillon dans la possession de la « terre de Madaillan quant à la justice et quant à la direc- « tité, la surcharge des rentes interloquées. » En consé- quence de quoi, l'intendant Tourny ordonnait d'imposer annuellement mille livres jusqu'à parfait paiement des intérêts et du capital[1].

Voilà l'historique de l'aleu dans les baronnies de Madaillan et de Montpezat, mais il en fut à peu près de même dans bien d'autres seigneuries avoisinantes. A la fin du XVIe siècle, on trouve que tous les habitants de la seigneu-

---

[1] Pour ce procès de Madaillan furent publiés de côté et d'autre de nombreux mémoires, consultations, etc., qui sont énumérés et analysés par M. Tholin dans son remarquable ouvrage *Ville libre et barons*, Alph. Picard, 1886, in-8, de XVI et 264 p. ; p. 226-243. D'après cet auteur, la réunion des seuls factums imprimés formerait un gros vol. in-4.

rie de Bajamont sont transformés en censitaires, sans qu'on puisse trouver une juste cause à l'établissement de ces rentes. Celles-ci étaient encore plus lourdes que celles imposées aux habitants de Madaillan, car, en 1715, chaque carterée payait six livres, 18 sols, ce qui était énorme!

D'ailleurs, le seul fait, qu'au xviie siècle les principales communautés du pays s'étaient unies aux consuls d'Agen, pris comme syndics du pays pour la défense du privilège, ne montre-t-il pas suffisamment que le reste de la contrée était lui aussi, ou aurait dû être en toute justice alodial et que probablement ce caractère lui était aussi contesté[1].

En tous cas, la plupart de ces communautés perdirent elles aussi leur cause, à une époque plus ou moins tardive — mais relativement moderne. C'est pourquoi les rédacteurs des doléances du Tiers-état de l'Agenais aux États-généraux de 1789, inscrivirent-ils cette revendication dans leur article 25 : « La maxime du franc-aleu, *nul seigneur* « *sans titre*, aura lieu dans l'Agenais où elle était originai- « rement reçue[2]. »

---

[1] Un échange de correspondance fort actif s'était établi entre les consuls d'Agen et ceux de Villeneuve, de Monflanquin, de Castillonnès, de Tournon, etc.

[2] G. Tholin, *Cahiers du Tiers-Etat de l'Agenais aux Etats Généraux*, Alph. Picard, 1885.

I. Autres pays de droit écrit : Saintonge, Comminges, Montauban.

L'usance de Saintes, où régnait cependant le droit écrit, avait admis, comme nous l'avons dit, la maxime féodale et la conserva d'une façon absolue jusqu'à la Révolution, malgré les efforts d'Hauteserre, de Dominicy et de Furgole[1]. Il en était de même du Rouergue[2], du Périgord et du Quercy, bien que ces pays eussent possédé autrefois des aleux sans nombre[3].

---

[1] Les chartes parlant d'aleux sont cependant nombreuses. Voir Marchegay, *Archives historiq. de la Saintonge*, IV ; Th. Grasilier, *Cartulaires de Saint-Etienne de Vaux et de Notre-Dame de Saintes*, Niort, 1871, 2 vol. ; abbé Cholet, *Cartulaire de l'abbaye de Saint-Etienne de Baigne*, Niort, 1868, p. 105, 106, anno 1075 : « Ego Willelmus mecum dedi Deo et sancto Stephano et monachis ibidem Deo servientibus alodium meum quod est in villa que vocatur Achalinac (Chalinac)... illud alodium sic est immune ut nullus homo aliquid vi aut aliquo modo accipiet, nec etiam de illius terre fructibus sine licentia comedet. »

[2] Galland cite cependant un arrêt du grand conseil du 28 sept. 1615 contre les consuls de la ville de Millau, les condamnant par avant dire droit à « représenter les titres en vertu desquels ils prétendent que la dite tour est alodiale, franches de droits seigneuriaux, de lods et ventes, etc. » (*loc. citat.* p. 185).

[3] Le Gourdonnais (Lot) n'était ni un pagus minor, ni un siège de vicairie, mais un ancien aleu d'une très grande étendue, d'après M. Deloche (*Cartulaire de Beaulieu*), et dont les possesseurs, d'après M. Léon Lacabane (*Biblioth. de l'Ecole des Chartes*, 1860, p. 104), furent les seigneurs les plus puissants de la province après les comtes du Quercy et les vicomtes de Turenne. Cet aleu, que nous trouvons mentionné, dès 861, dans le testament de Raymond Ier, comte de Rouergue et du Quercy, s'étendait sur un grand nombre de paroisses. Il occupait les vallées du Ceou et du Bleu plus, au Nord-ouest, la terre et la baronnie de Bouriane, dont Millac était le chef-lieu, à l'est et au sud-est les paroisses de Saint-Romain-le-Gôurdonnais, de Saint-Clair-le-Gourdonnais, de Fraissinet-le-Gourdonnais, de Saint-Cyr-de-bel-arbre, de Saint-Charamand, de Baumat, de la Bastide-Gourdonnaise ou Fortanière, de Vaillac, de Soiris, de Goudou, de Baussac, de Lunegarde, etc. (Cf. *Mémoire pour les nobles habitants de Périgueux contre le fermier des Domaines et droits de Franc-fiefs de la généralité de Bordeaux*, 1773, in-4, de 650 p.

25

Dans les coutumes et statuts de la ville de Bragerac, reçus en 1322 d'Edouard, les syndics, art. 16, reconnaissaient tenir en fief de leur seigneur, la ville et tous leurs droits.[1] Une ordonnance royale de Paris, juillet 1319, sur les franchises et libertés des barons et habitants du Périgord et du Quercy disait : « Ceux qui possèdent en aleux auront la « liberté de les tenir des nobles et les nobles de prendre les « aleutiers pour homes pourvu que les aleux soient dans les « lieux où les nobles ont toute juridiction. Et ces aleux de-« venus fiefs seront tenus par les nobles à homage du roy[2]. »

Pour le Comminges, petit pays qui forme aujourd'hui une partie des Hautes-Pyrénées et une partie de la Haute-Garonne, la question de présomption d'alodialité faisait difficulté. Les comtes de Comminges, d'abord simples officiers du roi, avaient usurpé au IXe siècle, comme les autres chefs de provinces, leur gouvernement et s'étaient arrogé la souveraineté de ce domaine. Dans l'histoire bénédictine du Languedoc on trouve plusieurs actes émanés de ces comtes dans lesquels ils parlent de leur aleu. A l'avènement des Capétiens, nous l'avons dit, bien des seigneurs s'étant arrogés en souverains et s'étant affranchis de l'hom-

---

Et cependant le maréchal Pons de Thémines obtint un arrêt du 18 sept. 1618, condamnant les habitants de Gourdon à lui « exhiber titres et reconnaissance de leurs héritages s'ils ne montrent qu'ils les tiennent en franc-aleu. »

[1] Richebourg, *Cout. gén.* p. 1009.

[2] Isambert, *Recueil des anciennes lois françaises*, III, p. 218 : « Concedimus insuper eisdem de gratia speciali, quod illos qui tenent alodia et qui ipsa alodia, de ipsis nobilibus tenere et advoare voluerint, libere possint recipere in eorum homines de alodiis ipsis, que tamen infra eorum omnimodam juridictionem existant. Quorum quidem alodiorum per eos receptorum feoda tenebunt a nobis. » Hauteserre, *Rerum Aquitanicarum libri quinque*, III, XVII, édit. de Toulouse, 1648, I, p. 224.

mage, disaient tenir leurs États de Dieu et de leur épée, c'est-à-dire en aleux.

Par acte du 13 novembre 1244 cet aleu fut converti en fief. Bernard comte de Comminges fait tradition fictive de son aleu à Raimond comte de Toulouse et le reçoit de nouveau à titre de fief après avoir prêté hommage : « Feuda « prædicta quæ modo recepit a supra dicto comite Tolo- « sano, ipse et antecessores ejus non tenuerunt in feodum « ex aliqua sæculari vel ecclesiastica persona ; imo erat alo- « dium proprium, et ita ipse et antecessores ejus tenue- « runt pro alodio a tempore cujus memoria non extabat. »

En 1272 le comté de Toulouse ayant été réuni à la couronne par suite de la mort de la comtesse Jeanne sans postérité, le comté de Comminges vint en la mouvance du roi, et fut dès lors considéré comme faisant partie du Languedoc — puisque c'était en sa qualité de comte de Toulouse que le roi avait droit à l'hommage des comtes de Comminges. Il paya même les taxes avec le Languedoc[1] ; la ville de Saint-Bertrand, qui en était la capitale, était représentée par ses députés aux États de Languedoc et ses armes figuraient sur plusieurs monuments de Toulouse à côté du blason de cette dernière ville.

En 1444 la comtesse de Comminges, Jeanne II, fit donation à Charles VII de ses possessions qui furent incorporées au Languedoc. Mais voici que Louis XI, qui avait

---

[1] Il existe encore plusieurs quittances du xve s. « Que l'on sache que moi Jean de Couret, receveur des impositions royales au diocèse de Comminges, de cent mille livres, nouvellement imposées par le roi notre sire au pays de Languedoc, reconnais avoir reçu de Vidal, consul en la cité de Saint-Bertrand, la somme de quatorze livres...» Schœffner, *Geschichte des Rechtsverfassung Franckreichs*, 1859, II, p. 147.

donné en 1468 la Guienne en apanage à Charles-le-Témé-
raire, y joignit l'année suivante le Comminges, sur les réclamations de son frère à qui, lors de l'entrevue de Péronne,
il avait promis la Champagne. Comme Charles eut des
droits régaliens sur son apanage, tout ce qui s'y trouva fut
sujet aux mêmes impositions ; de ce jour, le Comminges
se trouva compris dans le rôle de Guienne, et, lorsque
Guienne et Comminges revinrent à la Couronne, ces deux
pays restèrent unis, au moins au point de vue des taxes,
car, à tous autres points de vue, le Comminges dépendait
du Languedoc : ainsi il ressortissait du Parlement de Toulouse, de la chambre des comptes de cette ville, il faisait
partie de cette sénéchaussée, son évêque siégeait aux États
de Languedoc. Ainsi donc une circonstance momentanée
avait suffi à convertir des héritages libres en censuels,
puisqu'au lieu de marcher sur ce point avec le Languedoc
qui présumait l'alodialité, le Comminges était confondu
avec la Guienne qui la repoussait.

Parce que le sort de l'aleu était meilleur en Languedoc
qu'en Guienne — nous avons vu que dans cette dernière
province, dès 1629 il n'y avait plus guère d'aleu naturel,
tandis qu'en Languedoc l'aleu subsista durant tout le
XVIIᵉ siècle, — il était donc important d'être de la province
de Languedoc plutôt que de celle de Guienne.

Cette question se posa encore pour une portion du territoire de Montauban. Cette ville et toute la partie située au
nord du Tarn ont toujours fait partie de la Guienne, Montauban se trouvait donc exactement sur la limite de la
Guienne et du Languedoc. Si l'on jette les yeux sur une
carte de la France en 1610, on voit que le Languedoc à

cette époque avançait en pointe dans la Guienne et comprenait cette langue de terre au sud de Montauban comprise à la jonction du Tarn et de la Garonne, langue étroite, puisque ces deux rivières sont presque parallèles sur une longueur de cinquante kilomètres. Vers le milieu du xviie siècle intervint une nouvelle délimitation entre les deux provinces : cette langue de terre fut enlevée au Languedoc pour être donnée à la Guienne. Ces limites naturelles furent remplacées par une limite conventionnelle presque perpendiculaire aux deux fleuves, qui formait avec ceux-ci un triangle. Ce territoire fut annexé à la juridiction de Montauban, et dépendit désormais du Parlement de Bordeaux[1].

Mais voici que les habitants de cette portion de territoire annexé, eurent l'idée d'exciper de leur ancienne qualité de Languedociens pour refuser de payer lods et ventes et pour se prévaloir du privilège d'aleu roturier sans titre, maintenu en Languedoc par l'arrêt de 1667. Ce privilège, disaient-ils, avait pour fondement les lettres de confirmation accordées par les rois précédents, lettres qui étaient la récompense des secours extraordinaires que ces rois avaient tirés du Languedoc, or eux aussi avaient contribué à différentes époques à ces secours comme Languedociens, et partant avaient droit à l'immunité qui en était la récompense.

L'intendant de Guienne, Pelot, rendit le 27 avril 1668

---

[1] Nos atlas classiques ont tous muets sur ce changement de limites, point important cependant. Tous donnent pour limites, de 1610 jusqu'en 1789, les anciennes limites naturelles, c'est-à-dire les cours des deux fleuves, au lieu de la limite conventionnelle. Celle-ci était la même d'ailleurs que celle qui sépare aujourd'hui le département du Tarn-et-Garonne de celui de la Haute-Garonne.

une ordonnance contradictoire obligeant tous les possesseurs de biens de la juridiction de Montauban, alors même
que ces biens seraient situés au sud du Tarn, à reconnaître Sa Majesté comme seigneur haut, moyen et bas justicier ; les obligeant à en passer reconnaissance et à payer
au fermier du domaine les droits et devoirs seigneuriaux
y relatifs, alors même que ces biens seraient prétendus
alodiaux, si on ne faisait cette preuve par titre. Le syndic
et les consuls de Montauban firent bien appel de cette sentence, mais ils furent déboutés par arrêt du 17 juin 1669.

§ VI. — *L'aleu hors de France.*

En résumé, si nous jetons un coup d'œil d'ensemble sur
la France du xviie siècle, et si nous voulons généraliser la
question d'alodialité, nous voyons l'aleu exception dans le
Nord-Ouest de la France, puissant au contraire au Sud-Est
et à l'Est. C'est que les limites d'un État sont incapables
d'arrêter les tendances des mœurs, des usages. Le Nord-
Ouest, occupé par les Bretons, par les Anglo-Normands,
sujet comme nos provinces de l'Ouest aux incursions fréquentes des Normands et des Anglais, devait subir l'influence du principe de féodalité, base des lois anglo-normandes.

Au contraire l'Est subissait plutôt l'influence germanique qui admettait l'alodialité ; le Sud-Est comme l'Italie
du Nord, sa voisine, le Sud-Ouest, comme l'Espagne,

avaient conservé aussi les vestiges du droit romain, et le principe du droit de propriété dans toute sa puissance.

Voyons donc quelle était la situation de l'aleu en Angleterre, en Allemagne, en Italie, en Espagne ; nous complèterons ce coup d'œil sur le droit international, par un rapide aperçu de l'alodialité chez les autres nations.

L'Angleterre est, comme on le sait, le pays féodal par excellence, la propriété foncière de la Grande Bretagne est, et a toujours été régie par les principes féodaux. Les statuts de Guillaume le Conquérant, confirmant les résolutions prises par la noblesse à Salisbury, soumettaient tous les hommes libres à la foi, à l'hommage et à des services pour leurs fiefs et tenures. « Il faut écarter l'idée d'une propriété « absolue, disait récemment M. Cliffe Leslie (p. 120) ; en « Angleterre on n'est pas propriétaire du sol, on y a seu- « lement un intérêt. Un acte du parlement n'est pas né- « cessaire pour établir la subordination de la propriété pri- « vée, car, de par la loi, la terre appartient à l'État. » Aussi toute terre s'appelle-t-elle *tenement*, tout propriétaire *tenant*, tout droit sur le sol *tenure*, et si, par l'effet du temps, toute trace de tenure a disparu dans une terre, elle est censée relever immédiatement de la Couronne[1].

La directe universelle, qui s'est heurtée en France à une si vive résistance, est donc dans le droit anglo normand un principe incontesté, et, si l'on trouve dans le *Domsday-*

---

[1] Stephen, *News commentaries on the laws of England, partly founded on Blackstone*, Londres 1874, I p. 185 ; Meyer, *Esprit, origine et progrès des Instit. judiciaires*, t. II, p. 10.

book des aleux et des aleutiers[1], ces mots ne devaient et
ne pouvaient signifier, comme nous l'avons dit, que le
droit le plus complet, le plus étendu qu'on puisse posséder
sur une terre, car les feudistes normands reconnaissaient
tous à la Couronne une directe sur toutes les terres ; s'il y
eut donc à l'origine des aleux, ils durent de bonne heure
être convertis en fiefs. Au xviie siècle la transformation du
Socage en *freehold* ne fit pas revivre l'aleu, car le *freehold*
dépendait de la directe royale, était soumis aux redevances
et au relief[2]. Toutefois pendant longtemps les corpora-
tions religieuses reçurent des terres, moyennant des prières
en faveur des donateurs, et étaient dispensées de tout service terrestre et temporel « parce que les prières, disait
Littleton, sont plus utiles que tout autre service[3]. »

En Allemagne le système féodal avait été bien plus lent
à s'établir qu'en France et qu'en Angleterre. Cela tenait au
calme relatif dont avaient joui les contrées d'outre Rhin
du Moyen-Age, et à la sécurité relative qui n'avait pas
donné naissance au mouvement de conversion des aleux en
fiefs. Ce n'est guère que du xe au xiiie siècle, avec les
guerres contre les Hongrois et les Polonais, que l'obligation au service militaire fit apparaître le bénéfice.

---

[1] *Domsday-book* I, fos 1, 22, 23, 54, 269. D'après Ellis (I, p. 56) les mots *drenchs*
et *drenghs* auraient le même sens.

[2] Ellis I, p. 54 ; Garsonnet, *Locations perpétuelles*, 1882 p. 308 ; P. Cauwès,
Grande encyclopédie t. II, p. 359 ; Glasson, *Hist. du droit et des institutions de
l'Angleterre*, II, p. 171 suiv. ; V, p. 277 suiv. ; Joseph Lefort, *Histoire des contrats de location perpétuelle*, Thorin 1875, p. 362.

[3] Littleton, *Anciennes lois françaises*, 164.

Gaupp nous montre à cette époque-là des colons allemands établis chez les Wendes qui reçoivent des terres *(feuda anomala, impropria, feudastra)* qu'on appelle parfois aleux, mais qui ne sont d'après lui ni fiefs, ni aleux, car elles ne sont pas tenues librement et leurs possesseurs, au lieu d'être astreints au service militaire, ne doivent que le cens et la corvée [1].

En tous cas, jamais on ne trouve en Allemagne, la conception du domaine éminent, ni la mise en pratique de la maxime *Nulle terre sans seigneur* [2].

D'après les derniers travaux de la science d'outre-Rhin, il paraît certain que jamais chez les Germains et particulièrement chez les Francs, il n'a existé de droit régalien, ni de domaine éminent (*obereigenthum*), au profit du roi sur la totalité du sol [3]. Comment, en effet, dit M. Lamprecht [4], l'existence de ce droit se concilierait-elle avec ce que nous savons du développement social et économique du peuple allemand ?

Ce droit n'aurait-il pas eu forcément pour conséquence, aux mains des rois Francs, un pouvoir bien plus grand que celui qu'ils exerçaient réellement, une organisation administrative plus énergique, des restrictions plus graves à la liberté individuelle, laquelle nous apparaît précisément comme fondée surtout sur la liberté du sol ? N'aurait-il même pas dû conduire à une organisation politique ana-

---

[1] Gaupp, *Deutsche Stadtrechte des mittelalters*, Breslau 1851.

[2] Struvius, *Syntagma juris feudalis*, ch. XVI, Francfort 1734, p. 104.

[3] Cf. Schroeder, *Die Franken...* Zeitschrift Savigny Stift, II, 49.

[4] Karl Lamprecht, *Deutsches Wirthschaftsleben im Mittelalter*, Leipsig Dürr, 1885-86, 4 v. t. I ; H. Brunner, *Deutsche Rechtsgeschichte*, Leipsig Duncker et Humblot, 1887, t. I, liv. 1 et 2.

logue à celle de la féodalité normande, si différente de la féodalité germanique ?

Ce qu'on peut dire, c'est que le pays conquis était à la disposition du peuple conquérant ; le roi se réservait, au moment du partage, une part plus considérable, mais chaque homme libre recevait en toute propriété son lot de terre, que le roi lui-même ne pouvait lui enlever. C'est seulement lorsque la partie orientale de l'Allemagne fut colonisée que les rois s'attribuèrent la propriété des territoires conquis qu'ils distribuèrent en bénéfices.

Voici ce que dit Maurer à ce sujet : « Notre pays a joui « d'une heureuse destinée. Les institutions françaises n'ont « pas été sans influence sur le développement des siennes, « mais la libre propriété et la liberté politique n'ont pas « péri chez nous, comme chez nos remuants voisins[1]. » Le fief ne se présume pas, et, s'il y a discussion sur la nature de la terre, on suit le principe de droit commun, c'est à qui veut changer l'état de chose existant, c'est au demandeur à faire la preuve[2]. Cette différence doit-elle étonner, si l'on songe combien puissant a toujours été le droit romain en Allemagne ; le principe, le fondement du droit de propriété, du *jus plenum proprietatis* ne devait-il pas se conserver en ce pays-là, où les lois romaines furent toujours toutes puissantes, mieux que chez les nations où elles furent peu connues, comme la Grande Bretagne, ou bien

---

[1] Maurer, *Enleitung*, p. 214.

[2] Beseler, *Deutschen privat rechts*, Leipsig 1847, II, p. 615 ; Eichhorn, *Enleitung in das Deutsche Privatrecht mit Einschluss des Lehnrechts*, Gœttingue 1823, § 190.

chez lesquelles elles eurent à lutter contre des influences étrangères comme en France?

Aussi l'aleu tient-il en Allemagne une plus grande place que dans tout autre état féodal.

Au début de la féodalité, on voit — comme en France d'ailleurs — un grand nombre de seigneuries alodiales qui défendent leur indépendance. Tandis qu'en France, nos aïeux disaient les tenir « de Dieu et de leur épée, » les Allemands les appelaient *sonnenlehn*, (fiefs du soleil[1]). Et plus tard, à toute époque, dans l'ordre civil comme dans l'ordre politique, on distingue nettement l'aleu du fief.

En Angleterre, la classe des petits aleutiers n'a pour ainsi dire jamais existé; en France elle a promptement et, dans le Nord, même presque complètement disparu. En Allemagne au contraire, sous le nom de *pfeghaften*, *biergelden*, (c'est-à-dire soumis à des redevances en nature ou en argent[2]), les petits aleutiers ont toujours subsisté. Le nom seul qu'ils portent indique bien qu'ils ne jouissent pas d'une franchise complète, puisqu'ils sont soumis à des redevances envers le seigneur territorial; ils sont libres, (cependant avec peut-être moins d'indépendance que l'aleutier français, puisque celui-ci était exempt même de redevances), et en cela sont au-dessus des simples tenanciers. Le miroir de Saxe indiquait bien cette différence en fixant le *wehrgeld* pour meurtre de l'aleutier à dix livres, et à neuf livres seulement pour le meurtre du tenancier.

---

[1] Beseler, II, p. 614 ; Grimm, *Deutsche Rechtsalterthümer*, Gœttingue 1828, p. 278. Sécretan, p. 423, donne à cette expression allemande une origine païenne.

[2] *Sachsenspiegel* I, 2, § 3 : III, 45 § 4, édit. Homeyer 1, p. 29 et 219 ; Zœpfl, *Deutsche rechts Geschichte*, Brunswick 1872, II, p. 99.

Le miroir de Souabe toutefois ne faisait pas ces distinctions et paraissait confondre l'aleutier avec les tenanciers de condition élevée[1]. Dans bien des seigneuries de cette contrée on ne pouvait posséder aucune terre librement[2]. On y trouvait une maxime qui correspondait exactement à notre brocard féodal : « *luft macht eigen* » disait-on, (l'air fait serf[3]). De là les principes posés par les *weisthümer* : « On ne peut rien avoir qu'on ne tienne du seigneur, « pas même la place de se coucher, de s'asseoir, ou de « cuire son oie[4]. » Le coutumier de l'Abbaye de Dictkirchen disait : « Nul ne peut posséder librement un morceau « de terre gros comme la pointe d'une aiguille[5]. » Toutefois la charge de ces terres, qu'on appelait *oberland*, ne consistait seulement qu'en un droit de relief ou *mortuarium*[6].

L'ordre Teutonique concédait bien des *culmisches alod*, mais, en dépit de leur nom, ce n'étaient pas là de vrais aleux, grevés qu'ils étaient de services et de redevances envers l'ordre.

En Brandebourg au contraire l'aleu paraît avoir été complètement indépendant[7].

---

[1] *Schwabenspiegel, vorwort* cap. 70, 144, 156, édit. Lassberg Tubingue 1840, p. 5, 33, 69, 74 ; Zœpfl. loc. cit. II, p. 102.

[2] *Weisthümer* de Güsten anno 1431 ; de Kenfuss, anno 1500 ; de Rommersheim, anno 1398 (dans Grimm *Weisthümer* II, p. 519, 756 et 406).

[3] Maurer, *Geschichte der Fronhœfe* III, p. 59 et 147.

[4] *Weisthümer* de Kleinwelzheim, anno 1533 ; de Gartzeim, 1573 ; de Niederprüm, 1576 ; de Holzheim 1593 ; de Walmersheim ; de Goldenbret ; de Grenzhausen, (Grimm, *loc. cit.* III, p. 514, 644 ; II, p. 688, 533, 693, 534, 540).

[5] *Weisthümer* de Satzvei, anno 1506 (Grimm II, p. 691).

[6] *Weisthümer* de Walmersheim (Grimm II, p. 536) ; Maurer, *loc. cit.* III, p. 149.

[7] Korn, *Geschichte der bauerlichen Rechtsverhaltnisse in der mark Brandenburg*... Dans *Zeitschrift fur Rechtsgeschichte* 1873, T. XI, p. 22.

Enfin on connaissait en Allemagne un mode de tenure, que les textes des miroirs appelaient aussi *eigen*[1], mais ces terres, loin d'être des aleux, étaient au contraire de véritables bénéfices concédés par le chef à ses *ministeriales*, elles étaient soumises à plusieurs obligations caractéristiques. D'ailleurs, à partir du xive siècle, elles étaient fondues dans le fief, et leurs possesseurs, *eigene leute*, se sont perdus dans la classe des chevaliers[2].

Si le droit romain, qui s'était acclimaté en Allemagne, a été la cause de la vitalité plus durable de l'aleu, combien devait-il en être davantage dans l'Italie septentrionale, qui avait conservé le principe du *jus plenum proprietatis* dans toute son intégrité. Non seulement en effet la maxime « *nul seigneur sans titre* » y a toujours prévalu, mais encore les abus du régime féodal n'y ont été que peu sensibles, et les seigneurs loin d'opprimer les villes, tenaient à honneur de se dire vassaux des républiques italiennes[3].

Le midi de l'Italie, au contraire, connut de bonne heure toute la rigueur des lois féodales. Les Normans y avaient apporté, en effet, au ixe siècle leurs principes juridiques, qui y supplantèrent le droit romain, or nous avons montré que les lois anglo-normandes admettaient comme principe essentiel la directe universelle, et la maxime « *nulle terre*

---

[1] *Sachsenspiegel* I, 38, § 2, (Homeyer I, p. 67) ; *Schwabenspiegel* 156 (Lassberg p. 74).

[2] Zœpfl, *Deutsche Rechtsgeschichte* Brunswick 1871, II, p. 171, 174, 175 ; Maurer, *loc. cit.* II, p. 50 Garsonnet, *loc. cit.* p. 311, 314, 317.

[3] Pertile, *Storia del diritto italiano*, Padoue 1874, IV, p. 282 ; Poggi I, p. 45 ; Robertson *Œuvres* (dans le *Panthéon littéraire*) I, p. 192.

sans seigneur[1], » maxime qu'adoptèrent les *Constitutiones regni siciliæ*[2].

En Espagne, dès le xıᵉ siècle, nous voyons une organisation complète du régime féodal. La féodalité, apportée par les armées victorieuses de Charlemagne, avait rapidement pris racine. Catalogne d'abord, puis Navarre, Aragon, Castille, Léon, Majorque, Valence connaissent le bénéfice et le fief[3]. Mais on sait l'attachement naturel des Espagnols aux traditions nationales, qui étaient le droit romain, et la tolérance des Maures qui avaient laissé aux indigènes leur religion, leurs constitutions, leur organisation, leurs coutumes, leurs lois civiles[4]. Quoiqu'en dise Galland, l'intéressé Galland[5], il est certain que rien ne fut changé au régime des terres, ni à la condition des personnes.

On trouve à cette époque en Espagne, les *tenures* et les *aleux*. Ceux-ci, moins nombreux toutefois que celles-là, sont les terres des chrétiens *moçarabes*, c'est-à-dire des chrétiens qui ont conservé leur indépendance sous la domination arabe, à moins que ces terres n'aient perdu cette indépendance par l'effet de la recommandation. Sont alo-

---

[1] Gauttier d'Arc, *Histoire des Normands*, 1830 ; Baudi di Vesme, *Vicende dalla proprieta della caduta dell'imperio romano fino allo stabilimento dei feudi*, Turin, 1836, p. 287.

[2] Garsonnet, *loc. cit.* p. 320.

[3] Secrétan, *De la féodalité en Espagne* (*Revue histor. de droit franç. et étranger*, 1863 p. 298).

[4] Robertson I, p. 119 ; de Cardenas, *Ensayo sobre la historia de la propriedad territorial en Espana*, Madrid 1875, II, p. 5.

[5] Galland, *Franc-aleu*, p. 99.

diales aussi les terres vacantes et acquises par droit d'occupation, celles données par le roi à titre gratuit, et celles qui,
censuelles au début, ont été affranchies par concession[1].
En Navarre et en Aragon ces terres étaient affranchies de
toute redevance, mais en Castille et Léon ce qu'on appelait aleux, ne paraît être que des terres tenues héréditaire-
ment : si le possesseur était chrétien, il payait une légère
moneda au roi, s'il était juif ou maure il devait en reconnaissance de la directe royale, une redevance assez forte[2].

Voilà ce qui en est pour les nations limitrophes de la
France. Passons rapidement en revue les contrées qui en
sont plus éloignées.

Dans les pays du Nord, en Suède et en Norwège, on sait
que la féodalité fut chose à peu près inconnue, et que la
distinction entre les domaines directs et utiles n'y fut jamais
faite. La propriété y fut donc toujours affranchie de toute sujétion. On appelait spécialement aleu (*oudel*) la propriété héréditaire. Une particularité de l'*oudel* était que sa vente était
toujours censée faite avec pacte de rachat : si dans les vingt
ans le vendeur voulait reprendre son bien, il le pouvait en
rachetant à dire d'expert. On le voit, la législation norwé-
gienne était extrêmement favorable à la conservation des
biens héréditaires, mais l'aleu n'y avait pas grand rapport
avec le nôtre, ou plutôt il y fut toujours la règle générale
de tenure du sol à l'exclusion des tenures féodales[3].

---

[1] De Cardenas, *loc. citat.* I, p. 386 et 410.
[2] Id. I, p. 248 ; Garsonnet, *loc. cit.* p. 325.
[3] F. Drandt, *Fingsret* et *Retshistorie* ; A. Munch, *Afhandlinger*.

Si on en croit Dahlmann[1], qui ne fait d'ailleurs que rapporter l'opinion la plus généralement reçue, le régime féodal n'aurait été dans les États scandinaves qu'une impor-
tation étrangère. Le Danemarck l'aurait reçu de l'Allemagne et l'aurait transmis à la Norwège. Au xiiie siècle
Hakon inféode plusieurs terres de son royaume, mais ce
n'est qu'à la fin du xviie siècle que l'État féodal était constitué par la création de trente-deux fiefs[2]. Jusque-là c'était
l'*odhil*, ou propriété familiale qui était le mode de tenure
en usage, c'est-à-dire la terre indépendante, exempte de
services.

Le régime féodal s'était bien établi aux îles Shetland
avec la domination écossaise, mais l'*udal* ou aleu norwé-
gien y subsista toujours à côté du fief et resta le mode de
tenure national, c'est-à-dire le mode présumé[3]

Jean d'Ibelin, affirmait qu'il y avait des aleux dans le
Royaume de Jérusalem[4], ainsi les terres des Ordres de
Saint-Jean de Jérusalem et des Templiers possédées « li-
« bere et sine servitio[5]. »

Mais cette opinion paraît difficilement admissible, d'abord
parce que les Français qui avaient fondé, et qui occupaient

---

[1] Dahlmann, *Geschichte von Danemark*, Hambourg 1840, II, p. 174, 303, 305.

[2] *Reports respecting the tenure of Land* I, p. 189.

[3] Garsonnet, *loc. citat.* p. 331.

[4] Jean d'Ibelin, *Les Assises de la haute Cour*, cap. ccxlix, (Beugnot, I, p. 397).
Voir aussi Beugnot, *Mémoire sur le régime des terres dans les principautés, fondées par les Francs, à la suite des Croisades* (*Biblioth. de l'Ecole des Chartes*
1854, p. 53); Garsonnet, *loc. cit.* p. 332.

[5] Chartes annis 1181. 1182, (Paoli *Codice diplomatico del sacro militare ordine
gerosolimitano*, Lucques 1733, I, p. 71 et 282).

le royaume de Jérusalem étaient des hommes d'armes, habitués à la féodalité, ils n'auraient assurément pas établi des tenures non féodales ; en second lieu parce que, dans ce pays ennemi, où les attaques étaient fréquentes, où les chrétiens étaient en si petit nombre, une terre n'aurait assurément pas été concédée, sans l'obligation au service militaire, et ce qui le prouve, c'est que les terres concédées par les deux ordres militaires des Templiers et de Saint-Jean de Jérusalem, le sont à charge de service militaire[1]. Il faut croire au contraire, d'après les auteurs qui ont écrit sur cette matière, que la féodalité fut encore beaucoup plus puissante en ce pays qu'en France, et le contraire aurait d'ailleurs été bien étonnant.

Disons encore quelques mots des nations slaves. Chez les slaves du nord, slaves russes, comme chez les slaves méridionaux la propriété individuelle est inconnue, ni hérédité, ni aliénation individuelle, la communauté paye l'impôt et une redevance au seigneur. La Russie, ayant été le pays par excellence du servage, les terres libres y sont chose inconnues.

En Hongrie, la constitution de 1848, confirmée par celle de 1867 et par la loi de 1873, a aboli les corvées, les dîmes et les droits dus aux seigneurs, les provinces se sont rachetées, et aujourd'hui les terres y sont libres[2].

En Roumanie, l'aleu était totalement inconnu, l'État, comme en Angleterre, avait seul le domaine éminent du sol ; les nobles n'étaient que des vassaux et les paysans de

---

[1] Charte anno 1149. (Paoli, *loc. cit.* I, p. 27).

[2] A. Tourmagne, *Hist. du servage* 1879, in fine.

simples cultivateurs, n'ayant que la possession. La loi rurale de 1864 a donné au paysan la propriété de sa maison, de son jardin et d'une partie des terres, mais celui-ci doit racheter ces avances que lui fait l'État en payant le 5 p. %₀ de ce dont il est devenu propriétaire.

En fait de propriété, le droit musulman laisse bien loin derrière lui le domaine éminent de l'Angleterre, et la présomption féodale de nos feudistes du Moyen-Age. La part qu'il laisse à la pleine propriété est très restreinte.

Dans l'Arabie les terres ne paient pas tribut (*Kharadj*) mais seulement la dîme (*ʒekkaet* ou *aschr*) que tout croyant doit à Dieu. L'Irak paie le *Kharadj* mais ses terres sont possédées en pleine propriété. Sauf ces deux contrées, les possessions ne sont qu'une jouissance perpétuelle sous le domaine éminent du souverain[1]. « Toute terre est dans « la main du Khalife de Cordoue, disait-on, non comme « propriété légale, parce qu'il en dispose dans son propre « intérêt, mais pour le bien commun de l'Islam et pour « l'avantage de l'État dont il est le chef. »

La Turquie, la Perse[2], l'Égypte, l'Algérie, l'Inde et Java paraissent avoir été soumises à ces principes, avoir payé le tribut, c'est-à-dire avoir toujours reconnu le domaine éminent.

La Chine, le Japon ont été soumis jusqu'au XIXᵉ siècle au régime féodal le plus absolu. Cependant il est difficile de dire s'il n'y a jamais eu de terres complètement libres. A

---

[1] Belin, *Etude sur la propriété en pays musulman*, Paris 1862. p. 60 suiv.; Worms, *Recherches sur la constitution de la propriété territoriale dans les pays musulmans* 1846.

[2] Gauttier d'Arc, *La Perse* 1827, T. VI, p. 121.

Java chaque domaine doit une redevance foncière comme dans tous les pays où le sol appartient au souverain; cet impôt est même fort lourd, 1/5 du produit des terres plus 1/5 des journées de travail[1]. Les Hollandais, comme les Anglais d'ailleurs, se sont attribués l'impôt et le droit éminent sur le sol, en vertu de leur droit de conquête.

L'Amérique du sud connut par les Espagnols la distinction romaine entre le domaine direct et le domaine utile, mais l'Amérique du Nord, et notamment les États Unis, reconnaissent le principe de propriété dans toute son étendue et toute sa puissance. Aujourd'hui d'ailleurs, pour encourager la colonisation, les concessions en Australie, et dans la plupart des colonies se font en pleine propriété.

Lors de la conquête de l'Algérie par nos troupes, quoique le principe général y fût que les terres ne pouvaient être possédées qu'en usufruit, et que la propriété ne pouvait émaner que du sultan, du prophète de Mahomet[2], on trouvait des terres qui avaient toujours été libres et indépendantes. C'étaient les *melk*. Leur origine était romaine; c'était la possession traditionnelle des Kabyles ou Berbères, descendants, comme l'on sait des colons romains qui étaient venus s'établir dans le Nord de l'Afrique et qui l'avaient occupé bien avant la conquête arabe. Quelques *melks* étaient des terres concédées à titre irrévocable et perpétuel par le Dey. M. Warnier estimait à 3 millions d'hectares les *melk* d'origine romaine, et à la moitié de cette superficie ceux concédés par le Dey. Les uns comme les autres sont

---

[1] De Laveleye, *Histoire de la propriété foncière*, 1874, p. 49; *Java (Revue Britannique*, août 1861, p. 265).

[2] Warnier, Discours du 30 juin 1873 (*Journal officiel*, 1 juillet 1873 p. 4340).

des terres absolument alodiales, que, leurs possesseurs disaient être leur propriété libre, « comme leur burnous[1], » mais, tandis que ceux d'origine romaine paraissent n'avoir jamais été inquiétés, ceux de concession furent plusieurs fois, malgré leur caractère d'irrévocabilité, révoqués par le Dey.

Ainsi donc le droit de l'Etat ne porte que sur les terres qui ne sont pas *melk*, il n'a de droit éminent que sur les autres terres .

Le sénatus-consulte du 25 avril 1863, dans un accès de générosité, est venu accorder aux Arabes la propriété de toutes les terres, même de celles qui, n'étant point *melk*, auraient dû être sous le domaine éminent du gouvernement français, succédant en cela au gouvernement deycal; il est venu transformer le droit de jouissance révocable des algériens en droit permanent de propriété autrement dit rendre *melk* toutes les terres[3].

Quant aux concessions faites au colon, au début de l'occupation algérienne elles étaient résolubles, mais aujourd'hui elles sont sans condition, et en pleine propriété afin de favoriser la colonisation.

---

[1] Id., p. 4360.

[2] Warnier, *Journal officiel*, 25 mai 1873, p. 3327 ; *Rapport* de M. de Casabianca relatif au sena s-consulte du 25 avril 1863 (*Dalloz périodique* 1863 IV, p. 49).

[3] *Rapport* . M. Casabianca, *loc. citat.*

CHAPITRE VI

LA RÉVOLUTION

Tels sont les principaux épisodes de la résistance que les diverses provinces opposèrent d'abord aux seigneurs, puis à la royauté, telles sont les diverses phases de la lutte entre les maximes « *nulle terre sans seigneur* » et « *nul seigneur sans titre,* » c'est-à-dire entre les deux principes, l'un du droit naturel et de la tradition qui proclamait la liberté et l'indépendance de la propriété, l'autre du droit féodal qui soumettait toutes les terres aux redevances seigneuriales.

L'aleu était vaincu. Aurait-il pu résister à ce courant, à cette tendance qui depuis quinze siècles, l'entamait, l'usait chaque jour davantage.

Dans chaque province l'unité s'était faite peu à peu pour l'égale répartition des charges entre tous. Après la période des contrats particuliers, des privilèges, aux termes desquels les forains contribuent d'une façon inégale aux impositions, c'est-à-dire à partir du xvie siècle, un nivellement s'opère et c'est justice. Est-ce une évolution qui marque un progrès social ? Tout au contraire, ce n'étaient pas les emphytéotes qui s'étaient élevés à la condition de propriétaires libres, mais bien les propriétaires libres, qui étaient cependant la majorité, qui tombèrent dans la condi tion d'emphytéotes. C'est le régime des transactions imposées par la force, sous peine de procès et de ruine.

L'aleu était devenu privilège, or tout privilège, toute exception en faveur d'une terre, ne peut avoir qu'une durée limitée. Le travail d'unification qui, du Moyen-Age au XIXe siècle, s'opère d'une province à une autre sous la main du roi, ne devait-il pas s'accomplir aussi, de juridiction à juridiction, de domaine à domaine, et les inégalités ne devaient-elles pas tendre à disparaître ? Ce n'est pas là le résultat d'un commun accord, c'est celui de la force des choses.

Déjà, au milieu du XVIe siècle, on ne con state aucune différence de charges entre les forains et les cit adins. Aux anciens rôles des tailles si primitifs, si irréguliers ont succédé les cadastres dans lesquels chaque propriété figure avec l'indication de sa contenance. La superficie de la terre devient la base de l'impôt et aucun bien rural — l'aleu excepté — n'en est exempt, aucune paroisse, aucun hameau n'est privilégié. L'aleu aurait-il pu triompher ? Les intéressés peuvent formuler des revendications de toutes sortes, soutenir des procès, faire des séditions, car, bien que fondées sur l'équité, de telles réformes s'accomplissent rare ment sans difficultés ; quiconque possède un privilège consent rarement de son plein gré à rentrer dans ce droit commun, mais l'issue de la lutte pouvait-elle être douteuse ?

On a accusé la jurisprudence de manifester à la fin de
la monarchie une tendresse fort vive pour le brocard féodal, parce que « un magistrat était à ce moment un homme
« auquel ses ancêtres avaient laissé une grande fortune et
« qui jouissait de beaucoup de censives. » Grâce à Dieu,
nos Parlements abritaient bien des hermines sans tâche,
et, si la magistrature de l'ancien régime comptait quelques
consciences mercantiles, les caractères intègres et probes,
les hommes de devoir, de résistance même n'étaient pas
rares, et n'est-ce pas des traditions laissées par elle que
notre magistrature du xixe siècle est fière de s'inspirer?
Comment s'expliquer alors que la règle féodale ait pu s'établir dans les esprits et régner sur des intelligences aussi
nobles, aussi équitables et aussi éclairées que celles d'un
Lamoignon[1], d'un Henrion de Pansey, d'un de La Tour?
ait pu dominer une magistrature vénérable au point de lui
dicter une foule d'arrêts, que nous jugeons aujourd'hui
iniques et scandaleux?

Pour eux le cens c'était l'ancien impôt romain, et la
vieille idée qu'il fallait payer l'impôt régnait sur leur esprit. La notion d'un cens annuel était si puissante qu'elle
permit aux seigneurs et au roi d'arracher ces redevances
des possesseurs de terres que des privilèges en avaient
exempté. Personne ne savait, il est vrai, qu'en exigeant le
cens recognitif de directe on exigeait le vieil impôt romain,
mais l'idée de redevance annuelle était plus forte que l'évidente équité parce qu'elle résultait de la tradition.

---

[1] *Arrêtés du premier président de Lamoignon...* édit de 1702, II, p. 46, 47
380.

Faut-il blâmer avec la dernière sévérité, les seigneurs du xviiie siècle qui, comme le duc d'Aiguillon en Agenais, soutenaient de pareils procès? Ne faut-il pas croire que, voyant les choses en cet état depuis trois siècles, percevant ces droits que leurs pères, grands-pères, aïeux avaient perçus et percevaient depuis trois cents ans, ils ne fussent pas convaincus de la légitimité de leur défense?

Justement, comme le fait remarquer fort à point M. G. Tholin, dans la nuit du 4 août 1789 un des discours les plus violents contre la féodalité était prononcé par le duc Armand-Désiré d'Aiguillon, le successeur des du Fossat, des Montpezat, des Villars, des Mayenne, tous gens qui avaient ravi, comme nous l'avons vu, aux habitants de l'Agenais leurs franchises, qui avaient imposé à leurs aïeux des redevances injustes. Le duc clôturait par cet aveu retentissant le procès de plusieurs siècles : « Dans plusieurs provinces le peuple forme « une ligue pour ravager les terres, pour s'emparer des « chartriers où les titres de propriétés féodales sont en dé- « pôt. Il cherche à secouer enfin un joug qui, depuis tant « de siècles, pèse sur sa tête ; et, il faut l'avouer, Messieurs, « cette insurrection, quoique coupable (car toute agression « violente l'est), peut trouver son excuse dans les vexations « dont il est la victime. Les propriétaires des fiefs, des « terres seigneuriales ne sont, il faut l'avouer, que bien ra- « rement coupables des excès dont se plaignent leurs vas- « saux; mais leurs gens d'affaires sont souvent sans pitié, « et le malheureux cultivateur, soumis au reste barbare des « lois féodales qui subsistent encore en France, gémit de « la contrainte dont il est encore la victime. »

Mais les coupables, ceux qu'on ne saurait trop blâmer

ce sont ceux qui ont abusé de leur force pour ravir aux humbles, qu'ils auraient dû protéger, l'indépendance de leur propriété.

« On invoque pour excuser les capitaines, dit M. Tholin, « les mœurs du temps, on les absout volontiers quand ils « ont combattu vaillamment pour la cause catholique ou « pour la cause protestante, pour la ligue ou pour le roi de « Navarre. On est saisi par les récits d'escarmouches. Mais « il est juste de regarder de plus près certains actes de la « vie privée de certains de ces grands personnages.

« L'austère Sully se félicitait d'avoir recueilli dans le « pillage de Cahors une cassette contenant 5,000 écus ; « c'était déjà fort étrange, quoique les lois de la guerre au- « torisassent alors bien des choses. Cet argent perdu, les « fils de ce bourgeois de Cahors pouvaient refaire une for- « tune, ils restaient libres ; une famille ruinée se relève. « Mais, quand l'abus de la force s'exerce sur des gens qui « ne combattent pas, sur des gens qu'on a la mission de « protéger : quand la contrainte de seigneur à justiciable « entraîne, avec une ruine présente, une obligation perpé- « tuelle qui doit obérer aussi dans l'avenir les enfants et « les petits-enfants de ceux qu'on tient dans sa main, c'est « un fait que ni les mœurs, ni la nécessité du temps ne « sauraient excuser. Or, très hauts et très puissants sei- « gneurs Honorat de Savoie, comte de Villars en 1558 ; « François de Durfort Bajamont, sénéchal d'Agenais en « 1581 ; Henri de Lorraine, duc de Mayenne en 1614, non « seulement ont décuplé les charges qui pesaient sur leurs « emphytéotes, mais encore ont réduit des paysans, autre- « fois jouissant de francs-aleux, à la condition de tenan-

« ciers, ou les ont maintenus indûment dans cette condi-
« tion en les liant par de nouveaux contrats. Sept généra-
« tions d'hommes ont payé la somme énorme de rentes
« qu'ils s'étaient ainsi constituées[1]. »

Ainsi, s'élaboraient lentement, à l'ombre de la féodalité,
les principes du régime nouveau qui allait proclamer l'égalité de tous les citoyens et de toutes les terres sous le même
impôt. Ces principes étaient si bien entrés dans les esprits
et déjà si mûrs que le clergé et la noblesse l'acceptaient à
la veille de 1789[2].

La question d'alodialité, les luttes acharnées auxquelles
elle avait donné lieu entre les communes et les seigneurs,
luttes dans lesquelles les particuliers avaient fini par suc-

---

[1] G. Tholin, *Ville libre et barons*, Paris, Alph. Picard, 1886 in-8° de XVI et
264 p.

Il faudrait se garder de trop généraliser ce mouvement et croire qu'en 1789
toutes les grandes seigneuries étaient plus ou moins entachées de ce vice d'origine, que toutes avaient ainsi été arrondies par usurpation.

« Jusqu'au xv⁰ siècle on voit presque partout les arrière-fiefs se diviser outre
mesure entre les cohéritiers, on vend encore assez peu, tandis que lorsqu'on consulte les archives des grandes propriétés on s'aperçoit que les seigneurs et les
bourgeois ont beaucoup acheté, et constamment acheté les parcelles subdivisées
à partir de la dite époque. Un très grand nombre pour ne pas dire la majorité,
des grandes propriétés qui existaient en France au siècle dernier n'ont point eu
d'autre origine que ces achats parcellaires soutenus et groupés pendant plusieurs
siècles. » (Rameau dans le *Bulletin du comité des travaux historiques, section
des sciences économiques et sociales*, 1884, p. 68). M. Rameau en cite bien des
exemples pris au hasard dans diverses provinces : notamment dans l'Orne, la
Touraine, la Lorraine, la Nièvre, l'Oise, le Gâtinais.

[2] Avis des pairs du royaume, décembre 1788, cité par de Beauchesne dans *La vie
de Madame Elisabeth* I, p. 280 ; Combier, *Doléances de 1789* Laon 1877, p. 16 ;
Vœu du clergé de la Haute Marche dans Duval, *Cahiers de la Marche et assemblée du département de Guéret*, p. 42.

comber; les revendications par les fermiers du domaine d'une directe royale universelle et les vexations de tous genres auxquelles la perception de ces droits donnait lieu, tout cela avait mécontenté au plus haut point les communes. Faut-il donc s'étonner de l'enthousiasme que soulevait à la veille de 1793, parmi les représentants de la Nation, la présentation à l'Assemblée législative par Romme, du *Discours historique sur l'allodialité et la féodalité* de son compatriote Auvergnat Chapsal[1]? Faut-il donc s'étonner que le premier soin des députés du Pays à la Constituante, ait été de supprimer ces droits féodaux si anti-populaires, ait été de proclamer la règle générale de franchise et d'indépendance de toutes les terres du royaume, sauf preuve contraire. Le principe était des plus justes, malheureusement on alla plus loin, et, tombant d'un excès dans un autre, on devait en arriver bientôt à méconnaître, dans cette soif d'alodialité, les droits les plus incontestables et les plus légitimes.

On sait la gradation suivie par les lois abolitives : le décret du 4 août 1789 déclarait rachetables tous les droits féodaux ou censuels ne tenant pas à la main-morte. Celui du 15 mars 1790 (art. 1 tit. 1) convertissait en simples charges foncières tous les droits et devoirs féodaux ou censuels, charges qui n'avaient rien de contraire à l'essence des francs-aleux. Le décret du 25 août 1792 abolit les conditions générales de la propriété féodale et censuelle dans ses art. 1 et 2 ; par l'art. 5 elle supprime sans indemnité

---

[1] Mars 1792. H. Doniol, *La Révolution française et la féodalité*, Paris Guillaumin, 1876, in-8°.

tous les droits non justifiés par titre primordial d'inféodation ou d'accensement, comme ayant eu pour cause une concession primitive de fonds.

Jusque-là, les droits du propriétaire étaient encore reconnus. Malheureusement il ne tardèrent pas à être attaqués à l'aide d'un principe anti-juridique au plus haut degré. « Le propriétaire lui-même, disait Mirabeau, n'est que « le premier des salariés : ce que nous appelons vulgaire- « ment la propriété, n'est autre chose que le prix que lui « paie la société, pour les distributions qu'il est chargé de « faire aux autres individus, par ses consommations et ses « dépenses ; *les propriétaires sont les agents, les économes* « *du corps social.* »

Cet argument n'était invoqué par le tribun, qu'à l'encontre des dîmes du clergé, mais sa conclusion : « Le corps « social a le droit de destituer ses agents, ses économes ; « les propriétaires ne sont plus que des fonctionnaires dont « le salaire, c'est-à-dire la propriété, est à la discrétion de « l'État », invoquée par haine pour une espèce de propriété, arrivait, comme le disait fort justement Sieyès dans sa réponse à Mirabeau, à les ébranler toutes. « Ils veulent être « libres, s'écriait-il avec indignation, et ils ne savent pas « être justes ! » Vraiment était-ce bien la liberté que voulait établir Mirabeau, en confisquant le droit de propriété au profit de l'État, et en ne laissant au citoyen qu'une qualité aussi précaire que celle d'agent révocable[1] ?

Enfin le décret du 17 juillet 1793 porte : « Art. 1. Toutes

---

[1] Lucien Brun, *La propriété ecclésiastique et les lois révolutionnaires*, (*Revue de Institutions et du Droit*, juin 1887, p. 437.)

« redevances ci-devant seigneuriales, droits féodaux, cen-
« suels, fixes et censuels, même ceux conservés par le dé-
« cret du 25 août dernier sont supprimés sans indemnité.
« Art. 2 sont exceptées des dispositions de l'art. précédent
« les rentes ou prestations purement foncières et non féo-
« dales. » *Ce décret anéantissait d'un trait de plume un
capital de quatre cents millions de rentes foncières dues à
l'État, c'est-à-dire à l'ancien domaine royal et à l'ancien
domaine du clergé devenu domaine national.* Ce fut, comme
l'a dit Merlin, une loi de colère, ce ne fut pas une loi de
justice, car, même en écartant la règle « *nulle terre sans
seigneur* », cependant fondée sur la présomption d'une
possession immémoriale, respect était au moins dû au
titre.

Dans le généreux entraînement de la nuit du 4 août,
comme le dit si bien M. Paul Viollet[1], on avait tenu peu
de compte des origines et des formes si diverses des redevances féodales. Mais on avait réservé la distinction à
faire entre les droits abolis définitivement et les droits déclarés rachetables. On n'avait pas prévu les difficultés sans
nombre que présenterait pareille vérification. Comment
faire une enquête sur la constitution, sur l'histoire de
chaque seigneurie? Un personnel nombreux, à la fois in-
tègre et instruit, aurait-il pu, même au prix d'un temps
infini, faire le jour dans le chaos des chartriers seigneuriaux? Les seigneurs se comptaient en France par milliers,
les emphytéotes et les censitaires par millions. Comment

---

[1] Viollet, *Hist. du Droit*, p. 617 ; H. Doniol, *La Révolution française et la
féodalité*, Paris Guillaumin, 1876, p. 56.

entreprendre un nombre si prodigieux de vérifications?
Comment suppléer à la perte de tant de contrats primitifs?
Quelle condition différente d'ailleurs entre le Nord et le
Midi! D'une part un pays où l'on soutenait encore l'alodialité, de l'autre les trois quarts de la France où la résistance avait baissé pavillon devant la maxime féodale. Ici
le réseau jeté par la féodalité avait laissé de larges trouées
et pas mal de villes avaient résisté à tous les assauts; là
au contraire, de ses mailles serrées il enveloppait jusqu'au
dernier grain de sable de la dernière motte de terre. Ces
envahissements, cet accaparement partiel ou absolu
étaient-ils fondés sur des droits légitimes? Pour décider,
il aurait fallu, pour chaque cas particulier, invoquer les
coutumes si variables d'un pays à l'autre, fixer la jurisprudence si contradictoire, apprendre l'histoire des institutions, alors si peu connues. L'œuvre était assurément ir-
réalisable, l'entière abolition s'imposait par la force des
choses.

La liquidation du passé fut complète, la féodalité ren-
tière à jamais détruite et la propriété également libérée au
Nord et au Midi.

Cette expropriation générale par mesure législative, sans
audition des causes et sans jugements particuliers, confondait les droits légitimes et les usurpations. L'équité
eût exigé que l'on maintînt le droit, qu'avaient certains seigneurs de percevoir de petites redevances sur un petit
nombre de propriétés personnelles, et que l'on abolît seulement les droits usurpés au xvie siècle, sur de nombreux
francs-aleux roturiers. Mais le juste milieu est-il chose de
ce monde?

Somme toute, si elle fit mal en consacrant une grande somme d'injustices, elle fit bien en libérant des tenanciers qui avaient droit à cette indépendance[1].

Quoi qu'il en soit, si le fief était vaincu et disparaissait, l'aleu aussi disparaissait du même coup ; car les lois qui ont aboli la féodalité ont abrogé en même temps toutes les différences et distinctions qu'elle comportait. Si elles ont exempté les terres qui étaient autrefois fiefs ou censives des droits seigneuriaux et si elles leur ont imposé en échange sous un autre nom une foule d'impôts, elles ont soumis les terres qui étaient restées alodiales aux mêmes impôts. Merlin se trompait étrangement quand il expliquait ainsi, dans son rapport sur la loi du 15 mars 1790, la révolution que la loi de 1793 n'a fait que compléter : « En détruisant le régime « féodal, vous n'avez pas entendu dépouiller de leurs pos-« sessions les propriétaires légitimes des fiefs, mais vous « avez changé la nature de ces biens ; affranchis désormais « des lois de la féodalité, ils sont demeurés soumis à celles « de la propriété foncière, en un mot ils ont cessé d'être « fiefs et sont devenus de véritables alleux [2] »

Ainsi, dans la pensée du législateur de 1790, tous les biens sont devenus des aleux ; il ne devait plus exister en France d'autre propriété que la propriété alodiale, c'est-à-dire libre de toute supériorité, de toute sujétion, de tout

---

[1] G. Tholin, *Ville libre et barons*, p. 256.

[2] Merlin, *Rapport à l'Assemblée Nationale au nom du comité de féodalité le 8 février* 1790, Paris Baudouin in-8° de 30 p. ; *Répertoire* v° *fief*, p. 213 ; Marival et Laurent, *Archives parlementaires* 1re série, t. XI, p. 498, 763.

lien. Ce caractère d'indépendance dans le droit, qui était solennellement exprimé dans l'art. 1 de la déclaration du 6 octobre 1791, est-il bien celui de notre propriété foncière ?

« La grande œuvre des temps modernes a été l'émanci-
« pation civile, politique et économique de l'individu,
« toutes choses qui ne doivent pas être entendues dans un
« sens absolu... La liberté a pour nous une signification
« essentiellement négative : ne pas être opprimé, ne pas
« être contraint à faire telle ou telle chose. L'ancienne
« forme de la liberté était au contraire le privilège, la fa-
« culté de faire quelque chose qui était interdit à un au-
« tre... La liberté est devenue de droit commun. Nous
« n'avons plus besoin de chercher des garanties à cette li-
« berté dans des associations étroites et égoïstes : nous
« nous sentons suffisamment protégés par la loi, qui en
« est la même pour tous, et dans le moins libre des Etats
« modernes, il y a plus de liberté qu'à Sparte ou à Rome[1]. »

Considéré à ce point de vue là, il est vrai de dire qu'aujourd'hui nos terres sont libres et franches. Mais peut-on les comparer aux aleux de l'ancien régime dont le caractère essentiel était d'être affranchi des redevances ?

Un Etat a-t-il jamais pu exister sans impôts ? Ne sait-on pas quel est le prix de la civilisation et ne sait-on pas que, plus les rouages d'un Etat sont parfaits, plus leur entretien coûte au contribuable ?

Les nations du XIXe siècle sont écrasées d'impôts par des

---

[1] Alfred Jourdan, *Du rôle de l'Etat dans l'ordre économique*, Paris A. Rousseau, 1882 p. 324.

gouvernements qui prennent trop d'institutions à leur charge ; ne nous a-t-on pas appris cependant à l'Ecole que, plus une nation est civilisée, plus l'Etat doit laisser à l'initiative privée ?

A-t-on oublié cette parole d'un des génies de la diplomatie : « La liberté est morte... Elle ne ressuscitera, ni le « troisième jour, ni la troisième année, ni peut-être le troi- « sième siècle... le monde marche à grands pas à la consti- « tution du despotisme le plus gigantesque et le plus des- « tructeur que les hommes aient jamais vu. Voilà où vont « le monde et la civilisation[1]. » Ce despotisme, n'est-ce pas le *despotisme d'Etat* ?

Il n'y a qu'à écouter les doléances de nos économistes de toutes les écoles, pour comprendre qu'au XIXe siècle, nous sommes loin de l'âge d'or où l'impôt était chose in- connue. « Cette double tendance des sociétés modernes à « demander à l'individu une part toujours plus forte de ses « revenus, et à grever l'avenir, parce que le présent ne « peut supporter la charge de leurs dépenses, appelle au « plus haut point l'attention non-seulement des économis- « tes et des hommes d'Etat, mais de tous les citoyens. La « question de l'impôt est pour nous tous, moins une ques- « tion de science, qu'une question d'intérêt, il s'agit de « savoir si les sacrifices que l'Etat nous demande sont en « rapport avec les avantages qu'il nous procure ; si ces sa- « crifices ne pourraient pas trouver un meilleur emploi ; « s'ils viennent en aide à notre activité, ou si au contraire « ils la paralysent, si enfin nos dépenses ne dépassent pas

---

[1] Donoso Cortès, *Situation générale de l'Europe*, p. 403.

« la mesure de nos moyens et s'il nous est permis de la re-
« jeter par l'emprunt sur les générations futures [1] ! »

Est-ce, au moment de ces plaintes, est ce justement
avec les grandes guerres ruineuses, avec les dépenses extraordinaires d'un armement chaque jour à perfectionner,
souvent à refaire à grands frais, qu'on allait pouvoir, au
XIXe siècle, affranchir les propriétés, des droits et impôts,
les proclamer toutes alodiales [2] ?

L'aleu était vaincu et nous nous trompons gravement en ne

---

[1] E. Vignes et Vergniaux, *Traité des impôts en France* 1880, I, préface p. 5.

[2] « Aujourd'hui, comme à la fin de l'Empire romain, la plus grande partie des charges qui résultent d'une civilisation avancée sont supportées par la propriété rurale.

A l'origine des sociétés, il ne peut guère en être autrement, puisque la propriété rurale est à peu près la seule qui existe. L'agriculteur et le berger commencent par consacrer une partie de leur revenu à payer le soldat qui les défend et le ma- gistrat qui les gouverne ; puis, au fur et à mesure qu'on s'enrichit, de nouvelles professions surgissent. Finalement le luxe augmentant, on en vient à payer des professeurs de chinois qui n'apprennent le chinois à personne, et des présidents qui ne président rien. L'argent qui sert à payer tout cela est recueilli à différentes cascades, mais la source est toujours l'agriculture et c'est d'ailleurs à la source même qu'on pratique les plus grosses saignées. » (De Mandat Grancey, *Le monde de demain, Correspondant* du 25 juin 1886 p. 997). Le malheur est que l'Etat crée beaucoup trop de chaires de professeurs de chinois ! « Or de nos jours on prend à l'agriculture 30 pour 100 de son débit, un paysan travaille aujourd'hui deux jours par semaine uniquement pour le fisc. Cela serait supportable, si perdant un tiers de ses produits, il pouvait vendre ses produits un tiers de plus, et faire contribuer de la sorte les citadins aux charges dans les mêmes proportions. Mais si le citadin trouve moyen, tout en jouissant des bénéfices de l'état de choses, d'en éluder les charges en se fournissant à l'étranger, alors le rural, ne trouvant plus à vendre ses produits, ne tarde pas à être écrasé. » (Cf. Le Trésor de la Roque, et le comte de Luçay). M. Pouyer-Quertier disait dans une conférence à Caen, qu'un bœuf d'Amérique amené à la Villette revenait actuellement de 300 à 350 fr., tandis qu'élevé en France il en coûterait le double ; sa nourriture et son élevage a coûté moins à l'éleveur américain que n'eût coûté en France *le seul impôt de l'hectare d'herbages nécessaires à son entretien !*

voyant, depuis la Révolution, dans nos terres que des aleux !

Aujourd'hui toutes les terres sont au même niveau, c'est vrai, toutes nos provinces, tous nos départements au Nord non moins qu'au Midi sont possédés au même titre. Mais quel est ce niveau, quel est ce titre ? N'est-ce pas plutôt le niveau de la censive ? N'est-ce pas plutôt ce titre là qui leur convient que le terme d'aleu ? *Aujourd'hui toutes les terres paient le relief, les lods et ventes, le centième denier — tous impôts dont l'aleu se faisait gloire d'être affranchi* — elles le paient, il est vrai, non plus sous le nom de droits seigneuriaux, mais sous le nom de droits d'enregistrement, de mutations, de successions.

Admettons que ces droits fiscaux soient un juste sujet d'impôt[1]. L'acquéreur a besoin pour devenir pro-

---

[1] Bien qu'on puisse leur reprocher de violer la règle fondamentale de la proportionnalité. « Nous voyons dans les droits de mutation, d'enregistrement, des droits proportionnels aux valeurs, dit M. Edouard Vignes, mais nullement au revenu mobilier ou même à la fortune de chaque citoyen.

Quant aux droits de succession, que penser de ce droit d'investiture payé à l'Etat par les héritiers du propriétaire ? A quel titre l'Etat s'attribue-t-il, suivant un tarif progressif, qui va quelquefois jusqu'au dixième et plus, une partie des biens que nous laissent nos parents et nos proches ?

N'y a-t-il pas dans ce fait tout à la fois une atteinte au droit de propriété, un reste de féodalité et une application de l'impôt progressif ? Certains économistes se sont montrés indulgents à l'égard de ces droits... qui leur ont paru sans influence sur le sort des classes laborieuses. Cette appréciation manque de justesse, car, outre la question relative au droit de propriété que cet impôt soulève, outre son taux progressif en raison inverse du degré de parenté, il n'est pas exact de dire qu'il est proportionnel aux valeurs sur lesquelles il est assis, puisqu'il est perçu sur l'actif des successions sans distraction des charges, et c'est à tort aussi qu'on le considère comme indifférent pour les classes laborieuses, car il agit également sur toute l'échelle des fortunes... Il ne frappe pas d'une manière proportionnelle le revenu de chaque citoyen, puisqu'il constitue un prélèvement, souvent très élevé, sur le capital lui-même. » (Vignes et Vergnaud, *Traité des impôts en France* 1880 p. 42).

priétaire, de toute la protection de la loi civile, quoique « on se tromperait si on croyait que les rédacteurs
« des lois bursales s'attachent à l'origine ou à la cause mo-
« rale de l'impôt. L'unique point qu'ils examinent c'est son
« produit et sa facilité de perception ; ils préfèrent con-
« server l'impôt qui se prélève depuis longtemps sans dif-
« ficulté, alors même qu'ils connaissent les vices de son
« origine [1]. »

La Révolution proclama toutes les terres alodiales, affranchies de tous droits de mutation, pour un peu plus,
de tout impôt, la loi du 22 frimaire an VII rétablit la majeure partie des droits seigneuriaux. Courte alodialité vraiment ! Et nous payons aujourd'hui au Trésor ce qu'autrefois le Trésor public et les seigneurs se partageaient. La
dette est exigible dans les mêmes circonstances, à raison
des mêmes mutations, elle se liquide à peu près de la
même manière ; quelquefois elle est moins élevée, le plus
souvent elle l'est davantage ; les mesures coercitives de la
loi nouvelle sont presque textuellement puisées dans la
législation ancienne. Et la Cour de Cassation elle-même a
jugé formellement que, sur ce dernier point, les règles de
la loi du 22 frimaire sont celles que la loi des 5-19 décembre 1790 avaient détruites [2] !

---

[1] Championnière et Rigaud, *Traité des droits d'enregistrement*, édit. de 1839,
II, p. 545.

[2] « ... Attendu que si l'exécution de ces règles anciennes a souffert quelques
modifications par la loi du 19 décembre 1790, la loi du 9 vendemiaire an VI, et
celles des 22 frimaire an VII et 27 ventôse an IX *leur ont rendu toute leur vigueur
et ont régularisé leurs dispositions en les reproduisant...* » Dalloz VII, 230.

Prenons les droits de mutation sous l'ancien régime : lods et ventes, quint, relief, rachat, centième denier, qui étaient de véritables droits d'enregistrement. Les aleux, comme nous l'avons dit, en étaient exempts. Une ordonnance de décembre 1703, sous prétexte de révéler les mutations cachées, ordonna que tous contrats et titres translatifs de propriété seraient insinués, aux greffes des bailliages, moyennant le centième denier du prix des biens ou de leur valeur. Comme nous l'avons dit, une déclaration du 19 juillet 1704 avait étendu cet impôt à l'aleu, « attendu « qu'il n'est pas moins intéressant de connaître quels sont « les biens et héritages prétendus en franc-aleu, que ceux « qui n'y sont pas. » Disposition qui fut édictée de nouveau le 20 mars 1708 : « Tous contrats... ensemble ceux « tenus en franc-aleu, franc bourgage et franche bourgeoi- « sie, rentes foncières... seront enregistrés et le droit de « centième denier payé dans le temps et sous les peines « portées par l'édit de 1703 et sur la déclaration de 1704, « encore qu'aucun des dits biens ne fût pas sujet à des lods « et ventes et autres droits seigneuriaux. »

Ainsi donc le droit du centième denier était manifestement une usurpation du fisc, fondée sur un prétexte menteur et bientôt abandonné. Ce droit nouveau était, comme les autres, puisé dans le régime féodal, il avait la même cause, la mutation des fiefs et des prétendus aleux, ce n'était qu'un auxiliaire des lods et reliefs[1].

---

[1] Championnière et Rigaud, *Traités des droits d'enregistrement*, 1839, II, p. 545.

D'après M. de Foville (*Le morcellement*, Guillaumin 1886, p. 205), selon la loi de 1884 les frais des ventes judiciaires d'immeubles, s'élèvent à 100 pour 100 du

Les détails même de la perception des droits de mutation dus au seigneur ne diffèrent pas beaucoup de ceux qui existent aujourd'hui et montrent bien que les droits seigneuriaux subsistent toujours au fond : obligation pour le nouveau possesseur d'exhiber son titre d'acquisition [1], ou de déclarer en cas de succession [2], de vente verbale [3], de perte de titre [4], dans le délai de trois mois [5] courant dans les ventes conditionnelles du jour de l'arrivée de la condition [6]. Le défaut de déclaration était puni d'une amende [7] dont les caractères étaient : d'être domaniale et non pénale [8], d'être acquise de plein droit au seigneur sans attendre la sentence du juge [9], d'être due même en cas de bonne foi , de ne pouvoir être supprimée ni diminuée par les tri-

---

prix d'adjudication. « Il y a là un véritable scandale contre lequel on ne saurait trop protester. ajoute M. Anatole Langlois (*La grande et la petite propriété en France, Correspondant* 25 mai 1886 p. 656), surtout si les vendeurs sont des mineurs ou des interdits *que la loi est censée protéger* ! Quand il s'agit de ventes immobilières à l'amiable, le droit est moins fort, il est environ de 10 pour 100, mais c'est là encore trois ou quatre fois de revenu d'une année, de sorte qu'une terre qui changerait de mains tous les trois ans et demie rapporterait zéro et deviendrait pour ses possesseurs l'équivalent d'un jardin fruitier planté d'arbres morts. » (Cf. Fouillée, *La propriété et la Démocratie*).

Quand il s'agit de mutations par successions c'est encore pis !

[1] Dumoulin, *Cout. de Paris*, 73, 3, 1 ; Chopin, *Cont. d'Anjou*, I, 4, 14 ; Laroche, *Droits seigneuriaux*, I, 13 ; D'argentré, *Cout. de Bretagne*, CXL, 1.

[2] *Etablissements de Saint Louis* II, 18.

[3] D'Espeisses, *Des lods* V, 5, 2.

[4] Dumoulin XXXIII, 2, § 5.

[5] Arrêt du 18 février 1735.

[6] Pocquet de Livonière III, 9.

[7] Chopin I, 8.

[8] Ferrière LXXVII, 27.

[9] Charondas LXXXV, Livonière III, 9.

[10] Dumoulin LXXVII, 11, Fonmaur 885.

bunaux [1], d'être encourue par les mineurs mais d'être payée par les tuteurs [2], de ne pouvoir excéder la valeur du droit de mutation lui-même, c'est-à-dire de ne pouvoir dépasser le double droit [3].

Devant cette identité de détails, le doute est-il possible, et est-il permis de nier que nos terres paient les mêmes droits que payaient autrefois nos fiefs et nos censives ? Ces droits ne sont plus des droits seigneuriaux comme au Moyen-Age, ils ne sont plus dus au roi, comme au siècle dernier, mais à l'Etat. Que nous importe, il faut toujours payer [4]. D'ailleurs, autrefois comme aujourd'hui, ne servaient-ils pas à faire marcher et à alimenter la chose publique ?

[1] Arrêt de 1606.

[2] Dumoulin LXXVII, 27, Livonière III, 9.

[3] Dumoul. LXXVII, 35 ; Livon. loc. citat.

[4] D'après M. J. Clamageran, qui ne saurait être suspect de tendresse pour l'ancien régime, voici la comparaison entre les impôts d'autrefois et ceux d'aujourd'hui. (*Histoire de l'impôt en France*, 1867, I p. XXIV.)

1° Sous Charles VII (1439), impôt direct : 1.200.000 liv., indirect 500.000, total 1.700.000.

2° Sous Louis XIV (1715), impôt direct 95.500.000 liv., indirect 80.000.000, total 175.500.000.

3° Sous Louis XVI (1786), impôt direct 388.000.000 liv., indirect 492.000.000, total 880.000.000.

4° Sous Napoléon III (1863), impôt direct 513.000.000 liv., indirect 1.412.000.000, total 1.925.000.000.

Sont compris dans ces chiffres les corvées, péages, dîmes etc., comme aussi les octrois, centimes départementaux et communaux. On voit quelle progression ! Bien qu'il faille tenir compte de la moins value croissante de l'argent.

M. Cornudet, commissaire du gouvernement au Sénat, dans la séance du 5 juin 1866, estimait que l'impôt absorbait le quart du revenu soit 2 milliards sur 8. C'était encore d'après M. Clamageran (loc. citat. p. LXX), la même proportion qu'en 1789.

Mais depuis? Citons les derniers chiffres officiels du budget : (d'après l'*Economiste français* du 12 février 1887, p. 204).

Les impôts fonciers ont-ils augmenté ou diminué ? Telle terre qui payait un chiffre de, avant la Révolution, paye-t-elle plus, paye-t-elle moins aujourd'hui à l'Etat ?

Voici les chiffres qu'a donnés dernièrement M. le comte de Luçay au Congrès des sociétés savantes à la Sorbonne, d'après le plumitif de l'Intendant de Soissons en 1787. Ces chiffres ne sont applicables, il est vrai, qu'au district de Clermont en Beauvoisis, mais il est probable que dans les contrées environnantes les charges de la propriété rurale n'étaient pas beaucoup plus lourdes.

Cet état dressé par La Bourdonnaye de Blossac intendant de la généralité comprend 98 paroisses. Pour chacune d'elles se trouve le détail, de sa superficie, des diverses sortes de cultures, du nombre de maisons, d'habitants, des droits à payer. En regard de cet état, reproduit par le comte

Recouvrement des contributions directes	780.858.800 f.
ne sont pas rentrés	16.223.373
Impôts et revenus indirects	2.276.376.300
Déficit sur les prévisions	72.319.800
Ainsi donc l'Etat a demandé en 1886 au contribuable :	3.145.778.273

Le revenu, la richesse publique se sont-ils accrus en proportion de l'impôt, ont-ils doublé en vingt ans ? La difficulté des rentrées semblerait bien prouver le contraire et indique bien que le pays demande des économies.

Et encore, dans ce résumé fort sommaire, devons-nous faire observer qu'il y a bien des impôts qui ne figurent pas au budget. En 1786 Necker estimait à 6 millions et demi l'obligation au service militaire. En 1866 M. Clamageran estime la dette de sang à trois cent millions. Combien coûte aujourd'hui à chaque citoyen, non pas moralement, mais matériellement, pécuniairement, l'obligation au service militaire ? Autrefois on recevait des terres à charge du service d'armes ; ce service a été remplacé par un impôt, puis rétabli, mais l'impôt est resté !

N'oublions pas que la dette publique, qui n'était en 1878 que de dix-sept milliards, était huit ans après, en 1886, de vingt-cinq milliards huit cent quarante-huit millions ! Soit une augmentation de déficit d'un milliard par an, soit de dix-huit millions et demi par semaine !

de Luçay, nous trouvons l'état des contributions directes
que payait en 1870 chacune de ces 98 paroisses[1]. Nous
ne pouvons pas reproduire en détail ces divers chiffres, et
nous renvoyons le lecteur à l'étude si intéressante du comte
de Luçay, nous nous bornerons à citer quelques exemples
pris au hasard.

Nointel, qui avait 672 hab. et 199 maisons, payait en
1787 : 5,981 liv. En 1870 (547 habit.) elle payait de contributions directes : 13,642 fr.

Neufry (181 habit. 42 maisons) en 1787 : 1,168 liv. En
1870 (186 hab.) : 7,689 fr.

Neuilly sous Clermont, en 1787 : 2,500 liv. En 1876 :
11,914 fr.

Moyviller en 1787 : 6,066 liv. En 1870 : 13,659 fr.

Mello, en 1787 : 3,844 liv. En 1870 : 12,709 fr.

Méry (1052 hab. 266 maisons) en 1787 : 11091 liv. En
1870 (555 hab. 240 maisons) : 16,979 fr.

Liancourt (1074 hab.) en 1787 : 6,121 liv. En 1870
(4650 hab.) 38,472 fr.

Maimbeville (347 hab.) en 1787 : 4,247 liv. En 1870
(274 hab.) : 7,973 fr.

Houdancourt (225 hab.) en 1787 : 3,268 liv. En 1870
(266 hab.) : 9,271 fr.

Cires-lès-Mello (1,124 hab.) en 1787 : 11,523 liv. En
1870 (1,633 hab.) : 32,047 fr.

Choisy la Victoire (212 hab.) en 1787 : 5,896 liv. En
1870 (274 hab.) : 14,401 fr.

---

[1] *Bullet. du comité des trav. histor. Sect. des sciences économ. et sociales.* 1884
p. 102 et suiv. p. 230 à 268.

Bucamp (497 hab.) en 1787 : 2,049 liv. En 1870 (318 hab.) : 8,241 fr.

Nous arrêtons là notre citation, mais, dans les 98 paroisses l'augmentation d'impôt a eu lieu dans la même proportion, et on voit que cette proportion est considérable. M. de Luçay, résumant ces chiffres, nous donne la conclusion suivante : C'est qu'en 1787 l'ensemble des contributions directes de l'élection de Clermont s'élevait à 423,958 liv. 14 sols, 6 deniers. Or les contributions foncières, personnelle-mobilière, des portes et fenêtres et des patentes des communes, formant avant la Révolution cette circonscription, se sont élevées, pour l'année 1870, au chiffre de un million cent quarante-trois mille huit cent trente-trois francs, c'est-à-dire à près de trois fois plus, or, la population rurale loin d'augmenter, a au contraire, diminué sensiblement.

Ce n'est donc point certes au point de vue des charges de la propriété foncière que la Révolution a alodialisé nos terres !

Il est vrai que, d'après M. Tholin, les charges sous l'ancien régime étaient plus fortes dans l'Agenais. Le savant archiviste du Lot-et-Garonne estime que dans cette province en effet, les impositions sont à peu près ce qu'elles étaient avant 1789. Nous n'y contredisons pas, mais ce qu'il compare, ce qu'il prend comme terme de comparaison ce sont des terres qui étaient autrefois sujettes à redevances seigneuriales. Or, s'il est vrai que la Révolution a alodialisé toutes les terres, il faudrait prendre comme terme de comparaison un aleu d'autrefois et voir combien plus il paye aujourd'hui que jadis !

En 1788, les charges foncières de la juridiction seigneuriale de Cuzorn formaient un total de 16,167 liv. (soit :
dîme 2,000, impositions royales 8,167, rente au seigneur
6,000.) Or, le total des impositions a été en 1882, sur ce
même territoire, de 18,003 fr [1]. Supposons ce domaine
alodial, retranchons la rente au seigneur de 6,000 fr., il
n'eût payé que 10,167 liv. Alodial ou non autrefois, il
paye toujours à l'heure actuelle 18,003 fr. Est-il permis
de dire, au point de vue pécuniaire, que cette terre de Cuzorn a été alodialisée en 1789 ?

Une propriété de 27 hectares située dans la commune
de Madaillan, rapportant au maximum, aujourd'hui comme
au xviiie siècle, 24 barriques de vin et 130 hectol. de blé,
paie actuellement 350 fr. d'impositions, plus 37 fr. de
prestations. En admettant une mutation tous les vingt ans
sur le pied de 1200 fr. de droits, c'est une moyenne de
soixante francs par an. Tout cela fait un total de 450 fr.
par an que paie cette terre. Que payait-elle autrefois ?

Faisons l'estimation : 27 hectares = 37 carterées. 130
hectol. = 147 sacs. La dîme sera de douze sacs, le blé valant prix moyen 10 liv. ; le vin valant treize liv.

Supposons cette propriété située à Agen. Elle paierait :

Redevance au roi, à raison d'un sol. . . .	1 liv. 17	
Justice et mutation, 5 sols.	9 —	5
Impositions	92 —	10
Dîmes	146 —	
	247 liv. 12 s [2].	

---

[1] G. Tholin, *Cahiers des doléances du Tiers-état du pays d'Agenais aux Etats-généraux*, Paris Alph. Picard 1885, p. 164.

[2] G. Tholin, *Ville libre et barons*, 1886, p. 253 et suiv.

En comparant ces divers chiffres, qui représentent les charges anciennes d'un aleu, avec le total des charges actuelles, même en tenant compte de la différence du pouvoir de l'argent, on constate que, la propriété est plus lourdement grevée de nos jours que ne l'étaient les terres alodiales au xviii⁰ siècle. Or, il faut remarquer que les impositions n'avaient frappé gravement l'aleu qu'au milieu du xviii⁰ siècle, que jusque-là il ne payait que fort peu de chose au roi[1]. A la fin du siècle précédent, la terre dont s'agit n'eût payé, en tout et pour tout, qu'une livre, 17 deniers au roi. Au xvi⁰ siècle, d'après M. Marc de Haut, il résulterait des anciens terriers des archives départementales de Seine-et-Marne, dressés, comme notre cadastre actuel, au point de vue fiscal pour établir le montant des censives et des redevances seigneuriales, que leur total était d'une moyenne de 4 deniers par arpent, soit quatre centimes par hectare[2].

Il est donc certain que, les terres qui autrefois étaient, en leur qualité d'aleux, affranchies des droits imposés, y sont aujourd'hui soumises, en vertu d'un principe d'équité bien juste d'ailleurs, puisqu'elles participent comme les autres à la même protection d'Etat qui est le fondement de nos impôts.

« Aujourd'hui si les dépenses publiques semblent trop fortes et mal réglées, chacun peut se consoler en songeant que tous ses compatriotes supportent le même fardeau.

---

[1] H. Doniol, *La révolution française et la féodalité*, Paris Guillaumin, 1876. p. 35 et suiv.

[2] *Bulletin du comité des travaux historiques, section des sciences économiques et sociales*, Imprim. nationale, 1884, p. 57.

Jadis les plaintes s'élevaient, tout à la fois, contre la prodigalité des maîtres et contre l'inégalité des charges, réparties sur les taillables et corvéables autant que sur leurs propriétés. Aussi les particuliers cherchaient-ils à se soustraire par des exceptions aux obligations qui fondaient de toutes parts sur eux et sur leurs biens. Par le fait qu'il existait des exemptions profitables en faveur des fiefs, des alleux etc... on s'efforçait d'entrer dans la catégorie de ceux qui avaient de tels privilèges, qui pouvaient se prévaloir de pareilles exemptions[1]. »

Cette tendance à l'égalité de condition, à l'égalité d'impôts que nous trouvons en germe dans l'*abonnement*, a reçu son couronnement par la Révolution. Ne sommes-nous donc pas fondés à dire, avec M. Viollet, que l'évolution fiscale, commencée par la noblesse, continuée par la royauté contre l'aleu, a été consommée, régularisée par la Révolution, et que, depuis 1789, nous n'avons plus de terres alodiales[2] ?

Quoi qu'il en soit, que ce soit les aleux qui aient perdu leurs privilèges, que ce soit les autres terres qui en aient reçu de semblables à ceux dont jouissaient les aleux, ce qu'il y a de certain c'est que depuis 1793 toutes les terres sont au même niveau, jouissent de l'égalité complète aux yeux du législateur. Il semble donc que la question d'alodialité dût être désormais une question purement histori-

---

[1] Astre, *Recueil de l'Académie de législation de Toulouse* 1867, p. 137.
[2] P. Viollet, *Précis de l'hist. du droit français*, Larose Forcel 1884, p 607.

que et que le prétoire ne dût plus jamais assister à des
débats dont la présomption d'alodialité fût la cause. Il
n'en fut cependant pas ainsi, car, comme nous l'avons vu,
les tribunaux eurent à plusieurs reprises durant un demi
siècle, à s'occuper encore de cette question. Il est étonnant
que la Cour de Cassation ait eu à juger si une terre était
alodiale ou non, après que les lois abolitives de la féodalité avaient proclamé l'alodialité de toutes les terres. C'était
précisément pour savoir si une redevance était féodale ou
foncière, c'est-à-dire si elle tombait ou non sous le coup
de l'abolition [1]. Et, chose bizarre, les seigneurs, qui autrefois s'étaient prévalu du principe qu'il n'y avait pas en
France de terre sans seigneur, afin de légitimer les redevances féodales qu'ils voulaient imposer, à partir de la
Révolution au contraire cherchèrent, comme nous l'avons
montré, à prétendre que ces redevances n'avaient pu être
féodales, qu'elles étaient purement foncières, donc que les
lois abolitives ne sauraient s'y appliquer. Leur principal
argument était de dire que malgré le titre dont ils les
avaient décorés, il était impossible que ces redevances eussent été créées féodales, puisque la province était alodiale,
et qu'en conséquence, en l'absence de titre, il ne leur
avait pas été permis de se poser en seigneur ni d'exiger
des devoirs seigneuriaux. Ainsi donc, après avoir soutenu
la maxime féodale, ils en vinrent à soutenir la règle «*nul
seigneur sans titre*», et plusieurs arrêts, que nous avons
cités en temps et lieu, firent que les malheureux tenanciers
dans les pays autrefois de franc-aleu, furent souvent vic-

---

[1] Voir *supra* p. 139, 147, 276, 330, 333, 363.

times de la seconde maxime, comme ils l'avaient été jadis de la première.

Ici encore, ces difficultés posthumes ne justifiaient-elles pas, aux yeux de ces malheureux, le vieil adage qu'on aurait pu inscrire en lettres rouges sur la pierre tumulaire de l'aleu, comme il pourrait figurer d'ailleurs sur les frontons de trop de nos institutions juridiques anciennes et modernes, « *summum jus, summa injuria.* » Ce mot ne résume-t il pas toute l'existence du franc-aleu[1] ?

---

[1] Nous pourrions répéter ici, quoiqu'il n'en soit assurément nul besoin, les paroles par lesquelles Jacques du Clercq affirmait son impartialité historique : « Je me suis enquis au mieulx que j'ai sceu et peu et je certifie a touts que je ne l'ay fait ny pour or ny pour argent ny pour salaire, ny pour compte à prince qui soit, ny home ny fame qui vescut, ne voulant ainsy favoriser ny blamer nul a mon pouvoir fors seulement déclarer les choses advenues. »

FIN

TABLE DES MATIÈRES

CHAPITRE PREMIER

Origine de l'aleu

§ I. — Du droit de propriété en gaule

CHAPITRE SECOND

L'aleu et la naissance du régime féodal

§ I. — APPARITION DU BÉNÉFICE

CHAPITRE TROISIÈME

L'aleu durant le régime féodal

§ I. — Définitions et caractères de l'aleu

§ II. — Diverses sortes d'aleux

CHAPITRE QUATRIÈME

De la preuve et de la présomption d'alodialité

§ I. — Introduction de la maxime NULLE TERRE SANS SEIGNEUR, résistance qu'elle éprouve

§ II. — De la légitimité de la maxime féodale

§ III. — Comment se prouve, dans les pays alodiaux, la directe ?

§ IV. — DE L'ALEU ECCLÉSIASTIQUE

CHAPITRE CINQUIÈME

L'aleu dans les diverses provinces

§ IV. — Coutumes expresses en faveur de la présomption
d'alodialité

A. *Troyes.*

§ VI. — L'ALEU HORS DE FRANCE

Au *Nord-ouest* de la France influence du principe féodal
des lois anglo-normandes. L'Angleterre, pays de la féodalité par excellence, ignore l'aleu. 390

Au *Nord-est* influence du droit germanique, dans lequel
la maxime *nulle terre sans seigneur* est inconnue. Puissance

CHAPITRE VII

La Révolution

A ce point de vue, au lieu d'alodialiser toutes les terres, la Révolution les a plutôt ramenées à la condition de cen-

ERRATA

—

Arthur ROUSSEAU, Éditeur, 14, rue Soufflot, Paris

EXTRAIT DU CATALOGUE GÉNÉRAL

BEAUCHET, professeur à la Faculté de droit de Nancy. — *Histoire de l'organisation judiciaire en France*, (époque franque). 1 vol. in-8, 1886. . . . . 9 fr.

BONFILS (Henry), doyen de la Faculté de droit de Toulouse. — *Traité élémentaire d'organisation judiciaire, de compétence et de procédure en matière civile et commerciale.* 1 fort vol. grand in-8 de 1068 pages. . . . . . . 15 fr.

CARRÉ DE MALBERG (Raymond), docteur en droit. — *Histoire de l'exception en droit romain et dans l'ancienne procédure française.* 1 vol. in-8. . . 8 fr.

DUBÉBAT, ancien conseiller à la cour de Toulouse. — *Histoire du parlement de Toulouse.* 2 forts volumes in-8. . . . . 20 fr.

GINOULHIAC, professeur à la Faculté de droit de Toulouse. — *Cours élémentaire d'Histoire générale du droit français public et privé*, depuis les premiers temps jusqu'à la publication du Code civil. 1 fort vol. grand in-8. 12 fr. 50

JOURDAN (Alfred), Doyen de la Faculté de Droit d'Aix. — *Cours analytique d'économie politique* professé à la Faculté de Droit d'Aix. 1 fort vol. gr. in-8 de 818 pages. . . . . 12 fr. 50

— *Des rapports entre le Droit et l'économie politique ou philosophie comparée du Droit et de l'économie politique ;* ouvrage qui a obtenu le premier rang dans le concours pour le prix Wolowski (Académie des Sciences morales et politiques). 1 vol. in-8. . . . . 7 fr.

— *Du rôle de l'État dans l'ordre économique* ou économie politique et socialisme. (ouvrage couronné par l'Institut). 1 vol. in-8. . . . . 8 fr.

MOLINIER (Victor), professeur à la Faculté de Droit de Toulouse. — *Introduction à l'Étude du droit constitutionnel.* 1 vol. gr. in-8. . . . . . . 10 fr.

NEUMANN (Baron Léopold de), conseiller privé, professeur de Droit à l'Université de Vienne, membre de l'Institut de Droit international. — *Éléments du droit des gens moderne Européen*, traduit de l'allemand sur la 3e édition, et annoté par A. de Riedmatten, avocat à la cour de Paris, docteur en droit. 1 vol. in-8 . . . . 8 fr.

TISSOT (J.), Doyen honoraire de la Faculté des lettres de Dijon, correspondant de l'Institut. — *Le droit pénal* étudié dans ses principes, dans ses usages et les lois des divers peuples du monde ou introduction philosophique et historique à l'étude du droit criminel, (3e éd. 1888). 2 vol. in-8. . . . . 20 fr.

Saint-Amand. — Imp. et stéréot. de DESTENAY.

www.ingramcontent.com/pod-product-compliance
Lightning Source LLC
Chambersburg PA
CBHW031624210326
41599CB00021B/3294